ACCESO GRATIS *a la Lectura en la Nube*

Para visualizar el libro electrónico en la nube de lectura envíe junto a su nombre y apellidos una fotografía del código de barras situado en la contraportada del libro y otra del ticket de compra a la dirección:

ebooktirant@tirant.com

En un máximo de 72 horas laborables le enviaremos el código de acceso con sus instrucciones.

AGENDA 2030, DERECHOS HUMANOS Y TERRITORIOS

AGENDA 2030, DERECHOS HUMANOS Y TERRITORIOS

Coordinadores:
Jesús Delgado-Baena
Juan de Dios García-Serrano

tirant lo blanch
Valencia, 2023

En caso de erratas y actualizaciones, la Editorial Tirant lo Blanch publicará la pertinente corrección en la página web www.tirant.com.

EDITA: TIRANT LO BLANCH
C/ Artes Gráficas, 14 - 46010 - Valencia
TELFS.: 96/361 00 48 - 50
FAX: 96/369 41 51
Email: tlb@tirant.com
www.tirant.com
Librería virtual: www.tirant.es
DEPÓSITO LEGAL: V-3948-2023

ISBN: 978-84-1197-568-1

Si tiene alguna queja o sugerencia, envíenos un mail a: *atencioncliente@tirant.com*. En caso de no ser atendida su sugerencia, por favor, lea en *www.tirant.net/index.php/empresa/politicas-de-empresa* nuestro procedimiento de quejas.

Responsabilidad Social Corporativa: http://www.tirant.net/Docs/RSCTirant.pdf

Autores

Alfonso Blázquez Muñoz
Alfredo Langa Herrera
Andrés Fernando Herrera
Antonio Sianes
Blanca Miedes
Carlos Tapia Martín
Charlotte Back
Claudio Pereira
David Naranjo Gil
Edileny Tome da Mata
Enrique Gallicchio Pagani
Fernando Relinque Medina
Giovanni Allegretti
Jesús Abellán Muñoz
Jesús Delgado Baena
Johana Herrera Arango
Jorge Gutiérrez-Goiria
Juan de Dios García Serrano
Laura Serrano Mendoza
Lucía González López
Marta Luna Guisado
María Cabillas
María Laura Villalba Bai
Manuel Flores Sánchez
Manuel José García Rodríguez
María Laura Villalba Bai
Marian Pérez Bernal
Michela Accerenzi
Noelia Cameron Núñez
Nuria Cordero Ramos
Oscar del Toro
Paloma Garrido
Pablo Costamagna
Patrick Scalco
Rocío Vela Jiménez
Rosa Varela Garay
Roser Fernández Benito
Tomás Diestre Jiménez
Tomas Villasante

Índice

Prólogo

DAVID NARANJO GIL[1]

Las universidades tienen un papel crucial en el desarrollo y promoción de la Agenda 2030. Esta Agenda se presenta como un plan de acción global para proteger el planeta, erradicar la pobreza, y promover la paz y derechos sociales. Dentro de la Agenda 2030 se despliegan 17 Objetivos de Desarrollo Sostenible (ODS) con 169 metas específicas que abarcan una amplia gama de temas, tanto ambientales como sociales y económicos.

Las universidades, como centros de educación superior, investigación y desarrollo pueden influir en el avance hacia estos ODS de dos grandes formas: como centros de educación superior e investigación, y como agentes transformadores de la sociedad. Como centros de formación superior pueden desarrollar los ODS a través de la investigación y transferencia de conocimiento en temas como la salud, bienestar, pobreza o territorio, entre otros relevantes para la Agenda 2030. También a través de la educación y sensibilización de los estudiantes y demás miembros de la comunidad universitaria en la importancia de la sostenibilidad y el desarrollo inclusivo para el futuro de nuestra sociedad. Como agentes transformadores de la sociedad, la universidad puede influir en el avance de los ODS a través del fomento de buenas prácticas y sostenibilidad en el campus y entorno cercano, por ejemplo, mediante la reducción de la huella ambiental, la promoción de la igualdad de género, la responsabilidad social y los derechos humanos. También a través de la transferencia de conocimiento y las colaboraciones con empresas y organizaciones tanto públicas como privadas para desarrollar iniciativas y proyectos relacionados con la Agenda 2030.

La Universidad Pablo de Olavide, al igual que otras instituciones de educación superior, se ha apoyado en los ODS para establecer una hoja de ruta que facilite el alineamiento del trabajo de la universidad con los grandes retos establecidos en la Agenda 2030. Recientemente la Universidad Pablo de Olavide ha llevado a cabo la construcción de un sistema de indicadores que le permite medir la contribución al cumplimiento de los ODS y la mejora de las actuaciones en el marco de la Agenda 2030. Asimismo, la UPO ha desarrollado proyectos de investigación y cooperación a distintos niveles

---

1 Vicerrector Internacionalización de la Universidad Pablo de Olavide

con financiación europea, andaluza y propia. Como el proyecto financiado por la AACID centrado en ODS, Sostenibilidad Ambiental y Género, o el proyecto liderado por la UPO y financiado con fondos Erasmus+ sobre universidades para el desarrollo sostenible. También la UPO ha financiado con recursos propios un proyecto centrado en los derechos humanos y el desarrollo local en el marco de la Agenda 2030.

Vinculado a este último proyecto se desarrolla la presente publicación que aborda desde un paradigma crítico tres grandes dimensiones: Derechos Humanos, Territorio y Agenda 2030. En los distintos capítulos de esta obra se presentan diversos temas centrales sobre la relación de la Agenda 2030 con: el género; las nuevas formas de gobernanzas, el territorio y las ciudades sostenibles, el arte, la cultura, la memoria y la comunicación. Estas relaciones son abordadas poniendo el foco en el debate y la reflexión sobre los objetivos de desarrollo sostenible, tanto en sus aspectos positivos como negativos.

Los distintos temas que se abordan en el libro se alinean con la estrategia de la UPO en materia de Cooperación Universitaria para el Desarrollo, convirtiéndose esta obra en un referente para avanzar en la sensibilización con los problemas de desarrollo, y permitiendo reforzar el compromiso de la universidad con la igualdad de género, la diversidad funcional, el desarrollo sostenible, y los derechos humanos y territorio. En definitiva, esta publicación es una excelente iniciativa que será de gran utilidad para los estudiantes, docentes, investigadores y profesionales.

Sevilla 20 de Julio de 2023

Introducción

JESÚS DELGADO BAENA[2]

El presente libro es fruto del proceso iniciado por el profesor Joaquín Herrera Flores con la creación del Máster de Derechos Humanos, Interculturalidad y Desarrollo hace ya más de 15 años, generado por dos espacios académicos; por un lado, la Universidad Internacional de Andalucía y por otro la Universidad Pablo de Olavide de Sevilla. Este espacio se ha convertido y es un referente académico de las estudios y reflexiones desde y para las teorías críticas de los Derechos Humanos.

Las teorías críticas, que se enmarcan en un paradigma que nos permite entender la realidad de una manera determinada, no son sólo la comprensión de esta, también implican la necesidad de cambio y de transformación social; ya que desde esta perspectiva los derechos humanos van más allá de elementos normativos, y se entienden como procesos de lucha por la dignidad humana. Dentro de estos procesos, la Interculturalidad y el desarrollo son necesarios para poder establecer espacios de cambio y transformación social.

La agenda 2030 es una agenda de desarrollo sostenible que implica el análisis de muchos elementos, esencialmente el concepto de desarrollo que va intrínsecamente unido a los Derechos Humanos. Pero es necesario entender que el desarrollo, en demasiadas ocasiones y como el lector podrá observar en los capítulos del presente libro, no siempre genera procesos de lucha por la dignidad.

Herrera Flores exponía, en el marco de las publicaciones de Gilbert Rist, que el propio concepto de desarrollo lleva implícita en sí misma una concepción de la evolución económica, social y cultural que es absolutamente idealista, utópica e irrealizable. Sin embargo, entender el desarrollo desde un paradigma crítico significa que es necesario generar bienestar, transformación, y dignidad de las personas en la diversidad de territorios que conforman el planeta. Y esta es la idea con la que el presente libro

2 PhD Derechos Humanos y desarrollo. Departamento de Trabajo Social y servicios sociales-Universidad Pablo de Olavide

quiere acercarse a la Agenda de Desarrollo 2030 y sus 17 Objetivos de desarrollo Sostenible (ODS).

La agenda 2030 y los ODS se enmarcan como una agenda global y progresista que puede generar procesos de cambios dentro del modelo de desarrollo hegemónico, un modelo donde se prioriza la producción y el consumo a escala global. Pero, como muchos autores exponen en el presente libro, llegan a la conclusión de que la agenda 2030 y los ODS no realizan una crítica al presente modelo, funcionan más como un espacio reformista que transformador.

¿eso significa que la agenda 2030 y los ODS no son necesarios? Es una pregunta que el lector debe responder al finalizar la lectura del presente libro; ya que el objetivo ha sido precisamente este por parte de los autores. Por un lado, entender que la agenda por sí sola es insuficiente para generar un modelo de desarrollo sostenible y crítico, pero, por otro lado, entender que la propia agenda, permite generar procesos que, acompañadas de políticas públicas pueden generar cambios a nivel local.

Otro objetivo que los autores del presente libro pretenden es la necesidad de generar reflexiones sobre el concepto de desarrollo que conecte con las teorías críticas en un marco de las prácticas de los derechos humanos, centrada en los territorios, ciudades y poblaciones con sus características y realidades diversas que se concentran en el planeta.

Estos han sido los motivos de querer realizar el análisis desde una mirada territorial, ya que la agenda, al ir de lo global a lo local, pierde el foco en esa transición. Por lo tanto, es necesario llevar el debate y el análisis a los territorios, a las ciudades, poblaciones y que la ciudadanía explicite sus necesidades y la posibilidad de cambio y generación de procesos que mejoren la calidad de vida y, por ende, la dignidad de las personas.

Estos tres elementos: Derechos Humanos, Agenda 2030 y territorios, estructuran el contenido del libro que el lector tiene en sus manos, a través de cinco capítulos centrales enfocados en las llamadas cinco principales dimensiones de la Agenda 2030: *Personas, Prosperidad, Planeta, Participación colectiva y Paz*

Estas cinco dimensiones son conceptos muy amplios para poder abordarlos en una sola publicación, por lo que se permitió establecer unas preguntas consensuadas con los autores que permiten delimitar cada dimensión en elementos concretos vinculadas además a herramientas vinculadas a las teorías críticas de los derechos humanos y al desarrollo crítico.

En un primer capítulo, coordinado por el profesor *Edileny Tome Da Mata*, se aborda la dimensión de las *PERSONAS*, es decir, desde la agenda se centran en esta dimensión aquellos objetivos de desarrollo sostenible que se centran exclusivamente en la ciudadanía. Los autores que presentan este capítulo han trabajado en torno a la necesidad de entender la diversidad de la ciudadanía en los diferentes territorios, especialmente desde una mirada decolonial y de género. A través de cinco artículos, las autoras exploran temas como la decolonialidad, la violencia machista, la salud y la trata de personas. Esto permitirá tener una perspectiva más diversa que facilite la comprensión del concepto de persona en las realidades de la diversidad de los territorios.

En el segundo capítulo, la dimensión que se aborda es la centrada en *PLANETA*, en el cual se tratan los recursos naturales, ambientales y problemáticas como el cambio climático; es decir, es una dimensión que, desde la propia agenda, se centra esencialmente en el medio ambiente. En el presente libro, las autoras del capítulo, coordinadas por el profesor *Jesús Abellán Muñoz*, han querido acercar estos conceptos a diferentes territorios y ciudades a través de seis capítulos distintos. En ellos, se trabajan conceptos como urbanización, derecho a la ciudad, sostenibilidad territorial, ciudades sostenibles y estudios de casos concretos, como el de Maricá en el estado de Rio de Janeiro en Brasil. Estos artículos pretenden acercar a la dimensión a las diferentes realidades territoriales que abarca el concepto "planeta", mucho más allá de una mirada global del propio concepto.

En el tercer capítulo, coordinado por la profesora *Roser Fernández Benito*, se centra en la dimensión *PROSPERIDAD*. Según la propia agenda, este concepto se enfoca en aquellos ODS que permiten a las personas tener un futuro de vida próspero y en armonía con los entornos naturales. Desde un enfoque crítico del desarrollo, esta dimensión lleva a las autoras del capítulo a abordar un concepto clave, que es la transformación social. Esto se debe a que el modelo hegemónico de desarrollo a menudo dificulta la prosperidad de las personas, simplemente por el hecho de nacer en un territorio determinado. De ahí la importancia de los agentes de transformación social que el propio modelo requiere. A lo largo de cinco subcapítulos, las autoras exploran el trabajo social local, la intervención social comunitaria, el trabajo social comunitario y los entornos excluidos donde la prosperidad de las personas se ve obstaculizada.

En el capítulo cuatro, se aborda la dimensión *PAZ*, entendida desde la propia agenda como la necesidad de establecer sociedades sin conflictos bélicos, espacios justos y con inclusión. La coordinación está a cargo de la profesora *Noelia Cameron Núñez* y las propias autoras del capítulo han puesto el foco en la importancia de la "cultura de paz", lo que permite debates diversos centrados esencialmente en tres elementos: Cultura, Comunicación y Memoria. Además, aprovechan la amplitud del propio concepto para poder abarcar espacios que a menudo se pasan por alto en las discusiones sobre la agenda 2030 en los diversos foros globales. Las autoras entienden que este capítulo contribuye a diversificar y ampliar esta perspectiva. Esto se logra a través de ocho capítulos en los que se exploran elementos como la participación, la comunicación, la cooperación para el desarrollo, la Fotografía, el Cine, las prácticas artísticas participativas y experiencias concretas, como las de Valparaíso en Chile y en el Caribe Colombiano.

Y, por el último, el capítulo cinco se centra en la dimensión *ALIANZAS*. Con esta dimensión, la agenda pretende generar redes sólidas que permitan, entre otras cosas, impulsar un mayor desarrollo sostenible. Desde un enfoque crítico, lleva al autor a comprender que no se trata sólo de las alianzas entre instituciones, sino de cuáles son y cuales objetivos persiguen. Para ello, es necesario comprender la necesidad de crear nuevos modelos de gobernanza, especialmente desde el desarrollo local y los territorios. No se puede abordar esta dimensión sin tener en cuenta la importancia de la democracia participativa y la necesidad de generar instituciones más horizontales y cercanas a la ciudadanía, donde esta última pueda participar activamente. Las autoras del capítulo, coordinado por el profesor *Juan de Dios García Serrano,* destacan como conceptos claves la gobernanza, la innovación social, el territorio, la localización de la agenda y la democracia participativa, a lo largo de cinco artículos que componen el capítulo.

Para finalizar, cabe destacar que, además, teniendo en cuenta precisamente la dimensión de "alianzas", el presente libro no es más que un punto de partida hacia la articulación de una red crítica en torno al desarrollo local sostenible y los derechos humanos. Esta red, como se puede comprobar en el origen de las diferentes autoras de los capítulos y artículos, se enmarca en un capital intelectual académico iberoamericano en el que participan universidades como la Universidad Pablo de Olavide de Sevilla, la Universidad Internacional de Andalucía, la Universidad Loyola Andalucía, el Centro Latinoamericano de Economía Humana de Uruguay, el Centro de Estudios Sociais de Portugal, la Universidad de Valparaíso de Chile, la Universidad Tecnológica Nacional de Argentina, el Instituto Praxis de Argentina, el Grupo de Investigación Comunicación y Memoria de la Universidad de Sevilla, y entidades de la sociedad civil organizada como EMA-RTV o el Instituto Joaquín Herrera Flores de España y América Latina. Este grupo conformado permite establecer un horizonte de futuro que facilite la generación de procesos emancipatorios en los territorios, más allá de la mera reflexión académica.

Para concluir, recordar las palabras de Herrera Flores *"¿Desarrollo? Si, pero a la escala de las luchas por la dignidad que se dan en los diferentes contextos sociales, económicos y culturales que componen diferencialmente la idea de humanidad"*

Seguimos caminando.

Sevilla, Julio del 2023.

1. Personas

¿cómo consigue la Agenda 2030 transmitir una mirada decolonial y transversal de género en los territorios?

1.1. INTRODUCCIÓN A LAS MIRADAS

EDILENY TOMÉ DA MATA[3]

Pensar los Objetivos de Desarrollo Sostenible desde los territorios ya de por si supone un desafío importante y relevante, pues nos invita a contextualizar el lugar de enunciación de las personas que han participado en su elaboración y conformación. Bajo esta mirada contextualizada nos percatamos, pues, que no todo el mundo–de manera literal–ha estado presente o se le ha escuchado o dado la voz durante el proceso de elaboración, tanto de los Objetivos de Desarrollo del Milenio (ODM) como su sucedáneo, los ODS. En otras palabras, contamos con una visión contextualizada en el Norte industrializado que sigue diseñando recetas preestablecidas y con una visión colonial hacia el Sur. Como solemos decir desde la teoría crítica de los Derechos Humanos, el hacer humano de las personas que se han encargado de pensar, planificar y elaborar los ODS no encaja con los cuerpos y pensar que habitan los espacios deconoloniales y transversales. Si además de la contextualización le añadimos el componente de género la cuestión se complica algo más, es decir, se hace visible el punto de vista machista, eurocéntrico que percibe y ve a las mujeres desde un homogéneo biológico e, incluso de género, sin entrar en los matices de relaciones de poder–socioeconómico, sociopolítico, jurídico, nacional–que tambalean las bases de los ODS que pretender emancipar a las mujeres.

---

3 Project management officer. FAMSI. Coordinador del Máster en Derechos Humanos, Interculturalidad y Desarrollo. UNIA. Docente en la Universidad Internacional de la Rioja.

En este capítulo nuestro principal propósito es el enunciado, es decir, tratar de entender como la agenda de los ODS transmite una mirada decolonial y transversal de género en los territorios. Consideramos que es una tarea que visibiliza, como venimos diciendo, las carencias de los mismos ODS y la necesidad de repensar formas otras de ver y analizar el mundo. En otras palabras, consideramos que urge un cambio de actrices y actores que se encargan de pensar, planificar y elaborar los ODS e incorporando, entre otras, la colonialidad del Ser y del Saber como pautas clave. Ello significa, pues, situar a la periferia como centro, desplazarla desde su posición de marginalidad y llevarla al centro. Tan solo de esa forma, consideramos, seremos capaces de plantear unos Objetivos que realmente represente a los mundos en los que pretende intervenir.

La tarea planteada encomendada en este capítulo estará a cargo de cuatro compañeras que tienen contacto directo no solo con prácticas periféricas, sino sobre todo con visiones de género transversales que rompen con la homogeneidad requerida por lo convencional. Quisiera ante todo denunciar que sea un hombre quién realiza la introducción de este capítulo en el escriben las mujeres, reconociendo, así, mi lugar de privilegio y de impostor ante un espacio de reflexión tan relevante.

Yus empieza planteándonos una crisis clave en los ODS como es la necesidad imperiosa que tiene de ser universal y sin embargo delineada desde el Norte. Es decir, llamar y considerar universal algo que fue elaborado y pensado desde un territorio predeterminado. Ello ya demuestra el ombliguismo que estos Objetivos y de las/los que han participado en su proceso de elaboración, tal como venimos denunciando. La autora sigue invitándonos a reflexionar sobre las bases estructurales que conlleva a gran parte de los objetivos en los que pretende trabajar los ODS y sin embargo, ni se menta. Nos referimos a las pautas extractivistas potenciadas por un sistema capitalista que conlleva al empobrecimiento de gran parte del planeta y que, sin embargo, no se toman medidas desde estancias internacionales que fomentan los ODS. Dicho extractivismo se ceba con la vida de las mujeres, explotando su cuerpo en trabajos en las minas, en los campos agrícolas, en los trabajos de cuidado y por consiguiente ahondando en situaciones de desigualdad y empobrecimiento.

Paloma, en el sentido mencionado en el párrafo anterior, nos invita a plantear una transformación real de las desigualdades que sufren las mujeres reflexionando desde las violencias sexuales. Dichas violencias sexuales, nos propone la autora, debe ir más allá de lo convencional y contemplar las que se dan en ámbitos llamados privados a fin de atajarlos. Ello no puede hacerse sin una visión y perspectiva feminista decolonial y crítica que contemple, al menos, el empoderamiento y agencia de las mujeres periféricas; la interseccionalidad; y la sostenibilidad de la vida. En otras palabras, la transformación real tendrá lugar cuando se entienda que las mujeres periféricas que sufren violencias sexuales son agentes de su vida y de la comunidad en la que residen; cuentan con una amplia diversidad en sus pensares, haceres y que haceres; y, sobre todo, el sostén de nuestras vidas dependen, en gran medida, de la explotación de sus cuerpos y privarlas de libertades colectivas.

En la línea expuesta por Paloma, Michela nos propone, pues, un cambio radical del sistema económico y político poniendo la sostenibilidad de la vida en el centro. Es necesario, así, que nos centremos en quiénes sostienen nuestra supervivencia en nuestro día a día en el mundo occidental. Ello nos lleva, sin lugar a dudas, a ver que hay un grupo de mujeres migrantes en situación de vulnerabilidad económica, sociopolítica y jurídica determinada que se encargan de nuestros cuidados haciendo que nuestras vidas sean más fáciles y dignas, en detrimento de las suyas. Las reflexiones de Michela se centra en la salud menstrual preguntándose como este tema puede afectar el enfoque de los ODS. La autora realiza, pues, una territorialización del tema para hacernos entender que no hay una sola forma de analizarlo y entenderlo, sino una multiplicidad. Es decir, las mujeres subalternizadas son vistas como pasivas, reproductora, sexualizada y victimizada, contrariamente a lo que no invita nuestra compañera Paloma a verlas como sujetas con agencia. Entre otras cuestiones, Michela nos propone realizar un análisis intereseccional de los ODS y la salud menstrual haciendo visible la ausencia de esta temática y sin embargo, conectándolo con los demás objetivos que refieren a la salud y el bienestar, por ejemplo.

Por último, y no menos importante, Nuria nos propone reflexionar con la mirada puesta en las mujeres migrantes en situación de trata. La autora, con base en estudios empíricos, nos desmonta la idea que tenemos de la trata de seres humanos como una situación que se da cuando las mujeres migrantes llegan a Occidente, aportando datos sobre situaciones de trata ya desde los propios países de origen y en su proceso migratorio. Es decir, como decíamos antes, no podemos reclamar una situación de mejoría desde un sistema capitalista que crea y ahonda desde un sistema estructural desigual en el que las mujeres son las primeras que sufren. Dicha situación de desigualdad es lo que, consideramos, lleva a las principales causas de las migraciones y huida. Ante la ausencia de posibles vías legales por el utilitarismo migratorio europeo, la trata se convierte en un elemento relevante, aunque nunca con el conocimiento del maltrato que ello conlleva. Nuria nos propone, pues, a realizar este análisis de las mujeres migrantes en situación de trata desde la diversidad cultural, perfil, variedad y situaciones de las mujeres, no se trata de una homogeneidad. Los casos de mujeres migrantes en situación de trata nos fuerzan a partir de lo abstracto de los ODS a lo concreto, salir de lo metafísico literario a la realidad hiriente y violenta.

1.2. ODS: DICOTOMÍA DESARROLLO VS SOSTENIBILIDAD, BREVE ANÁLISIS DESDE UNA PERSPECTIVA DECOLONIAL

YUSLEMY ESCOBAR GONZÁLEZ[4]

Este artículo es una invitación a reflexionar sobre las contradicciones intrínsecas que tiene la Agenda 2030. Tal dicotomía se da desde la epistemología que la impulsa; pese a los propósitos abarcadores e inclusivos de la agenda, indiscutibles en su redacción, siguen partiendo de una epistemología occidental de mirar ese mundo global y donde poco o nada hay de otras prácticas culturales cuyos planteamientos del "desarrollo" y la "sostenibilidad" son distintos. Lo que ya de por sí, la hace sesgada y heredera de la episteme jerárquica y colonial del poder, del saber, con unas relaciones de género patriarcales y una clasificación de raza a sabidas cuentas no justificadas. O sea, una agenda eurocéntrica de la misma manera que los DD.HH., partiendo de la racionalidad moderna, que deviene en paradigma egoísta y entiende al ser humano como ente apartado de su entorno, rompiendo así los vínculos y las relaciones entre las personas y de estas con la naturaleza.

"Todos los días los pueblos pagan su cuota de sangre a las transnacionales con la complicidad, por activa o por pasiva, de los gobiernos"[5]

La Agenda 2030 se nos planeta como "un plan de acción en favor de las personas, el planeta y la prosperidad" (NACIONES UNIDAS, 2015, p.1), teniendo como "objeto fortalecer la paz universal dentro de un concepto más amplio de la libertad. Reconocemos que la erradicación de la pobreza en todas sus formas y dimensiones, incluida la pobreza extrema, es el mayor desafío a que se enfrenta el mundo y constituye un requisito indispensable para el desarrollo sostenible" (NACIONES UNIDAS, 2015, p.1).

La propuesta de las ONU invita a ser "implementado por todos los países y partes interesadas mediante una alianza de colaboración" bajo la buena voluntad de cada uno de los estados y sin relación vinculante, una de sus limitantes que, sin duda, en términos de consenso, ha posibilitado

---

4 EMA-RTV

5 Frase denuncia en nota de prensa a favor de la Marcha de las Margaritas. Fuente: CONTAG – Confederação Nacional dos Trabalhadores na Agricultura (http://www.contag.org.br)

su aprobación. De tal manera que se muestra como una agenda universal donde "nadie se quedará atrás".

Los 17 objetivos y sus 169 metas se valoran en el documento como "medidas audaces y transformadoras" para impulsar "la sostenibilidad y la resiliencia" (NACIONES UNIDAS, 2015, p.1). Ahora bien, la agenda mirada desde un análisis decolonial y feminista presenta varias ausencias y vacíos no menos importantes. Una de ellas es su intensión universal marcada y delineada desde el norte siendo una vez más el resultado de un monismo jurídico y cultural. Otra arista importante es que en el texto se plantea el propósito de "liberar a la humanidad de la tiranía de la pobreza y las privaciones y a sanar y proteger nuestro planeta" sin precisar las causas del empobrecimiento y del deterioro acelerado de los ecosistemas. Ambas enunciaciones quedan entonces atrapadas en contradicciones intrínsecas a la propia lógica que la fórmula. Si "los objetivos y las metas son de carácter integrado e indivisible y conjugan las tres dimensiones del desarrollo sostenible: económica, social y ambiental"[6] deberían dejar de forma más precisas las causas de estas problemáticas que enfrentamos ante una crisis ecosocial de dimensiones antes no vistas y que son directamente proporcionales a la avanzada del neoliberalismo con el mercado como sacramento y el desarrollo como bandera.

Incluir el enfoque decolonial y transversal en la reflexión en torno a los ODS es una invitación a reflexionar sobre las contradicciones intrínsecas que tiene la Agenda 2030. Tal dicotomía se da desde la epistemología que la impulsa; pese a los propósitos abarcadores e inclusivos de la agenda, indiscutibles en su redacción, siguen partiendo de una epistemología occidental de mirar ese mundo global y donde poco o nada hay de otras prácticas culturales cuyos planteamientos del "desarrollo" y la "sostenibilidad" son distintos. Ello la hace sesgada y heredera de la episteme jerárquica y colonial del poder, del saber y del ser con unas relaciones de género patriarcales, una clasificación de raza a sabidas cuentas no justificadas y un antropocentrismo que ubica al ser humano en el centro, partiendo de la racionalidad moderna, que entiende al ser humano como ente apartado de su entorno, rompiendo los vínculos y las relaciones entre las personas y de estas con la naturaleza. De tal manera que los ODS se convierten en un referente para diferentes actores, niveles y ámbitos de actuación a escala

---

6 El concepto original de desarrollo sostenible se planteó en el Informe Brundtland en 1987, posteriormente el Banco Mundial (Munasinghe 1993) lo reformula.

global donde el desarrollo se legitima una vez más como única vía para salir de la pobreza.

Entendiendo la «colonialidad» como matriz o patrón de poder que organiza social moderno/capitalista basada en el dominio político y cultural de unos grupos sociales hegemónicos (principalmente grupos étnico religiosos, pero también de género y de orientación e identidad sexual) sobre otros grupos sociales subalternos, mientras que la «decolonialización» sería el proceso por el cual los grupos sociales subalternos comienzan a emanciparse de la citada dominación política y cultural para transformarlo (HIDALGO, 2019).

Las principales limitaciones que tiene la Agenda son el concepto y sentido de desarrollo[7] que continúa desde un punto de vista economicista, de crecimiento ilimitado y que no sea vinculante. Si bien, este "matiz" ha sido lo que ha permitido que sea de atractivo para muchos países. Desde esta perspectiva, la articulación del desarrollo con la implementación simultánea en diversas regiones o países, en un contexto donde el Mercado es el sacramento actual y donde los propios Estados han perdido capacidad de decisión y de acción ante grandes monopolios (MORENO, 2003), es una contradicción difícil de dilucidar. La producción y el consumo sin límites han posicionado a las transnacionales a nivel global y también se amparan para actuar en tratados y acuerdos internacionales como son, por ejemplo,

---

7 El 20 de enero de 1949 se marcó como día de irrupción del concepto contemporáneo de desarrollo en el *Discurso sobre el estado de la Unión*, del entonces presidente estadounidense Harry Truman. Además, hizo indicación de tres puntos clave de su política exterior: apoyo a Naciones Unidas, la reconstrucción europea a través del Plan Marshall y la intención de crear una organización militar común de defensa (OTAN) para neutralizar la amenaza soviética. Con estas líneas declaraban sus bases en las relaciones internacionales mediante la ayuda a salir de la pobreza a las "regiones insuficientemente desarrolladas". Con este discurso comienza la segunda mitad del siglo XX, resaltando una visión civilizatoria que trajo consigo el surgimiento de una bipolaridad entendida como desarrollo vs. subdesarrollo, a la par de la instauración de instituciones orientadas a materializarlo y como objeto de estudio de nuevas disciplinas, ejemplo de ello, la Economía del Desarrollo. Así se abría un terreno para concebir modelos de planificación del tránsito de los subdesarrollados al Primer Mundo. Unos años después, en 1960, se publica El modelo de las Etapas del crecimiento económico del economista estadounidense Walt Whitman Rostow. Esta publicación se convierte en un diseño concreto en torno a la definición del término subdesarrollo vs. desarrollo planteado y justificado que se convirtió en uno de los principales modelos históricos del crecimiento económico.

el Tratado libre comercio o la Carta de la Energía donde se legitima el poder del mercado sobre los Estados, siendo estos últimos susceptibles de ser demandados si no se cumplen las previsiones de ganancias económicas, dejándolo en el ámbito del derecho privado.

La Agenda 2030 invita en el Objetivo 8 a "procurar desvincular el crecimiento económico de la degradación del medio ambiente" (ONU, 2015, p. 22) pero el capitalismo necesita de energía y materia para crecer. Hasta el momento el aumento del uso de las energías fósiles es una de las causas del calentamiento global, por otro lado ya se están agotando. Las energías renovables como solución están sustentadas en la tecnología por lo que requieren de la minería (también con límites físicos) y otros elementos que se fabrican dependiendo de fósiles con lo cual una transición energética es inasumible en términos globales. (ECOLOGISTAS EN ACCIÓN, 2017).

Frente a paradigmas hegemónicos la "(...) matriz global de mercantilización y destrucción de la vida encuentra su correlato local en el modelo de desarrollo basado en el extractivismo y en los agronegocios como modalidades para continuar la acumulación incesante de capital dentro de un escenario global de crisis sistémica, que hoy se ve reflejada en lo que para muchos es el paradigma del desarrollo económico" (BORSANI, M. y QUINTERO, P. (Comp.) 2014: 12) lo que conlleva a que el desarrollo tiende a ser una idea homogeneizante. Teniendo como punto de de partida el análisis del desarrollo.

como meta en el imaginario colectivo que nos ha inculcado el capitalismo podemos decir que estamos frente a la colonialidad del poder, el saber y el ser en toda su magnitud y peligro por sus implicaciones a escala global.

Ejemplo de ello es la llegada de los tratados de libre comercio y de protección de las inversiones extranjeras en los diferentes países latinoamericanos en la década de los 90, establecido con el Consenso de Washington y promovido por el Banco Mundial, la situación se intensifica. La intervención del extractivismo ha generado diversos impactos, sobre todo la devastación de los recursos y la generación de niveles de desigualdad y de pobreza que han llevado a una incapacidad para propiciar un bienestar continuado y sostenible. La ejecución de este tipo de economía se aprovecha de la ausencia de leyes para regular el control ambiental, ya que el método de inversión de las empresas es ahorrar costos de inversión para lograr mayores ganancias y, además, existe una infravaloración de los recursos naturales y los impactos ambientales en las áreas en las que se extraen estos suministros. Los resultados, a día de hoy, son variados, van desde los económico con él acrecentaron y extendieron el poder de las empresas transnacionales, reducción de aranceles con restricción de la política comercial de los países, aumento de la deuda externa y dependencia de los monopolios de las grandes empresas con la consabida pérdida de soberanía al otorgarle libertades a los inversores extranjeros, con la consabida pérdida de la soberanía alimentaria, del acceso a las tierras, al agua y por consiguiente el aumento de la pobreza, desnutrición, desplazamientos, en fin, violencia multidimensional.

Las luchas y resistencias en la década de los noventa evidenciaron el fracaso del paradigma civilizatorio occidental, pues este había demostrado que las expectativas de «desarrollo» en los países del sur eran imposibles de cumplir. Pero no solo eso, pusieron el dedo en la llaga ante la pretensión de universalidad de los Derechos Humanos, desenmascarando la falsa inclusión de las 'minorías' olvidadas. También develaron las jerarquías visibles e invisibles que se sostienen sobre la dicotomía fundante de las sociedades latinoamericanas: civilización vs barbarie; perfilaron el cuestionamiento a la pretendida exclusividad de 'verdad' por parte del saber científico y reivindicaron la validez de los conocimientos populares producidos fuera de los cánones occidentales; evidenciaron que las mujeres racializadas son invisibilizadas y violentadas sistemáticamente por los sistemas políticos, estatales y sociales. Se construyen estructuras racistas y patriarcales en el plano de la epistemología moderna que inferioriza las epistemologías distintas, inferioriza las/os sujeta/os indígenas y africanas/os y sus conocimientos, al privilegiar la del hombre occidental. La descalificación epistémica se convierte en un instrumento privilegiado de la negación ontológica o de la sub-alterización (GROSFOGUEL y OCHOA 2016; VILLARROEL, 2018). "Otros no piensan, luego no son". (MALDONADO, 2004: 145)

Esto ha desencadenado múltiples conflictos socioambientales, el Atlas de Justicia Ambiental registra 932 casos en América Latina. Llevando el análisis a lo territorial y local utilizaremos la minería en el caso colombiano como ejemplo de extractivismo intensivo donde se expresan las contradicciones expuestas anteriormente.

En el caso específico de la minería, según el mapa de conflictos mineros creado por el Observatorio de Conflictos Mineros de América Latina (OCMAL) [8] en América Latina están registrados 284 conflictos relacionados

---

[8] El Observatorio de Conflictos Mineros de América Latina (OCMAL) se creó en marzo del año 2007 en un encuentro realizado en Oruro, Bolivia como resultado de colaboraciones varias organizaciones del continente para articular estrategias de resistencia y alternativas a la minería extractivista en América Latina.

con 301 proyectos mineros, que también han desencadenado 162 conflictos por el agua; proyectos que han generado contradicciones con las comunidades por la degradación y el expolio de los suelos. De estas sucesivas protestas y luchas en resistencia por el territorio, 264 casos están sufriendo criminalización.

Casos paradigmáticos se han dado en Colombia desde que el Banco Mundial en 1997 evaluara la producción minera de América Latina y el Caribe y recomendara "promover la exploración y explotación de los RNNR, fomentar las exportaciones y atraer inversionistas extranjeros. Las recomendaciones van desde reformas constitucionales, administrativas, adjudicatarias y contractuales, hasta adecuaciones institucionales, límites a la intervención de los Estados en el sector, convenios de estabilización, derechos mineros y cesión de derechos, aspectos ambientales y estímulos fiscales y económicos para inversionistas[9] Fue entonces cuando se produjo un primer intento por modificar el Código de Minas (Decreto 2655 de 1988) con el gobierno de Samper (1994–1998), con el pretexto de hacerla concordar con la Carta Política de 1991 que fracasó por falta de consulta previa. Luego, en el gobierno de Pastrana (1998–2002), se implantó la Ley 685 de 2001. Lo que trajo consigo "la liberalización de las normas del sector con el desmantelamiento de instituciones de control y regulación en los ámbitos ambiental y minero, la liquidación de las empresas públicas del sector y el auge de los precios de los minerales a partir del 2003." (GARAY, 2014: 31 Vol. III)[10]

Esto produjo que en Colombia se pasara de 1.800 títulos mineros en 2002 a 9.600 a finales de la década, cinco veces mayor en menos de 10 años. Dichos títulos se otorgaron sin la debida consulta y se desconoce,

---

9 El extractivismo estaba asociado en América Latina a la industria, como se refleja en algunas publicaciones de principios del SXX y señala que "El Banco Mundial contribuyó mucho en popularizar esas ideas. El banco tenía un área de trabajo en "industrias extractivas", enfocada específicamente en petróleo, gas y minerales, a los que adjudicaba un enorme potencial para remontar la pobreza, generar empleos, proveer ingresos fiscales y contribuir a un desarrollo sostenible (World Bank, 2009 como se citó en Gudynas, 2015b).

10 Estudio se enclava en la investigación Minería en Colombia, realizado bajo la dirección del profesor Luis Jorge Garay y que fue encargado por la Contraloría General de la República. Para tal fin, puede acudirse al capítulo titulado "Conflictos ambientales en Colombia: inventario, caracterización y análisis", incluido en el volumen IV: Control público, memoria y justicia socio–ecológica, movimientos sociales y posconflicto.

según la investigación, el "proceso de selección objetiva", o sea, "sin un adecuado y eficiente control, seguimiento y fiscalización, cuando no incurriéndose en prácticas corruptas[11] o al menos opacas, como lo señaló en 2011 el entonces ministro de Minas y Energía, Rodado Noriega." (GARAY, 2014: 31 Vol. III).

En Colombia están registrados 19 proyectos que han generado contradicciones con las comunidades por la degradación y el expolio de los suelos según OCMAL. La región del Norte del Cauca, ubicada en el departamento colombiano del Cauca, ha sufrido conflictos medioambientales en los municipios de Suárez, Buenos Aires y Santander del Quilichao. Estos municipios tienen en común su ubicación en la frontera con el Valle del Cauca y se caracterizan por desempeñar actividades mineras y agropecuarias que se han visto altamente afectadas, alterando sus medios de subsistencia y los de su entorno, así como sus prácticas ancestrales por el poder de algunos proyectos extractivistas mineros e hidroeléctricos.

En dicho departamento se sitúa el nudo cordillerano andino del Macizo Colombiano, donde nacen las cordilleras central y occidental de Colombia al igual que los dos grandes ríos interandinos colombianos, el Cauca y el Magdalena. Esto convierte al Cauca en una de las regiones con más fuentes de agua del país con gran potencial para la generación de energía hidráulica. Allí se encuentra el río Naya, uno de los principales de la vertiente del Pacífico que cuenta con grandes reservas de oro. Además, en el departamento se localiza una de las más grandes reservas forestales del país. Todo esto hace de la zona un foco de atención para las ambiciones de las trasnacionales extractivistas.[12]

---

11 Servicio Geológico Colombiano –SGC (2012). Informe Ejecución Plan de descongestión Solicitudes de Títulos Minero. Bogotá, D. C. Enero. Citado en Garay, L. J. (2013). Daños ecológicos y socio-económicos y consideraciones sobre un modelo minero alternativo, Capítulo 1. Una política integral minera desde la perspectiva de un sistema complejo: hacia un modelo alternativo. Volumen 3 de la serie Minería en Colombia de la Contraloría General de la República. Bogotá.

12 Situación minera en los territorios campesinos, indígenas y afrodescendientes en el Norte del departamento del Cauca ha sido investigado y mapeado por Carlos Duarte del Instituto de Estudios Interculturales Pontificia Universidad Javeriana de Cali. En todo el departamento del Cauca existen 350.447 ha en títulos mineros de las 369.111,83ha destinadas para la explotación de recursos naturales no renovables totales para el departamento y aclara que, si se suma el área destinada a la explotación de recursos naturales no renovables y los 5km que se piden de protección según norma hay 241 Títulos Mineros que ocupan más del 10% el Departamento.

Son muchos los impactos derivados como consecuencia de actividades extractivistas en la zona con la construcción de la hidroeléctrica en la represa La Salvajina y de la extracción minera en Suárez y Santander del Quilichao. Desde una perspectiva medioambiental han provocado derrames de sustancias tóxicas y de residuos mineros trayendo consigo van desde la contaminación atmosférica y sonora, la deforestación y pérdida de área cultivada, contaminación del agua superficial provocando, disminución de la calidad del agua e impacto en sistema hidrogeológico con reducción de la conectividad ecológica/hidrológica y por ende pérdida de la biodiversidad e inseguridad alimentaria (problemas con cosecha), calentamiento global, etc. Todo esto trae un impacto en la salud de los habitantes directa e indirectamente con enfermedades relacionadas con el consumo de aguas contaminadas y malnutrición.

Desde una perspectiva socioeconómica el daño se ramifica en un aumento de la corrupción/cooptación de distintos actores[13], falta seguridad laboral, absentismo, despidos, desempleo, desalojos, militarización y aumento de presencia y control de las fuerzas del orden que han traído como consecuencia la pérdida su medio tradicional de subsistencia, pérdida de los conocimientos locales, saberes, prácticas, cultura, expropiación de tierra, deterioro del paisaje y pérdida de sentido de identidad del lugar que son prácticas de violencia múltiple y con impactos específicos en las mujeres por el aumento de las violaciones y la repercusión en los cuidados. O sea, un conjunto de violaciones a los derechos humanos y degradación medioambiental. Lo que ubica a la población local en un estado socioecómico desfavorable con una variedad de factores que la convierte en altamente vulnerable y empobrecimiento.

El desarrollo de megaproyectos extractivistas con fines económicos para transnacionales ha afectado los derechos de la población afrocolombiana e

---

13 Para que estos propósitos se hagan realidad intervienen diferentes actores gubernamentales relevantes como son el Instituto Colombiano de Minería y Geología, el Ministerio de Ambiente y Desarrollo Sostenible, la Corte Constitucional de Colombia, la Policía Nacional y el Ejército Nacional así como actores de la administración del departamento y el municipio como la Gobernación del Departamento del Cauca, la Corporación Autónoma Regional de del Cauca y las Alcaldías de Suárez, Buenos Aires y Santander del Quilchao. Colombia, la Policía Nacional y el Ejército Nacional, así como actores de la administración del departamento y el municipio como la Gobernación del Departamento del Cauca, la Corporación Autónoma Regional de del Cauca y las Alcaldías de Suárez, Buenos Aires y Santander del Quilchao.

indígena grandemente, por un lado con la pérdida de la posesión del territorio y, por tanto, de sus prácticas tradicionales de subsistencia, como la minería artesanal y la pesca; y por otro, ha llevado a sus miembros a la violencia producidas por actores armados legales e ilegales que operan a favor de las multinacionales con el fin de eliminar los obstáculos para la expansión de su industria[14]. En 2019 los asesinatos en Colombia alcanzaron los 64 activistas (GLOBAL WITNESS, 2020). De tal manera, podemos identificar dos niveles del conflicto, un primero: la extracción de minerales y un segundo: los conflictos por la tenencia de la tierra. Cabe destacar que esta situación de expropiación que las comunidades afrocolombianas lo enfrentan en mayor medida, debido a que representan mayor porcentaje de la población y a la falta de reconocimiento de los derechos colectivos[15]

---

14 En el municipio de Suárez, por ejemplo, en el 2004 se registraron al menos doce asesinatos de miembros de la comunidad perpetuados por grupos armados no identificados. Entre el 2003 y el 2009 se registraron catorce personas asesinadas, tres ejecuciones extrajudiciales y catorce muertos en acciones bélicas. En el 2008, luego de una orden de desalojo emitida por el alcalde de Suárez, integrantes del Escuadrón Móvil Antidisturbios (Esmad) y la contraguerrilla arremetieron contra 200 familias de la comunidad de mineros, en su gran mayoría afrocolombianas, lanzando gases lacrimógenos y golpeándolos con bolillos y patadas. La orden de desalojo fue dada bajo el argumento de que son terrenos de alto riesgo (Corporación Servicios Profesionales Comunitarios Sembrar, 2010:17). Citado en "La disputa por los recursos naturales en los territorios afrocolombianos. El caso de Buenos Aires y Suárez (Cauca) desde una perspectiva de derechos humanos", Observatorio de discriminación racial, Ediciones Uniandes, Bogotá, Colombia. Abril 2011.

15 Esta zona cuenta con una población de 398.775 habitantes y se compone del 78% de personas con pertenencia étnica de los cuales el 49% pertenecen a la población afrodescendiente y el 29% (Secretaría de Desarrollo Económico y Competitividad de la Gobernación del Cauca) a la población indígena. La normativa para afrodescendientes es de apenas 3 décadas cuando en 1991 se les reconoce como tal. Las comunidades afrodescendientes tienen de facto un menoscabo para poder ejercer sus derechos en los territorios como derechos étnicos reconocidos con respecto a las comunidades indígenas, lo que puede ejemplificarse en lo que a la legislación de los principios de autonomía y gobierno se refiere. La zona del Norte del Cauca no es ajena a esta inequidad y, además, la sufre de una manera más espinosa, pues les ha sido pospuesta la formalización de la tenencia colectiva y se han encontrado tropiezos para la formalización de los Consejos Comunitarios. O sea, no se ha tenido en cuenta su voz. Esto ha generado una gran diferencia en cuanto a la obtención de títulos colectivos entre las comunidades indígenas y afrodescendientes.

En estos casos de extractivismo de alta intensidad el investigador uruguayo Eduardo Gudynas del Centro Latino Americano de Ecología Social (CLAES) apela a la utilización del término *extrahección* para nombrar "la apropiación de los recursos naturales desde la imposición del poder y violando los derechos de humanos y la Naturaleza" (GUDYNAS, 2013). El concepto en sí mismo implica que "ciertas formas de apropiarse de la Naturaleza, por su intensidad y extensión, siempre implican violaciones de los derechos y uso de la violencia para imponerse" (GUDYNAS, 2015: 128). Para el autor, con este término, justamente, lo que se pone en evidencia es la violación de distintos derechos, por lo que es una característica intrínseca en la manera en que se realiza la apropiación de recursos naturales (GUDYNAS, 2015).

Enfatizando las violaciones de los llamados derechos de tercera generación orientados a calidad de vida o un ambiente sano (1) debido a los impactos ambientales provocados por la contaminación de aguas, suelos y aire, y por tanto la consabida pérdida de ecosistemas y biodiversidad son todas violaciones de los llamados derechos de tercera generación. Teniendo en cuenta, además que hay proyectos extractivos que son claramente discordantes con la disposición constitucional y su perspectiva ecológica en países donde se reconocen los derechos de la Naturaleza como en Ecuador o Bolivia. Los derechos de las comunidades y colectivos de múltiples (2) maneras están infringidos ya que se incumplen las consultas previas, libres e informadas a las comunidades locales, o se imponen sus resultados, se fuerza al desplazamiento de comunidades, además de violaciones a los derechos de los trabajadores en casos dónde los proyectos extractivos están en funcionamiento, porque no se tienen en cuenta las funciones y denuncias ejercidas desde la sindicalización, la seguridad laboral o las condiciones sanitarias. Se viola el derecho a una transparencia y buena gobernanza (3) con las prácticas reiteradas de corrupción, como sobornos, para la obtención de permisos que permitan la implementación de proyectos extractivos de alto impacto social o ambiental. De igual manera la extrahección refiere al silenciamiento de las voces ciudadanas (4) mediante mecanismos como judicializar las protestas, a través de procesos legales contra sus líderes, que pueden durar años con perjuicios como el embargo de sus bienes y restricciones de movimiento. También la criminalización se da marcando, dichas acciones, con el vandalismo, sabotaje o terrorismo. Otra manifestación llevada a cabo es la violencia directa (5) ejecutada por individuos o grupos, (maras, cuerpos de seguridad o paramilitares, o propias fuerzas estatales policiales o militares (GUDYNAS, 2013).

Los marcos jurídicos juegan un papel fundamental a la hora de legitimar prácticas económicas y, también, para brindar herramientas legales en la defensa de la autodeterminación de los pueblos originarios. En el contexto latinoamericano, cada uno de los países ha ido asumiendo, o no, el reconocimiento de las comunidades indígenas y afrodescendientes en sus constituciones y legislaciones nacionales y, además, el marco internacional se ha ampliado[16] pero es un camino inacabado.

Por primera vez se reconoce en varios informes de la Corte Interamericana de Derechos Humanos (CIDH) la necesidad de la defensa en el marco de las empresas y la criminalización de los líderes y las lideresas. En el informe "*Pueblos indígenas, comunidades afro-descendientes y recursos naturales: protección de los derechos humanos en el contexto de actividades de extracción, explotación y desarrollo*" (CIDH, 2016) destaca las problemáticas causadas por las actividades extractivas en la región latinoamericana.

Posteriormente el Informe *Empresas y Derechos Humanos: Estándares Interamericanos,* [en el Capítulo 6. *Contextos interamericanos de especial atención en el ámbito de empresas y derechos humanos,* apartado A. Justicia Transicional y rendición de cuentas de actores económicos], reconoce que estudios de diversas comisiones de la verdad relacionadas con violaciones de los derechos humanos han puesto en evidencia la intervención de actores económicos o empresas en dichos territorios. Además, revelan que la mayoría se aglutina en América Latina, identificándose coacciones de complicidad empresarial en nueve países de la región. El texto nos invita a una visión panorámica de las últimas cinco décadas basadas en "*investigaciones académicas sobre el tema registran al menos 717 actores económicos involucrados en complicidad empresarial por graves violaciones de derechos humanos en 11 países de América Latina en el marco*

---

16 En esa dirección la Relatoría Especial sobre Derechos Económicos, Sociales, Culturales y Ambientales (REDESCA) de la CIDH había celebrado, en abril de 2018, la iniciativa y puesta en marcha de la Corte Suprema de Justicia de Colombia, (STC 4360-2018), reconociendo "a la amazonia colombiana como sujeto de derecho al afirmar que los bosques cumplen un rol importante en la mitigación del cambio climático y que pueden ser pasibles de protección jurídica por sí mismos." Un año más tarde el Informe *Empresas y Derechos Humanos: Estándares Interamericanos,* publicado el 1 de noviembre de 2019, enfatiza la Opinión Consultiva OC-23/17 de 15 de noviembre de 2017. Serie A No. 23, párr. 62 de la CIDH afirma "el derecho al medio ambiente sano como derecho autónomo, a diferencia de otros derechos, protege los componentes del medio ambiente, tales como bosques, ríos, mares y otros, como intereses jurídicos en sí mismos, aún en ausencia de certeza o evidencia sobre el riesgo a las personas individuales". (CIDH, 2019)

de regímenes autoritarios y conflictos armados que han ocurrido desde la década de 1960 hasta el presente" (CIDH, 2019). Dando por hecho que los datos recopilados estarán por debajo de una cifra real, sobresale Colombia con 459 actores económicos, seguido de Brasil con 122 y Guatemala con 45. Además, deja claro que la información y análisis indica con certeza que dichos actores económicos han tenido una intervención directa con la colaboración material "o *aportando personal, información esencial de las víctimas, logística, y hasta permitiendo el montaje de centros clandestinos de detención"* (CIDH, 2019), para la llevada a cabo de la violación de derechos humanos. La participación también se ha dado de manera indirecta "*financiando a conciencia el aparato represivo"* (CIDH, 2019).

Si analizamos algunos de los objetivos de la Agenda 2030, tomando como ejemplo de caso, la minería en Colombia, vemos como responden, en gran medida, a los intereses de las empresas transnacionales. En este sentido el Objetivo 9. Industria, innovación e infraestructura mantiene un enfoque de la industrialización desarrollista lo que se antepone a la concepción comunitaria y saberes ancestrales.

De tal manera que no puede lograrse una reducción de las desigualdades como propone el Objetivo 10 si la cantidad de dinero o bienes, que proviene del libre mercado, tiende a aglutinarse en pocas personas, lo que crea una gran desigualdad entre personas dentro de un mismo país como entre países (PIKETTY, 2013). Nos encontramos frente a una contradicción ya que los beneficios de las transnacionales se dan por mano de obra barata, la corrupción y la violencia.

Sin reducción de las desigualdades no puede ponerse fin de la pobreza, que es el objetivo 1 de la agenda. Además, la propuesta asume que la pobreza se puede medir en términos de ingresos económicos desestimando que lo importante es capacidad efectiva de las personas de satisfacer sus propias necesidades (SEN, 1981), ignorando implícitamente la multidimensionalidad de la pobreza. A saber, que en el marco de un pensamiento desarrollista de crecimiento sin límites y de intervención de empresas extractivistas hay multitudes de comunidades que se ven impulsadas al empobrecimiento sin poder decidir sobre sus territorios y sostener sus propias vidas.

Tampoco es posible reducir el hambre a cero (ODS 2) ya que el problema no está relacionado con la provisión de alimentos sino con su distribución y su acceso[17].

---

[17] Palabras de J. Diouf, director general de la FAO, 2010, citado en *El sistema agroalimentario globalizado: imperios alimentarios y degradación social* de Manuel Delgado

Los ODS no hacen referencia a la regulación de los mercados de alimentos, sino a su buen funcionamiento. Por otro lado, teniendo en cuenta los efectos del extractivismo y sus efectos de contaminación de los suelos y las agudas, entonces lo impide. El fomento de una agricultura esencialmente destinada al mercado requiere de una intensificación de la explotación de la tierra. La lógica de producir más es una lógica de agricultura insostenible, pues los aumentos de productividad suelen descansar en el uso de agroquímicos (que contaminan los ecosistemas), en la producción de transgénicos (que amenazan la biodiversidad genética y la bioseguridad) y en la expansión de la frontera agrícola (que destruyen la biodiversidad de ecosistemas y de especies) (GUDYNAS, 2015). Una agricultura sostenible debe ser una agricultura ecológica. Por lo que el hambre cero está estrechamente vinculada con la soberanía alimentaria y la conservación de los ecosistemas. Es decir, que los diferentes pueblos tengan la capacidad para decidir sobre su agricultura y su alimentación, de forma que puedan garantizar, a largo plazo, el correcto abastecimiento de alimentos, en términos nutritivos, ambientales, sociales y culturales (FORO MUNDIAL POR LA SEGURIDAD ALIMENTARIA, 2001).

El Objetivo 3. Salud y bienestar no puede lograrse en toda su plenitud cuando los ecosistemas están degradados a niveles irrecuperables a causas del extractivismo y cuando se actúa violentando los cuerpos con violaciones, agresiones sistemáticas y asesinatos. Para alcanzarlo, se requiere el reconocimiento y el ejercicio pleno de los derechos sexuales y reproductivos, mientras no se tenga el control sobre el cuerpo y la sexualidad no se podrá disfrutar de una vida sana ni del bienestar.

Por su parte el ODS 5 dedicado exclusivamente a la igualdad de género no es posible si no se entiende que las mujeres del sur global, en el contexto del extractivismo, están defendiendo su derecho al cuerpo-territorio desde sus lógicas ancestrales y entendiendo la naturaleza como parte de su yo y su identidad. A decir de Rita Segato, esta guerra es "*las corporaciones que matan gente, violan y destruyen el cuerpo de las mujeres para barrer comunidades y hacer que abandonen sus territorios*". O sea, *estrategias para tomar la tierra* y, por tanto, *es una guerra económica.* Su análisis va encaminado a impugnar *el mandato de masculinidad* ya que desde ahí es que se contribuye a la práctica bélica en cualesquiera de sus modalidades ya sean ejércitos, paramilitares, pandillas, etc. (SEGATO, 2017). Este es el eje vertebrador de las *"guerras informales contemporáneas, y en su «feminización» y carácter profanador (...) cómo*

Cabezas publicado en Revista de Economía Crítica, nº10, segundo semestre 2010.

ese «método» de destrucción del cuerpo social a través de la profanación del cuerpo femenino" que se convierte en un tiro al blanco en las guerras genocidas de la actualidad. (SEGATO, 2016). Estos mecanismos de dominación llevados a cabo contra las mujeres no responden aún patriarcado en el ámbito doméstico en los hogares de las comunidades campesinas y culturas originarias. Por tanto, "el Estado entrega aquí con una mano lo que ya retiró con la otra: entrega una ley que defiende a las mujeres de la violencia a que están expuestas porque ya rompió las instituciones tradicionales y la trama comunitaria que las protegía. El adviento moderno intenta desarrollar e introducir su propio antídoto para el veneno que inocula. El polo modernizador estatal de la República, heredera directa de la administración ultramarina, permanentemente colonizador e intervencionista, debilita las autonomías, irrumpe en la vida institucional, rasga el tejido comunitario, genera dependencia, y ofrece con una mano la modernidad del discurso crítico igualitario, mientras con la otra ya introdujo los preceptos del individualismo y la modernidad instrumental de la razón liberal y capitalista, conjuntamente con el racismo que somete a los hombres no-blancos al estrés y a la emasculación." (SEGATO, 2015)

Bibliografía

BORSANI, M.; QUINTERO, P. (Comp.) 2014: *Los desafíos decoloniales de nuestros días: pensar en colectivo.* Neuquén, Argentina. Universidad Nacional del Comahue.

CASTRO-GÓMEZ, S.; GROSFOGUEL, R. (Ed.). (2007): *El Giro Decolonial. Reflexiones para una diversidad nepistémica más allá del capitalismo,* Siglo del Hombre Editores, Bogotá.

CIDH. (2016): *Informe Pueblos indígenas, comunidades afrodescendientes y recursos naturales: protección de derechos humanos en el contexto de actividades de extracción, explotación y desarrollo,* ndiciembre en http://www.oas.org/es/cidh/informes/pdfs/industriasextractivas2016.pdf (Consultado el 14 de mayo de 2023).

CIDH. (2019): *Informe Empresas y Derechos Humanos: Estándares Interamericanos,* 1 de noviembre en https://oas.org/es/cidh/informes/pdfs/EmpresasDDHH.pdf (Consultado el 4 de mayo de 2023).

DUARTE, C. (2011): *Situación minera en los territorios campesinos, indígenas y afrodescendientes en el Norte del departamento del Cauca.* Instituto de Estudios Interculturales Universidad Javeriana de Cali.

ECOLOGISTAS EN ACCIÓN (2017). *Caminar sobre el abismo de los límites: Políticas ante la crisis ecológica, social y económica.* Ecologistas en Acción, Marqués de Leganés 12, 28004 Madrid,

FORO MUNDIAL POR LA SOBERANÍA ALIMENTARIA (2001).

Declaración Final del Foro Mundial por la Soberanía Alimentaria. FMSA, La Habana.

GARAY, L. J. (Comp.) (2013): *Minería en Colombia*: (V 1-4), Contraloría General de la República. Bogotá.

GLOBAL WITNESS. (2020): "Defender el Mañana", 29 de julio, en https://www.globalwitness.org/es/defending-tomorrow-es/ (Consultado el 1 de octubre de 2020).

GROSFOGUEL, R.; OCHOA, K. (2016): "Primer Coloquio Internacional sobre Transculturalidad, Pensamiento y Estéticas Descoloniales", Sesión 1, GLEFAS/UNAM: https://www.youtube.com/watch?v=PD2MrP5_0U4 (Consultado 18 de junio de 2021).

GUDYNAS, E. (2013): "Extrahección: violación de derechos en la apropiación de la naturaleza", Uruguay. *Centro Latino Americano de Ecología Social,* en https://ecologiasocial.com/2013/03/extraheccion-violacion-de-derechos-en-la-ap ropiacion-de-la-naturaleza/ (Consultado el 20 de enero de 2021).

GUDYNAS, E. (2015): *Extractivismos: Ecología, economía y política de un modo de entender el desarrollo y la Naturaleza,* CEDIB: Cochabamba, Bolivia. HIDALGO-CAPITÁN, A. L., GARCÍA-ÁLVAREZ, S., CUBILLO-GUEVARA, A. P., MEDINA

CARRANCO, N. (2019). *Los Objetivos*

del Buen Vivir. Una propuesta alternativa a los Objetivos de Desarrollo Sostenible. Ibe-roamerican Journal of Development Studies, vol. 8(1):6-57.

MALDONADO, N. (2004): *Sobre la colonialidad del ser: contribuciones al desarrollo del concepto,* en: http://www.decolonialtranslation.com/espanol/maldonado-colonialidad-del-ser.p df (Consultado 15 de junio de 2021).

MAPA DE JUSTICIA AMBIENTAL (s.f.): https://ejatlas.org (Consultado el 23 de septiembre de 2020)

MORENO, I. (2003): *La trinidad sagrada de nuestro tiempo: mercado, estado y religión.* Revista española de Antropología Americana. Vol. Extraordinario.

OBSERVATORIO DE CONFLICTOS MINEROS DE AMÉRICA LATINA (OCMAL). (s.f.): *Mapa de concflictos Mineros,* en https://mapa.conflictosmineros.net (Consultado el el 21 de septiembre de 2020).

ONU, 2015. Transformar nuestro mundo: la Agenda 2030 para el Desarrollo Sostenible. Asamblea General de las Naciones Unidas, Nueva York (NY). https://unctad.org/system/files/official-document/ares70d1_es.pdf (Consultado el 21 de febrero de 2022).

PIKETTY, T. (2013). *Le Capital au xxie siècle. Le Seuil,* París.

SEGATO, R. (2010). *Género y colonialidad: en busca de claves de lectura y de un vocabulario estratégico descolonial,* en A. Quijano y J. Mejía Navarrete (comps.), *La cuestión descolonial,* Lima, Universidad Ricardo Palma.- Cátedra América Latina y la Colonialidad del poder.

(2015). *La crítica de la colonialidad en ocho ensayos Y una antropología por demanda.* Prometeo Libros Buenos Aires. (2016). *La Guerra contra las mujeres.* Madrid. Traficantes de sueños.

(2017). Rita Segato: la única salida son los vínculos reales: las mujeres defendiéndose a sí mismas". LATFEM, periodismo feminista en https://latfem.org/rita-segato-la-unica-salida-son-los-vinculos-reales-las-mujeres-defendiendose-si-mismas/ (Consultada el 4 de abril de 2021).

SEN, A. (1981). *Poverty and Famines.* Claredon, Oxford (Reino Unido). VILLARROEL, Y. U. (2018). "Feminismos descoloniales latinoamericanos:

geopolítica, resistencia y Relaciones Internacionales", 17 de agosto, *Relaciones Internacionales,* Editor, & G. d. UAM, Productor, en https://revistas.uam.es/relacionesinternacionales/article/view/9393 (Consultado el 4 de marzo de 2021).

1.3. DESARROLLO SOSTENIBLE Y VIOLENCIAS MACHISTAS: UNA APROXIMACIÓN DESDE LOS FEMINISMOS

PALOMA GARRIDO-REINA[18]

Las violencias machistas contra las mujeres son una vulneración de los derechos humanos y un problema de salud pública a nivel mundial. A pesar de los avances en los derechos de las mujeres gracias a los movimientos feministas, asistimos en los últimos años a una gran reacción antiambientalista, antifeminista y negacionista de las violencias machistas.

La Agenda 2030 para el Desarrollo Sostenible se ha convertido, sin duda, en un faro al que mirar para seguir caminando hacia la protección y promoción de los derechos humanos. Los Objetivos de Desarrollo Sostenible (ODS) han supuesto un salto cualitativo con respecto a los Objetivos de Desarrollo del Milenio (ODM) en la cuestión de las violencias machistas, ocupando un lugar mucho más central a través de ODS directos e indirectos. Sin embargo, tras una aproximación a los objetivos y metas, detectamos limitaciones en términos de enfoque y de conceptualización de las violencias machistas para alcanzar cambios verdaderamente transformadores. En este contexto, reivindicamos, por tanto, la necesidad urgente de incluir en el análisis y la aplicación de los ODS una mirada feminista decolonial capaz de interrelacionar estos objetivos con tres dimensiones clave: el empoderamiento y la agencia, la interseccionalidad, y la sostenibilidad de la vida.

Introducción

Las violencias machistas contra las mujeres son una vulneración de los derechos humanos y un problema de salud pública a nivel mundial. Por ello, partimos de la certeza de quc para alcanzar un desarrollo sostenible y una real igualdad entre los géneros debemos erradicar las violencias machistas.

El estudio "Violencia contra las mujeres: estimaciones para 2018 de la Organización Mundial de la Salud" (2021) señala que, aproximadamente, el 30% de las mujeres de más de 15 años ha experimentado algún tipo de violencia física y/o sexual en relaciones sentimentales heteronormativas,

---

[18] Departamento de Trabajo Social y Servicios Sociales de la Universidad Pablo de Olavide (Sevilla)

y/o violencia sexual fuera de la pareja —perpetrada por familiares, amigos, conocidos y/o desconocidos—. En la investigación se estima que entre 736 y 852 millones de mujeres han vivido alguna de estas situaciones de violencia. Sin embargo, el estudio no incorpora algunos aspectos, a nuestro parecer muy relevantes, como: los datos de niñas menores de 15 años, la violencia física fuera de las relaciones sentimentales, la trata con fines de explotación sexual, los llamados crímenes de honor o los feminicidios, entre muchas otras manifestaciones de las violencias. Si sumásemos todas las edades, todos los tipos de violencias machistas que somos capaces de detectar, y todos los países, probablemente el porcentaje sería tan elevado como escalofriante. (GARRIDO-REINA, 2022)

Las violencias machistas van más allá de las violencias ejercidas en el seno de las relaciones sentimentales. Se manifiestan en formas y en contextos muy diversos: desde el acoso y las violaciones en entornos laborales y de ocio, pasando por las que se producen en los escenarios de guerras y conflictos geopolíticos, hasta en el acceso a los derechos sexuales y reproductivos, a la educación, o al trabajo, por citar algunas de ellas. Sabemos que ningún derecho está garantizado, y ante el impulso del feminismo —o feminismos— en los últimos años, se levantan diferentes reacciones posmachistas y negacionistas de las violencias contra las mujeres (BANET-WEISER, 2017; MARTINEZ-JIMÉNEZ, 2019), que influyen en toda la población, e inciden ferozmente entre los hombres más jóvenes (RODRIGUEZ SAN JUAN ET AL., 2021). Como señala Susan Faludi (1993) ante un avance, siempre hay una reacción.

En este contexto, este artículo se aproxima a los Objetivos de Desarrollo Sostenible (ODS) de la Agenda 2030 y a las violencias machistas desde una perspectiva feminista. El análisis de las violencias machistas no es en sí feminista. De hecho, muchas investigaciones han analizado esta cuestión sin esta perspectiva, o bien, basándose exclusivamente en la práctica de "añadir mujeres y mezclar" (ORME, 2002, p. 800). Sin embargo, las aportaciones de una mirada feminista son fundamentales para propiciar una transformación estructural real y duradera en el tiempo. Algunas autoras señalan, al menos, tres puntos importantes para comenzar una aproximación feminista-crítica: (1) partir de un enfoque que tenga como objetivo la transformación real de la desigualdad que somete las vidas de las mujeres; (2) incluir las violencias sexuales en su máxima amplitud; y (3) evitar caer en la esencialidad de la sexualidad femenina sin relacionarlo con el contexto desigual que nos abraza (POSADA KUBISSA, 2008; MACKINNON, 1995; GARRIDO-REINA, 2022). Este artículo parte de las teorías feministas como marco de referencia para entender y atender las violencias machistas y su origen en la organización patriarcal de la sociedad.

Desarrollo sostenible y violencias machistas

La Agenda 2030 para el Desarrollo Sostenible se ha convertido, sin duda, en un faro al que mirar para seguir caminando hacia la protección y promoción de los derechos humanos, teniendo en cuenta el planeta y sus recursos limitados. Su ambición a nivel global es innegable, y así lo podemos ver a lo largo de los 17 ODS, las 169 metas que deberían alcanzarse en los próximos 6 años y medio, y los 232 indicadores para medirlas. Los ODS han supuesto un salto cualitativo con respecto a los Objetivos de Desarrollo del Milenio (ODM). En los ODS se cuenta con la participación de la sociedad civil y destaca la cuestión de género y medidas concretas contra las violencias machistas de forma mucho más central, en comparación con los objetivos anteriores, que constituían "una cuestión cosmética más que un firme compromiso acompañado de estrategias y recursos específicos" (ESPINOSA-FAJARDO, 2016, p. 35; HERAS, 2019; STRUCKMANN, 2018).

En este sentido, hemos analizado los 17 ODS, así como sus metas e indicadores para entender cómo se conciben y se abordan las violencias machistas, y cómo se pretende erradicar su práctica. En la primera aproximación hemos identificado ODS que tienen como finalidad eliminar la violencia en alguna de sus formas de forma directa: ODS 5 y ODS 16. En segundo lugar, hemos incluido en el análisis, ODS que, en alguna de sus metas, de forma indirecta, también contribuyen a erradicar la violencia: ODS 1, ODS 2, ODS 3, ODS 4, ODS 6, ODS 10 y ODS 11. Por último, hemos señalado los ODS que, en principio, no se tiene en cuenta esta cuestión.

ODS directos

En primer lugar, debemos señalar al ODS más conocido y concreto, el ODS 5, que trata de "Lograr la igualdad entre géneros y empoderar a todas las mujeres y las niñas", concretamente en sus metas 5.2 y 5.3.

La meta 5.2 promueve la eliminación de "todas las formas de violencia contra todas las mujeres en los ámbitos público y privado, Incluyendo la trata, explotación sexual y otros tipos de explotación entre las formas de violencia", y en sus indicadores se señalan a mujeres "a partir de 15 años", que hayan atravesado violencia "física, sexual o psicológica a manos de su actual o anterior pareja", o bien "violencia sexual a manos de personas que no eran su pareja". En cuanto a la meta 5.3 se centra en erradicar lo que denomina como "todas las prácticas nocivas: como el matrimonio infantil, precoz y forzado y la mutilación genital femenina". Sus indicadores señalan franjas de edad diferenciadas "mujeres de entre 20 y 24 años que estaban casadas o mantenían una unión estable antes de cumplir los 15 años y antes de cumplir los 18 años" (indicador 1) y "niñas y mujeres de entre 15 y 49 años que han sufrido mutilación o ablación genital femenina" (indicador 2).

Por otro lado, podemos señalar igualmente la importancia del ODS 16, que aboga por "promover sociedades pacíficas e inclusivas para el desarrollo sostenible, facilitar el acceso a la justicia para todos y construir a todos los niveles instituciones eficaces e inclusivas que rindan cuentas". Si bien el ODS 16 no tiene en cuenta el carácter estructural de las violencias machistas como sí tenía el ODS 5, nos interesa la variable género en sus metas 16.1 y 16.2.

La meta 16.1 vuelve a incidir sobre la cuestión de reducir "todas las formas de violencia", midiendo las "víctimas de homicidios intencionales" (indicador 1); las "muertes relacionadas con conflictos" (indicador 2); la población que ha sufrido violencia física, psicológica y sexual (indicador 3); y la "población que se siente segura al caminar sola en su zona de residencia después de que oscurece" (indicador 4). Con este último indicador se señala manifestaciones de la violencia que quedan ocultas en el ODS 5. La segunda meta, 16.2, trabaja por "poner fin al maltrato, la explotación, la trata y todas las formas de violencia" midiendo las niñas y "niños de 1 a 17 años que han sufrido algún castigo físico o agresión psicológica por los cuidadores" (indicador 1); las "víctimas de la trata" (indicador 2); y la población joven "de entre 18 a 29 años que sufrieron violencia sexual antes de cumplir los 18 años" (indicador 3).

Tras analizar los ODS más directos en relación a su capacidad para prevenir y reducir las violencias, nuestra principal crítica reside en la falta de conceptualización de las violencias machistas contra las mujeres. Se insiste en la cuestión de eliminar "todas las formas de violencia" (metas 5.2, 5.3, 16.1, y 16.2), sin embargo, no se miden todas las formas de violencia. No se contemplan otras formas como la violencia económica y la violencia simbólica, ni las diferentes manifestaciones que pueden tener. Fuera del entorno de las relaciones sentimentales, sólo hace mención a las violencias sexuales, pero,

¿qué hay del resto de formas de la violencia? Este es el caso de la trata con mujeres con fines de explotación sexual, que, además de violencia sexual, podría ser también violencia económica, psicológica y/o física. Y, del mismo modo, la mutilación genital femenina, al tratarse de una mutilación también podría ser considerada violencia física. Tampoco se tienen en cuenta manifestaciones como esterilizaciones forzosas o crímenes de honor, reconocidas por otros organismos internacionales como el Convenio del Consejo de Europa sobre prevención y lucha contra la violencia contra las mujeres y la violencia doméstica —conocido como Convenio de Estambul—, entre otras. En este sentido, las llamadas "practicas nocivas" (meta 5.3) deberían ser consideradas otras formas de violencias machistas. Por último, no podemos dejar de mencionar la cuestión de la edad. Aunque en determinados casos se utiliza la denominación de "niñas", sólo se contemplan mujeres a partir de 15 años, a pesar que es de sobra conocidas las violencias que se ejercen contra niñas de 0 a 15 años, en incluso antes de su nacimiento.

ODS indirectos y sin relación aparente

De manera transversal, la Agenda cuenta con diferentes ODS y metas que influyen en la prevención y reducción de las violencias machistas. Se trata de cuestiones que afectan de forma indirecta al bienestar de mujeres y niñas como el acceso seguro a determinados servicios básicos: para acabar con la pobreza (meta 1.4), el acceso a las tierras (meta 2.3) a la salud sexual y reproductiva y a los derechos reproductivos (meta 3.7 y 5.6) a la educación (meta 4.1, 4.2, 4.3) a servicios de saneamiento e higiene adecuado (meta 6.2), y a espacios públicos y sistemas de transporte seguros (meta 11.2, 11.7. De igual forma, se subraya el impacto desproporcionado que determinadas metas pueden causar en las mujeres, así como la necesidad de implementar medidas específicas para evitarlo.Se trata de cuestiones que afectan de forma indirecta al bienestar de mujeres y niñas, como el acceso seguro a determinados servicios básicos: para acabarcon la pobreza (meta 1.4), el acceso a las tierras (meta 2.3), a la salud sexual y reproductiva, y a los derechos reproductivos (meta 3.7 y 5.6), a la educación (meta 4.1, 4.2, 4.3), a servicios de saneamiento e higiene adecuado (meta 6.2), y a espacios públicos y sistemas de transporte seguros (meta 11.2, 11.7. De igual forma, se subraya el impacto desproporcionado que determinadas metas pueden causar en las mujeres, así como la necesidad de implementar medidas específicas para evitarlo.

A continuación, presentamos una tabla que aglutina dichos ODS y metas:

Tabla 1 Relación de ODS y sus respectivas metas vinculadas a prevenir/reducir las violencias machistas

Nº	ODS	Nº	META (resumen)
1	FIN DE LA POBREZA	1.4	Garantizar "los mismos derechos a los recursos económicos y acceso a los servicios básicos", incluyendo la propiedad, la herencia, recursos naturales, tecnología y servicios financieros.
		1.B	Tener en cuenta "las cuestiones de género, a fin de apoyar la inversión acelerada en medidas para erradicar la pobreza"
2	HAMBRE CERO	2.3	Mención especial a las mujeres, entre otros grupos, para garantizar que se duplique "la productividad agrícola y los ingresos de los productores de alimento en pequeña escala" gracias al "acceso seguro y equitativo a las tierras", y otros recursos.
3	SALUD Y BIENESTAR	3.7	"Garantizar el acceso universal a la salud sexual y reproductiva"
4	EDUCACIÓN DE CALIDAD	4.1	Garantizar que niñas y los niños "terminen la educación primaria y secundaria" de forma "gratuita, equitativa y de calidad".
		4.2	Asegurar su "atención y desarrollo en la primera infancia y educación preescolar de calidad".
		4.3	"Acceso igualitario" a "una formación técnica, profesional y superior de calidad".
		4.5	"Eliminar las disparidades de género en la educación" y asegurar el acceso de personas vulnerables.
5	IGUALDAD DE GÉNERO	5.1	"Poner fin a todas las formas de discriminación contra las mujeres y las niñas en todo el mundo".
		5.4	"Reconocer y valorar los cuidados y el trabajo doméstico no remunerado".
		5.5	Garantizar la participación y el liderazgo de las mujeres en todos los niveles de decisión político, económico y público".
		5.6	"Asegurar el acceso universal a la salud sexual y reproductiva y los derechos reproductivos".
		5.A	"Emprender reformas para dar a las mujeres igualdad de derechos y acceso a los recursos económicos".
		5.B	"Mejorar el uso de la tecnología (...) para promover el empoderamiento"
		5.C	"Aprobar y fortalecer políticas (...) y leyes (...) para promover la igualdad de género y el empoderamiento"

6	AGUA LIMPIA Y SANEAMIENTO	6.2	Acceso a servicios de saneamiento e higiene adecuado, con especial atención a "mujeres y las niñas y las personas en situaciones de vulnerabilidad".
10	REDUCCIÓN DE DESIGUALDADES	10.2	"Promover la inclusión social, económica y política de todos, independientemente de la edad, el sexo, la discapacidad, la raza, el origen étnico, el origen, la religión o la situación económica u otra condición"
		10.3	"Garantizar la igualdad de oportunidades y reducir las desigualdades de resultados, incluso mediante la eliminación de leyes, políticas y prácticas discriminatorias", así como la promoción de "legislaciones, políticas y medidas adecuadas"
11	CIUDADES Y COMUNIDADES SOSTENIBLES	11.2	Mención especial a acceso universal a sistemas de transporte seguros y públicos de personas en situación de vulnerabilidad, incluyendo a las mujeres.
		11.7	"Acceso universal a zonas verdes y espacios públicos seguros, inclusivos y accesibles, en particular para las mujeres"

Fuente: elaboración propia a partir de ODS de la Agenda 2030

Por otro lado, señalamos los ODS restantes donde, a primera vista, no se abordan de manera directa ni indirecta las violencias machistas: ODS 7, ODS 8, ODS 9, ODS 12, ODS 13, ODS 14, ODS 15 y ODS 17.

Una vez que hemos ido viendo cada uno de los ODS —y metas— indirectos o sin relación aparente con las violencias machistas, podemos subrayar la falta de interrelación entre objetivos como crítica principal. No es posible abordar cada uno de estos objetivos por separado sino como un todo interrelacionado. Esta cuestión ha sido igualmente señalada por diferentes organizaciones transnacionales (Struckmann, 2018). Sabemos que la desigualdad de oportunidades afecta de manera desproporcionada a mujeres y todo ello influye a su vez en las violencias machistas —en su conceptualización, su prevención, y su intervención—.

Si ponemos en el centro cuestiones como la feminización de la pobreza (ODS 1), podemos ver su incidencia directa en la alimentación (ODS 2), la salud y el bienestar (ODS 3), la educación (ODS 4), o los ciudadanos y el trabajo doméstico (ODS 5), por citar algunas de ellas. Las mujeres y niñas que están en zonas de conflictos ven como la paz y la justicia (ODS 16) afecta directamente al acceso al agua (ODS 6), la energía (ODS 7), el trabajo digno (ODS 8) o la industria (ODS 9). Las desigualdades en y entre los territorios (ODS 10) también es uno de los factores que incide fuertemente sobre los sectores más vulnerabilizados —como son las mujeres migrantes—. El clima (ODS 13), y la vida terrestre y submarina (ODS 15 y ODS 14) son el escenario principal para que todo lo anterior se haga posible. Por último, remarcar lo esencial de afianzar alianzas que favorezcan políticas de igualdad. Todos los ODS, en mayor o menor medida, de forma más o menos directa, influyen en las violencias machistas contra las mujeres. Por tanto, es fundamental atender los ODS desde una mirada transversal que posibilite conocer las intersecciones que pueden darse entre las distintas discriminaciones.

Perspectiva feminista-crítica y decolonial

Una perspectiva feminista-crítica y, por supuesto, decolonial, proporciona herramientas clave para erradicar las violencias machistas. El enfoque de los feminismos decoloniales se centra en el patriarcado y la desigualdad social en lugar de la producción y el crecimiento económico como viene haciéndose, y reconoce a las mujeres como agentes de cambio (Struckmann, 2018).

En este sentido, proponemos las siguientes dimensiones con las que venimos trabajando entorno a configurar la noción-práctica de Intervención Social Feminista (ISF) para acompañar a mujeres supervivientes de violencias machistas (Garrido-Reina et al., 2022). Estas tres dimensiones, empoderamiento y agencia, interseccionalidad y sostenibilidad de la vida, son herramientas útiles para dar contundencia, claridad y concreción a la Agenda 2030.

Empoderamiento y agencia

El empoderamiento es una de las palabras más utilizadas en el camino hacia la consecución de los derechos de las mujeres, sin embargo, cuando su concepción es pretendidamente apolítica y vacía de contenido carece del empuje necesario para transformar las estructuras de dominación (Struckmann, 2018; Esquivel, 2016). Partimos de entender el empoderamiento desde un punto de vista crítico y asociado al concepto de agencia, reconociendo la capacidad de las mujeres —en este caso— para trabajar por su propio bienestar desde lo individual y también desde lo colectivo (Garrido-Reina et al., 2022).

Se trata de aprovechar la base que nos proporciona la Agenda 2030 y sus ODS para escuchar todas las voces implicadas y fomentar la creación de redes. Reconocer y fortalecer a las mujeres y colectivos marginalizados para la toma de decisiones y procesos de cambio.

Interseccionalidad[19]

Trabajar desde una lógica interseccionall es reconocer los diferentes sistemas de opresión que atraviesan las mujeres y profundizar sobre ellos, al mismo tiempo que nos alejamos de la visión estática de la mujer-victima (Garrido-Reina et al., 2022).

Las distintas discriminaciones que pueden darse en y entre los territorios — sexo, género, raza, etnia, clase social, orientación sexual, diversidad funcional, religión, entre otras— se superponen a cuestiones como la pobreza, el trabajo, la salud o la justicia. En este sentido, es fundamental "complejizar la mirada" para integrar todos estos elementos y entenderlos como un todo interrelacionado (Muñoz Arce y Larraín-Salas, 2019, p. 164; Crenshaw, 1991; Yuval-Davis,2006; Struckmann, 2018).

Orientarse hacia la sostenibilidad de las —buenas— vidas[20] tiene como finalidad transformar la sociedad y las relaciones entre géneros, para tener vidas no solo no-violentadas, sino vidas que merezcan la alegría ser vividas y disfrutadas (Garrido-Reina et al., 2022). Significa garantizar un mundo habitable para todos los seres vivos ahora y en las generaciones futuras, no solo por supervivencia sino porque es una cuestión de justicia y de derechos humanos (Espinosa, 2016).

Poner las vidas en el centro alude al reconocimiento social y económico de los cuidados, dentro y fuera de la esfera doméstica. Si bien en la meta 5.4. se apunta la importancia que los cuidados no remunerados tienen, se deja fuera del marco los trabajos domésticos remunerados y, en determinados casos, precarizados. Como venimos comentando, todo ello y su influencia en las violencias machistas ha de entenderse desde la interrelación de elementos.

Conclusiones

Los objetivos y metas de la Agenda 2030 son una oportunidad para avanzar y sentar unas bases mínimas que promuevan la erradicación de las desigualdades en y entre todos los territorios. Es esencial fortalecer

---

19 La interseccionalidad es un término acuñado por Kimberlé W. Crenshaw en 1989.

20 El enfoque de la Sostenibilidad de la vida ha sido acuñado por Cristina Carrasco (2001), y abordado extensamente por economistas feministas como Amaia Pérez-Orozco (2006), o Astrid Agenjo-Calderón (2021), entre otras.

el enfoque de los ODS desde las teorías feministas y decoloniales, que favorezcan una visión crítica, interrelacional y profunda capaz de transformar las estructuras rígidas que soportan las violencias machistas.

La conceptualización de las violencias machistas se erige como una de las principales cuestiones. Concretar qué son, sus formas, cómo se manifiestan, en qué contextos, o cuál es la relación entre las víctimas y los victimarios, es esencial para avanzar en un camino ya de por sí angosto. La premisa de la eliminación de "todas las formas de violencia contra todas las mujeres y niñas" (meta 5.2) carece de efectividad cuando no se incluyen determinados tipos y manifestaciones de la violencia, las interseccionalidades que pueden darse entre ellas, o no se contemplan todas las edades.

Por último, remarcar la urgencia ante las fuertes reacciones abiertamente antiambientalistas, antifeministas, y negacionistas de las violencias machistas por parte de las extremas derechas a nivel transnacional. Los contextos de crisis son caldo de cultivo para el retroceso de derechos humanos, por ello es fundamental incidir en la cuestión de las violencias machistas y promover una agenda global que garantice el bienestar social y no se deje a nadie atrás.

Referencias[21]

AGENJO-CALDERÓN, Astrid (2021). Economía política feminista. Sostenibilidad de la vida y economía mundial. *Los Libros de la Catarata.*

BANET-WEISER, Sarah (2018). *Empowered: Popular Feminism and Popular Misogyny.* Duke University Press.

CRENSHAW, Kimberlé W. (1991). *Mapping the Margins: Intersectionality, Identity Politics, and Violence against Women of Color.* Stanford Law Review, 43(6), pp. 1241-1299. https://doi.org/10.2307/1229039

ESPINOSA-FAJARDO, Julia María (2016). La Agenda 2030 desde una perspectiva feminista: ¿una oportunidad para políticas más transformadoras? *Temas para el debate: Nueva agenda global de desarrollo, 254-255,* 34-36.

ESQUIVEL, Valeria (2016). Power and the Sustainable Development Goals: a feminist analysis. *Agenda (Durban), 24*(1), 9-23. https://doi.org/10.1080/13552074.2016.1147872

[21] Hemos querido adaptar las normas APA (7ª edición) para visibilizar el segundo apellido de las, los y les autores, así como sus nombres de pila

FALUDI, Susan (1993). *Reacción. La guerra no declarada contra la mujer moderna.* Anagrama. La educación sentimental.

GARRIDO REINA, Paloma; GONZÁLEZ-PORTILLO, Auxiliadora; RUIZ-BALLESTEROS, Esteban (2022). Hacia una Intervención Social Feminista en el contexto de las violencias machistas. *Prisma Social: revista de investigación social, 38,* pp. 201-220.

GARRIDO-REINA, Paloma (2022). *Modelos de intervención con mujeres supervivientes de violencias machistas: hacia una intervención social feminista.* Tesis Doctoral, Universidad Pablo de Olavide, Sevilla. http://hdl.handle.net/10433/15600

1.4. ¿ES LA TERRITORIALIZACIÓN DE LA AGENDA 2030 UNA OPORTUNIDAD PARA PROMOVER LA SALUD MENSTRUAL? UNA MIRADA FEMINISTA DECOLONIAL.

MICHELA ACCERENZI[22]

Introducción: una crítica feminista decolonial a la agenda 2030

En 2015 las Naciones Unidas aprobaron la Agenda 2030 para el Desarrollo Sostenible, que incluye los Objetivos de Desarrollo Sostenible (ODS), que actualmente están marcando las líneas de actuación de los gobiernos y la cooperación internacional al desarrollo (CID). De esta forma, los ODS dan forma al discurso del desarrollo (BOBEL 2019). Sin embargo, la Agenda ha sido criticada porque "el desarrollo implícito en los ODS es realmente un modelo de maldesarrollo insostenible, sustentado en la colonialidad–patriarcalidad–heteronormalidad del poder–saber–ser, en el capitalismo y en el antropocentrismo" (HIDALGO-CAPITÁN ET AL. 2019, p. 101).

Los movimientos feministas decoloniales también han criticado la incoherencia entre el discurso declarativo y los contenidos programáticos de la Agenda 2030, especialmente por el énfasis puesto en el crecimiento económico (DOMÍNGUEZ-SERRANO y ESPINOSA 2015), que responde y perpetúa el actual sistema que ha dado vida a la "crisis civilizatoria que vivimos actualmente" (MOTA Y SANDOVAL 2016, p. 92). Además, han criticado la ausencia del reconocimiento de los derechos sexuales, así como de la violencia basada en género cruzada por razones de orientación sexual e identidad de género (DOMÍNGUEZ-SERRANO Y ESPINOSA 2015). En esta misma línea, han denunciado la falta de inclusión de las diferencias de raza, étnica y sexualidad en los indicadores, por lo que estos "no contribuyen a exponer los efectos combinados del *racismo generizado* o la *generización racializada*" (MARIANO Y MOLARI 2022, p. 837).

Desde una mirada feminista decolonial se pide, en cambio, alterar de forma radical el sistema político y económico, poniendo en el centro la sostenibilidad de la vida y del planeta, y promoviendo los derechos sexuales y reproductivos, con una mirada interseccional que reconozca no sólo las desigualdades de género, sino también a las mujeres y a los hombres

22 Fundación ETEA, Instituto de Desarrollo de la Universidad Loyola Andalucía

en su diversidad (DOMÍNGUEZ-SERRANO y ESPINOSA 2015; ESPINOSA 2016).

En este marco, y a pesar de la incidencia realizada por organizaciones feministas, académicas y de CID, la salud menstrual[23] no ha sido incluida en ninguna de las 169 metas ni los 231 indicadores. Tampoco se ha considerado como ésta puede afectar el alcance de los ODS (SOMMER ET AL. 2021). Esto reduce la comprensión de las raíces de las desigualdades de género y, en consecuencia, el potencial transformador de la Agenda 2030. La territorialización de los ODS ofrece una oportunidad para enmendar esta carencia.

La menstruación en el sistema de género occidental(izado)[24]

La menstruación no es sólo un hecho biológico, que sucede a los cuerpos identificados como femeninos, sino que es, sobre todo, un hecho social y político condicionado por el sistema de género en la que se inscribe. Defino el género como un principio organizador de los sistemas sociales basado en la construcción de la diferencia sexual como uno de los ejes de desigualdad, que está entretejido de forma inseparable con otros ejes de opresión (ACCERENZI 2023). Es así como en los sistemas de género occidentales, y occidentalizados, el cuerpo identificado como femenino se vuelve "el 'soporte de inscripción' de las nomas de la cultura patriarcal" (PELLEGRINO 2015, p. 32); por lo tanto, el cuerpo deviene el lugar que legitima las desigualdades (MOHANTY 2008).

En estos sistemas de género, la menstruación se ha usado como marca del dimorfismo sexual, asociando el cuerpo femenino a un cuerpo reproductor. La división sexual basada en la noción de que menstruar es hacerse mujer, ha servido como dispositivo de generización a partir de un signo visible, el sangrado, que debe a la vez ser ocultado (ACCERENZI 2023). Sin embargo, varias autoras afirman que el sexo es una interpretación política y cultural del cuerpo (FAUSTO-STERLING 1992; IZQUIERDO 2013;

---

23 La salud menstrual es un estado de completo bienestar físico, mental y social, y no solamente la ausencia de afecciones o enfermedades, en relación con el ciclo menstrual (Hennegan et al. 2021)

24 Me refiero no sólo a un occidente geográfico, sino también a un occidente cultural, representado también por aquellas sociedades que han sido (y son) colonizadas y/o que han sido influenciadas por algunas de las tres religiones monoteístas (judaísmo, cristianismo e islam).

LAMAS 2002; VALLS-LLOBET 2017; BUTLER 2018) propiamente occidental, que ha sido impuesta como universal a partir de la colonización de América y el nacimiento de la modernidad (LUGONES 2008; SEGATO 2013; ESPINOSA ET AL. 2014). En este proceso, la menstruación ocupó un lugar central a partir de la inferiorización de la sangre menstrual de las mujeres indígenas en los tratados de Astruc del siglo XVIII (ERASO 2015). La medicina contribuyó así a consolidar un imaginario, que ordenó jerárquicamente cuerpos generizados y racializados; imaginario que el discurso biomédico sigue reforzando hoy en día.

Por lo tanto, el cuerpo menstruante es central a los procesos de generización, que responden a normas sociales y crean un cuerpo femenino opuesto al masculino, que deviene la norma. Es así que sólo aparentando ser a-menstruales, las mujeres pueden ocupar el espacio público masculino. Sin embargo, los cuerpos menstruantes son también lugares de la resistencia y transformación (ACCERENZI 2023). No se trata, entonces, de incluir a los cuerpos menstruantes en el sistema de género actual, sino de cambiar radicalmente este sistema, que se sustenta en su invisibilización y marginalización.

El abordaje de la mensturación en la agenda del desarrollo: una herencia del sistema moderno colonial de género

Gracias a la incidencia de grupos feministas transnacionales, la igualdad de género y la salud y derechos reproductivos han sido incluidos como una prioridad en la agenda del desarrollo (HARCOURT 2009; PETCHESKY 2015). Sin embargo, la inclusión del enfoque de género se ha transformado en una obligación técnica, perdiendo así su componente político (ESPINOSA 2016). Esto ha dado lugar a la figura de "La Mujer del Tercer Mundo" (MOHANTY 1991), reducida a un cuerpo pasivo esencialmente productivo, reproductivo, sexualizado y victimizado (MOHANTY 1991; HARCOURT 2009), creando así una imagen de las mujeres que preserva su posición subalterna (SPIVAK 2003).

En el ámbito internacional, ni los convenios y tratados sobre derechos humanos ni los programas de CID han incluido el ciclo menstrual hasta muy recientemente. Los primeros proyectos han nacido a inicio del siglo XXI el marco del sector WASH[25] para evitar la deserción escolar de niñas

---

25 Water, Hygiene and Sanitation

en países empobrecidos, dando vida a la esfera de la Gestión de la Higiene Menstrual, conocida como MHM[26]. Este sector se ha centrado principalmente en tres acciones: entrega de productos menstruales a las niñas; instalaciones sanitarias en las escuelas; y educación sobre la biología de la menstruación (BOBEL 2019). A partir de la segunda década de este siglo, el sector MHM se ha expandido y, al mismo tiempo, ha recibido críticas, que han llevado a incluir la salud menstrual en los programas de desarrollo, por lo que ahora se habla de higiene y salud menstrual, o MHH[27] Sin embargo, la mayoría de las acciones siguen reproduciendo la misma narrativa y las mismas acciones que los programas anteriores, sin llegar a cubrir todas las áreas necesarias a garantizar la salud menstrual ni desafiar necesariamente el estigma menstrual. De hecho, estos programas han reproducido una visión medicalizada del cuerpo, que (re)construye expectativas occidentales de normalidad para el cuerpo femenino (LAHIRI-DUTT 2014), basadas en una esencialización reproductiva y homogeneización de los cuerpos de las mujeres (BLÁZQUEZ Y BOLAÑO 2017). Considero, por tanto, que el diseño de los programas MHH responde a una visión del Norte Global[28] que se basa en estereotipos generizados, racializados y clasistas, asociados con ideas modernas de lo que son la dignidad, la respetabilidad, la libertad, la higiene y la privacidad (ACCERENZI 2023). En consecuencia, exportan soluciones tecnológicas que se acomodan al mandato menstrual y no desafían el estigma cultural (BOBEL 2019). Esto sigue alimentando el ciclo de retroalimentación de generización a nivel local y global: quien diseña las políticas menstruales parte de un concepto esencialista de los cuerpos y, a través de un proceso de tipificación, desarrolla intervenciones que confirman sus supuestos iniciales (ACCERENZI 2023). En el marco de este ciclo, los agentes de cooperación internacional han tipificado a las niñas como cuerpos menstruantes precarios, que comparten la misma historia en cualquier contexto empobrecido del Sur Global (BOBEL 2019). Al mismo tiempo, en el Norte Global han proliferado los activismos menstruales y los estudios académicos sobre ciclo menstrual. Sin embargo, es evidente

---

26 Menstrual Hygiene Management

27 Menstrual Hygiene and Health

28 Hago uso de los términos Sur (Global) y Norte (Global) desde una perspectiva simbólica para indicar los países más/menos ricos y con más/menos poder a nivel político y económico. Es importante también considerar que existen Nortes en los países del Sur Global y Sures en los países del Norte Global, causados por las desigualdades estructurales, lo que explica la necesidad de usar una mirada interseccional.

que el acercamiento es muy distinto al que las organizaciones de CID exportan al Sur. Mientras en el Norte se demandan empoderamiento menstrual, justicia menstrual, soberanía corporal, ruptura con el binarismo de género e inclusión de todas las personas menstruantes, y eliminación de la asociación entre menstruación y reproducción/feminidad, en el Sur se están exportando soluciones tecnológicas, que podrían afianzar aún más las nociones del cuerpo femenino como desordenado, permeable, sucio, cuyos líquidos han de gestionarse en el espacio privado en secreto (ACCERENZI 2019, 2023). Se trata de un ejemplo de la misión modernizadora del desarrollo (GAYBOR Y HARCOURT 2021) y de la continua reproducción de la colonialidad del poder/saber/ser y género (LUGONES 2008). Sin embargo, se han desarrollado también diálogos entre activistas del Norte y del Sur Global, académicas y cooperantes, que han permitido superar ciertas limitaciones y elevar la demanda de incluir a la salud menstrual en la agenda del desarrollo de distintos organismos internacionales[29] Esto ha permitido individuar potenciales relaciones con los ODS.

Relación de la salud e higiene menstrual con los ODS.

Aunque la Agenda 2030 no ha incluido la salud menstrual en sus objetivos, existen numerosos intentos de vincular la menstruación con los ODS (HUGGETT ET AL: 2019; LOUGHNAN ET AL. 2020; SOMMER ET AL. 2021). Antes que todo, existe un cierto acuerdo de que promover la salud e higiene menstrual contribuye de forma directa o indirecta a todos los ODS, y por tanto a los compromisos de los gobiernos con la Agenda 2030 (SOMMER ET AL. 2021). En particular, la MHH contribuye a los ODS 3 "salud y bienestar", 5 "igualdad de género" y 6 "agua limpia y saneamiento" (HUGGET ET AL. 2019), pero también a los ODS 4 "educación de calidad", 8 "trabajo decente y crecimiento económico" y 12 "producción y consumo responsable" (LOUGHNAN ET AL. 2020). LIBBET LOUGHNAN ET AL. defienden que superar el estigma menstrual y garantizar la salud menstrual es "clave para lograr los ODS que se refieren a la comodidad, la agencia, la participación, la seguridad, el bienestar y la dignidad de las mujeres y las niñas" (2020, p. 578). Sin embargo, debido a que no hay una inclusión explícita de la salud menstrual en los ODS y sus metas, hay que

---

29 Por ejemplo, se ha incluido la salud menstrual en la Conferencia Internacional de Población y Desarrollo de Nairobi 25 en 2019 y en la Declaración de la OMS sobre la Salud y los Derechos Menstruales del 2022.

hacer un esfuerzo, o sea realizar acciones afirmativas, para que la salud e higiene menstrual sean incluidas. Además, sostienen que, si bien pudiera pensarse que la relación más directa se encuentra con el ODS 3, es en otros ODS donde ésta se ve. En particular, encuentran que puede darse con los indicadores relacionados con el ODS 6, porque los centros de salud y las escuelas son lugares donde mujeres y niñas pasan largos periodos. Sin embargo, considero que encuentran de forma más natural el vínculo con el ODS 6, porque desde la CID la atención al ciclo menstrual se ha enfocado sobre todo en la higiene menstrual en escuelas. De hecho, las propuestas de alineación con los ODS encontradas en la literatura se alinean con los enfoques y acciones, que han marcado las intervenciones del sector MHH.

La territorialización de los ODS como una oportunidad de promover la salud menstrual desde una perspectiva feminista decolonial.

Los territorios son espacios construidos históricamente, resultados de la interacción permanente entre las dinámicas de la naturaleza y de la comunidad. Como tales, están asociados a la identidad cultural local. Por lo tanto, es en los territorios donde pueden identificarse de forma más apropiadas los factores estructurales, disciplinares, hegemónicos e intersubjetivos, que sostienen la matriz de dominación (COLLINS 2000). De esta manera, los territorios permiten identificar las condiciones de exclusión social y diseñar políticas más apropiadas. Además, la dimensión territorial permite facilitar la participación de diferentes actores, evitando definir intervenciones basadas en supuestos generalizadores (VELA-JÍMENEZ ET AL. 2022), como ha pasado con los programas MHH. En lo que respecta las desigualdades de género, es en los territorios donde pueden comprenderse las normas sociales, que las sostienen. Si la menstruación ha servido como dispositivo de generización corporal, entonces es necesario desplazar la atención al conocimiento de los procesos incorporados y de las simbologías que los caracterizan para cuestionar "los discursos hegemónicos sobre la salud, el cuerpo, el género y la cultura médica en general" (GUILLÓ 2014, p. 144). En este sentido, es preciso comprender el significado que cada cultura ha atribuido a la menstruación como marca de un cuerpo femenino social y político. Esto significa, además, no asumir las categorías de hombres y mujeres como algo universal, sino comprender que la identidad es múltiple y que debemos considerar todos sus aspectos en conjunto. De esta forma es posible comprender cómo la intersección de los mensajes generizados y racializados afecta la creación de cuerpos menstruantes individuales, sociales y políticos en cada territorio (ACCERENZI 2019). La salud menstrual es un tema de salud global (GAYBOR Y HARCOURT 2021) necesario para lograr los ODS. Al mismo tiempo, puede acelerar el progreso en una variedad de temas de género: la educación de las niñas, el empoderamiento de las mujeres, la violencia de género, la salud y derechos reproductivos y la ruptura del binarismo de género con la inclusión de otres menstruantes (ACCERENZI 2023). Sin embargo, su garantía depende de una serie de factores físicos, sociales, culturales y políticos que varían de territorio en territorio. Por lo tanto, es desde la territorialización de la Agenda 2030 que puede promoverse la salud menstrual, garantizando la idoneidad de las políticas y desafiando las normas sociales de género. Esto implica incluir en el proceso de territorialización las definiciones alternativas al desarrollo propuestas por diferentes grupos y pueblos del Sur Global, adoptando la visión propia de prosperidad de cada territorio.

En este sentido, es necesario utilizar metodologías, que permitan un diseño de políticas participativo y colaborativo (VELA-JIMENEZ ET AL. 2022), así como una mayor apropiación de los compromisos por parte de los actores locales. Además, es necesario aplicar una mirada feminista decolonial para desafiar el sistema moderno colonial de género (LUGONES 2008). Esto "implica un esfuerzo por pensar desde esas otras posicionalidades, cosmovisiones, visiones del mundo" (ESPINOSA ET AL.2014, p. 37) y por practicar una escucha atenta de las voces locales, especialmente aquellas más marginalizadas o subalternas (SPIVAK 2003), para fomentar el diálogo y la construcción colectiva de soluciones. De esta forma, pueden plantearse intervenciones diseñadas para las personas con un enfoque ecofeminista interseccional, atento a la sostenibilidad de la vida y del planeta.

Conclusiones

Desde su aprobación, la Agenda 2030 ha marcado y dado forma al discurso del desarrollo (BOBEL 2019). Sin embargo, ha sido muy criticada por mantener una visión de desarrollo enfocada en el crecimiento económico y basada en discursos de colonialidad del poder y en la explotación de la naturaleza y los territorios (MOTA Y SANDOVAL 2016), sin reconocer la necesidad de un cambio radical del sistema que ponga en el centro la sostenibilidad de la vida (DOMÍNGUEZ-SERRANO y ESPINOSA 2015; ESPINOSA 2016). La Agenda 2030 no ha considerado la salud menstrual como una meta, ni ha analizado cómo ésta puede afectar el alcance de los ODS (SOMMER ET AL. 2021). Sin embargo, el cuerpo menstruante es un cuerpo político central tanto a los procesos de generización como a las acciones de resistencia a las normas de género. Por lo tanto, la exclusión de la salud menstrual de la Agenda 2030, reduce la comprensión de las desigualdades de género y el potencial transformador de los ODS. En este marco, la territorialización de los ODS ofrece una oportunidad para enmendar esta ausencia. En primer lugar, los territorios son el lugar más adecuado para comprender las particularidades de las normas sociales de género y el papel que la menstruación juega en los procesos de generización. Al mismo tiempo, permiten comprender mejor los factores físicos, sociales, culturales y políticos necesario para garantizar la salud menstrual. En segundo lugar, una mirada feminista decolonial en la territorialización de los ODS permite reconocer no sólo los factores estructurales, disciplinares, hegemónicos e intersubjetivos, que sostienen la matriz de dominación (COLLINS 2000), sino también la agencia de las mujeres y otres menstruantes, para así diseñar e implementar políticas públicas que respondan adecuadamente a sus necesidades, reconociendo sus dificultades y maximizando sus potencialidades. Esto, a su vez, va de la mano con poner la sostenibilidad de la vida en el centro de los procesos de desarrollo.

Referencias bibliográficas.

ACCERENZI, M., "Políticas corporales en desarrollo: una crítica feminista y decolonial a las intervenciones sobre higiene menstrual". En VARIOS: La investigación sobre desarrollo frente a los límites de la globalización. Actas del IV Congreso Internacional de Estudios del Desarrollo, pp. 2111-2132. Córdoba. 2019

ACCERENZI, M., Políticas corporales, menstruación y cooperación al desarrollo. Un estudio de caso en Santa Rosa de Copán, Honduras. Tesis doctoral. 2023. https://addi.ehu.es/handle/10810/61154

BLÁZQUEZ RODRÍGUEZ, M., Y BOLAÑOS GALLARDO, E. "Aportes a una antropología feminista de la salud: el estudio del ciclo menstrual". Salud Colectiva, 13(2), pp. 253-265. 2017. DOI: 10.18294/sc.2017.1204

BOBEL, C., The Managed Body. Developing Girls and Menstrual Health in the Global South. Palgrave Macmillan [Pdf version], s.l., 2019.

BUTLER, J. El género en disputa. El feminismo y la subversión de la identidad. Traducido por M. Antonia Muñoz. Editorial Planeta Perú. 2018.

COLLINS, P. H. Black Feminist Thought: Knowledge, Consciousness and the Politics of Empowerment. Routledge, New York, 2000.

DOMÍNGUEZ-SERRANO, M., Y ESPINOSA FAJARDO, J., Coord, La igualdad de género en la agenda internacional de desarrollo. Avances y desafíos para la integración de un enfoque transformador de género. Informe GEP&DO. Observatorio de Género sobre Economía, Política y Desarrollo, Sevilla, 2015. http://genderobservatory.com/que-hacemos-2/investigacion-e-informes/informes/

ERASO, M. (2015): "Mujeres peligrosas. Menstruación y limpieza de sangre". Intervenciones en estudios culturales, 2015 (2), pp. 107-141. 2015. https://intervencioneseecc.files.wordpress.com/2016/03/art07_erasomonica_mujeres-pelig rosas.pdf

ESPINOSA FAJARDO, J. "La evaporación de los compromisos de género en la práctica del desarrollo". En MAGALLÓN ET AL. El mundo que queremos. La Agenda 2030. pp. 151 – 189. Fundación Seminario de Investigación para la Paz, s.l., 2016.

ESPINOSA MIÑOSO, Y., GÓMEZ CORREAL, D., Y OCHOA MUÑOZ-POPAYÁN, K. ed. Tejiendo de otro modo: Feminismo, epistemología y apuestas decoloniales en Abya Yala. Editorial Universidad del Cauca. 2014.

FAUSTO-STERLING, A. Myths Of Gender: Biological Theories About Women And Men. Revised Edition. Basic Books. [Kindle edition]. 1992.

GAYBOR, J. Y HARCOURT, W. "Seeing the color red: Menstruation in global body politics". Global Public Health. 2021. DOI: 10.1080/17441692.2021.2016886

GUILLÓ ARAKISTAIN, M. "Mujeres jóvenes y menstruación: contracultura y resignificación del ciclo menstrual en el País Vasco". En ROMANÍ, O. Y CASADÓ, L. Jóvenes, desigualdades y salud: vulnerabilidades y políticas públicas. Colección E-libros de Antropología Médica, pp. 143-165. 2014.

HARCOURT, W. Body politics in development. Critical debates in gender and development. [Kindle edition]. S.l. 2009

HENNEGAN, J., WINKLER, I. T., BOBEL, C., KEISER, D., HAMPTON, J., LARSSON, G., CHANDRA-MOULI, V., PLESONS, M., Y MAHON, T. "Menstrual health: a definition for policy, practice, and research". Sexual and Reproductive Health Matters, 29:1. 2021. DOI: 10.1080/26410397.2021.1911618.

HIDALGO-CAPITÁN, A. L., GARCÍA-ÁLVAREZ, S., CUBILLO-GUEVARA, A.P., Y MEDINA-CARRANCO, N. "Los Objetivos de (mal)Desarrollo (in)Sostenible. Una deconstrucción de los ODS desde la perspectiva del transdesarrollo transmoderno". En VARIOS: La investigación sobre desarrollo frente a los límites de la globalización. Actas del IV Congreso Internacional de Estudios del Desarrollo, pp. 101-122. Córdoba. 2019

HUGGETT, C., ZIELINSKI, D. Y NEE, M. A shared agenda. Exploring links between water, sanitation, hygiene, and sexual and reproductive health and rights in sustainable development. WATERAID. 2019.

IZQUIERDO, M. J. "La construcción social de género". En DÍAZ, C, Y DEMA, S. (2013): Sociología y género. Madrid: Editorial Tecnos. 2013.

LAHIRI-DUTT, K. "Medicalising menstruation: a feminist critique of the political economy of menstrual hygiene management in South Asia". Gender, Place and Culture. 2014. DOI: 10.1080/0966369X.2014.939156

LAMAS, M. Cuerpo: diferencia sexual y género Taurus, México. 2002.

LOUGHNAN, L., MAHON, T., GODDARD, S., BAIN, R., Y SOMMER, M., "Monitoring Menstrual Health in the Sustainable Development Goals". En BOBEL, C., WINKLER, I. T., FAHS, B., HASSON K. A., KISSLING, E. A. Y ROBERTS T.A. EDS, The Palgrave Handbook of Critical Menstruation Studies, pp. 577-592. Palgrave McMillan. 2020. LUGONES, M. "Colonialidad y género". Tabula Rasa, N. 9, pp. 73-101. Bogotá, Colombia. 2008. http://www.scielo.org.co/pdf/tara/n9/n9a06.pdf

LUGONES, M. “Colonialidad y género”. Tabula Rasa, N. 9, pp. 73-101. Bogotá, Colombia. 2008. http://www.scielo.org.co/pdf/tara/n9/n9a06.pdf

MARIANO, S. Y MOLARI, B. “Gender equality from the MDGs to the SDGs: a feminist analysis”. Brazilian Journal of Public Administration. Rio de Janeiro 56(6): 823-842. 2022. http://dx.doi.org/10.1590/0034-761220220124x MOHANTY, C. T. “Bajo la mirada occidental: la investigación feminista y los discursos coloniales”. Traducido por PILAR CUDER DOMÍNGUEZ. Universidad de Huelva. Originalmente publicado en MOHANTY, RUSSO Y TORRES, ed. Third World Women and the Politics of Feminism. Bloomington: Indiana UP. 1991.

MOTA DÍAZ, L. Y SANDOVAL FORERO, E. A. “La falacia del desarrollo sustentable, un análisis desde la teoría decolonial”. Iberoamérica Social: revista-red de estudios sociales, VI, pp. 89-104. 2016. http://iberoamericasocial.com/lafalacia-del-desarrollo-sustentable-analisis-desde-la-teoriadecolonial

PETCHESKY, R. P. “Owning and Disowning the body. A reflection”. En BAKSH, R. Y HARCOURT, W., ed. The Oxford handbook of Transnational Feminist Movements, pp. 252-270. Oxford University Press. 2015.

PELLEGRINO, V., ed. Sguardi incrociati. Contesti postcoloniali e soggettività femminili in transizione. Mesogea, Messina, 2015.

SEGATO, R. L. La crítica de la colonialidad en ocho ensayos. Y una antropología por demanda. Prometeo Libros, Buenos Aires, Argentina. 2013.

SOMMER, M., TORONDEL, B., HENNEGAN, J., PHILLIPS-HOWARD, P. A., MAHON, T., MOTIVANS, A., ZULAIKA, G., GRUER, C., HAVER, J., CARUSO, B. A., Y MONITORING MENSTRUAL HEALTH AND HYGIENE GROUP, “How addressing menstrual health and hygiene may enable progress across the Sustainable Development Goals”. Global Health Action, 14:1. 2021. DOI: 10.1080/16549716.2021.1920315 SPIVAK, G. C. “¿Puede hablar el subalterno?” Revista Colombiana de Antropología en línea 2003, 39. Traducción e introducción de Giraldo, S. 2003. http://www.redalyc.org/pdf/1050/105018181010.pdf

VALLS-LLOBET, C. Mujeres, salud y poder. 5ª edición. Ediciones Cátedra. Madrid, España. 2017.

VELA-JÍMENEZ, R., SIANES, A., LÓPEZ-MONTERO, R. DELGADO-BAENA, A. “The Incorporation of the 2030 Agenda in the Design of Local Policies for Social Transformation in Disadvantaged Urban Areas”. Land 11, 197. 2022. https://doi.org/10.3390/land11020197

1.5. TRANSITANDO LOS OBJETIVOS DE DESARROLLO SOSTENIBLE CON MUJERES MIGRANTES EN SITUACIONES DE TRATA DE SERES HUMANOS: PROPUESTAS DE LO GLOBAL A LO LOCAL

NURIA CORDERO RAMOS[30]
MANUEL FLORES SÁNCHEZ[31]
MANUEL JOSÉ GARCÍA RODRÍGUEZ[32]

Los procesos migratorios conllevan una serie de problemáticas que afectan de manera diferenciada a hombres y mujeres, generando graves vulneraciones de derechos. Entre estas, destaca la trata de seres humanos (TSH), que tiene un impacto directo en las mujeres migrantes provenientes de países como Camerún o Nigeria. Estas desigualdades dificultan la consecución de los Objetivos de Desarrollo Sostenible (ODS) contemplados en la Agenda 2030. Ante esta compleja situación surge una interrogante crucial: ¿cómo puede la Agenda 2030 abordar la problemática de la trata de seres humanos y contribuir a mejorar la calidad de vida de las mujeres migrantes en esta situación? Para responder a esta cuestión, en la primera parte del texto se esboza el enfoque desde el cual se van abordan los ODS. Nuestra propuesta reside en una revisión compleja y basada en las aportaciones del paradigma crítico, de la mano de los feminismos descoloniales. En una segunda parte, nos aproximamos a algunas de las vulneraciones de derechos que enfrentan las mujeres africanas, en situación de TSH, a lo largo del periplo migratorio. En la tercera parte, se compartirán algunas propuestas derivadas de la implementación de diversos proyectos de cooperación. Estas propuestas permitirán una transición desde lo abstracto a lo concreto, vinculando los ODS con lo aprendido y buscando soluciones para mejorar la situación de las mujeres migrantes afectadas por la TSH.

---

30 Universidad Pablo de Olavide
31 Universidad Pablo de Olavide
32 Universidad Pablo de Olavide

Re-pensar los ODS desde una perspectiva feminista descolonial

En la actualidad, los ODS se han convertido en una referencia clave para abordar los desafíos globales y en una oportunidad para proponer políticas públicas que desarrollen propuestas de equidad que favorezcan a las personas en situación de vulnerabilidad, como son las poblaciones migrantes (LACOMBA Y ROYO, 2020). Sin embargo, para lograrlo, el punto de partida comienza por reconocer que los contenidos de la Agenda 2030 han ser algo más que un listado de mandatos replicados acríticamente por los estados en los distintos territorios. Se trata, más bien, de realizar una revisión crítica que reconozca la complejidad de los procesos migratorios y especificar estos objetivos en acciones teniendo presente la diversidad de contextos y, en el caso concreto que nos ocupa, las situaciones que atraviesan a las mujeres migrantes en situación de TSH. Desde una perspectiva del feminismo crítico, no se trata tanto de detenernos en revisar ODS concretos como son el tres, cinco y once, entre otros, sino que es imprescindible reconocer que existen causas estructurales que generan relaciones y desigualdades de poder entre hombres y mujeres, ocasionando condiciones de opresión para las mujeres migrantes en situación de TSH (YOUNG, 2000). Para, abordar estas desigualdades cada uno de los ODS han de ser analizados de forma trasversal y compleja. Es decir, considerándolos desde una mirada integral, relacional, de forma dinámica y contextualizada. Esto implicará un reconocimiento de prácticas concretas para la promoción de un acceso equitativo a la educación, la salud, el empleo y la participación política de mujeres y niñas migrantes, así como la eliminación de todas las formas de violencia de género, revisando las situaciones de vulnerabilidad que sufren tanto en los contextos de origen, como de tránsito o destino. La inclusión de la perspectiva des-colonial ofrece la oportunidad de cuestionar cómo los patrones imperialistas y coloniales han impuesto estructuras de poder patriarcales que han tenido un impacto profundo sobre las mujeres de las poblaciones o afrodescendientes (LUGONES, 2008). El colonialismo ha impuesto, en países como Nigeria y Camerún, normas culturales y sociales que han perpetuado desigualdades territoriales, culturales, sociales y de género (SEGATO, 2016).

En este sentido las aportaciones de la interseccionalidad de género y des-colonialidad nos permiten revisar las múltiples formas de opresión y discriminación que enfrentan las mujeres migrantes, especialmente, aquellas que viven en países de origen, como Nigeria y Camerún, de tránsito, como Marruecos, y de destino, como España. Las desigualdades de género se entrelazan con la raza, la etnia y la clase social, dando lugar a graves vulneraciones de derechos hacia las mujeres negras migrantes en Marruecos y en España. Desde un enfoque complejo, los ODS deben tomar en cuenta estas intersecciones y desarrollar estrategias inclusivas que aborden las desigualdades de manera integral y justa. En el próximo apartado, haremos alusión concretamente a mujeres africanas que enfrentan a situaciones de TSH.

Migraciones y Trata de Seres Humanos: Mujeres migrantes entre África Europa

La TSH, también conocida como esclavitud contemporánea, ha adquirido en el siglo XXI una alarmante dimensión, tal como revelan la Organización Internacional del Trabajo, la Organización de Naciones Unidades y la Organización Internacional de las Migraciones, entre otros organismos internacionales. El propósito es la explotación de personas a través de redes que las extorsionan, engañan y maltratan, dejándolas en situaciones de extrema vulnerabilidad (CORDERO, 2014). La explotación puede combinar diferentes finalidades, como la explotación laboral y sexual, o tener una finalidad específica, como el tráfico de órganos. El Protocolo de Palermo de las Naciones Unidas (2000) define la TSH y esta se replica internacionalmente generando la consideración de "victimas de trata" de una manera estandarizadas y respondiendo a criterios generalistas descontextualizados. Sin embargo, durante el recorrido en nuestros proyectos de investigación, hemos aprendido que la TSH no es algo estático, sino dinámico, que atraviesa las vidas de las mujeres migrantes y que puede aparecer en distintos momentos del proyecto migratorio. Por ello preferimos hablar de personas, en este caso mujeres, en situación de TSH (CORDERO, et. al, 2019).

Los relatos de las mujeres procedentes de Camerún o Nigeria, ponen de manifiesto las múltiples violencias que han sufrido: físicas, psicológicas, emocionales, intrafamiliares, de género, institucionales, etc. Las graves violaciones de derechos humanos que han padecido, muchas veces comienzan en los contextos de origen con abusos familiares, trabajo esclavo, matrimonios forzados, etc., obligándolas a iniciar un periplo migratorio hacia Europa para lograr alcanzar un futuro mejor, siendo las redes de TSH a veces una estrategia o una consecuencia. Otras narraciones indican que algunas fueron captadas en algún punto de la travesía o incluso en lugares donde estuvieron viviendo varios años, en algún país de camino a Europa. Por tanto, consideramos necesaria incluir una mirada des-colonial para revisar la propia conceptualización de la TSH que se socializa a partir del Protocolo de Palermo (2000) puesto que resulta insuficiente siendo conveniente revisar el significado que adquiere la TSH en cada territorio, analizando críticamente el papel que juegan las políticas públicas y revisando las situaciones concretas de las mujeres en cada contexto (CORDERO Y CÁCERES, 2020). La expansión de la TSH se ve favorecida por políticas restrictivas sobre migraciones, lo que lleva a que las personas de países del Sur, como Camerún, Nigeria o Marruecos a buscar oportunidades laborales en países del Norte. El sistema neoliberal globalizado estimula el aumento de la movilidad humana y ha creado una correlación entre la riqueza del país de destino y la pobreza de los países de origen. Por su parte, el endurecimiento de los controles fronterizos y las políticas migratorias de los países del Norte exigen modificaciones en las rutas, haciéndolas más peligrosas y prolongadas. Ante estas exigencias, las redes de trata se presentan como una opción de protección durante el viaje. Las mujeres migrantes africanas en España encuentran que sus opciones laborales se restringen a trabajos mal remunerados y poco o nada regulados en sectores como el trabajo doméstico, la agricultura, la construcción y la industria textil. Numerosas mujeres migrantes nigerianas y camerunesas se ven obligadas a trabajar largas horas, sin descanso adecuado, recibiendo salarios injustos y enfrentando abusos físicos y emocionales. La falta de regulación adecuada, la ineficacia de las leyes y el consentimiento de responsables políticos y económicos de nuestro país, junto con un enfoque "victimista" de la TSF dificulta la protección laboral de las mujeres africanas y el acceso a la justicia.

Obstáculos como la discriminación, la xenofobia y la falta de acceso a derechos básicos derivados de la situación de irregularidad migratoria, las exponen aún más a la explotación y el abuso. A todo ello hay que añadir el estigma social que impide reconocer la diversidad en cuanto a edad, origen, etnia, religión y nivel educativo, entre otros aspectos (BRENNAN, 2005), que padecen las mujeres africanas en situación de TSH para dejar de considerarlas como un grupo homogéneo. Aunque es posible encontrar elementos comunes entre ellas, es importante tener en cuenta que a menudo se les estigmatiza mediante una visión etnocéntrica que las percibe como pobres, analfabetas, supersticiosas y dependientes, propensas a ser engañadas y sin capacidad de tomar decisiones propias (ACIEN Y CHECA, 2020). Reconocer la diversidad de las mujeres que son víctimas de trata (ALCÁZAR Y CABEZA, 2017) en España es un paso necesario, no solo para superar una perspectiva victimizadora, sino también para comprender sus circunstancias y brindarles el apoyo necesario. Estas mujeres provienen de culturas y contextos sociopolíticos diversos y tienen experiencias migratorias distintas que moldean su percepción de la realidad. Esto requiere una atención individualizada y libre de estereotipos que incluya las voces de las mujeres migrantes. La negación y desconocimiento de las particularidades culturales de cada mujer obstaculiza la implementación de mecanismos y estrategias de protección adecuados. Para poder reconocer las voces de las mujeres es importante tener en cuenta que estas están restringidas por la accesibilidad lingüística y el desconocimiento de sus lenguas maternas. Esto implica que sus relatos se transmiten a través de traducciones al inglés o al francés, lo que, a su vez, limita la comprensión de prácticas y valores arraigados en sus lugares de origen, como patrones familiares, de salud, cuidado del cuerpo y creencias religiosas. Por ejemplo, al hablar sobre el cuidado integral del cuerpo y la salud, surgen factores culturales y étnicos que no son reconocidos por las instituciones ni por las percepciones predominantes de salud impuestas por la cultura occidental. Esta falta de reconocimiento dificulta el acceso a los servicios de salud, empleo o vivienda viendo restringidos así sus derechos, en países de destino como, por ejemplo, España.

Ante esta realidad, es fundamental que tanto los discursos institucionales como los de los representantes políticos rompan con categorías estandarizadas y estereotipadas, y reconozcan la diversidad cultural y la variedad de situaciones dentro de este colectivo. Es necesario acortar las distancias culturales y considerar la diversidad en la formulación de políticas y servicios para garantizar una protección adecuada y equitativa. En resumen, las mujeres migrantes que atraviesan África hacia Europa enfrentan una serie de condiciones de vulnerabilidad y violaciones de derechos que se entrecruzan con situaciones de tráfico de seres humanos (TSH). Es fundamental que los gobiernos, las organizaciones internacionales y la sociedad en general tomen medidas para proteger y salvaguardar los derechos de estas mujeres, garantizando su acceso a la justicia, la seguridad y una vida digna (HERRERA, 2005).

Transitando los ODS de lo abstracto a lo concreto

Resulta esencial revisar los Objetivos de Desarrollo Sostenible (ODS) a la luz de las propuestas del feminismo crítico y descolonial para asegurar la inclusión de las voces y perspectivas de las mujeres y niñas de países del Sur y revertir su posición subalterna en comparación con las mujeres occidentales (BUTLER, 2001). Las investigaciones realizadas con mujeres migrantes en situación de TSH en países como Camerún, Nigeria, Marruecos y España sugieren acciones concretas para abordar esta problemática (CORDERO, ET AL., 2019). Así pues, es importante pasar de lo general a lo concreto (BENHABID, 2006) considerando los contextos específicos que enfrentan las mujeres en situación de TSH. A continuación, mencionaremos las propuestas derivadas de los proyectos de investigación implementados con mujeres migrantes en situación de TSH:

- Desmantelamiento de estructuras opresivas: Desde una perspectiva descolonial, se busca desafiar y desmantelar las estructuras de poder opresivas que perpetúan las dominaciones patriarcales, coloniales y neoliberales. Estas formas de dominación no solo afectan a las poblaciones locales en países como Camerún, Nigeria o Marruecos, sino que también tienen un impacto significativo en la migración hacia países como España. Por tanto, es necesario cuestionar las políticas migratorias restrictivas y abogar por la protección de los derechos humanos de todas las personas en movimiento, así como abordar las dinámicas neoliberales que perpetúan la explotación y la precariedad laboral tanto en los países de origen como en los de destino.

- Salud y bienestar: Las contribuciones del feminismo descolonial son fundamentales para abordar las desigualdades que sufren los cuerpos de las mujeres (BUTLER, 2001). Es importante garantizar el acceso a servicios de salud sexual y reproductiva para las mujeres, así como abordar la violencia de género y la discriminación en el ámbito de la salud (WILKINSON Y MARMOT, 2003). Las imposiciones culturales de los países de origen (Camerún, Nigeria) como los de tránsito (Marruecos) y destino (España) están impidiendo y limitando que las mujeres en situación de TSH reciban los cuidados necesarios para lograr una salud integral, respetuosa con sus particularidades culturales.

- Reconocimiento de saberes y culturas: La perspectiva descolonial valora y respeta los saberes y culturas de las comunidades colonizadas. Al articular los ODS desde esta perspectiva, se promueve la inclusión de conocimientos tradicionales sobre familia, salud, educación, participación y bienestar, reconociendo la riqueza de la diversidad cultural de las comunidades de origen. Esto implica reconocer el valor y la perspectiva que las mujeres migrantes aportan a sus comunidades de origen, así como en los países de tránsito y destino (CORDERO Y CÁCERES, 2020). Al garantizar una participación significativa, se les brinda la oportunidad de compartir sus experiencias y necesidades, lo que permitirá abordar de manera más efectiva los desafíos y las soluciones para mejorar su situación.

- Justicia social desde una perspectiva descolonial: La perspectiva descolonial busca abordar las desigualdades históricas y las injusticias resultantes del colonialismo. Al articular los ODS desde esta visión, se reconoce y repara el legado de la opresión colonial en términos de desigualdad económica, social y política. Esto conlleva promover la redistribución de recursos y oportunidades para las comunidades colonizadas, asegurando su participación en los procesos de toma de decisiones que les afectan.

Estas propuestas se pueden conectar, concretamente, con el ODS número once. Este busca crear ciudades inclusivas, seguras, resilientes y sostenibles para todas las personas, incluyendo las mujeres migrantes. Su presencia en las ciudades, en los países de origen, tránsito y destino enriquece la vida urbana al aportar diversidad cultural y social, fomentando un intercambio positivo de experiencias y conocimientos. Esto implica empoderarlas económicamente al garantizar su acceso a oportunidades de empleo y emprendimiento, lo que contribuye al desarrollo económico de las ciudades y beneficia a sus familias y comunidades de origen mediante remesas y apoyo al desarrollo local. El acceso a servicios básicos como atención médica, educación y vivienda adecuada también es fundamental para el bienestar de las mujeres migrantes y sus familias, contribuyendo a la construcción de comunidades más saludables y sostenibles. Además, al facilitar su adaptación a las ciudades de destino, se promueve una mayor resiliencia tanto para ellas como para la comunidad en general, ya que enfrentan desafíos adicionales como barreras lingüísticas y culturales durante su proceso de integración Proteger y garantizar derechos a las mujeres migrantes (HERRERA, 2005) implica que sean tratadas con dignidad y respeto en todas las etapas de su viaje.

A modo de cierre

Teniendo presente los aportes de los feminismos descoloniales, los ODS podrían ser una hoja de ruta para abordar los derechos de las mujeres migrantes, procedentes de países como Nigeria o Camerún, que se encuentran en situación de TSH en países como España. Esto requeriría un enfoque crítico y multidimensional que tome en cuenta aspectos culturales, económicos y sociales presentes en los procesos migratorios y en las situaciones de TSH que enfrentan estas mujeres en busca de un futuro mejor en Europa. Se destaca la importancia de reconocer la complejidad de la TSH y adoptar un enfoque sensible a la diversidad cultural y las particularidades de las mujeres y sus experiencias migratorias, así como promover los saberes y estrategias de las comunidades de origen para incorporar las voces de las mujeres afectadas en la toma de decisiones y en la formulación de estrategias para abordar la TSH.

Al adoptar enfoques críticos y multidimensionales, se podrían ofrecer alternativas transformadoras a las propuestas políticas que victimizan e infantilizan a las mujeres. Además, se trabajaría para eliminar las estructuras opresoras y de dominación, permitiendo que las mujeres migrantes gocen de sus derechos tanto en sus países de origen como en los de tránsito y destino.

Referencias bibliográficas

ACIEN, E. CHECA, F., "Estigma, políticas públicas y violencia Discursos de trabajadoras sexuales activistas sobre la violencia institucional en Argentina y España", RELIES: Revista Del Laboratorio Iberoamericano Para El Estudio Sociohistórico De Las Sexualidades, (4), 2020, 8–37.

ALCAZAR, A., CABEZA, E., "El paradigma discursivo en torno a la víctima de trata: Intervención social con mujeres dominicanas en Puerto Rico", Disparidades: Revista de Antropología, 72(1), 2017, 85- 102.

BENHABIB, S., El Ser y el Otro en la ética contemporánea, Gedisa, Barcelona, 2006. BRENNAN, D., "Methodological challenges in research with trafficked persons: Tales from the field" Internacional Migration, 43(1-2), 2005, 35-54. BUTLER, J., El género en disputa: El feminismo y subversión de la identidad, México: Universidad Autónoma de México, 2001.

CORDERO, N., «Trata de personas con fines de explotación sexual. Derechos Humanos que mal- tratan a las humanas». Gazeta de Antropologia, [en línea] (2014), http://www.gazeta-antropologia.es/?cat=1380. [Consulta 18/07/2023.]

CORDERO, N., CÁCERES, R., DELGADO, J., Y EMBRANE, Z., Decálogo de Buenas Prácticas para la acción social con mujeres migrantes en situación de trata durante el tránsito de África a Europa: Generando transferencia de conocimiento entre la universidad y las entidades sociales, Dykinson, Madrid, 2019.

CORDERO, N. Y CACERES R., "Mujeres africanas en Situación de Trata. Diversidades, resistencias y oportunidades" RELIES: Revista Del Laboratorio Iberoamericano Para El Estudio Sociohistórico De Las Sexualidades, (4), 2020, 193–207.

HERRERA, J., Los derechos humanos como productos culturales. Crítica contra el Humanismo abstracto, Catarata, Madrid, 2005.

LACOMBA, J. ROYO, I., "Los objetivos de desarrollo sostenible y la sociedad civil Migrante. El encaje de las asociaciones de inmigrantes en las políticas de cooperación al desarrollo en España", Revista iberoamericana de estudios del desarrollo 9-1, 2020, 232-257.

LUGONES, M.: «Colonialidad y género», Tabula Rasa nº 9, [en línea] (2008) Recuperado el 8 Mayo de 2015 en página de Tabula Rasa www.revistatabularasa.org/numero-9.ph. [Consulta: 08/05/2015.]

NUSSBAUM, M., (2012). Crear capacidades. Propuesta para el desarrollo humano, Paidós, Barcelona, 2012. SEGATO, R., La guerra contra las mujeres, Traficantes de sueño, Madrid, 2016.

WILKINSON, R., y MARMOT, M., Los determinantes sociales de salud. Los hechos probados, Ministerio de Sanidad y Consumo, Madrid, 2022. YOUNG, I., (2000), La justicia y la política de la diferencia, Cátedra, Valencia, 2000.

2. *Planeta*

¿Cómo conectar la Agenda 2030 con la generación de los territorios y ciudades sostenibles?

2.1. A MODO DE INTRODUCCIÓN: LA CONSTRUCCIÓN DE UN PLANETA SOSTENIBLE A TRAVÉS DE LA REFLEXIÓN CRÍTICA EMANCIPADORA

JESÚS C. ABELLÁN MUÑOZ[33]

En esta segunda sección de la obra *Agenda 2030, territorios y teorías críticas* se tiene la intención de reflexionar sobre una cuestión a nuestro juicio clave: El significado y las dificultades que lleva aparejadas la concepción de territorios y ciudades *sostenibles.*

Se trata de una cuestión básica sobre la que conviene detenerse a pensar de manera específica antes de avanzar en cuestiones más concretas, ya que en ella pueden residir las claves para saber hacia dónde deben ir dirigidas las propuestas de políticas públicas que pudieran surgir de la actual obra. Así, a lo largo de los capítulos que conforman esta primera sección, se tratarán cuestiones tales como:

- ¿Cuáles son las claves de la compleja relación entre urbanismo y la concepción de un planeta finito?
- ¿Qué papel juega una concepción neoliberal de la ciudad en esta relación?
- ¿Qué claves aporta la Agenda 2030 para navegar a través de esa complicada relación?
- ¿Qué experiencias existen en territorios diversos para aplicar dichas claves de la Agenda 2030 sobre el terreno?

---

33 Instituto Joaquín Herrera Flores (IJHF)

- así como otras cuestiones que irán surgiendo a lo largo de esta y las siguientes secciones y que trataremos de analizar de una manera clara y con un interés marcado desde el inicio, el cual no es otro que proponer medidas que permitan asegurar mecanismos para que cualquier persona tenga la posibilidad efectiva y material de acceder a una vida que merezca la pena ser vivida, sin poner en juego el mismo acceso a futuras generaciones.

De la necesidad de reflexionar antes de actuar.

Todas las cuestiones anteriores, así como las que surgirán más adelante, se encuentran ante la barrera de los esquemas clásicos de pensamiento, muchos de ellos incapaces de acoger nuevas problemáticas a las que nos enfrentamos.

Por ejemplo, tomemos la concepción Kelseniana del ordenamiento jurídico tan presente en el derecho de la Europa continental según el cual dicho ordenamiento es un todo unitario, pleno y coherente, lo que viene a implicar que tendrá respuesta para enfrentar cualquier situación y, en el caso de que no la tuviera de manera directa, el propio ordenamiento dispondrá de los mecanismos suficientes para aportar una salida al problema planteado. (KELSEN, 1949) Esta concepción choca con la necesidad de aportar respuestas multidisciplinares y transfronterizas, las únicas viables para enfrentar un problema tan complejo como es, por ejemplo, la cuestión del cambio climático.

Por tanto, para superar esta visión y abrir el campo de posibles respuestas a un problema claramente multidisciplinar, se ha de estar dispuesto a replantear los esquemas clásicos de pensamiento, tendentes a considerar cada disciplina como un departamento estanco y puro. Se parte pues del convencimiento de las impurezas de las soluciones, es decir, en soluciones que beban de las reflexiones provenientes desde muy diversos campos y dispuestas a "ensuciarse" con la realidad, esto es, a adaptarse a los contextos desde las que nacen y a las que se pretenden aplicar.

Así, de esta forma se hace necesario plantear la reflexión desde un punto de visto marcadamente crítico. Eso sí, en el buen entendido de crítica como algo que vaya más allá de la mera negación o denuncia de la situación actual.

Así pues, dada la línea marcada desde el inicio de revelar de manera clara las intenciones de la presente obra, resulta interesante y necesario explicar el punto de vista desde el que se afronta el proceso de reflexión crítica. Esto es así aún más cuando, por gracia o por desgracia, el abuso de la expresión "crítica" en los últimos tiempos es algo a todas luces evidente, llegando a ser incluso menospreciado (evidentemente, no sin intereses ocultos tras ese menosprecio) ese proceso de reflexión con eslóganes tales como "es el momento de actuar, no de pensar".

2.1. De la necesidad de una reflexión crítica y emancipadora: el pensamiento económico neoliberal como prueba.

Se mencionaba anteriormente el carácter supuestamente pleno, unitario y coherente que según el pensamiento de Hans Kelsen, dominante en la Europa Continental y, por influencia, gran parte de Sudamérica, tiene el ordenamiento jurídico. Esta consideración de plenitud es una característica habitual en cualquier pensamiento con pretendido carácter hegemónico. Así, saliendo del ámbito del derecho y entrando, por ejemplo, en el ámbito de la economía, no cabe duda que el pensamiento neoliberal ha conseguido imponer su voluntad tanto en lo económico como en lo político, dando la sensación de que no existe alternativa a las prácticas que, a día de hoy, se proponen para solventar los problemas a enfrentar.

Dicha sensación no es fruto del azar: durante las décadas de los 60 y 70 del pasado siglo XX, de forma especialmente notoria tanto en Europa Occidental al amparo de la Escuela de Viena[34] como en los Estados Unidos de América en torno a la Escuela de Chicago[35], comienza a extenderse la idea de que el pensamiento económico estaba próximo a alcanzar su destino histórico. Durante esos años existe una cierta efervescencia intelectual en torno a la idea de que es posible formular una teoría económica universal y hegemónica, entendiendo como tal aquella cuyos postulados no admiten

---

[34] Los postulados del pensamiento neoliberal nacen en la escuela de Viena al amparo de autores como Hayek o Von Mises. Por ofrecer al lector una fuente concreta donde se sientan las bases de este pensamiento, HAYEK, F. V., "The Constitution of Liberty". University of Chicago Press, Chicago, 1960.

[35] En diversos artículos y libros, la pensadora política Susan George hace un repaso histórico de la "fabricación" de los principales postulados del neoliberalismo. En su artículo de reflexión Como Ganar la Guerra de las Ideas, George hace una enumeración de estos postulados: "La libertad individual es el último ideal social; la potencia gubernamental, si bien es necesaria, debe ser limitada y descentralizada. El intervencionismo es vano y peligroso. La libertad económica, es decir, el capitalismo, es una condición imprescindible para la libertad política".

una argumentación en contrario, es decir, que imposibilita la existencia de una alternativa que contradiga sus axiomas.

Espoleados por el fracaso de la teoría Keynesiana para hacer frente a la grave crisis del petróleo de comienzos de los años 70, los pensadores neoliberales comienzan a "construir la hegemonía"[36] que llegará a tener en la actualidad dicha escuela. El recurso será la preconización de la llegada del fin de la historia, a través de una consigna que será popularizada por la entonces Primera Ministra del Reino Unido, Margareth Thatcher, que dictamina la imposibilidad de cualquier pensamiento que se aparte de la ortodoxia dominante: "TINA: There is no alternative". No hay alternativas (BERLINSKY, 2008). Más allá de la combinación de un sistema político democrático (con mayor o menor grado de representatividad) y un sistema económico basado en el libre mercado, sólo existen la represión y la barbarie[37].

Al final de los años 80 del pasado siglo, la caída del muro de Berlín y la consecuente desaparición de la constante amenaza del fantasma comunista no vino sino a dar un nuevo impulso a los teóricos neoliberales que, al ver cómo se desarticulada el sistema que servía de contrapeso en la balanza, iban a dominar por completo el tablero de juego internacional. Esto llevaría a Francis Fukuyama a declamar, ya oficialmente, "el fin de la historia" (FUKUYAMA, 1992).

---

36 La constitución de una hegemonía es un proceso largo en términos cronológicos, relacionado con el proceso de reforma intelectual y moral que da desarrollo y difusión a una nueva concepción del mundo y a la construcción de una nueva gnoseología. Tomado de DE MORAES, D.,: "Imaginario social, cultura y construcción de la hegemonía". En revista *Contratiempo Revista de cultura y pensamiento,* vol. 2, 2007 recogemos las palabras de GRAMSCI al respecto de que "la hegemonía puede (y debe) ser preparada por una clase que lidera la constitución de un bloque histórico (amplia y durable alianza de clases y fracciones). La modificación de la estructura social debe preceder una revolución cultural que, gradualmente, incorpore capas y grupos al movimiento racional de emancipación".

37 Algunos pensadores críticos afirmarían, incluso, que las alternativas a este modelo hegemónico, directamente, "no existen". Como afirma de DE SOUSA SANTOS, B., "Para descolonizar Occidente – Más allá del pensamiento abismal". Prometeo libros, Buenos Aires, 2010, pág. 12, "no existente significa no existir en ninguna forma relevante o comprensible de ser. Lo que es producido como no existente es radicalmente excluido porque se encuentra más allá del universo de lo que la concepción aceptada de inclusión considera como su otro. Más allá de esto, sólo está la no existencia, la invisibilidad, la ausencia no dialéctica".

Sin embargo, ya en 1979 el intelectual galés Raymond Williams respondía así a los pensadores ortodoxos de la época:

Por dominante que sea un sistema social, el verdadero sentido de su dominación lleva consigo una limitación o selección de las actividades que abarca, de modo que por definición no puede agotar toda la experiencia social, la cual, por tanto, siempre deja sitio potencialmente para acciones e intenciones alternativas que todavía no están articuladas como instituciones sociales o siquiera como proyectos. (WILLIAMS, 1979, pág. 252)

Lo que Williams nos recordaba hace más de 40 años, y tantos otros pensadores críticos siguen recordándonos hoy día, es que un sistema, por muy dominante que sea, no puede agotar toda la experiencia social. Igualmente ocurre con las teorías y pensamientos: no importa cuán comprehensivas estas parezcan, jamás pueden abarcar la inmensa riqueza de la acción social.

Esta es la clave de lo que se va a plantear en el presente apartado: para alcanzar la posibilidad de formular propuestas alternativas y emancipadoras, de nuevas ideas que alumbren la posibilidad de otras soluciones a los problemas actuales, es necesario partir de una reflexión crítica, una reflexión que invite a pensar que es posible la búsqueda de fisuras, o fallos si se prefiere, en el sistema hegemónico dado. Una conciencia que permita "pensar de otro modo [...] abriendo resquicios a lo que antiguamente se consideraba valioso" (HERRERA FLORES, 2005, pág. 43). O, volviendo de nuevo a la idea de Williams, una reflexión que permita reconocer la importancia de volver la mirada al papel crucial que en la aportación de soluciones en materia de vivienda juegan en la actualidad la experiencia social y los movimientos sociales.

Asumiendo pues la premisa de que sin la construcción de conciencia crítica difícilmente se va a tener la posibilidad de elaborar unas propuestas realmente alternativas, el primer objetivo de este producto y, por ende, del proceso de análisis del problema de la vivienda al que se enfrenta, será identificar cuáles son las bases sobre las que se asienta dicha conciencia crítica. Se trata de una pregunta clave, previa incluso a la de plantear qué tipo de soluciones se pretenden llevar a cabo, ya que, tal y como afirmaba Lukács en 1919 (LUKÁCS, 1987, 1919), no puede haber una práctica de clase, ni puede haber una reflexión teórica de clase, si no se construyen antes los elementos básicos de una conciencia crítica. A identificar tales elementos se dedica el siguiente epígrafe.

2.1.1 El significado de "crítica".

Antes de abordar cuáles son los elementos facilitadores o promotores de una conciencia crítica, es necesario plantear, como se indicaba anteriormente, qué significado se concede al término "crítica". En un ejercicio etimológico, se puede descubrir que la palabra crítica proviene del vocablo griego kritikós (κριτικός), que albergaba en su interior una noción doble: el concepto de crisis y el concepto de criterio.

1) El concepto de crisis.

En los últimos años, a raíz del colapso económico y social sufrido de manera especialmente virulenta en las economías más desarrolladas, el concepto de crisis se ha erigido como una palabra maldita, continuamente repetida como principal referencia del ambiente de miedo dominante. Sin embargo, etimológicamente hablando, se entiende que una crisis se genera cuando se abre o se cierra una posibilidad, es decir, por crisis entenderíamos el desencadenamiento de una potencialidad.

La crisis se configura como el momento en que las fisuras de un modelo hegemónico dado se hacen más patentes, potenciando la aparición de focos de resistencia crítica. Pero esta crítica ha de ser concebida en un sentido éticamente aséptico, ya que los efectos de su cristalización pueden ser tanto emancipadores como conservadores. Aquí es donde entra en juego el criterio.

2) El concepto de criterio.

El criterio es aquello que permite, de la manera que sea, esto es, de una manera emancipadora o conservadora, afrontar la crisis presentada. El criterio será pues la dirección que se le dé al periodo de reflexión que se posibilita tras la entrada en crisis de un sistema hegemónico dado.

Una misma situación de crisis, por tanto, puede dar como resultado una reflexión crítica reaccionaria o una reflexión crítica emancipadora. El hecho de que un pensamiento crítico tenga carácter emancipador o reaccionario es una elección que se debe tomar, y justificar.

En síntesis, cuando a lo largo del presente informe se haga referencia a una conciencia (o, más adelante, a propuestas) crítica, se estará hablando de aquélla que reconoce y facilita la búsqueda de criterios que permitan abordar los momentos de crisis o cambio desde una perspectiva emancipadora.

2.2.1. Las razones de una opción emancipadora

Se trata de dos razones principales:

1) Porque la opción política e ideológica desde la que se parte en esta obra lleva a entender que las propuestas y soluciones hasta ahora desarrolladas en el marco de la Agenda 2030 no han dado los frutos necesarios para una consecución efectiva de los objetivos marcados en la misma. Por ello, se cree más necesario que nunca encontrar un criterio realmente emancipador que permita ajustar las soluciones a las necesidades reales y, si fuera necesario, adentrarse en la búsqueda de nuevas ideas y propuestas no contempladas en la actualidad. En definitiva, se cree necesario un criterio no restrictivo que permita ampliar el hasta ahora ineficiente abanico de opciones a la hora de enfrentar los diversos problemas que se recogen a través de los Objetivos de Desarrollo Sostenible.
2) Porque se parte del convencimiento de que los criterios hasta ahora adoptados, en su mayoría –o al menos en algunos de los momentos que se consideran claves para entender la situación actual y que se irán comentando a lo largo de los diversos capítulos- no han conseguido solucionar de manera efectiva los problemas planteados. Al contrario, puede darse incluso la situación que algunas de las soluciones planteadas, vengan a empeorar o, al menos, perpetuar el problema, ya que lejos de ampliar el abanico de opciones y capacidades, parten de una concepción restrictiva enmarcada dentro de criterios restrictivos. Criterios al servicio de una ideología, la neoliberal, que se pretende hegemónica y dominante. Una ideología cuyos intereses de partida son incompatibles con asegurar los mecanismos que permitan el acceso a una vida digna de manera igualitaria para todas y todos, ya que, como mensaje principal, aparece la confianza ciega en el supuesto carácter eficiente del mercado, eficiencia muy alejada de cualquier noción de equidad y/o justicia social. Estas características de la ideología neoliberal, tienen como corolario inevitable la adopción de criterios incapaces de plantearse su propia validez y de adaptarse a las reales necesidades de las personas. En definitiva, criterios para los que, como solía repetir Friedrich Hegel, *si los hechos no concuerdan con la teoría es peor para los hechos.*

Así, planteado el ejemplo, podemos concluir que para que un criterio pueda ser considerado emancipador a los efectos de la presente obra, se deben cumplir al menos los siguientes tres elementos básicos:

1. En primer lugar, una reflexión crítica emancipadora debe, desde el inicio, saber distinguir las diferentes situaciones y las diferentes posiciones que se ocupan en el sistema específico objeto de análisis. Es decir, una reflexión crítica debe ser reconocedora de la situación de partida.

Aplicando este principio, por ejemplo, al ámbito del derecho por poder conectarlo con el primer apartado, una reflexión crítica emancipadora es aquella que sabe reconocer que, por mucho que el lenguaje de las normas diga que todas las personas son iguales, dicho lenguaje no tiene carácter descriptivo sino, de manera lógica, normativo. Es decir, de entrada no se da dicha igualdad; el hecho, antes, es la desigualdad. Si no se es capaz de detectar y aceptar que se parte de situaciones de desigualdad, en posiciones objetivamente distintas ante una misma realidad, nunca podrán ser afrontadas emancipadoramente las consecuencias reales de, por seguir con el ejemplo, la revisión de determinadas normas jurídicas.

Esta distancia respecto a la realidad, esta falta de reconocimiento, puede tener como consecuencia la caída en una teoría crítica reaccionaria, que contrariamente a lo deseado venga a cerrar las posibilidades abiertas por la crisis.

La capacidad de discernir ha de servir por tanto para reconocer las diferencias entre conceptos normativos, o cómo debería ser la realidad, y conceptos descriptivos, o cómo es la realidad. Se entiende consustancial a una reflexión crítica que se pretenda emancipadora la capacidad para entender que las diferencias -por ejemplo, la clase social, por seguir con el ejemplo de Lukács- son un hecho descriptivo, algo que permite percibir que unos están colocados en una posición subordinada respecto a otros, es decir, que unos son excluidos y otros incluidos; unos explotados y otros explotadores.

Mediante dicho ejercicio, que iremos realizando a lo largo de toda obra, se puede conseguir realizar una reflexión crítica que permita favorecer el reconocimiento de la realidad más allá de la *ilusión* que en ocasiones puede provocar la perspectiva normativa, que, bajo el paraguas de la universalidad, nos puede llevar a errores y asunciones precipitadas.

Así, en definitiva, se parte de la convicción de que el lenguaje de una reflexión crítica que se pretenda emancipadora debería ser siempre deóntico, de deber ser, porque lleva implícito que se parte de una situación de hecho que cabe modificar. O por cerrar con una clásica paradoja jurídica, ¿qué sentido tiene una norma que declara que todas las personas son iguales ante la ley, si de facto ya lo son? O de manera más concreta en el tema que se trabaja, ¿qué sentido tiene una norma que declara que todas las personas tienen derecho a la satisfacción de los derechos económicos, sociales y culturales, indispensables a su dignidad y al libre desarrollo de su personalidad tal y como se afirma en el artículo 22 de la Declaración Universal de los Derechos Humanos? La realidad es que todas las personas deberían ser iguales ante la ley de igual forma que todas las personas deberíamos poder disfrutar de una vida digna, razón social que justifica la existencia de dichos preceptos normativos.

2. Otro elemento básico para emprender una reflexión crítica, como ya se ha adelantado, es el reconocimiento de que no puede haber una teoría ni un sistema que agote el "hecho", el contexto, la práctica social de la cual emerge y a la cual se quiere aplicar. No caben teorías ni respuestas sistémicas, una teoría no puede llenar el espacio situación-teoría-situación completamente. Una reflexión crítica, por tanto, ha de ser antisistémica, en el sentido de que asume que toda teoría sistémica no es sino un engaño ideológico.

Siguiendo con las paradojas, esta inagotabilidad de todo sistema ha sido fundamentada teóricamente mediante el teorema de incompletitud de Gödel[38], que no viene sino a demostrar que todo sistema necesita, para ser interpretado, un punto básico en el que apoyarse que se encuentra fuera del mismo. Este punto externo obliga a recurrir continuamente al mismo para justificar dicha teoría y la conveniencia de la misma.

En el caso de las ciencias sociales y, más en concreto, en el ámbito de la Agenda 2030 que se trabaja, ese punto de apoyo externo ha de ser la práctica social de la que emerge, la realidad social de desigualdad, exclusión y pobreza a la que aspira a ofrecer resultados. Modelos generalistas y descontextualizados, como lo fuera en su día el Consenso de Washington, deberían ser directamente cuestionados si son abordados desde una perspectiva de conciencia crítica emancipadora, pues ignoran la realidad de que todo proceso de transformación social ha de partir de la situación a la cual intenta aplicarse.

3. Por último, una reflexión crítica dirigida a establecer criterios que permitan abordar las crisis de un modo emancipador requiere aplicar resistencias a las teorías. No se trata de un ejercicio tanto de fuerza como de

---

38 Teorema tremendamente conocido al poder ser expresado mediante ese clásico juego infantil consistente en construir una casa, con tejado y con una X en el centro sin levantar el lápiz del papel ni repetir el trazo. La única forma de conseguir tal *hazaña* será escapando al tejado para volver al centro.

enfrentamiento de la misma a diversas realidades. Al buscar el enfrentamiento con la teoría, al problematizar la realidad, se está reconociendo la exterioridad del mundo y, de igual forma, se permite que el sujeto que comienza a actuar de una manera crítica tras los dos pasos anteriores, pueda cuestionar positivamente las relaciones que se presentan como "inmutables y/o trascendentes a las capacidades humanas de hacer y deshacer mundos" (HERRERA FLORES, 2005, pág. 50). La problematización mediante la aplicación de resistencias a las teorías se desarrolla en tres planos fundamentales:

a) Abriendo la teoría o el hecho a analizar a la realidad histórica. Es decir, realizando el análisis del contexto histórico en el que surge la teoría y, en una segunda fase, planteando la adecuación de dicho contexto histórico a las necesidades y situaciones actuales.

b) Abriendo la teoría o el hecho a analizar a los contextos sociales de los que surge y a los que tiene que aplicarse. Es decir, analizando en qué medida la teoría que se pretende aplicar recoge las reales reivindicaciones que surgen del contexto social en el que se desea aplicar y, en una segunda fase, en qué medida permite otorgar respuestas a dichas reivindicaciones.

c) Abriendo la teoría a las necesidades, a los intereses y a las expectativas que subyacen a la propia teoría. O expresado de otra forma y conectando con la primera idea que se planteaba sobre ser conscientes de las diversas posiciones, plantear el análisis de hasta qué punto el contexto social al que se aplica la teoría es o no uniforme, o de manera más específica, hasta qué punto las necesidades, intereses y expectativas son uniformes dentro del contexto social al que se aplica.

En suma, se estará produciendo un proceso de resistencia a la teoría si se produce un análisis que pueda permitir asegurar que la teoría responde a las necesidades históricas, sociales y dialécticas que, materialmente, han impulsado su creación. Es este proceso de oposición, este proceso de responder a preguntas a veces incluso *incómodas,* que hacen poner en duda incluso la efectividad de los propios planteamientos iniciales, el que permitirá, a juicio de los investigadores que conforman el presente proyecto, alcanzar propuestas realmente efectivas para atender las verdaderas necesidades de las personas en sus diferentes contextos y situaciones.

2.2.2. En definitiva, ¿Para qué sirve una reflexión crítica emancipadora?

Como afirmaba Virginia Woolf en las primeras líneas de su imprescindible Una habitación propia, "*cuando un tema se presta mucho a controversia [...]*

uno no puede esperar decir la verdad. Sólo puede explicar cómo llegó a profesar tal o cual opinión" (WOOLF, 2001, 1929, pág. 12).

En ciencias sociales, más aún cuando éstas se abordan desde una perspectiva ética, no siempre es necesario, ni siquiera posible, argumentar la verdad inmutable de tal o cual posicionamiento. Sin embargo, sí es ineludible reconocer y saber justificar el por qué de ese posicionamiento, las "decisiones iniciales", en palabras de Umberto Eco. En el caso que compete a esta obra, ya se ha venido recalcando de manera repetida, se parte de un proceso de reflexión pretendidamente emancipador.

La razón última que subyace a este posicionamiento ético parte del convencimiento de que, de manera previa a la proposición de verdaderas alternativas, es necesario promover una reflexión que provea de herramientas para desnaturalizar el pensamiento[39], o, dicho de otro modo, para cuestionar el pensamiento dominante que sigue remitiendo a las mismas soluciones infructuosas una y otra vez. Un mero análisis de los daños, sin atreverse replantearse las causas estructurales que provocan dichos efectos, llevará únicamente a una suerte de proceso de colocación de *parches* que irán alejando cada vez más la consecución de los verdaderos objetivos que supuestamente se plantearon al inicio. Se debe ir más allá de la mera denuncia de los efectos nocivos del sistema económico-político basado en las teorías neoliberales instaladas desde hace ya más de cuatro décadas en el mundo occidental. Se debe ir más allá, se debe, como hiciera Alicia, cruzar el espejo y replantearse lo que el sistema dominante pretende establecer como La *única realidad* (CARROL, 1982).

Se tiene el convencimiento que, sólo emprendiendo ese proceso de reflexión *impura*, contaminada de contexto, dispuesta a quitar las vendas que

---

[39] No pocos autores utilizan como sinónimo de esta expresión la de descolonizar el pensamiento (el propio De Sousa Santos, entre ellos). No obstante, en la presente publicación se ha optado por la expresión desnaturalizar por cuanto elimina toda concepción de dominación Norte-Sur. Entendemos la conciencia crítica como aquella que se rebela contra cualquier intento de homogeneizar el pensamiento y descontextualizarlo de la realidad histórica, social y económica de la que emerge, tratando de presentar como cuestión natural lo que no puede ser sino una expresión cultural concreta (aún cuando no expresamente manifiesta). La colonización del pensamiento ha sido, y aún hoy es, una manifestación específica de dicho intento de naturalizar una expresión cultural e histórica concreta. Pero a la vez es sólo esto, un ejemplo hodierno que no por ello debe monopolizar el discurso de resistencia contra los sucesivos intentos de cercenar cualquier posibilidad de alternativa al sistema dominante.

impiden ver las diversas situaciones de partida, las distintas necesidades, las distintas historias y, en definitiva, las distintas realidades, se podrá ser capaz de construir las herramientas adecuadas para facilitar la creación de condiciones sociales, económicas y culturales que permitan el acceso real a una vivienda digna y adecuada. En definitiva, se pretende, como Derrida sugiere, pensar la diferencia y pensar desde la diferencia (DERRIDA, 1999).

Presentadas las guías que marcarán el análisis a través de las diversas aportaciones que conforman esta obra, comenzaremos con los artículos que componen esta primera sección que irán dando respuesta a las preguntas planteadas al inicio de esta sección.

BIBLIOGRAFÍA

ASAMBLEA GENERAL DE LAS NACIONES UNIDAS, Declaración Universal de los Derechos Humanos, Resolución 217 A (III), de 10 de diciembre . Paris, 1948

BERLINSKY, C., There is no alternative: Why Margaret Thatcher Matters, Basic Books, Londres, 2010.

CARROL, L., A través del espejo. Ediciones Rialp, Madrid, 1982.

DE MORAES, DENIS, “Imaginario social, cultura y construcción de la hegemonía”, en Contratiempo Revista de cultura y pensamiento, núm. 2 edición impresa, Contratiempo Ediciones, Buenos Aires, 2007.

DE SOUSA SANTOS, B., Para descolonizar Occidente – Más allá del pensamiento abismal, Prometeo Libros, Buenos Aires, 2010.

DERRIDA, J., Dar la muerte. Paidós, Barcelona,1999..

FUKUYAMA, F., End of History and the Last Man. Free Press, Nueva York, 1992.

Hayek, F. V., The Constitution of Liberty, University of Chicago Press Chicago, 1969..

HERRERA FLORES, J., “Derechos humanos, interculturalidad y racionalidad de resistencia”, Dikaiosyne: Revista de filosofía práctica, vol. 12, 2004, 39-58.

HERRERA FLORES, J., Los derechos humanos como productos culturales: Crítica del humanismo abstracto. Catarata, Sevilla, 2005.

GEORGE, S.: « Cómo ganar la guerra de las ideas, en Lecciones de la derecha Gramsciana » [en línea], (1997),< http://www.tni.org/es/article/c%C3%B3mo-ganar-la-guerra-de-las-ideas> [Consulta: 20/07/2023]

KELSEN, H., Teoría General del Derecho y del Estado. Universidad Nacional Autónoma de México, México D.F, 1949.

LUKÁCS, G., Historia y conciencia de clase, Editorial Magisterio Madrid, 1987,1919.

WILLIAMS, R., Politics and Letters, New Left Books, Londres, 1979.

WOOLF, V., Una habitación propia. Seix Barral, Barcelona, 2001, 1929.

2.2. AGENDA 2030, LÍMITES PLANETARIOS Y URBANIZACIÓN: UNA RELACIÓN COMPLEJA

JORGE GUTIÉRREZ-GOIRIA[40]

ANDRÉS FERNANDO HERRERA[41]

Introducción

La Agenda 2030 recoge un amplio catálogo de objetivos que cubren aspectos sociales, económicos y medioambientales, y busca servir de guía a los países, regiones y ciudades hacia el desarrollo sostenible.

Por un lado, la Agenda y los Objetivos de Desarrollo Sostenible (ODS) recogen cuestiones vinculadas a la teoría de las capacidades, siguiendo la propuesta de desarrollo humano impulsada por el Programa de Naciones Unidas para el Desarrollo (PNUD). A ellas se unen otras con un marcado carácter de sostenibilidad, provenientes de los debates aún inconclusos sobre el desarrollo sostenible y sus enfoques.

En este marco, se plantean posibles contradicciones entre los objetivos vinculados al desarrollo humano, y otros relacionados con la sostenibilidad, especialmente en su vertiente más ecológica, orientada a preservar las condiciones mínimas para la vida humana y no humana (Herrera, 2020). Por ejemplo, el ODS 8, que busca "promover el crecimiento económico sostenido, inclusivo y sostenible, el empleo pleno y productivo y el trabajo decente para todos", implicará mayores requerimientos materiales y energéticos, lo cual generará un aumento de los impactos ambientales en los ecosistemas terrestres y marinos. De este modo, el ODS 8 entraría potencialmente en conflicto con los ODS 14 y 15, que buscan la conservación de estos ecosistemas, así como con el ODS 13 de cambio climático, al aumentar las emisiones (HICKEL, 2019, GUTIÉRREZ-GOIRIA y HERRERA, 2022).

Esta problemática se une a la creciente urbanización a nivel global. Más de la mitad de la población mundial vive en ciudades, y se estima que en

---

40 Instituto Hegoa, Universidad del País Vasco (UPV/EHU)

41 Red Española de Estudios de Desarrollo (REEDES) e Instituto de Prospectiva de la Universidad del Valle (Colombia)

2050 esta proporción aumentará hasta el 70%. Las ciudades aportan grandes oportunidades, y contribuyen a más del 80% del PIB mundial, pero son también responsables globalmente del 70% de las emisiones de gases de efecto invernadero, y afrontan problemas persistentes en materias como los residuos sólidos municipales (NACIONES UNIDAS, 2022).

Recogiendo estas cuestiones, el ODS 11, referido a ciudades y comunidades sostenibles, contiene metas como la 11.6, centrada en reducir el impacto ambiental negativo per cápita de las ciudades, prestando atención a la calidad del aire y la gestión de los desechos. Por su parte, la meta 11.b incide en la necesidad de aumentar el número de ciudades y asentamientos humanos que adoptan e implementan políticas y planes integrados para promover la inclusión, el uso eficiente de los recursos, así como la mitigación y adaptación al cambio climático.

Bajo estas premisas, el presente capítulo se plantea las siguientes cuestiones: ¿hay contradicciones o *trade-offs* entre el desarrollo humano y los ODS de corte ambiental? ¿Pueden los procesos de urbanización profundizar estos problemas?

Para responder a estas cuestiones, partimos de los datos del Índice de Desarrollo Humano (IDH), junto a los de dos indicadores ambientales clave (huella material y emisiones de CO2 per cápita), y los del porcentaje de urbanización, en una amplia muestra de 155 países.

Tras esta introducción, el capítulo continúa detallando la metodología y variables utilizadas. A continuación, se estudia la relación entre el desarrollo humano y los límites ambientales, lo que permite constatar tensiones para el avance en ambas líneas de forma simultánea. Posteriormente, se analiza el rol de la urbanización en este marco, para ver cómo interviene este factor en estas relaciones. El capítulo finaliza con unas conclusiones.

Metodología y variables empleadas

La tabla 1 sintetiza las variables utilizadas y sus fuentes, recogiendo aspectos vinculados al desarrollo humano, indicadores ambientales, y el porcentaje de urbanización, para una amplia muestra de 155 países[42].

---

42 Se han tomado todos los países con datos completos disponibles de las cuatro variables para 2021. Los casos en que no se dispone de todas las variables son en

Tabla 1. Variables empleadas en el análisis

Variable	Fuente
Índice de Desarrollo Humano, IDH	*UNDP, Data Center:* https://hdr.undp.org/data-center/human-development-index#/indicies/HDI
Emisiones de CO2 per cápita	*UNDP, Data Center:* https://hdr.undp.org/data-center/human-development-index#/indicies/HDI
Huella material per cápita	*UNDP, Data Center:* https://hdr.undp.org/data-center/human-development-index#/indicies/HDI
Población urbana (% del total)	*World Bank, World Development Indicators:* https://databank.worldbank.org/source/world-development-indicators

Fuente: elaboración propia.

El IDH es un índice compuesto que incluye indicadores de salud, educación y renta y toma valores entre 0 y 1. Los valores menores a 0,55 indican un desarrollo humano bajo, entre 0,55 y 0,70 un desarrollo humano medio, a partir de 0,7 se considera alto, y si supera el 0,8 muy alto.

Las emisiones de CO2, en toneladas per cápita (tn. p/c), recogen las emisiones generadas por la actividad humana a través del uso de carbón, petróleo y gas para combustión y procesos industriales, quema de gas y fabricación de cemento. Los valores son emisiones territoriales, que se atribuyen al país en el que ocurren. Cuanto más altos son, mayor es su contribución al calentamiento global y cambio climático.

La huella material es la atribución de la extracción global de materiales a la demanda final interna de un país. Se estima como la extracción nacional de materiales (biomasa, combustibles fósiles, minerales metálicos y minerales no metálicos) más los equivalentes de materias primas de las importaciones menos los equivalentes de materias primas de las exportaciones. La huella material, medida en toneladas per cápita, indica el uso promedio de materiales para la demanda final. Una alta

su mayoría islas o pequeños países, y no hay ningún país relevante en términos poblacionales o económicos que quede fuera de la muestra.

Huella material indica mayores extracciones y por tanto mayor impacto ambiental.

Finalmente, la población urbana indica el porcentaje de personas que viven en ciudades o zonas urbanas dentro de cada país.

En los siguientes apartados se analizará la forma en que estas variables se relacionan, incidiendo en los posibles conflictos entre las mismas.

El Desarrollo Humano y los límites biofísicos

Ya se han mencionado los estudios que plantean posibles contradicciones entre objetivos en el marco de los ODS (HICKEL, 2019, GUTIÉRREZ-GOIRIA y HERRERA, 2022).

A continuación, nos enfocamos en la relación entre el logro del desarrollo humano (DH) y el uso de recursos materiales (o las emisiones de contaminantes a la atmósfera), considerando que hay unos límites biofísicos por encima de los cuales los procesos socioeconómicos se consideran insostenibles (DITTRICH ET AL., 2012; HOEKSTRA y WIEDMANN, 2014; UNEP, 2014; BRINGEZU, 2015; O'NEILL ET AL., 2018; HICKEL, 2020).

La figura 1 recoge los 155 países de la muestra, en función de su IDH (eje de abscisas) y las emisiones de CO2 en toneladas per cápita (tn. p/c), para el año 2021. Se ha dividido la figura en 4 cuadrantes trazando, por un lado, una línea vertical que separa los países con IDH alto o muy alto (IDH>0,7) de los de IDH medio o bajo. En perpendicular a esta, una línea horizontal marca el umbral aceptable para considerarse sostenible, que se sitúa en 1,74 tn. p/c por año, siguiendo a Hickel (2020).

En esta figura, el cuadrante 1 (el superior izquierdo) indicaría un desarrollo humano insuficiente acompañado de insostenibilidad, el 2 (superior derecho) un DH suficiente pero insostenible, el 3 (inferior derecho) un DH suficiente con sostenibilidad (éste sería el cuadrante deseable), y el 4 (inferior izquierdo) un DH insuficiente con sostenibilidad.

Figura 1. Desarrollo Humano y Emisiones de CO2 per cápita (2021)

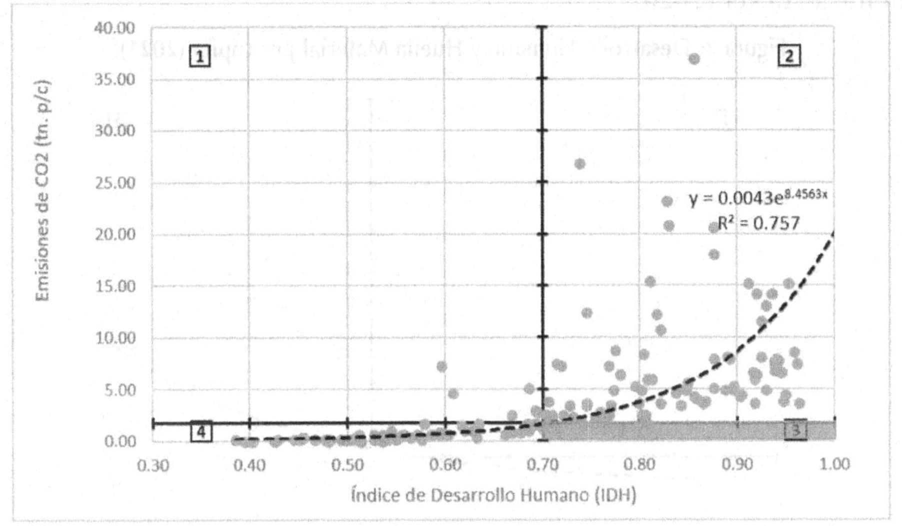

Fuente: elaboración propia a partir de datos de UNDP, Data Center (2023).

Como puede observarse, la figura 1 muestra una relación positiva y marcada (r2=0,757) entre el IDH y las emisiones, que toma un aspecto exponencial.

El caso más frecuente es el de países de DH alto o muy alto, pero insostenibles (cuadrante 2, con 85 países). Igualmente es habitual encontrar países sostenibles desde esta perspectiva, pero con IDH bajo o muy bajo (52 países del cuadrante 4).

Por otro lado, en el cuadrante 1 (el menos deseable) encontramos 11 países con IDH medio o bajo e insostenibles.

Finalmente, tan solo 7 países (Albania, Costa Rica, Moldavia, Paraguay, Perú, Sri Lanka, y Uruguay) se sitúan en el cuadrante deseable n° 3 (sombreado de color verde). Entre ellos, únicamente dos (Costa Rica y Uruguay) tienen un IDH muy alto (mayor de 0,8).

La figura 1 indica, en definitiva, que lo habitual (137 de 155 casos) es combinar altos niveles de DH con insostenibilidad, o bien bajos niveles de DH de forma sostenible. Por otro lado, nos muestra que, aunque se dé en pocos casos, alcanzar el cuadrante deseable es posible en la práctica.

En esta misma línea, la figura 2 recoge la relación entre desarrollo humano y huella material en los mismos países, con una separación en cuadrantes análoga, en función del límite de 6,8 tn. p/c, siguiendo nuevamente a Hickel (2020).

Figura 2. Desarrollo Humano y Huella Material per cápita (2021)

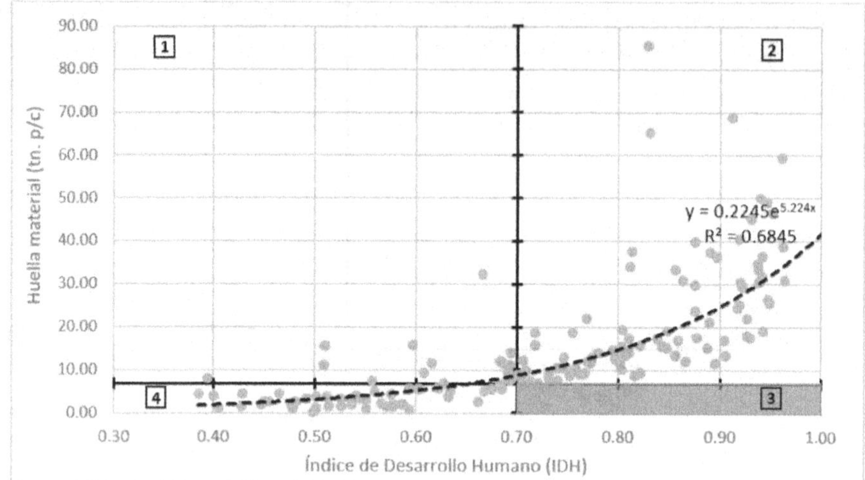

Fuente: elaboración propia a partir de datos de UNDP, Data Center (2023).

Como puede observarse, la figura 2 ofrece una lectura similar a la de la figura 1, con una relación positiva y marcada entre IDH y huella material.

Nuevamente el cuadrante 2, de alto DH pero insostenible, reúne a la mayoría de los países (86), seguido del cuadrante 4 (IDH medio o bajo, con sostenibilidad) que agrupa a 46 casos.

Menos habituales son el cuadrante 1 (el menos deseable) que cuenta con 17 países, y el cuadrante 3. Este último, que representa el ideal de sostenibilidad con alto IDH reúne a 6 países (Armenia, Bielorrusia, Indonesia, Moldavia, Sri Lanka, Uzbekistán), de los cuáles solo uno cuenta con un IDH muy alto (Bielorrusia).

Los procesos de urbanización en el marco del desarrollo humano y los límites planetarios

Tras observar en las figuras 1 y 2 las tensiones entre los límites planetarios y los objetivos de desarrollo humano, cabe preguntarse en primer lugar si los procesos de urbanización están relacionados con mayores cotas de DH, y qué papel pueden tener en este marco.

En este sentido, la figura 3 muestra una relación positiva y lineal entre el porcentaje de urbanización y el IDH, aunque con cierto grado de dispersión (r2=0,545).

Figura 3. Porcentaje de población urbana y desarrollo humano

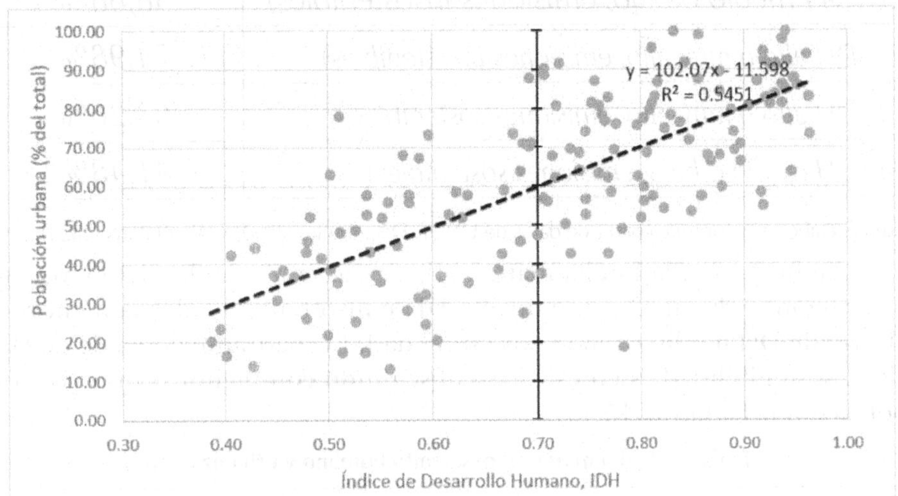

Fuente: elaboración propia a partir de datos de UNDP, Data Center (2023) y World Bank (2023).

Siguiendo las estimaciones de Naciones Unidas (2022), y los propios datos de la muestra, en la que el porcentaje de población urbana ha aumentado en promedio un 4% entre 2015 y 2021, cabe pensar que los procesos de urbanización continuarán creciendo, apoyando mejoras en términos de DH.

Sin embargo, habría que preguntarse si este avance puede traducirse igualmente en una mayor presión para los límites ambientales, ya superados en la mayoría de los casos.

En este sentido, tal como se observa en la tabla 2, la mayor urbanización (74,98%) se da en el grupo de países caracterizados por un alto DH e insostenibilidad en cuanto a sus emisiones de CO_2, y la menor (41,48%) en el caso de DH medio o bajo e insostenibilidad, situándose los cuadrantes 1 (el menos deseable) y 3 (el más deseable) en una situación intermedia.

Tabla 2. Emisiones de CO2, desarrollo humano y urbanización

Cuadrante	Promedio de población urbana
1 (DH medio o bajo, emisiones insostenibles)	*58,88%*
2 (DH alto o muy alto, emisiones insostenibles)	*74,98%*
3 (DH alto o muy alto, emisiones sostenibles)	*63,26%*
4 (DH medio o bajo, emisiones sostenibles)	*41,48%*

Fuente: elaboración propia a partir de datos de UNDP, Data Center (2023) y World Bank (2023).

Si atendemos a la huella material, la situación es similar. La mayor urbanización se da en el grupo de alto DH e insostenibilidad, y la menor en el caso de DH medio o bajo y sostenibilidad. El cuadrante deseable de DH alto y sostenibilidad es en este caso el segundo con menor proporción de población urbana (52,15%).

Tabla 3. Huella material, desarrollo humano y urbanización

Cuadrante	Promedio de población urbana
1 (DH medio o bajo, huella material sostenible)	*55,83%*
2 (DH alto o muy alto, huella material insostenible)	*75,62%*
3 (DH alto o muy alto, huella material sostenible)	*52,15%*
4 (DH medio o bajo, huella material sostenible)	*40,34%*

Fuente: elaboración propia a partir de datos de UNDP, Data Center (2023) y World Bank (2023).

Las tablas 2 y 3, por lo tanto, refuerzan la idea de una relación positiva entre urbanización e IDH, mostrando también una relación en sentido contrario entre urbanización y sostenibilidad.

Conclusiones

El amplio conjunto de objetivos, metas e indicadores derivados de la Agenda 2030 abarca finalidades muy diversas, incluyendo aspectos vinculados al desarrollo humano y otros orientados a la sostenibilidad ambiental.

En este marco, se encuentran dificultades en la práctica para lograr un elevado nivel de desarrollo humano sin superar los límites biofísicos del planeta. Así, una amplia mayoría de los países se sitúan en dos situaciones poco deseables: un elevado nivel de desarrollo humano, pero superando los límites; o bien niveles dentro esos umbrales, pero con desarrollo humano medio o bajo.

En la amplia muestra de 155 países, tan solo 7 logran un desarrollo humano alto dentro de los límites de emisiones, y 6 lo hacen en el caso de la huella material (únicamente Moldavia y Sri Lanka, cumplen ambos parámetros simultáneamente).

Ante esta situación, los procesos de urbanización aportan oportunidades, y se observa en este sentido una relación positiva entre el porcentaje de población urbana y los niveles de desarrollo humano, lo que indica avances en educación, salud o renta vinculados a estas dinámicas.

Sin embargo, tal como muestran los datos, los países con mayor porcentaje de población urbana se sitúan en el grupo de insostenibilidad, mayoritario en ambos casos. Igualmente es significativo que los dos únicos países que cumplen los límites marcados en emisiones y huella material tengan bajos niveles de urbanización (Moldavia: 43,00%, Sri Lanka: 18,46%).

Encontramos en definitiva problemas de compatibilidad entre objetivos, y un reto en cuanto a la gestión y desarrollo futuro de los procesos de urbanización, que deberán abordar formas novedosas de avance desde diferentes enfoques.

Bibliografía

BRINGEZU, S., "Possible target corridor for sustainable use of global material resources", *Resources*, 4, 2015, 25-54.

DITTRICH, M., GILJUM, S., LUTTER, S. y POLZIN, C., *Green economies around the world? Implications of resource use for development and the environment*, Sustainable Europe Research Institute, Vienna, 2012.

GUTIÉRREZ-GOIRIA, J., HERRERA, A. F., "ODS 8: El crecimiento económico y su difícil encaje en la Agenda 2030", *Revista Internacional de Comunicación y Desarrollo (RICD)*, 3 (4), 2021, 52-66.

HERRERA, A.F.: «*Encuentros y desencuentros entre el desarrollo humano y el desarrollo sostenible. Un análisis teórico y empírico del desarrollo humano sostenible*» [en línea], (2020), < https://addi.ehu.es/handle/10810/43991>. [Consulta: 13/07/2023].

HICKEL, J., "The contradiction of the sustainable development goals: Growth versus ecology on a finite planet", *Sustainable Development*, 27, 2019, 873-884.

HICKEL, J., "The sustainable development index: Measuring the ecological efficiency of human development in the anthropocene", *Ecological Economics*, 167, 106331, 2020.

HOEKSTRA, A. y WIEDMANN, T., "Humanity's unsustainable environmental footprint". *Science*, 344 (6188), 2014, 1114-1117.

NACIONES UNIDAS, *Informe de los Objetivos de Desarrollo Sostenible 2022*, 2022.

O'NEILL, D.W., FANNING, A.L., LAMB, W.F., STEINBERGER, J.K., "A good life for all within planetary boundaries, *Nat. Sustain.*, 1 (2), 2018, 88–95.

UNDP, UNITED NATIONS DEVELOPMENT PROGRAMME: «Data Center» [en línea], (2023), <https://hdr.undp.org/data-center/human-development-index#/indicies/HDI>. [Consulta: 05/07/2023].

UNITED NATIONS ENVIRONMENT PROGRAMME, *Managing and Conserving the Natural Resource Base for Sustained Economic and Social Development*, UNEP, Nairobi, 2014.

WORLD BANK, *Demographic Trends and Urbanization*, The World Bank, Washington DC, 2020. WORLD BANK, «World Development Indicators». [en línea], (2023), https://databank.worldbank.org/source/world-development-indicators. [Consulta: 05/07/2023].

2.3. UNA MIRADA AL DERECHO A LA CIUDAD EN CLAVE DE GOBERNANZA GLOBAL: LÍMITES Y LIMITACIONES DE LA AGENDA 2030

LAURA SERRANO[43]
ANTONIO SIANES[44]

Introducción: Reflexiones sobre la Agenda 2030 y la construcción de territorios y ciudades sostenibles

Con la aprobación de la Agenda 2030 por la Asamblea General de las Naciones Unidas en el año 2015, la sostenibilidad queda plenamente arraigada en el marco institucional y regulatorio a nivel global como nuevo paradigma político y social (SERRANO ET AL., 2019). De esta manera, el establecimiento del objetivo general de alcanzar la sostenibilidad urbana en su triple dimensión (social, ambiental y económica) se señaló como uno de los principales retos de nuestro tiempo, al quedar incorporado como el número 11 de entre los Objetivos de Desarrollo Sostenible (ODS)[45] que refleja el documento. El crecimiento acelerado de la población que habita los contextos urbanos supone un desafío social y ambiental, que es el punto de partida de la urgencia de conectar la Agenda 2030 con la generación de territorios y ciudades sostenibles. Sin embargo, hasta la fecha, la implementación de la Agenda 2030 ha mostrado ciertas limitaciones para impulsar políticas urbanas transformadoras que aborden estos desafíos que enfrentan los territorios urbanos desde una perspectiva que incorpore la justicia social (VELA-JIMÉNEZ ET AL., 2022).

En el análisis de estas limitaciones, se destacan tres vectores fundamentalmente. En primer lugar, el encaje de la Agenda 2030 en las agendas globales de temática urbana, específicamente en relación con la Nueva Agenda Urbana–Habitat III (NNUU, 2017). Si bien ambos documentos

---

43 Social Matters, Universidad Loyola Andalucía

44 Instituto de Investigación en Políticas para la Transformación Social Universidad Loyola Andalucía

45 La Agenda 2030 para el Desarrollo Sostenible fue adoptada por todos los Estados miembros de las Naciones Unidas en septiembre de 2015. La Agenda 2030 para el Desarrollo Sostenible se compone de 17 objetivos y 169 metas.

comparten objetivos como medios para abordar los desafíos urbanos, la falta de una gobernanza participativa y un enfoque específico en la planificación y gestión del crecimiento urbano en la Agenda 2030 limita su potencial impacto en el territorio a escala local.

En segundo lugar, el diseño institucional de la Agenda 2030 plantea desafíos para su efectiva implementación a nivel local. La teoría de diseño institucional de Koremenos, Lipson y Snidal (2001) permite identificar debilidades en la configuración y estructuras de implementación de la Agenda, las cuales pueden afectar su capacidad para promover la cooperación y el cumplimiento efectivo de los acuerdos internacionales. La falta de centralización y la amplia diversidad de objetivos perseguidos pueden debilitar el impacto transformador de la Agenda 2030 en territorios urbanos.

Por último, la falta de coercitividad y la dependencia de los Informes Nacionales Voluntarios para rendir cuentas sobre los avances en la implementación de la Agenda 2030 constituyen una tercera limitación. La ausencia de mecanismos de seguimiento efectivos y la falta de un enfoque integral para abordar las desigualdades en el desarrollo urbano pueden afectar negativamente la materialidad del derecho a la ciudad y obstaculizar la construcción de ciudades sostenibles.

En este contexto, es fundamental abordar la paradoja del Derecho a la ciudad, donde una planificación urbana fruto de las estrategias de revalorización de determinados sectores de las ciudades e implementada mediante unas políticas locales que, presentándose como medidas asépticas y pertinentes para crear las condiciones para hacer más habitable la ciudad, han terminado desencadenando procesos de gentrificación y expulsión de los habitantes más vulnerables de estos sectores, profundizando la segregación socioespacial y generando efectos contrarios a los objetivos de mejora de la habitabilidad de los barrios (ALESSANDRI C., 2014).

En conclusión, conectar la Agenda 2030 con la generación de territorios y ciudades sostenibles implica superar estos desafíos y adoptar un enfoque más integral que promueva un urbanismo radicalmente participativo con capacidad real para impactar en los procesos de organización de la ciudad. Solo mediante un compromiso activo por parte de los gobiernos locales y la sociedad civil en la construcción de una gobernanza radical, se puede dotar a la Agenda 2030 del potencial transformador necesario para construir ciudades sostenibles para todos y todas.

Limitaciones de la Agenda 2030 para informar políticas urbanas transformadoras: un análisis de gobernanza global

La Agenda 2030 (NNUU, 2015) ya ha superado el ecuador en su periodo de implementación. A pesar de que toda política global muestra síntomas de aceleración en los últimos años de su vigencia, es cierto que hasta la fecha la Agenda 2030 está mostrando una capacidad especialmente limitada para informar políticas transformadoras (SIANES, 2021), especialmente en los territorios urbanos (VELA-JIMÉNEZ ET AL., 2022). Tres ideas o vectores de análisis pueden contribuir a explicar por qué.

El encaje de la Agenda 2030 en las agendas globales de temática urbana: consideraciones en clave de política global comparada.

La primera limitante tiene que ver con el nacimiento de la Agenda 2030 dentro de la arquitectura global de promoción de modelos de urbanismo más inclusivos y sostenibles. En este apartado, es preciso detenerse a analizar la Agenda 2030 como régimen internacional con una mirada de política global comparada. Fundamentalmente, estudiando su relación, tanto en su origen como en su desarrollo, con la otra gran estrategia multilateral dirigida a abordar la cuestión urbana desde una clave de gobernanza global: la Nueva Agenda Urbana – Habitat III (SATTERTHWAITE, 2016). Comparar la Agenda 2030 y Habitat III es una manera interesante de analizar la evolución de las políticas globales en relación con la dimensión urbana, ya que ambos documentos son relevantes para abordar los desafíos urbanos, pero presentan algunas diferencias clave.

En materia de participación y gobernanza, la Nueva Agenda Urbana–Habitat III pone un fuerte énfasis en la participación y colaboración de múltiples actores, como gobiernos locales, organizaciones de la sociedad civil, sector privado y comunidades locales. Busca fomentar la gobernanza participativa y la toma de decisiones inclusivas a nivel urbano, considerando los actores tradicionales específicos de este contexto. Si bien la participación también se menciona en la Agenda 2030, lo hace con una mirada de cooperación internacional, que no es la que caracteriza el contexto urbano. Habitat III pone así un fuerte énfasis en la planificación urbana inclusiva y participativa, reconociendo la importancia de involucrar a los ciudadanos, a las comunidades locales y a otros actores relevantes en la toma de decisiones sobre el desarrollo urbano.

Algo similar ocurre en materia de planificación y gestión del crecimiento urbano. La Nueva Agenda Urbana aborda de manera más específica los desafíos y oportunidades relacionados con la planificación y gestión del crecimiento urbano sostenible, destacando la importancia de la planificación a largo plazo, la gestión de la expansión urbana y la revitalización de áreas degradadas. Si bien la Agenda 2030 menciona aspectos relacionados con el desarrollo sostenible de las ciudades, lo hace de manera menos detallada y específica, lo que limita su alcance potencial.

La coexistencia y la coordinación entre los mecanismos de gobernanza global de la Agenda 2030 y la Nueva Agenda Urbana pueden presentar desafíos, debido a sus diferentes enfoques y estructuras institucionales. La tradicional relación de los actores urbanos tradicionales con las anteriores Agendas Habitat I y Habitat II, y su vinculación a foros de debate internacional ya existentes, explica la tibieza con que ha sido recibida la dimensión urbana de la Agenda 2030 en numerosos sectores, limitando su impacto potencial (SIANES & VELA-JIMÉNEZ, 2020).

El diseño de la Agenda 2030: aportaciones de la literatura en diseño institucional.

La segunda limitante está relacionada no con el encaje de la Agenda 2030 dentro de la arquitectura global de promoción de modelos de urbanismo más inclusivos y sostenibles, sino con su propio diseño. La literatura existente sobre diseño institucional en la disciplina de las Relaciones Internacionales permite analizar las limitaciones de partida que muestra la Agenda para constituirse como un régimen internacional efectivo, dado que su configuración y el diseño de sus instrumentos y estructuras de implementación no están adaptados a la realidad del sistema internacional sobre el que quiere influir (TOSCANO-VALLE ET AL., 2022).

La teoría de Koremenos, Lipson y Snidal (KOREMENOS ET AL., 2001) sobre diseño institucional ofrece una perspectiva analítica valiosa para comprender los desafíos del diseño institucional de la Agenda 2030. Su modelo se centra en la relación entre los problemas de cooperación que existen en el sistema internacional (variables independientes del modelo) con las dimensiones del diseño de las instituciones (variables dependientes). Así, en función del comportamiento y estado de las primeras, las segundas habrían de adaptarse para promover la cooperación y facilitar el cumplimiento de los acuerdos internacionales (REINSBERG & WESTERWINTER, 2021). Al aplicar esta teoría al análisis de la Agenda 2030, se pueden identificar algunas debilidades relevantes.

Según la teoría de Koremenos, a medida que se incrementa la existencia de problemas de distribución (los actores del sistema internacional persiguen diferentes objetivos) y de problemas de cumplimiento (los actores tienen incentivos para no cumplir el acuerdo internacional que se marcan), el diseño institucional debería incrementar sus niveles de centralización, a la vez que concentra los objetivos perseguidos. La Agenda, de manera contraria, renunció a establecer centralización alguna, más allá de la labor orientadora del Foro de Alto Nivel, y optó por ampliar y diversificar aún más sus objetivos perseguidos, hasta llegar a incorporar 17 ODS.

De manera similar, el modelo predice que a medida que aumenta el número de actores internacionales concertados o la incertidumbre sobre la evolución futura del mundo, deberían preverse mecanismos de membresía restrictivos que permitan una alta flexibilidad ante cambios en las circunstancias (SANTOS-CARRILLO ET AL., 2020) como ocurrió de manera evidente con la COVID-19 (FERNÁNDEZ-PORTILLO ET AL., 2020). De nuevo la Agenda 2030 contradice a la teoría, al dejar la membresía completamente abierta y sin expulsión posible, mientras que a la vez minimiza la flexibilidad al plantear un marco de implementación de 15 años, sin posibilidad de revisar los objetivos.

Al aplicar la teoría de Koremenos, Lipson y Snidal al análisis de la Agenda 2030, se puede obtener una comprensión más profunda de los desafíos que enfrenta en términos de incentivos, capacidad y coordinación. Estos déficits de partida en el diseño también contribuyen a limitar el potencial impacto de la Agenda 2030.

La implementación de la Agenda 2030: sobre falta de coercitividad y path dependance.

Es importante focalizarse en una última debilidad evidente, que es la manera en que los países tienen obligación de rendir sus avances en la implementación de la Agenda 2030. El modelo de rendición de cuentas que actualmente se emplea es la realización de los Informes Nacionales Voluntarios, una modelo "a demanda" en que los países optan voluntariamente por presentar o no avances, y además lo hacen solo sobre determinados objetivos seleccionados por ellos mismos.

Por un lado, esto presenta una debilidad evidente relacionada con lo que en Relaciones Internacionales se conoce como *path dependance* (PAGE, 2006). Esto es, la tendencia de los actores internacionales a mantener el comportamiento que históricamente les ha caracterizado. Así, países con un fuerte compromiso ambiental tradicional, como Costa Rica, se presentan como referentes en implementación de la Agenda 2030 por esta dimensión.

Mientras que otros, como los europeos, destacan su atención en materia de política social.

Por otro lado, cuando se combina esta tendencia natural de los Estados a la *path dependance* con la falta de coercitividad propia de la Agenda, se entiende por qué ésta no tiene capacidad para promover comportamientos innovadores que vayan en línea con sus presupuestos. Esto es especialmente relevante en el entorno urbano, donde se está mostrando incapaz de generar mecanismos innovadores de implementación que transformen la visión que ya tenían los países de gestión de su cuestión urbana.

¿Cómo se conecta la Agenda 2030 con las ciudades sostenibles?: La paradoja del Derecho a la Ciudad.

Según datos de Naciones Unidas, en 2018, el 55% de la población mundial vivía en ciudades, cifra que no ha parado de crecer en estos años, hasta tal punto que en 2050 se estima que las ciudades sean el hogar para alrededor de 6.500 millones de personas, es decir, que dos de cada tres personas del planeta habitarán en una ciudad (Unión de Ciudades Capitales Iberoamericanas (UCCI), 2018). El ecosistema urbano es el contexto en donde se desarrollarán millones de personas. El proceso de urbanización urbana se ha acelerado en todo el globo, haciéndose presentes tradicionalmente en las grandes metrópolis, si bien, actualmente, es un fenómeno que se reproduce de manera especialmente intensa en los países en desarrollo y comienza a ser una realidad emergente en las ciudades medias.

Este proceso de expansión urbana sin precedentes supone, para los gobiernos locales y las ciudadanos que habitan en las ciudades, afrontar una serie de problemas relacionados con el acceso a una vivienda digna; los crecientes porcentajes de pobreza en áreas urbanas; el incremento de la precarización de la población de barrios desfavorecidos en contexto urbanos; la gestión de los residuos urbanos; el acceso a recursos básicos como la energía o el agua; la movilidad urbana a través de redes de transporte público, entre otros. Estos desafíos amenazan con situar a estos territorios al borde del colapso del consumo energético, social y económico como consecuencia del marco socio-político neoliberal global en el que están encuadradas las ciudades, donde la presencia de las Administraciones Públicas y el poder político, como elemento de mediador social y restaurador de los desequilibrios económicos y sociales, ha ido menguando hasta convertirse en catalizador de los intereses de las élites capitalistas transnacionales.

Así, Naciones Unidades, desde una perspectiva desarrollista, señala como elemento fundamental para la consecución de bienestar sostenible y generalizado, el papel de las ciudades, como sujetos colectivos que lideren una gestión del territorio urbano que sea social, económica y medioambientalmente sostenible (NNUU, 2015, 2017).

Las agendas globales recogen el derecho a la ciudad: Agenda 2030 y Agenda Urbana-Habitat III.

La agenda internacional no es ajena a las enormes repercusiones ambientales y humanitarias que supone que un 60% de la población mundial se concentre en las áreas urbanas y al papel crucial que juegan los gobiernos locales y los habitantes de las ciudades como vectores de fuerza en la definición del modelo de ciudad que se implante en los territorios. Así, la Agenda 2030 recoge como ODS 11 "*lograr que las ciudades sean más inclusivas, seguras, resilientes y sostenibles*", concretando este objetivo en 7 metas principales centradas en la dimensión ambiental, social y económica, y apuntando las características que debe informar el modelo de ciudad por el que Naciones Unidas apuesta:

> **Objetivo 11. Lograr que las ciudades y los asentamientos humanos sean inclusivos, seguros, resilientes y sostenibles**
>
> 11.1 De aquí a 2030, asegurar el acceso de todas las personas a viviendas y servicios básicos adecuados, seguros y asequibles y mejorar los barrios marginales.
>
> 11.2 De aquí a 2030, proporcionar acceso a sistemas de transporte seguros, asequibles, accesibles y sostenibles para todos y mejorar la seguridad vial, en particular mediante la ampliación del transporte público, prestando especial atención a las necesidades de las personas en situación de vulnerabilidad, las mujeres, los niños, las personas con discapacidad y las personas de edad.
>
> 11.3 De aquí a 2030, aumentar la urbanización inclusiva y sostenible y la capacidad para la planificación y la gestión participativas, integradas y sostenibles de los asentamientos humanos en todos los países.
>
> 11.4 Redoblar los esfuerzos para proteger y salvaguardar el patrimonio cultural y natural del mundo.
>
> 11.5 De aquí a 2030, reducir significativamente el número de muertes causadas por los desastres, incluidos los relacionados con el agua, y de personas afectadas por ellos, y reducir considerable-

> mente las pérdidas económicas directas provocadas por los desastres en comparación con el producto interno bruto mundial, haciendo especial hincapié en la protección de los pobres y las personas en situaciones de vulnerabilidad.
>
> 11.6 De aquí a 2030, reducir el impacto ambiental negativo per cápita de las ciudades, incluso prestando especial atención a la calidad del aire y la gestión de los desechos municipales y de otro tipo.
>
> 11.7 De aquí a 2030, proporcionar acceso universal a zonas verdes y espacios públicos seguros, inclusivos y accesibles, en particular para las mujeres y los niños, las personas de edad y las personas con discapacidad (NNUU, 2015)

Sin embargo, el modelo de ciudad queda encerrado en una dimensión meramente abstracta, estética y estática, si más allá de una enumeración de objetivos, el documento no se acompaña de instrumentos políticos que permitan implementar medidas que construyan e incidan en la realidad concreta de los territorios. El modelo de ciudad que se impone por los gestores políticos de las diferentes ciudades responde a la perspectiva ideológica adoptada por los poderes públicos que permea todos los ámbitos de la gestión municipal. La manida gobernanza se antoja insuficiente sobre el papel, a la par que fundamental en su práctica colectiva.

Entonces, en este escenario de un mundo cada vez más urbanizado, ¿cómo se conecta la Agenda 2030 con la generación de ciudades sostenibles?

Más allá de la Agenda 2030, dotada de indicadores poco o nada territorializados a nivel local, es la Nueva Agenda Urbana-Habitat III, el documento que establece los principios para la planificación, construcción, desarrollo, gestión y mejora de las zonas urbanas en sus cinco pilares de aplicación principales: políticas urbanas nacionales, legislación y normativas urbanas, planificación y diseño urbano, economía local y finanzas municipales e implementación local. Y la que recoge de manera explícita el Derecho a la ciudad en su artículo 11:

> Compartimos el ideal de una ciudad para todos, refiriéndonos a la igualdad en el uso y el disfrute de las ciudades y los asentamientos humanos y buscando promover la inclusividad y garantizar que todos los habitantes, tanto de las generaciones presentes como futuras, sin discriminación de ningún tipo, puedan crear ciudades y asentamientos humanos justos, seguros, sanos, accesibles, asequibles, resilientes y sostenibles y habitar en ellos, a fin de promover la prosperidad y la calidad de vida para todos. Hacemos

notar los esfuerzos de algunos gobiernos nacionales y locales para consagrar este ideal, conocido como "el derecho a la ciudad", en sus leyes, declaraciones políticas y cartas (NNUU, 2017).

Se podría afirmar que, de una manera formal desde el punto de vista jurídico, y formalista desde el punto de vista político, es el Derecho a la ciudad lo que conecta la Agenda 2030 con la generación de territorios y ciudades sostenibles. Sin embargo, ¿el reconocimiento formal en la agenda global garantiza que el Derecho a la ciudad se traduzca en una mejora en los condicionales materiales de vida de los habitantes de la ciudad o estamos antes un derecho formal que se anquilosa como un concepto estático sin incidencia en las políticas locales sobre las que tienen competencias los gobiernos locales? (ABELLÁN ET AL., 2019)

El derecho a la ciudad: procesos de lucha por dibujar colectivamente la ciudad deseada.

El reconocimiento formal del derecho a la ciudad en documentos internacionales es indudablemente un paso importante para su promoción y protección. Sin embargo, la mera validación formal, por sí sola, no asegura de manera automática una mejora sustancial de las condiciones de vida digna de los habitantes de la ciudad. El reconocimiento formal de un derecho no garantiza automáticamente su materialidad. La materialidad de un derecho implica que las personas puedan ejercerlo y disfrutar de sus beneficios de manera efectiva. Esto implica la disponibilidad de recursos, la eliminación de barreras y obstáculos, así como la creación de condiciones y oportunidades que permitan el pleno ejercicio y disfrute del derecho reconocido.

El Derecho a la ciudad es un concepto complejo que abarca no solo el acceso a los espacios urbanos, sino también a los servicios básicos, la vivienda adecuada, el empleo digno, la participación ciudadana y la justicia social. Para que el Derecho a la ciudad se materialice en una mejora tangible en las condiciones de vida digna de las personas, es necesario que se activen políticas y acciones a nivel local que trabajen en lo concreto.

Pero, entonces, ¿es el derecho a la ciudad lo que conecta la Agenda 2030 con la generación de ciudades sostenibles?

La paradoja del derecho a la ciudad: la ciudad real que habitamos.

La implementación de política públicas que formalmente van dirigidas a poner en práctica los principios del Derecho a la ciudad, en numerosas ocasiones tiene efectos contrarios a la mejora de la habitabilidad de los barrios, provocando una aceleración de la precarización de las bolsas de población más vulnerable que habitan estas zonas urbanas, estos mismos barrios que se pretendían hacer más vivibles mediante una serie de intervenciones urbanísticas. Hablamos de precarización que se cristaliza en una empeoramiento manifiesto en el acceso a las necesidades básicas como la vivienda, como consecuencia de una subida generalizada de los precios de la misma en la zona intervenida, o como la sustitución de una red de comercios tradicionales y populares a los que la población de menor nivel socioeconómico tenían acceso para desarrollar la vida, por un tipo de comercios dirigidos a clientes de una nivel socioeconómico más elevado (JOVER & BERRAQUERO, 2020; JOVER & DÍAZ-PARRA, 2019)

Estas situaciones son las se configuran bajo el término conceptual de la "paradoja del derecho a la ciudad", y que se manifiesta cuando una planificación urbana enfocada desde una sostenibilidad que no incorpora la perspectiva de justicia social, provoca un efecto pernicioso para los residentes más vulnerables del barrio que se supone que debe mejorar. Un ejemplo de estas actuaciones son los procesos de ecologización (gentrificación verde) de zonas concretas de la ciudad que en muchas ocasiones terminan acelerando el proceso de gentrificación y segregación socioespacial. Una mirada a los resultados alcanzados por políticas públicas que persiguen ciudades más sostenibles nos hace responder con certeza que es la paradoja del derecho de la ciudad el elemento conector entre la Agenda 2030 con la generación de ciudades sostenibles (ANGUELOVSKI ET AL., 2022; TRIGUERO-MAS ET AL., 2022)

El objetivo ideal y formal que declara Naciones Unidas en el artículo 11 de la Nueva Agenda Urbana – Habitat III, y que viene a reforzar lo recogido por la Agenda 2030 en su ODS 11, de que todas las personas tienen el derecho de vivir en una ciudad inclusiva, equitativa y sostenible, se ve desafiado por la realidad de procesos de comodificación y financierización de la ciudad, que la convierten a ella en una mercancía misma y sus habitantes en consumidores de esta. La ciudad es un espacio de batalla en el que se confrontan constantemente los intereses de clase (DÍAZ PARRA, 2012; DIAZ-PARRA & JOVER, 2020; JOVER & DÍAZ-PARRA, 2020). La realidad es que el sistema económico capitalista se ha ajustado desplazando temporalmente las crisis a diferentes áreas urbanas en los que recupera tasa de beneficio devastando los factores de producción de ese espacio socio-ecológico mediante la privatización y mercantilización de éstos, para desplazarse seguidamente a otra área y reproducir de nuevo el mismo proceso, iniciando lo que Harvey llama el ciclo de acumulación por desposesión al describir el proceso de degradación de los bienes comunes (HARVEY, 2003, 2008, 2014; JOVER & DÍAZ-PARRA, 2019).

La lógica mercantilista del modelo económico neoliberal hegemónico asigna a todos los bienes, recursos y servicios un valor monetario y un valor de mercado dictado por el precio que le asigna la ley de la oferta y la demanda (SERRANO et al, 2020). Este es el llamado proceso de comodificación: los parques, las plazas, las calles, las fiestas, las tradiciones, todos los elementos que componen la ciudad, se han constituido como mercancía, ya sea en bienes o servicios, siendo susceptible de ser vendido o comprado bajo el único criterio de la maximización de los beneficios, y modificando la relación que los habitantes tienen con estas mismas plazas, calles, fiestas, parques.

Sin embargo, el Estado actúa como el mejor aliado de la doctrina neoliberal: pues, aunque en último término el Estado es garante del bienestar de los individuos, se proyecta como cómplice del proceso de privatización de la ciudad, jugando, en determinados casos, un papel clave para profundizar en las desigualdades a través de la promoción de procesos de segregación socio espacial. La planificación urbana neoliberal, que defiende que los mercados inmobiliarios funcionan mejor cuando el Estado permite que los promotores actúen sin restricciones regulatorias, en realidad promueve las ganancias de los desarrolladores y propietarios mientras excluye a aquellos que necesitan un lugar para vivir.

Este escenario supone que la inclusión del derecho a la ciudad en las agendas globales o conlleva el cuestionamiento de los nuevos modelos y estructuras económicas sobre las que paradójicamente descansan las mismas haciendo posible, a través de los movimientos ciudadanos y de su acceso a las instituciones, una gobernanza local y una legislación que establezca límites coherentes para garantizar la materialidad del derecho de los habitantes de la ciudad en general, y de las áreas urbanas más vulnerable, a reivindicar políticamente el derecho a habitar la ciudad deseada o se limita a un concepto formal e institucionalizado al servicio de los intereses de las élites económicas que impulsan y sostienen los procesos de mercantilización de la ciudad.

También, implementar y desarrollar políticas públicas locales que hagan de nuestras ciudades, ciudades más sostenibles, más verdes, con más servicios, más habitables, es fundamental contar con mecanismos de seguimiento y rendición de cuentas para garantizar que las políticas y acciones implementadas efectivamente mejoren las condiciones de vida de los habitantes más vulnerables de la ciudad y no generen aún más desigualdades. Es necesario un compromiso activo por parte de los gobiernos locales y la sociedad civil para convertir el derecho a la ciudad en una realidad concreta y significativa, y evitar que el reconocimiento formal del derecho a la ciudad se convierta en una mera retórica.

En definitiva, sólo la sociedad civil articulada mediante procesos de lucha y organizada políticamente ejerciendo una gobernanza radical será la garante del Derecho a la ciudad como elemento conector entre la Agenda 2030 y la construcción de territorio y ciudades socialmente justas y sostenibles.

Síntesis

La paradoja del derecho a la ciudad en el contexto de la Agenda 2030 radica en el desafío de traducir el reconocimiento formal del derecho a la ciudad en una mejora real de las condiciones de vida de los habitantes urbanos. Si bien la Agenda 2030 y la Nueva Agenda Urbana-Habitat III plantean objetivos ambiciosos para alcanzar ciudades sostenibles e inclusivas, las limitaciones en el diseño institucional y la falta de coercitividad en la implementación obstaculizan la materialización efectiva de este derecho. Asimismo, la paradoja se manifiesta cuando políticas urbanas supuestamente sostenibles pueden desencadenar procesos de gentrificación y expulsión de residentes, profundizando la segregación socioespacial y generando efectos contrarios a los objetivos de mejora de la habitabilidad de los barrios. Es fundamental reconocer estas contradicciones y trabajar hacia una implementación más efectiva del derecho a la ciudad para lograr un desarrollo urbano más equitativo y sostenible.

Ante la complejidad de la paradoja del derecho a la ciudad y su vinculación con la Agenda 2030, es imperativo un llamado a la acción para abordar los desafíos y trabajar hacia una implementación más efectiva. Para construir ciudades verdaderamente sostenibles, inclusivas y equitativas, debemos asegurarnos de que los procesos de desarrollo urbano estén guiados por principios de justicia social, participación ciudadana y respeto por el Derecho a la ciudad. Solo entonces podremos aprovechar el potencial transformador de la Agenda 2030 y construir un futuro para todos y todas.

Superar las contradicciones y tensiones entre la Agenda 2030 y la paradoja del derecho a la ciudad es crucial para lograr un desarrollo urbano más equitativo y sostenible, que pasa ineludiblemente por cuestionar los modelos económicos y estructuras que impulsan la mercantilización de los bienes comunes y la privatización de los espacios urbanos, e involucrar a la sociedad civil en la toma de decisiones y la definición de políticas urbanas transformadoras. Superar estas contradicciones requiere hacer política desde fuera y desde dentro de las instituciones.

Referencias

ABELLÁN, J., BARRAGÁN, V., SIANES, A., "La vivienda desde perspectiva crítica de derechos humanos. la mercantilización de los derechos humanos", en Lex Social, Vol. 9, Issue 1, 2019.

ALESSANDRI CARLOS, A. F., "La ciudad como privación y la reapropiación de lo urbano como ejercicio de la ciudadanía", en Scripta Nova: Revista Electrónica de Geografía y Ciencias Sociales, 18(0), 2014

ANGUELOVSKI, I., CONNOLLY, J. J. T., COLE, H., GARCIA-LAMARCA, M., TRIGUERO-MAS, M., BARÓ, F., MARTIN, N., CONESA, D., SHOKRY, G., DEL PULGAR, C. P., RAMOS, L. A., MATHENEY, A., GALLEZ, E., OSCILOWICZ, E., MÁÑEZ, J. L., SARZO, B., BELTRÁN, M. A., & MINAYA, J. M., "Green gentrification in European and North American cities",en Nature Communications, 13(1), 2022.

DÍAZ PARRA, I. & ROCA, B., El espacio en la teoría social, Tirant lo Blanch, Valencia, 2021.

DIAZ-PARRA, I., & JOVER, J., "Overtourism, place alienation and the right to the city: insights from the historic centre of Seville, Spain", en Journal of Sustainable Tourism, 0(0), 2020, 1–18.

FERNÁNDEZ-PORTILLO, L. A., SIANES, A., & SANTOS-CARRILLO, F., "How will covid-19 impact on the governance of global health in the 2030 agenda framework? The opinion of experts", en Healthcare (Switzerland), 8(4), 2020.

HARVEY, D., "Debates and Developments", en International Journal of Urban and Regional Research, 27(4), 2003, 939–941.

HARVEY, D., "The Right to City", en New Left Review, 53(53), 2008, 23–40.

HARVEY, D., " Rebel cities. from the right to the city to the right to the urban revolution", en Eure, Vol. 40, Issue 119, 2014.

JOVER, J., & BERRAQUERO, L. "Habitantes o Visitantes. El impacto del alquiler vacacional en el mercado de vivienda en Sevilla", en Ciudad y Territorio. Estudios Territoriales, 2020.

JOVER, J., & DÍAZ-PARRA, I., "Gentrification, transnational gentrification and touristification", en Urban Studies, 2019, 1–16.

JOVER, J., & DÍAZ-PARRA, I., "Who is the city for? Overtourism, lifestyle migration and social sustainability", en Tourism Geographies, 0(0), 2020, 1–24.

KOREMENOS, B., LIPSON, C., & SNIDAL, D., "The Rational Design of International Institutions", en International Organization, 55(4), 2001,761–799.

NNUU, Transformar nuestro mundo: la Agenda 2030 para el Desarrollo Sostenible, Naciones Unidas, Nueva York, 2015.

NNUU, Nueva Agenda Urbana–Habitat III, Naciones Unidas, Nueva Yok, 2017.

PAGE, S. E., "Path dependence", en Quarterly Journal of Political Science, 1(1), 2006, 87–115.

REINSBERG, B., & WESTERWINTER, O., "The global governance of international development: Documenting the rise of multi-stakeholder partnerships and identifying underlying theoretical explanations", en Review of International Organizations, 16(1), 2021, 59–94.

SANTOS-CARRILLO, F., FERNÁNDEZ-PORTILLO, L. A., & SIANES, A., "Rethinking the governance of the 2030 agenda for sustainable development in the COVID-19 era", en Sustainability (Switzerland), 12(18), 2020.

SATTERTHWAITE, D., "A new urban agenda?", Environment and Urbanization, 28(1), 2016, 3–12.

SERRANO, L., SIANES, A., & ARIZA-MONTES, A. "Using bibliometric methods to shed light on the concept of sustainable tourism", en Sustainability (Switzerland), 11(24), 2019.

SERRANO L, SIANES A, ARIZA-MONTES A. "Understanding the Implementation of Airbnb in Urban Contexts: Towards a Categorization of European Cities", en Land, 9(12), 2020.

SIANES, A., "Academic Research on the 2030 Agenda: Challenges of a Transdisciplinary Field of Study", en Global Policy, 2021.

SIANES, A., & VELA-JIMÉNEZ, R., "Can differing opinions hinder partnerships for the localization of the sustainable development goals? Evidence from marginalized urban areas in Andalusia", en Sustainability (Switzerland), 12(14), 2020, 1–20.

TOSCANO-VALLE, A., SIANES, A., SANTOS-CARRILLO, F., & FERNÁNDEZ-PORTILLO, L. A., "Can the Rational Design of International Institutions Solve Cooperation Problems? Insights from a Systematic Literature Review", en Sustainability (Switzerland), Vol. 14, Issue 13, 2022.

TRIGUERO-MAS, M., ANGUELOVSKI, I., CONNOLLY, J. J. T., MARTIN, N., MATHENEY, A., COLE, H. V. S., PÉREZ-DEL-PULGAR, C., GARCÍA-LAMARCA, M., SHOKRY, G., ARGÜELLES, L., CONESA, D., GALLEZ, E., SARZO, B., BELTRÁN, M. A., LÓPEZ MÁÑEZ, J., MARTÍNEZ-MINAYA, J., OSCILOWICZ, E., ARCAYA, M. C., & BARÓ, F.,"Exploring green gentrification in 28 global North cities: the role of urban parks and other types of greenspaces", en Environmental Research Letters, 17(10), 2022.

UNIÓN DE CIUDADES CAPITALES IBEROAMERICANAS (UCCI), Ciudades comprometidas con un modelo de desarrollo humano, justo y sostenible. Haciendo locales los Objetivos de Desarrollo Sostenible, UCCI, Madrid, 2018.

VELA-JIMÉNEZ, R., SIANES, A., LÓPEZ-MONTERO, R., & DELGADO-BAENA, A., "The Incorporation of the 2030 Agenda in the Design of Local Policies for Social Transformation in Disadvantaged Urban Areas", en Land, 11(2), 2022.

2.4. GENERANDO TERRITORIOS ECO-SOCIALMENTE RESILIENTES. UNA APUESTA POR LA SOSTENIBILIDAD TERRITORIAL DESDE EL MARCO DE LA AGENDA 2030.

FERNANDO RELINQUE MEDINA[46]
ROSA VARELA GARAY[47]
LUCÍA GONZÁLEZ LÓPEZ[48]

Introducción

El enfoque de sostenibilidad territorial ha sido ampliamente discutido en el ámbito académico, en la planificación urbana y regional, así como en los debates sobre desarrollo sostenible y conservación del medio ambiente. Organizaciones internacionales como las Naciones Unidas, la Organización para la Cooperación y el Desarrollo Económicos (OCDE) y el Programa de las Naciones Unidas para los Asentamientos Humanos (ONU-Hábitat) también han contribuido a la promoción y el desarrollo de la sostenibilidad territorial.

Aunque el concepto de sostenibilidad territorial ha evolucionado con el tiempo, adaptándose a las necesidades y desafíos cambiantes, a medida que se reconocen los impactos ambientales, sociales y económicos de las actividades humanas en los territorios, la sostenibilidad territorial ha adquirido una mayor importancia como un enfoque integral para lograr un desarrollo sostenible y equitativo.

Entre los pioneros en vincular la territorialidad y sostenibilidad encontramos al economista y sociólogo Ignacy Sachs (1978, p. 967) quien en 1978 desarrolla el concepto de "ecodesarrollo" en el que ya habla de cómo el medio ambiente afecta en diversas formas la vida de las personas y cómo el concepto de desarrollo no debe desligarse del medio ambiente e, incluso, aborda la necesaria solidaridad con las futuras generaciones urgiendo a rechazar prácticas depredadoras del desarrollo urbano. Y boga por aplicar las

---

46 Departamento de Trabajo Social y Servicios Sociales. Universidad Pablo de Olavide de Sevilla

47 Departamento de Trabajo Social y Servicios Sociales. Universidad Pablo de Olavide de Sevilla

48 Macrosad SCA.

dimensiones social, económica y ambiental para la obtención de un desarrollo territorial sostenible. También Raymond Dasmann destacó por sus trabajos sobre la vinculación del ecosistema y el medio ambiente con las personas y la sociedad en general (DARLING & DASMANN, 1969; DASMANN, 1969), en los que insistía en la importancia de la conservación entendida como el racional uso del medio ambiente para logar la máxima calidad de vida para la humanidad. También Paolo Ceccarelli destacó en los años 70 al introducir el concepto de "ecología del territorio" a través del cual enfatizó la necesidad de integrar las dimensiones ecológicas y sociales en la planificación territorial.

Quizás fue Jean-Pierre Barde el que más se aproximó a la definición de sostenibilidad territorial en sus estudios sobre los efectos en la población francesa del ruido y polución y la necesidad de reparar el daño ambiental (BARDE, 1981).

Sin duda, la concienciación sobre el medio ambiente en los años 70 y 80 se tradujo en un importante poso académico y bibliográfico que sirvió para sustentar las bases de la sostenibilidad territorial y espolear la necesidad de cambios legislativos y políticos que velaran por asegurar la calidad ambiental como medio para garantizar el bienestar social y la calidad de vida de las personas. En este sentido el primer golpe de efecto a nivel global vino de la mano del Informe "Nuestro Futuro Común" (1987), más conocido como Informe Brundtland, publicado por la Comisión Mundial sobre el Medio Ambiente y el Desarrollo de las Naciones Unidas. Su objetivo principal fue el abordaje de los desafíos interrelacionados del desarrollo económico, la equidad social y la protección del medio ambiente. El informe se centró en la necesidad de un desarrollo sostenible, que se define como aquel que satisface las necesidades del presente sin comprometer la capacidad de las futuras generaciones para satisfacer sus propias necesidades.

El informe hizo hincapié en la interdependencia entre el desarrollo económico, la equidad social y la protección ambiental, argumentando que estos aspectos están intrínsecamente vinculados y deben abordarse de manera integral. También identificó la pobreza como un obstáculo importante para el desarrollo sostenible y destacó la importancia de la participación ciudadana y la colaboración global para abordar los desafíos ambientales y sociales.

El Informe Brundtland ayudó a popularizar el concepto de desarrollo sostenible y sentó las bases para la Cumbre de la Tierra de 1992 en Río de Janeiro (GALINDO-PÉREZ-DE-AZPILLAGA ET AL., 2013), donde se adoptó la Agenda 21, l Plan de Acción Global para promover el desarrollo sostenible.

La Agenda 21 alcanzó una amplia repercusión en multitud de países abarcando una amplia gama de temas relacionados con el desarrollo sostenible, incluyendo la conservación y gestión sostenible de los recursos naturales, la promoción de patrones de producción y consumo sostenibles, la equidad social, la gobernanza ambiental, la planificación urbana sostenible y la participación ciudadana. A lo largo de estos años la Agenda 21 fue evolucionando, integrando cada vez más países e influyendo en la planificación y desarrollo de programas orientados hacia el desarrollo sostenible, suponiendo la base de los Objetivos de Desarrollo Sostenible de la Agenda 2030.

Aproximación a la sostenibilidad territorial

Cuando hablamos de sostenibilidad, se corre el riesgo de ser imprecisos. Son tantos los términos próximos a la noción de sostenbilidad y ha sido un término tan manido y usado por tantos autores y causas que, frecuentemente, se ha visto desvirtuado y alejado de una concepción compleja y multivariante que requiere de acotar el significado de los conceptos a desarrollar cuando nos situamos en las estribaciones de la sostenbilidad. Por ello, consideramos necesario hacer un receso para concretar a qué nos referimos cuando hablamos de sostenbilidad territorial.

Este concepto se refiere al enfoque de desarrollo que busca equilibrar el crecimiento económico, la protección ambiental y el bienestar social en un determinado territorio. El objetivo principal es garantizar que las necesidades actuales se satisfagan sin comprometer la capacidad de las generaciones futuras para satisfacer sus propias necesidades. Entre los aspectos claves que se inmiscuyen en este término se distinguen (JURADO ALMONTE & JOSE PAZOS-GARCIA, 2022; MATURANA ET AL., 2022; PAOLOTTI ET AL., 2019; SOTELO PEREZ, 2020):

Gestión equilibrada de los recursos: Implica utilizar los recursos naturales de manera responsable y sostenible, minimizando la sobreexplotación y promoviendo prácticas de conservación y uso eficiente. Esto incluye la gestión sostenible de tierras, agua, energía, biodiversidad y otros recursos naturales.

Planificación urbana y territorial: La planificación adecuada del territorio es esencial para lograr la sostenibilidad territorial. Esto implica la gestión del crecimiento urbano, la infraestructura y los servicios públicos de manera eficiente, asegurando el acceso equitativo a ellos y minimizando los impactos negativos en el entorno natural.

Preservación del medio ambiente: La sostenibilidad territorial implica la protección y preservación de los ecosistemas y la biodiversidad. Esto incluye la conservación de áreas naturales, la restauración de ecosistemas degradados, la promoción de prácticas agrícolas sostenibles y la mitigación del cambio climático.

Participación y gobernanza: La sostenibilidad territorial requiere la participación activa de la comunidad y la colaboración entre diferentes actores, incluyendo el gobierno, las organizaciones no gubernamentales y el sector privado. Una buena gobernanza implica una toma de decisiones transparente, inclusiva y basada en la participación ciudadana.

Equidad social y económica: La sostenibilidad territorial busca promover la equidad social y económica, asegurando que todos los miembros de la comunidad tengan acceso a servicios básicos, empleo digno, educación, atención médica y otros derechos fundamentales.

Resiliencia frente a desafíos y riesgos: La sostenibilidad territorial implica fortalecer la resiliencia del territorio frente a desafíos como el cambio climático, los desastres naturales, la escasez de recursos y otros riesgos. Esto implica la planificación y adaptación adecuada para hacer frente a estos desafíos de manera sostenible.

En definitiva, como se puede observar la sostenibilidad territorial es un concepto multidimensional y complejo que busca equilibrar el desarrollo económico con la protección ambiental y la justicia social. Su implementación requiere una visión a largo plazo, acciones integradas y la colaboración de múltiples actores para lograr un desarrollo sostenible y equitativo en los territorios.

Desgranando los ejes de la "sostenibilidad territorial"

De esta multidimensionalidad del concepto de sostenibilidad territorial, se derivan varios ejes transversales que entran en juego en este término extremadamente complejo con multitud de vasos comunicantes y donde el equilibrio juega un papel tan fundamental como difícil de obtener debido a la presión que ejercen diferentes intereses sociales, ambientales y económicos, pero también especulativos y medioambientalmente espurios.

Por ello es conveniente ir desgranando algunos de los elementos intrínsecos a la sostenibilidad territorial a fin de comprender el papel fundamental de la Agenda 2030 en su vigilancia y consolidación y qué herramientas o líneas de trabajo es preciso abordar en el marco de la Agenda para garantizar esta sostenibilidad territorial.

La ecología – interdependencia

El primero de estos ejes transversales, como no podría ser de otra manera, es referido a la ecología como concepto cuyo logro fundamental ha sido la de dirigir la mirada hacia la interdepdencia de los diferentes sistemas que conviven en el medio incluyendo, por descontado, el sistema social. La ecología desempeña un papel fundamental en la sostenibilidad territorial debido a su enfoque en el estudio de las interacciones entre los seres vivos y su entorno y la interdependencia entre ellos.

A través de la ecología tenemos evidencias claras sobre cómo los sistemas naturales y los sistemas humanos están interconectados y son interdependientes. Los ecosistemas proveen servicios esenciales para la vida humana, como el suministro de agua limpia, la regulación del clima, la polinización de cultivos y la purificación del aire, por lo que la calidad de vida humana se ve indisolublemente ligada al bienestar ambiental. Por tanto, la conservación del medio ambiente y de la biodiversidad, debe ser parte fundamental en esta interdependencia y aporta un sustrato teórico importante a la noción de sostenbilidad territorial.

La ecología, además, permite comprender cómo los recursos naturales, como los bosques, los suelos, el agua y la vida silvestre, se renuevan y cómo se pueden utilizar de manera responsable y equitativa. La gestión adecuada de estos recursos es esencial para garantizar su disponibilidad a largo plazo y evitar la sobreexplotación y la degradación ambiental, para ello, el análisis de impacto socio-ambiental es una herramienta idónea para la "sostenibilidad territorial" pues permite identificar los efectos de las acciones humanas en los ecosistemas, evaluar su magnitud y alcance, y favorecer el proceso de toma de decisiones estratégicas encaminadas a mitigar los efectos negativos de una intervención territorial.

Por último, aunque lo abordaremos, más adelante, el concepto de resiliencia es un elemento central dentro del eje ecológico. A través de la ecología podemos comprender cómo los sistemas naturales y humanos pueden adaptarse y ser resilientes frente a los cambios ambientales, como el cambio climático o los desastres naturales, así como la capacidad de los ecosistemas y las comunidades para resistir perturbaciones, recuperarse y adaptarse a nuevas condiciones, algo esencial para

En resumen, la ecología es esencial para la sostenibilidad territorial, ya que proporciona los fundamentos científicos para comprender y proteger los sistemas naturales, conservar la biodiversidad, gestionar de manera sostenible los recursos y promover la resiliencia frente a los cambios ambientales. Un enfoque basado en la ecología es fundamental para lograr un equilibrio entre el desarrollo humano y la preservación de los sistemas naturales en los territorios.

La ruralidad y la importancia de fijar la población al territorio rural

El ámbito rural tiene una importancia determinante en la sostenibilidad, pues es en él donde se ubican los reservorios ambientales, de materias primas, de fuentes energéticas renovables y de insumos productivos esenciales como la alimentación (JURADO & PAZOS, 2022).

Las áreas rurales a menudo albergan una gran diversidad de ecosistemas y especies. Estos entornos naturales, como bosques, humedales y áreas agrícolas, son fundamentales para la conservación de la biodiversidad y los servicios ecosistémicos. Además de la biodiversidad, no podemos olvidar su importancia en la producción y seguridad alimentaria (SCARPATO ET AL., 2012). Las áreas rurales desempeñan un papel crucial en la producción de alimentos. La agricultura, ganadería y pesca son actividades esenciales en la provisión de alimentos para la población. Promover una gestión sostenible de la ruralidad y el desarrollo prácticas agrícolas sostenibles y la diversificación de cultivos en las áreas rurales puede contribuir a la seguridad alimentaria, reducir la dependencia de la importación de alimentos y fomentar la autosuficiencia alimentaria en los territorios, así como puede garantizar la protección y restauración de estos ecosistemas, contribuyendo así a la sostenibilidad territorial.

Otro elemento clave en el entorno rural es su asociación con paisajes culturales, tradiciones y prácticas ancestrales que son transferidas de generación en generación y constituyen un complejo sistema de creencias y saberes que contribuyen a la identidad y el sentido de pertenencia de las comunidades locales que es fundamental preservar y promover para fijar la población al territorio y favorece la vía de la sostenibilidad territorial por la vía del fomento de la conservación de la diversidad cultural y el conocimiento tradicional relacionado con el manejo sostenible de los recursos naturales.

Precisamente, la fijación de la población de los territorios rurales ha sido una de las políticas prioritarias de los países de la Unión Europea a lo largo de lo que llevamos de siglo XXI. Conscientes de la importancia de contar con un medio rural habitado, capaz de revalorizar los ecosistemas que en él se dan y evitar su abandono, la lucha contra la despoblación y el desarrollo de la agricultura es una de las 10 políticas palanca del Plan de Recuperación, Transformación y Resiliencia del Gobierno de España para la distribución de los fondos europeos.

Para ello, un elemento fundamental es el desarrollo económico y empleo local. La ruralidad puede ser una fuente importante de desarrollo económico local, por medio de las actividades agrícolas, agroindustriales, turísticas y artesanales en las áreas rurales se genera empleo y contribuyen a la economía local. Intervenciones como la promoción del emprendimiento rural y el desarrollo de cadenas de valor en el sector agrícola y agroalimentario puede fortalecer la economía local y contribuir a la sostenibilidad económica de los territorios.

En resumen, la ruralidad desempeña un papel crucial en la sostenibilidad territorial al contribuir a la conservación de la biodiversidad, la producción de alimentos, la protección de paisajes culturales, el desarrollo económico local y la resiliencia frente al cambio climático. Un enfoque adecuado en la gestión y desarrollo de las áreas rurales es esencial para lograr un equilibrio entre la conservación de los recursos naturales y el bienestar de las comunidades rurales y urbanas en los territorios.

Sin embargo, la prolongada pérdida de población, envejecimiento poblacional y falta de relevo generacional desde hace décadas, especialmente acuciado en el arco mediterráneo ponen en riesgo la sostenibilidad ambiental, demográfica, social y el patrimonio de muchos territorios rurales europeos (JURADO & PAZOS, 2022).

La ciudad como sistemas sociotécnicos

Otro de los principales vértices de la sostenibilidad territorial son los núcleos urbanos. De acuerdo con las estimaciones del Banco Mundial, en la actualidad, aproximadamente el 56 % de la población mundial, equivalente a 4400 millones de personas, reside en áreas urbanas. Se espera que esta tendencia continúe, ya que para el año 2050 se estima que casi 7 de cada 10 personas vivirán en ciudades (BANCO MUNDIAL, 2022).

Dado que más del 80 % del Producto Interno Bruto (PIB) global se genera en entornos urbanos, una gestión adecuada de la urbanización puede contribuir al crecimiento sostenible mediante el aumento de la productividad y la innovación.

Una vez que una ciudad es construida, la estructura física y los patrones de uso de suelo pueden ser difíciles de modificar durante generaciones, dando lugar a una expansión insostenible. El aumento en el uso de suelo urbano supera el crecimiento de la población hasta en un 50 %. Para el año 2030, esto podría agregar hasta 1.2 millones de km² de nueva superficie construida a nivel mundial. Esta expansión ejerce presión sobre la tierra y los recursos naturales, resultando en efectos indeseables, ya que las ciudades son responsables de dos tercios del consumo global de energía y más del 70 % de las emisiones de gases de efecto invernadero.

Las ciudades desempeñan un papel cada vez más importante en la lucha contra el cambio climático, ya que a medida que crecen, aumentan su exposición a riesgos climáticos y desastres. Desde 1985, se ha urbanizado aproximadamente 76,400 km² en áreas con una profundidad de inundación de más de 0.5 metros durante inundaciones graves. Esto equivale a aproximadamente 50 veces el tamaño de la ciudad de Londres. A nivel mundial, 1810 millones de personas, es decir, 1 de cada 4, viven en áreas de alto riesgo de inundación. La exposición es particularmente alta en áreas costeras y llanuras fluviales densamente pobladas y en rápida urbanización de países en desarrollo, donde reside el 89 % de las personas expuestas a inundaciones en todo el mundo (BANCO MUNDIAL, 2022).

La construcción de ciudades que sean "funcionales", es decir, verdes, resilientes e inclusivas, requiere una intensa coordinación de políticas y decisiones de inversión. A continuación, se presentan algunas acciones y enfoques que pueden contribuir a la sostenibilidad territorial en las ciudades:

- *Planificación urbana sostenible:* Es necesario desarrollar planes integrales que promuevan un crecimiento urbano ordenado, evitando la expansión descontrolada y el desarrollo en áreas de alto valor ambiental. La planificación debe considerar aspectos como la densificación adecuada, la conectividad de transporte sostenible, la mixtura de usos del suelo y la conservación de espacios verdes.

- *Movilidad sostenible:* Esto implica promover el transporte público eficiente, fomentar el uso de modos de transporte no motorizados como caminar y ciclismo, e incentivar el uso compartido de vehículos y la electrificación del transporte.

- *Eficiencia energética y gestión de residuos:* Esto incluye promover la construcción sostenible, el uso de energías renovables, la gestión eficiente del agua y el manejo adecuado de residuos, incluyendo el reciclaje y la reducción de la generación de residuos.

- *Conservación de espacios verdes y biodiversidad:* La protección de parques, jardines urbanos, corredores ecológicos y áreas de conservación. Estos espacios no solo mejoran la calidad de vida de los residentes, sino que también brindan hábitats para la fauna y la flora, promueven la biodiversidad y contribuyen a la mitigación del cambio climático.
- *Participación ciudadana y gobernanza:* Los gobiernos locales deben promover la participación de los residentes en la toma de decisiones relacionadas con el desarrollo urbano y brindar mecanismos para que las comunidades influyan en las políticas públicas. Esto puede incluir la creación de consejos ciudadanos, audiencias públicas y espacios de participación.
- *Promoción de la equidad y la inclusión*: Las ciudades sostenibles deben garantizar el acceso equitativo a servicios básicos, vivienda asequible, educación, atención médica y espacios públicos de calidad para todos los residentes, independientemente de su nivel socioeconómico o ubicación geográfica.
- *Educación y conciencia ambiental:* Esto es esencial para impulsar cambios de comportamiento hacia prácticas más sostenibles, a través programas de educación ambiental en escuelas, campañas de sensibilización ciudadana, promoción de estilos de vida sostenibles y el fomento de la responsabilidad individual y colectiva hacia el entorno.

Estas características proporcionan una base sólida para avanzar hacia la sostenibilidad territorial en las ciudades, siendo especialmente necesaria la noción de participación social, en la que contar con una visión a largo plazo y el compromiso de todos los actores involucrados, incluyendo gobiernos, ciudadanos, empresas y organizaciones de la sociedad civil para la construcción de modelos urbanos sostenibles. Ejemplo de ello, se puede citar la Ley de Contratos del Sector Público en España que, en el año 2017, incluyó criterios cualitativos para evaluar en los contratos tales como la reducción del nivel de emisión de gases de efecto invernadero, el empleo de medidas de ahorro y eficiencia energética y la utilización de energía procedentes de fuentes renovables o el mantenimiento o mejora de los recursos naturales que puedan verse afectados por la ejecución del contrato.

Además de ello, la tecnología también juega un papel fundamental en la sostenibilidad de las ciudades por la vía de la eficiencia y el transporte sostenible. El auge de las investigaciones sobre smart-cities en las que se desarrollan avances para la integración de las tecnologías de la información en la organización de una ciudad y en la interacción y participación de sus ciudadanos es una oportunidad para la mejora de la eficiencia, la sostenibilidad territorial y la calidad de vida de los ciudadanos que viven en estas ciudades (SOUZA & SOARES, 2021).

Especial interés, en relación a la Agenda 2030, cobra la investigación de Alhers et al. (2016) en la que, entendiendo las ciudades como construcciones sociotécnicas, propone asimilar las smart-cities como máquinas sociales en la que se analizan los problemas de complejidad del sistema resultante y las formas de abordarlos.

El trabajo eco-social como herramienta para la resiliencia comunitaria

Continuando con el enfoque de Alhers, entendiendo los entornos ambientales también como entornos de decisión sociocomunitaria, en los que las sociedades, además de ser parte de los ecosistemas, tienen una enorme incidencia en las decisiones acerca de la sostenibilidad de los entornos en los que se ubican, por ello la intervención con la población es otro elemento fundamental para la sostenibilidad territorial.

El trabajo eco-social integra esta perspectiva y propone un enfoque en el campo de la intervención social y comunitaria que busca integrar las dimensiones ecológicas y sociales en la promoción del bienestar humano y la sostenibilidad del entorno natural. Este enfoque reconoce la interdependencia entre los seres humanos y la naturaleza, y busca abordar los desafíos ambientales y sociales de manera conjunta. Se basa en la comprensión de que las injusticias sociales y las desigualdades están estrechamente relacionadas con la degradación ambiental y la falta de sostenibilidad.

Son muchas las experiencias en las que el trabajo eco-social favorece la sostenibilidad promoviendo prácticas y políticas que sean socialmente justas, ecológicamente sostenibles y culturalmente relevantes, entre ellas, a modo de ejemplo podemos encontrar experiencias de adaptación comunitaria al cambio climático (APPLEBY ET AL., 2017; KWAN & WALSH, 2015), reorganización comunitaria tras un desastre natural (HAYWARD ET AL., 2019) o intervención para el abordaje de la pobreza-energética en el marco del eco-bienestar (CARROSIO & DE VIDOVICH, 2023).

En definitiva, el trabajo eco-social busca fomentar la participación comunitaria, la equidad, la solidaridad y la responsabilidad colectiva para abordar la promoción de estilos de vida sostenibles, la justicia ambiental, el desarrollo comunitario sostenible y la educación ambiental y conciencia social.

Pero, quizás, el campo donde adquiere una mayor relevancia es en el de la resiliencia. La organización comunitaria para desarrollar comunidades resilientes antes los efectos perversos del cambio climático o para reivindicar la injusticia ambiental que, de manera generalizada, afecta con más virulencia a las poblaciones más empobrecidas o socioeconómicamente más vulnerables generando soluciones compartidas, basadas en la participación, y estrategias adecuadas para afrontar de manera participada los procesos y cambios sociales, económicos políticos y culturales que les afectan de una manera sostenida en el tiempo, respetuosas con el medio e integradores de los sujetos en su diversidad (RELINQUE & MASDEU, 2023).

La resiliencia es una herramienta clave en el trabajo eco-social porque se enfoca en fortalecer la capacidad de las comunidades y los ecosistemas para adaptarse, recuperarse y prosperar frente a desafíos y cambios, tanto sociales como ambientales, que ya cuenta con numerosas experiencias en las que ha contribuido a la generación de territorios eco-resilientes como es el caso de la gestión y reivindicación comunitaria para solventar problemas con el abastecimiento del agua en Ontario (Canadá) (CASE, 2017), la lucha contra la injusticia ambiental en comunidades marginadas en Nevada (Estados Unidos) (WILLETT ET AL., 2020) o soluciones resilientes para el caso de la sequía en el ámbito rural en Australia (CRAWFORD ET AL., 2015) entre otras.

La sostenibilidad territorial en la Agenda 2030

Por supuesto, la sostenibilidad territorial y sus ejes están profundamente enraizados a la Agenda 2030 de los Objetivos de Desarrollo Sostenible (ODS), pues son parte intrínseca y necesaria en el abordaje los desafíos ambientales, sociales y económicos más urgentes que enfrenta nuestro mundo. Si hacemos una revisión de los ejes de la sostenibilidad territorial analizados en función de los ODS, la relación bidireccional queda claramente patente.

Sostenibilidad territorial: La sostenibilidad territorial se alinea con varios ODS de la Agenda 2030, incluidos el ODS 11: Ciudades y comunidades sostenibles, el ODS 13: Acción por el clima, el ODS 15: Vida de ecosistemas terrestres y el ODS 17: Alianzas para lograr los objetivos. La sostenibilidad territorial busca garantizar un desarrollo equitativo y sostenible en los territorios, promoviendo la gestión sostenible de los recursos naturales, la protección del medio ambiente, la planificación urbana adecuada y la participación ciudadana en la toma de decisiones.

Ruralidad: La ruralidad se vincula con varios ODS, en particular el ODS 2: Hambre cero, el ODS 8: Trabajo decente y crecimiento económico, el ODS 11: Ciudades y comunidades sostenibles, el ODS 12: Producción y consumo responsables y el ODS 15: Vida de ecosistemas terrestres. La promoción de la ruralidad sostenible implica asegurar la seguridad alimentaria, el empleo decente y el crecimiento económico en las áreas rurales, así como proteger los ecosistemas y los paisajes culturales.

Ciudad sostenible: La ciudad sostenible se relaciona directamente con el ODS 11: Ciudades y comunidades sostenibles. El objetivo es desarrollar ciudades inclusivas, seguras, resilientes y sostenibles, que brinden acceso a viviendas adecuadas, servicios básicos, transporte sostenible y espacios públicos de calidad. Las ciudades sostenibles también deben promover la equidad social, la protección del patrimonio cultural, la gestión sostenible de recursos y la planificación urbana adecuada.

Trabajo eco-social: El trabajo eco-social contribuye a varios ODS, como el ODS 1: Fin de la pobreza, el ODS 5: Igualdad de género, el ODS 10: Reducción de las desigualdades y el ODS 17: Alianzas para lograr los objetivos. El trabajo eco-social busca integrar las dimensiones ambientales y sociales en las intervenciones sociales, promoviendo la justicia social, la igualdad de género, la participación ciudadana y la colaboración entre diferentes actores para lograr un desarrollo sostenible y equitativo.

Resiliencia: La resiliencia se vincula con varios ODS, como el ODS 11: Ciudades y comunidades sostenibles, el ODS 13: Acción por el clima, el ODS 15: Vida de ecosistemas terrestres y el ODS 17: Alianzas para lograr los objetivos. La resiliencia es clave para enfrentar los desafíos ambientales y sociales, adaptarse al cambio climático, proteger la biodiversidad y fortalecer la capacidad de recuperación de las comunidades y los ecosistemas.

En definitiva, la sostenibilidad territorial, la ruralidad, la ciudad sostenible, el trabajo eco-social y la resiliencia son ejes de la sostenibilidad territorial que están estrechamente relacionados con la Agenda 2030 y los ODS. Estos conceptos y enfoques contribuyen a la implementación de los ODS, promoviendo un desarrollo sostenible, equitativo y resiliente en los territorios, tanto urbanos como rurales.

Referencias bibliográficas

AHLERS, D., DRISCOLL, P., LÖFSTRÖM, E., KROGSTIE, J. Y WYCKMANS, A., "Entendiendo las ciudades inteligentes como máquinas sociales", en *Proceedings of the 25th International Conference Companion en World Wide Web,* abril de 2016, pp. 759-764.

APPLEBY, K., BELL, K. Y BOETTO, H., "Adaptación al cambio climático: acción comunitaria, grupos desfavorecidos e implicaciones prácticas para el trabajo social", *Trabajo social australiano* , 70 (1), 2017, 78-91.

BANCO MUNDIAL.: «Urban Development: Overview» [en línea], (2022), https://www.bancomundial.org/es/topic/urbandevelopment/overview. [Consulta: 12/06/2023.]

BARDE, J., "Reparation of Environmental-Damage—Toward the Definition of a New Law", *Futuribles,* 41, 1981, 17-31.

CARROSIO, G., & DE VIDOVICH, L., "Towards eco-social policies to tackle the socio-ecological crisis: Energy poverty as an interface between welfare and environment", *Environmental sociology,* 9(3), 2023, 243-256.

CASE, R. A., "Eco-social work and community resilience: Insights from water activism in Canada", *Journal of Social Work,* 17(4), 2017, 391-412.

CRAWFORD, F., AGUSTINE, S., EARLE, L., KUYINI-ABUBAKAR, A., LUXFORD, Y., & BABACAN, H., "Environmental Sustainability and Social Work: A Rural Australian Evaluation of Incorporating Eco-Social Work in Field Education", *Social Work Education,* 34(5), 2015, 586-599.

DARLING, F., & DASMANN, R., "Ecosystem View of Human Society", *Impact of Science on Society,* 9(2), 1969, 109.

DASMANN, R., "Environment Fit for People", *Environmental Education Washington,* 1(1), 1969,15-16.

GALINDO-PÉREZ-DE-AZPILLAGA, L., FORONDA-ROBLES, C., & GARCÍA-LÓPEZ, A. M., "Territorial sustainability in protected areas in Spain", *Ecological Indicators,* 24, 2013, 403-411.

HAYWARD, R. A., MORRIS, Z., RAMOS, Y. O., & SILVA DIAZ, A. "Todo ha sido a pulmon: Community organizing after disaster in Puerto Rico", *Journal of Community Practice,* 27 (3-4), 2019, 249-259.

JURADO ALMONTE, J. M., & JOSE PAZOS-GARCIA, F., "Population and territorial sustainability of rural spaces in Spain and Portugal", *Cuadernos Geográficos,* 61(2), 2022, 61-87.

KWAN, C., & WALSH, C. A., "Climate change adaptation in low-resource countries: Insights gained from an eco-social work and feminist gerontological lens", *International Social Work,* 58(3), 2015, 385-400.

MATURANA, F., MORALES, M., SEPULVEDA, U., & MALDONADO, J., "Intermediate cities and automobile parks in Chile. Territorial sustainability in check", *Iconos,* 26(72), 2022, 139-159.

PAOLOTTI, L., DEL CAMPO GOMIS, F. J., AGULLO TORRES, A. M., MASSEI, G., & BOGGIA, A., "Territorial sustainability evaluation for policy management: The case study of Italy and Spain", *Environmental Science & Policy,* 92, 2019, 207-219.

RELINQUE, F., & MASDEU, M., "Trabajo Social Verde: Construyendo entornos socioecológicamente resilientes". [en línea], (2023), https://www.tsdifusion.es/trabajo-social-verde-construyendo-entornos-socioecologicamente-resilientes. [Consulta: 12/06/2023.]

SACHS, I., "Ecodevelopment: A paradigm for strategic planning?: Comment on James", *World Development*, 6(7), 1978, 967-969.

SCARPATO, D., ARDELEANU, M. P., BORRELLI, I. P., IANUARIO, S., MISSO, R., & VIOLA, I., "The Italian Agri-Food System Between Competitiveness and Territorial Sustainability: The Case of Campania Region", *Ekonomika Poljoprivreda-Economics of Agriculture, 59,* 2012, 246-251.

SOTELO PEREZ, I., "Scientific dissertation on territorial sustainability and the environment", *Observatorio Medioambiental,* 23, 2020, 9-20.

SOUZA, L. S., & SOARES, M. S., "Design of Smart Cities Dimensions Using the SmartCitySysML Profile", en *O. Gervasi, B. Murgante, S. Misra, C. Garau, I. Blecic, D. Taniar, B. O. Apduhan, A. Rocha, E. Tarantino, & C. M. Torre* (Eds.), *Computational Science and ITS Applications, ICCSA,* Springer International Publishing Ag, *PT IX,* Vol. 12957, 2021, pp. 69-83.

WILLETT, J., TAMAYO, A., & KERN, J., "Understandings of environmental injustice and sustainability in marginalized communities: A qualitative inquiry in Nevada", *International Journal of Social Welfare,* 29 (4), 2020, 335-345.

2.5. ¿CÓMO CONECTAR LA AGENDA 2030 CON LA GENERACIÓN DE TERRITORIOS Y CIUDADES SOSTENIBLES?

PABLO COSTAMAGNA[49]

MARÍA LAURA VILLALBA BAI [50]

El capítulo trabaja una reflexión sobre la heterogeneidad existente en la manera que se conectan la Agenda 2030 con territorios y ciudades sostenibles para luego, intentar buscar alternativas que mejoren la transformación de los territorios sobre todo ligado a la emergencia climática.

En la actualidad, las ciudades verifican un aumento de población (y de consumo) que las expone como escenarios vitales frente al cambio climática, aunque también, como escenarios donde se ha demostrado que las actuales maneras de enfrentar el cambio son muy incompletas a la hora de reducir los impactos de las actividades humanas en temas ambientales. En tándem con lo urbano y buscando una mirada integradora, las zonas rurales son espacios de explotación y de resistencia donde la naturaleza se reduce y sobre utiliza y también donde aparecen las más fuertes defensas de una parte de la población poniéndole energías y sus propios cuerpos intentando parar fenómenos agresivos en sus tierras.

Los que acuerdan con este contexto (no aquellos y aquellas que niegan el cambio climático) están planteando acciones de distinta índole y profundidad en donde podemos inscribir la agenda 2030 que, como una innovación, incorpora la dimensión territorial para intentar cumplir sus objetivos. Hay una búsqueda en una etapa de innumerables tensiones y disputas, aunque no es una época de grandes movilizaciones ni tampoco de aumento de la politicidad en las sociedades.

En este marco, para los que venimos del enfoque del Desarrollo Territorial fue un avance importante desde la Agenda sumar la dimensión territorial, aunque entendemos que la práctica que se viene llevando adelante necesita más debate porque se requiere mayor diversidad de respuestas, mucha menor centralidad y más flexibilidad entre otras críticas.

Para poder avanzar en la lectura de las conexiones a la que apunta el escrito analizaremos las lógicas de actuación de actores con relación a la

49 UNRaf/UTN Praxis

50 UNRaf/ CESIL- UNL

combinación planteada agenda 2030 / territorio /sostenibilidad sabiendo que, muchas de estas lógicas interactúan entre ellas siendo algunas de ellas explícitas y otras no tanto.

Lógicas de actores para el abordaje en la agenda 2030

Nuestra experiencia y formación nos lleva a estudiar los comportamientos de las y los actores territoriales frente a las problemáticas que la contemporaneidad nos pone sobre la mesa. El ejercicio es tratar de entender cómo se mueven estos colectivos, cómo es su praxis para intentar generar reflexiones que luego posibilitan cambios.

Para el Desarrollo Territorial, las y los actores son centrales en los procesos, son quienes piensan, toman decisiones y ejecutan incidiendo en la realidad local. Ante determinadas problemáticas actúan generando estrategias para poder construir soluciones, requiriendo interacción, diálogo y negociación. El accionar de las y los actores deviene desde diferentes experiencias, intereses, culturas, valores, recursos y aproximaciones por ello, al afrontar situaciones complejas, en general, se originan conflictos que son necesario gestionar.

En este caso intentamos exponer nuestras lecturas frente "a la bajada" de la Agenda 2030 a los territorios ya que nadie discute que su génesis estuvo en lo más alto de las relaciones internacionales para luego "aterrizar" en los distintos ámbitos locales generando un problema ya que las y los actores no participaron de su diseño. Las mayorías de las experiencias marcan que las acciones de la Agenda fueron llevadas adelante sin respetar tiempos con los gobiernos locales aun cuando reconocen que son quienes conocen las dificultades de los territorios y pueden generar políticas para el desarrollo económico, la inclusión social real y la protección ambiental.

En esta línea, cabe mencionar que, si bien no existe una medición, son innumerables los territorios que no conocen o no trabajan con la Agenda 2030. Incluso en el mismo informe de los ODS 2022, elaborado por Naciones Unidas, se reconoce que las expectativas establecidas en la Agenda 2030 para el Desarrollo Sostenible están en peligro. Pero responsabilizan a la pandemia, a la guerra de Ucrania y la emergencia climática.

Cómo se expresan las vinculaciones de la agenda 2030 en los territorios a partir de las lógicas de las y los actores

Las y los actores territoriales vinculados a los gobiernos locales	-Como parte de una estrategia para construir un proyecto propio en el territorio -Como un marco metodológico para trabajar mejoras y ampliar miradas -Como un instrumento para captar financiación para el territorio -Como una excusa para plantear que hacen innovaciones -Como un instrumento que permite ser parte de una red regional o internacional de colaboración y aprendizaje
Desde los gobiernos nacionales	-Como parte de una estrategia país -Como un instrumento que legitima sus políticas desde la centralidad y bajar recetas a los niveles territoriales -Como un paraguas que le permite mostrarse comprometidos con el cambio sin accionar seriamente -Como un instrumento que permite mostrarse alineado con la ONU y la Cooperación internacional
Las universidades	-Como estrategia de vinculación y fortalecimiento de las relaciones con el territorio -Como una estrategia que permite armar una agenda (por ahora muy light) para investigar -Como un paraguas para mostrarse comprometidos con el territorio -Como un instrumento que permite ser parte de redes y de proyectos de cooperación
La cooperación internacional	-Es una de las grandes líneas de actuación que le da valor al sistema en relación con los territorios. -Es la corriente externa que llega para intentar motorizar cambios

Podríamos seguir con otros actores, con las organizaciones de la sociedad civil, con consultores y consultoras o actores del mundo empresarial donde cada uno y una tiene su impronta, pero, a partir de estas heterogeneidades que presentamos, queremos ahora, detenernos en explicitar las razones más importantes de sus lógicas de actuación. Concentramos en tres sabiendo de la existencia de matices y grises:

- Se proponen transformar el territorio y la agenda es para la acción y el cambio.
- Se proponen hacer más eficiente las políticas, ampliar miradas, ordenar las dificultades, visibilizar espacios vacíos, mejorar las políticas, aprovechar la oportunidad, la agenda es una metodología.
- Porque es políticamente correcto y porque no pueden no hacerlo, hay una frase que dice: "¿Quién puede estar en contra de la Agenda 2030?", es para estar a la moda y mostrar que hacen, aunque muchas veces no hacen.

En este contexto, recordando que muchísimos territorios no tienen registro de la Agenda, los que sí la tienen se expresan en una de conexiones planteadas que, además, son parte de conducciones liberales, otras más de derecha o también socialdemócratas o más críticas que interactúan con sus culturas, sus matices, los tiempos políticos, el marketing territorial y las capacidades de gestión.

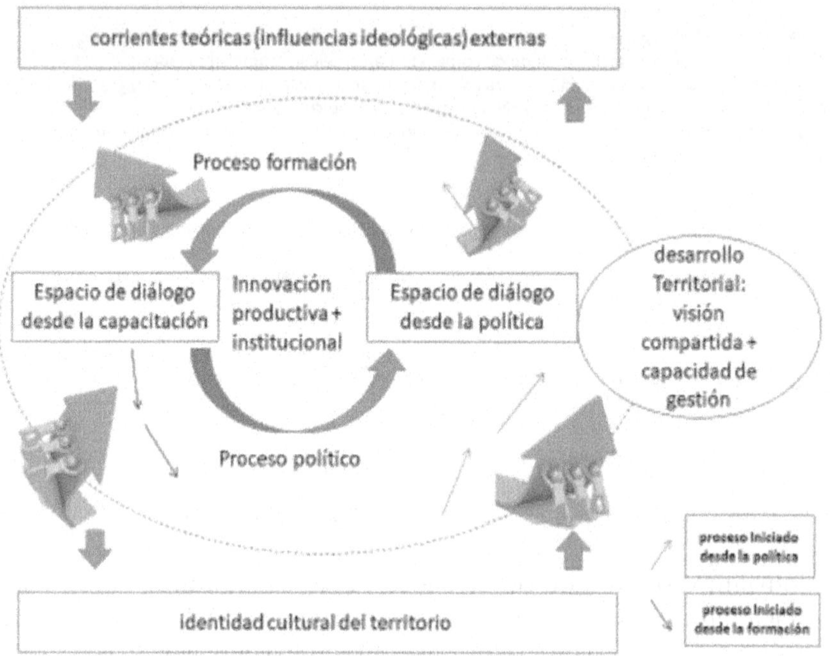

Fuente: COSTAMAGNA, 2015.

El modelo expuesto (COSTAMAGNA 2015) nos gráfica, muy sencillamente, cómo se pueden producir cambios en un territorio. *Las corrientes teóricas externas* del desarrollo territorial son definiciones que se producen fuera del territorio (en este caso los ODS serían parte de esas corrientes) y que tienen impacto en el territorio que a su vez tiene su propio *posicionamiento ideológico. Este posicionamiento es* definido como un conjunto de ideas que tienden a conservar o a transformar y que se relaciona con la *identidad cultural del territorio* resultante de la combinación de múltiples aspectos, como su historia, su cultura, su lengua y los liderazgos que se fueron dando a los largos de los años.

Es, en estos espacios, donde se produce la innovación y los cambios motorizados por procesos de construcción de capacidades para el desarrollo territorial como la combinación de la formación, el debate sobre los valores, la creación de espacios de coordinación y de aprendizaje que va de la mano del *proceso político del desarrollo territorial.* En esos procesos es donde entran los ODS dentro de un juego de poder de los actores de ese territorio y de las influencias multinivel.

Asimismo, a este complejo entramado territorial, hay que agregar un debate que cruza colectivos en América Latina, posicionado bajo una perspectiva decolonial, y que tiene que ver con una crítica a la agenda que emerge de un modelo de desarrollo más europeo lo cual dificulta la apropiación en la Región. Es necesario reconocer las consecuencias que aún perviven con el peso histórico de las relaciones coloniales y sus consecuencias, se debe fortalecer el debate y la discusión para continuar con la emancipación epistémica, política y cultural de Latinoamérica.

Entonces, el planteo a seguir es intentar sumar elementos al debate de por dónde caminamos desde la perspectiva crítica para mejorar las relaciones agenda /territorio / sostenibilidad sabiendo que no está todo mal pero que se sigue siendo parte de un sistema que, en general, genera más desigualdades y no detiene la crisis climática.

1. El planteo de las oportunidades.

Lo expresado en los párrafos anteriores permite pensar que en gran parte del escenario no está produciendo transformaciones, aunque también se abren algunas oportunidades en terrenos difíciles.

La agenda 2030 ha añadido muchas declaraciones políticas sin contenido, prácticas inexistentes donde no interesa avanzar sobre la emergencia climática ni cuestionar distribución de ingresos y desigualdades evadiendo las fuertes contradicciones de la actualidad. Tampoco se explicita de dónde salen los recursos para los trabajar la agenda 2030 más la predominante presencia de las tecnocracias con sus capacidades técnicas para justificar mucho de lo que pasa desde las imposibilidades.

Por otro lado, los ODS y sus metas involucran a una amplia gama de temas que se fundamentan en los derechos humanos como ser los derechos económicos, civiles, culturales, políticos y sociales, así como también el derecho al desarrollo. Para la agenda 2030, los Derechos Humanos, junto a sus principios, fundamentos y estándares, son el marco legal y vinculante de los ODS y lo nuevo para esta instancia es que son universales, todos los países "deben" afrontar cambios para lograr los objetivos. Ya hemos visto que los ODM no han alcanzado las metas propuestas y los principales Derechos Humanos siguen sin estar garantizados para gran parte de la población mundial.

Es fundamental entender entonces que la relación entre los ODS y los derechos humanos no es simplemente de marco general, legal o ilustrativo, es un camino necesario que se debe asumir desde un enfoque del desarrollo basado en la garantía real de los derechos humanos.

Es necesario que los territorios logren debatir sobre las oportunidades, sobre la forma en que pueden potenciar su interdependencia, sobre el rol apropiado de los derechos Humanos como pilares para favorecer de la mejor forma posible al cumplimiento de la Agenda 2030, y también sobre el efecto directo que su cumplimiento tendrá sobre el desarrollo sostenible.

La reciprocidad entre los Derechos Humanos y los ODS expresado anteriormente lo podemos sintetizar de la siguiente manera:

- Toda la agenda 2030 se fundamenta en los Derechos Humanos.
- La mayoría de las metas de los ODS están incluidas en los tratados de Derechos Humanos.
- Garantizar igualdad y no discriminación es categórico de los ODS y de los Derechos Humanos.
- Los Estados deben propiciar esa reciprocidad a través de enfoques integrados de planificación, implementación, seguimiento y concreción de sus compromisos y obligaciones internacionales de derechos humanos y desarrollo sostenible.

Por otro, con la Agenda o sin la Agenda hay experiencias que marcan caminos explicitando cómo trabajar en los territorios con estado, organizaciones y ciudadanías que quieren aprender y construir cambios profundos o también para quienes quieren pegar un salto en sus políticas.

Entonces, la agenda puede ser una estrategia, una metodología, un instrumento o un paraguas, depende de las y los actores, todo no está mal, aunque mayoritariamente no está al servicio del cambio.

Asimismo, para el autor y la autora los desafíos de la Agenda coinciden con muchos de los desafíos del desarrollo territorial en términos de rediscutir y redefinir conceptos y maneras de transitar la gestión de los territorios. En este camino de buenas voluntades ligadas a la Agenda 2030 claramente existe mucha política de arriba hacia abajo usando los territorios como ventanillas de definiciones tomadas sin participación de las y los actores, lo multinivel es parte del problema, aunque ahora la propuesta es reflexionar nosotros y nosotras sobre la agenda, el Desarrollo Territorial y la crisis climática y para ello vamos a buscar desafíos en nuestras propias prácticas.

Nuevos desafíos

Abordar la emergencia climática requiere entender plantear nuevas relaciones del desarrollo territorial, con los debates y las prácticas del desarrollo, con la globalización, los grandes actores y con la lógica multinivel que incluye a las políticas en los países. Es un tema de alta complejidad, y de fuertes flujos que debemos visibilizar (LARREA & COSTAMAGNA, 2023). Desde esas lecturas, el planteo es rediscutir como resolver de manera integral las problemáticas ambientales y lograr ciudades sustentables. En esta lógica ponemos un primer elemento de enorme peso en los territorios: la democracia, sigue siendo una democracia fuerte el mejor escenario para el cambio, donde, además, la perspectiva local permite mayor participación generando más legitimidad y consenso.

En los últimos años el capitalismo globalizado ha profundizado las desigualdades sociales, se ha dado la reaparición de un poder político que reprime y una vuelta renovada de matrices ideológicas de lo que conocemos como derecha o "las nuevas derechas". Este contexto interfiere en las prácticas de ciudadanía democrática, genera discursos de odio y permite la emergencia de subjetividades políticas excluyentes de la diferencia e impide la promoción y garantía de los Derechos Humanos.

De esto deriva un análisis que plantea nuevas gobernanzas como absolutamente necesarias para fortalecer la implementación de la agenda que, entendemos, quedará lejos de con sus metas. La agenda tiene un nombre ganado que genera una base de convencimiento, pero asentado en un proceso que no construye capacidades y queda claro que, sin gente con nuevas ideas y gestiones no podremos hacer diferencias.

Para finalizar, cinco puntos que a nuestro criterio son prioritarios para profundizar:

1. La superación del antropocentrismo en la interpretación del territorio: **el antropocentrismo implica que los seres humanos nos hemos puesto por encima de la naturaleza y en el centro de todas las cosas en una relación de explotación que debe ser repensada.**
2. Los dilemas del crecimiento en la praxis del desarrollo territorial: **pensar la insostenibilidad de un modelo basado en el crecimiento continuo del consumo y la producción, cuestionar nuestras ideas del desarrollo.**
3. El territorio como marco de la relación estado-movimientos sociales: **en esta época en la que crece la desafección por la política entre la ciudadanía, no renunciamos a la política para transformar el mundo y apostamos por una nueva forma de entender la política.**
4. La justicia: **sumar un marco que integre la justicia ante la emergencia climática como un camino para lograr transiciones justas.**
5. Nuevos Aprendizajes desde la perspectiva de género: **es necesario sumar aprendizajes y reflexiones que incorporen las perspectivas de género como marcos necesarios para una interpretación más justa y equitativa de los procesos que se dan en los territorios.**

Base LARREA, M & COSTAMAGNA, P., 2023

Cerrando, estamos en un escenario con grandes necesidades y oportunidades, pero se necesita de un mayor compromiso político dispuestos a dar batallas incomodas desde un pensamiento complejo. Generar políticas de promoción y protección de los Derechos Humanos en todos los niveles, trabajar la emergencia climática y vincular a ello la implementación de la Agenda 2030 y sus ODS puede convertirse en una herramienta para avanzar, aunque para ello se requiere importantes reflexiones críticas sobre nuestras prácticas.

Bibliografía

COSTAMAGNA P., *Política y formación en el desarrollo territorial. Aportes al enfoque pedagógico y a la investigación acción con casos de estudio en Argentina, Perú y País Vasco,* Fundación Deusto, País Vasco, 2015.

Larrea, M. y Costamagna, P., "Los límites del desarrollo territorial. Reflexiones sobre la emergencia climática y el aporte del enfoque pedagógico y la investigación acción para abordarla" en *Documento de Trabajo N11,* Publicaciones Praxis. UTN FRRa, 2023

NACIONES UNIDAS (2022) *Informe de los Objetivos de Desarrollo Sostenible,* Naciones Unidas, Nueva York, 2022.

2.6. MARICÁ: PERSPECTIVAS GLOBALES DE UNA CIUDAD DE UTOPÍAS

CHARLOTTH BACK[51]
PATRICK SCALCO[52]

El incentivo para el crecimiento económico y social ya puede tener lugar dentro de las ciudades. Partiendo de esta premisa, Milford Bateman desarrolla el concepto de "Estado de Desarrollo Local": la postura de una entidad política que impulsa las políticas públicas y define las directrices sociales. La superación de las disparidades socioeconómicas, por lo tanto, se produce en un ámbito diferente, de modo que, además de los esfuerzos nacionales generales, el proyecto político especifico de las ciudades puede convertirse en coadyuvante o proponente de nuevas alternativas de desarrollo. De este modo, no sólo se subvencionan las propias actuaciones en infraestructuras, sino que se establece un impulso institucional específico, con énfasis en la acción proactiva del Estado[53].

Guiada por una opción marcadamente popular de gestión de recursos, la ciudad de Maricá, en el estado de Río de Janeiro, Brasil, se destaca en el escenario nacional con la consolidación de medidas distributivas y constitutivas de derechos más allá de lo comúnmente establecido por otras entidades a nivel

---

51 Abogada; Doctora en Ciencias Jurídicas y Políticas y Magíster en Relaciones Internacionales; Profesora de Derecho Internacional, Derecho Administrativo y Filosofía de la Universidad Estacio de Sá; Investigadora del HOMA–Centro de Derechos Humanos y Empresas (UFJF); Miembro del Consejo Latinoamericano por la Justicia y la Democracia (CLAJUD); Vicepresidente de la Comisión de Derecho Internacional y miembro de la Comisión de Combate Lawfare de la Orden de los Abogados de Brasil (OAB/RJ); miembro de la Asociación Brasileña de Juristas por la Democracia (ABJD).

52 Abogado; Graduado em Derecho en la Universidad Federal do Río de Janeiro, investigador del Instituto Joaquin Herrera Flores – América Latina; Miembro de la Asociación Brasileña de Juristas por la Democracia (ABJD) y miembro de la Comisión de Combate Lawfare de la Orden de los Abogados de Brasil (OAB/RJ).

53 BATEMAN, Milford, «Bringing the Local State Back into Development: The 'Local Developmental State' and the Promotion of Sustainable Economic Development and Growth from the Bottom-Up» [en línea] (October 21, 2017). <https://ssrn.com/abstract=3057226>, p. 4.

nacional. Se trata, de tal manera, de una ciudad que adopta el "Estado de Desarrollo Local" guiado por sus propias "políticas utópicas"[54].

Bajo la visión de que los esfuerzos de las ciudades y municipios están entrelazados y traen aplicabilidad a las disposiciones de las directrices de la agenda 2030, este texto presenta un breve estudio de caso descriptivo sobre una selección de las diversas políticas presentadas en Maricá. Determinados en una visión desarrollista e institucionalista, los párrafos siguientes ilustran los arreglos de políticas públicas en un sitio que, además de la gestión de sus recursos provenientes de los royalties del petróleo[55], refuerza constantemente una opción política en dirección al desarrollo sostenible económica y socialmente.

Con el fin de registrar una correlación directa con la agenda definida por las Naciones Unidas, a continuación se presentan las políticas del municipio de Maricá en materia de desarrollo sostenible, innovación y renta básica, ofreciendo una breve revisión de la estructura de este plan de ciudad dirigido a la territorialización de los objetivos 2030[56]. Además de la posibilidad de espejo e inferencia para otras localidades, la propia acción del municipio destaca los términos del décimo séptimo Objetivo del Desarrollo Sostenible (ODS): comunión a favor de políticas innovadoras y sostenibles.

Sostenibilidad y una visión municipal de la agenda 2030

En 2015, las Naciones Unidas crearon la "Agenda 2030 para el Desarrollo Sostenible"[57] que establece metas y objetivos que deben ser alcanzados por todos los países. Los 17 ODSs y las 169 metas adoptadas en la Agenda

---

[54] GLÜSING, J. "Socialist Utopia: A City in Brazil Experiments with the Unconditional Basic Income" [en linea]. *Der Spiegel*, 2021.

[55] TEIXEIRA, Fernando; FEIJO, Carmen; BATEMAN, Milford. "Como Construir um Arcabouço Institucional Eficiente Para a Gestão de Recursos Finitos: Recomendações para o Desenvolvimento Econômico De Maricá", en *Estudos Maricaenses: o Município de Maricá em Debate*, Editora Darcy Ribeiro, 2021.

[56] PROGRAMA DAS NAÇÕES UNIDAS PARA O DESENVOLVIMENTO. «PNUD e Petrobras lançam Coletânea de Territorialização dos Objetivos de Desenvolvimento Sustentável» [en línea], (2021) <https://bit.ly/pnudpetrobras>. [Consulta: 01 jul. 2023.]

[57] NAÇÕES UNIDAS. «Agenda 2030 para o Desenvolvimento Sustentável», [en línea], (2023), <https://brasil.un.org/pt-br/91863-agenda-2030-para-o-desenvolvimento-sustent%C3%A1vel> [Consulta: 01 jul. 2023].

demuestran la escala y la ambición de esta nueva Agenda universal. Se basan en el legado de los Objetivos de Desarrollo del Milenio y completarán lo que no lograron. Buscan hacer realidad los derechos humanos de todos y lograr la igualdad de género y el empoderamiento de las mujeres y las niñas. Son integrados e indivisibles, y equilibran las tres dimensiones del desarrollo sostenible: económica, social y ambiental.

Entre los 17 Objetivos de Desarrollo Sostenible, para la generación de territorios sostenibles se destacan los siguientes: 1. Terminar con la pobreza en todas sus formas, en todas partes; 2. Poner fin al hambre, lograr la seguridad alimentaria y una mejor nutrición, y promover la agricultura sostenible; 3. Garantizar una vida sana y promover el bienestar para todos, en todas las edades; 4. Garantizar una educación de calidad inclusiva y equitativa y promover oportunidades de aprendizaje permanente para todos; 5. Lograr la igualdad de género y empoderar a todas las mujeres y niñas; 10. Reducir la desigualdad dentro y entre países; 11. Hacer que las ciudades y los asentamientos humanos sean inclusivos, seguros, resilientes y sostenibles; 12. Promover sociedades pacíficas e inclusivas para el desarrollo sostenible, brindar acceso a la justicia para todos y construir instituciones eficaces, responsables e inclusivas en todos los niveles[58].

Además de las soluciones innovadoras, la definición de "ciudades inteligentes" se profundiza en la medida de su impacto en las métricas de sostenibilidad[59]. Con la meta de alcanzar los 17 Objetivos de Desarrollo Sostenible para 2030, la visión sub-nacional de la Agenda 2030 juega un papel relevante en este camino, hacia la cooperación descentralizada y soluciones ambientales adecuadas.

Alcanzar estos objetivos requiere una amplia cooperación internacional, pero depende sobre todo de "gobiernos e instituciones públicas [que] también trabajarán en estrecha colaboración en la implementación con autoridades regionales y locales, instituciones subregionales, instituciones internacionales, universidades, organizaciones filantrópicas, grupos voluntarios y otros"[60].

---

58 Ibidem

59 HAARSTAD, Håvard. "Constructing the sustainable city: examining the role of sustainability in the 'smart city' discourse". *Journal of Environmental Policy & Planning*, 19, 2017, pp. 423 – 437.

60 NAÇÕES UNIDAS. «Agenda 2030 para o Desenvolvimento Sustentável», [en línea], (2023), <https://brasil.un.org/pt-br/91863-agenda-2030-para-o-desenvolvimento-sustent%C3%A1vel> [Consulta: 01 jul. 2023].

Existe, por lo tanto, un compromiso con la Agenda 2030 que debe ser asumido por los poderes públicos, en todos los ámbitos. En este sentido, los gobiernos locales juegan un papel fundamental en la construcción y consolidación de la sostenibilidad, especialmente por su proximidad cotidiana a la población.

Al igual que en el ámbito internacional, en Brasil reconoció el papel de los gobiernos locales como estratégico para el desarrollo de acciones que resulten en el respeto efectivo de los derechos de la persona humana. El Municipio, por sus atribuciones como miembro de la Federación Brasileña, tiene la obligación constitucional de implementar una política municipal de derechos humanos[61]. Se faculta al gobierno municipal para promover el mejoramiento de la calidad de vida de la población a través de la atención de las demandas sociales con base en la planificación pública, de conformidad con el caput del art. 30 de la Constitución Federal[62].

Corresponde, de esta manera, a los municipios mantener los programas de educación, prestar los servicios de salud, promover una adecuada organización territorial a través de la planificación y promover la protección del patrimonio histórico y cultural local. Así, el municipio tiene la obligación de contar con una estructura administrativa enfocada a la prestación de servicios básicos a la ciudadanía y debe valerse del instituto de planificación para ordenar su territorio, definir sus programas sociales, poner a disposición de la población equipamientos y servicios públicos.

A medida que los poderes de los gobiernos municipales fueron ampliados y ganados mayor atención con la descentralización gubernamental de la Constitución Federal de 1988[63], la realidad observada en los municipios brasileños exige urgentemente la adopción de instrumentos de gestión que favorezcan resultados más efectivos en el ámbito de las políticas públicas en derechos humanos. Los artículos 182 y 183 de la Constitución Federal[64], reglamentados por la Ley 10.257 de julio de 2001 (Estatuto de la

61 BRASIL. «Constituição da República Federativa do Brasil», [en línea] (2023), <https://www.planalto.gov.br/ccivil_03/constituicao/constituicaocompilado.htm> [Consulta: 02 jul. 2023].

62 Ibidem

63 MENEZES, Luiz C. A.; JANNUZZI, Paulo de M. "Planejamento nos municípios brasileiros: um diagnóstico de sua institucionalização e seu grau de efetividade" en *Qualidade de vida, planejamento e gestão urbana: discussões teórico-metodológicas*. Bertrand Brasil, Rio de Janeiro 2009.

64 Ibidem

Ciudad), dio alta importancia a la práctica de la planificación. Según Menezes y Jannuzzi[65], "el Estatuto de la Ciudad se caracteriza principalmente por una orientación ética con fuerte posicionamiento social, posibilitando intervenciones en el derecho a la propiedad del suelo urbano para el bien colectivo y social".

Considerando la Ley Orgánica de Maricá, firmada en 1990, en su art. 246[66], el municipio, en su política urbana, señala que es necesario "cumplir con el pleno desarrollo de las funciones sociales de la ciudad con miras a garantizar y mejorar la calidad de vida de sus habitantes".

En esta breve exposición de las políticas públicas implementadas por el municipio de Maricá, en términos de impacto verde, sobresalen tanto las medidas de movilidad urbana como la preservación de los recursos naturales. Se destacan especialmente el proyecto de la Empresa Pública de Transportes (EPT)[67] y el programa Lagoa Viva.

Empresa Pública de Transportes y el programa Lagoa Viva.

Ampliar el acceso al transporte público y fomentar la movilidad urbana forma parte del undécimo objetivo de desarrollo sostenible, dentro del macroobjetivo de Ciudades y Comunidades Sostenibles. Para ratificar este esfuerzo, de forma pionera en ciudades de más de 100.000 habitantes, el municipio de Maricá (RJ) integró sus diversos distritos de forma innovadora, con la creación de una empresa pública de transporte para la gestión directa de varias líneas de la ciudad. En el contexto brasileño, Maricá demuestra la aplicabilidad financiera y política de las medidas de tarifa cero en las ciudades inteligentes.

Con la compra de 10 autobuses y la realización de un concurso público para la selección de los conductores, la medida también innovó en la gestión, rompiendo un oligopolio de empresas privadas que habían dominado el modal vial en la ciudad durante más de 30 años. Sin embargo, la instalación de esta política pública verde fue el resultado de una confrontación

---

65 Loc.cit.

66 MARICÁ. Constituição de Maricá, [en línea] (2023), <https://www.marica.rj.gov.br/wp-content/uploads/2022/08/leiorganica_edicao3_emenda45.pdf> [Consulta: 27 jun. 2023]

67 EMPRESA PÚBLICA DE TRANSPORTES. «Nossa História» [en línea], (2021), <https://www.eptmarica.rj.gov.br/index.php/empresa/historia>. [Consulta: 27 jun. 2023]

judicial directa entre los intereses públicos y privados, con varias medidas cautelares y manifestaciones judiciales sobre la libre circulación de los modos[68],prueba de que incluso si las medidas se dirigen hacia el cumplimiento de los Objetivos Sostenibles, la resistencia de las viejas estructuras locales puede ser una marca del proceso de implementación. En lo que está disponible sobre Maricá, no sólo se visualiza una opción política social, sino también la confrontación proactiva a favor de ella.

Actualmente, la Empresa de Transportes Públicos (EPT) regula más de 35 líneas que atraviesan los diferentes distritos del municipio de Maricá[69]. De igual forma, está ampliando el verde[70], con asociaciones destinadas a autobuses híbridos y la integración con un modal aún más sostenible: los "vermelhinhos"[71], como se denominan los autobuses urbanos, se integran con las "vermelhinhas"[72], bicicletas públicas reguladas por aplicación y dispuestas en puntos estratégicos de la ciudad[73]. Además de ser la capital del pase libre en Brasil[74], Maricá busca la movilidad urbana popular en su totalidad.

Juntamente con la reducción del número de coches y el incentivo al transporte ecológico, el ayuntamiento también apoya proyectos de intervención medioambiental directa. En este contexto, el programa Lagoa Viva es una ambiciosa propuesta para transformar la calidad del agua de la laguna local. Utilizando técnicas alternativas de saneamiento natural, el programa se basa en acciones de biotecnología para regenerar el ecosistema, eliminar olores y potenciar el uso de la laguna de Araçatiba[75].

En este proceso, se destaca, sin embargo, el modus operandi: con la creación de una empresa de capital mixto – público y privado–específica

---

68 Ibidem

69 Ibidem.

70 Ibidem.

71 Pequeño rojo – Rojo es el color de los autobuses de Maricá

72 Pequeña roja – Rojo es el color de las bicicletas públicas de Maricá. Mirar: EMPRESA PÚBLICA DE TRANSPORTES. «EPT Vermelhinhas» [en línea], (2021), <http://bikeeptvermelhinhas.com.br/>. [Consulta: 20 jun. 2023]

73 EMPRESA PÚBLICA DE TRANSPORTES. «EPT Vermelhinhas» [en línea], (2021), <http://bikeeptvermelhinhas.com.br/>. [Consulta: 20 jun. 2023]

74 SANTINI, Daniel. *Passe livre: as possibilidades da tarifa zero contra a distopia da uberização.* Autonomia Literária, 2019.

75 CODEMAR. «Programa Lagoa Viva» [en línea], (2021), <https://codemar-sa.com.br/lagoa-vica/>. [Consulta: 18 jun. 2023]

para innovaciones biotecnológicas, Biotec Maricá, el proyecto contempla una asociación con la Universidad Federal Fluminense (UFF), importante centro de investigación del Estado del Río de Janeiro, para el desarrollo y la consolidación del proyecto.

De esta forma, no sólo se revitalizan las aguas de un importante sitio de la ciudad, sino que se destaca la acción directa de la administración en asociación pública con una institución de enseñanza e investigación[76]. Además, Biotec Maricá replica a menudo esta integración, asociándose con universidades para promover el estudio, la fabricación y el suministro de diversas soluciones biotecnológicas destinadas al proyecto social de la ciudad[77].

Se observa que características locales como la mejor movilidad y los recursos naturales de la ciudad se denotan como chispas de soluciones inteligentes. Así, además de las políticas centradas en el desarrollo respetuoso del medio ambiente, la ciudad de Maricá se destaca en su estructura para un proyecto de ciudad sostenible.

Desarrollo local con vistas a su propio entorno

Según Darcy Ribeiro, importante antropólogo y sociólogo brasileño, no hay desarrollo sin una teoría social del propio Estado[78]. Para el autor, que concluyó su histórica obra "O Povo Brasileiro" en la propia ciudad de Maricá[79], el Estado nacional brasileño tiene el papel de reinventar su estructura en torno a las características de su pueblo. Como "Estado de Desarrollo

---

76 O GLOBO. «Programa trata esgoto e utiliza o próprio meio ambiente para revitalizar lagoas em Maricá», *O Globo,* [en línea], (2021), <https://oglobo.globo.com/um-so-planeta/programa-trata-esgoto-utiliza-proprio-meio-ambiente-para-revitalizar-lagoas-em-marica-1-25171283>. [Consulta: 17 jun. 2023].

77 PREFEITURA DE MARICÁ. «Biotec se prepara para estudos, fabricação e registro dos produtos da Farmacopeia Mari'ká» [en línea], (2023), <https://www.marica.rj.gov.br/noticia/biotec-se-prepara-para-estudos-fabricacao-e-registro-dos-produtos-da-farmacopeia-marika/>. [Consulta: 01 jul. 2023].

78 RIBEIRO, Darcy. *O povo brasileiro: a formação e o sentido do Brasil.* Global Editora e Distribuidora Ltda, 2015.

79 CODEMAR. «Na praia de Maricá, Darcy Ribeiro concluiu um dos livros mais importantes da história: O Povo Brasileiro». [en línea], (2021), <https://bit.ly/CodemarDarcy>. [Consulta: 10 jun. 2023]

Local”[80], Maricá utiliza un diseño político municipal para fortalecer el desarrollo en torno a su propio potencial.

Con la misión de construir una ciudad sostenible, Maricá se está moldeando en torno a la administración directa e indirecta para consolidar un proyecto político de Estado. La sociedad de capital mixto Companhia Maricá Desenvolvimento (CODEMAR) es la promotora de numerosos proyectos estratégicos de desarrollo, coordinando tanto la mencionada Biotec Maricá, como filial, como diversos programas en los ámbitos de la integración, los incentivos económicos, las telecomunicaciones y las grandes infraestructuras.

Desde un parque tecnológico y un nuevo aeropuerto hasta la fabricación de chips de Internet ilimitado, CODEMAR desempeña un papel central en la economía de Maricá. Como señalan Elias Jabbour y Alberto Gabriele, tales figuras de dirección estratégica encajan en una ingeniería social en la que el Estado es percibido como la figura impulsora de programas y megaproyectos de retorno colectivo inmediato[81]. De este modo, se calienta el mercado interior y se solidifica una estructura pública de desarrollo.

En la estructura organizativa de la ciudad de Maricá, las organizaciones públicas locales están configuradas de forma que la demanda de la población se utiliza como herramienta de desarrollo[82]. En este contexto cobran especial importancia las autarquías multidisciplinares, especialmente el Instituto de Ciencia y Tecnología de Maricá (ICTIM) y el Instituto Darcy Ribeiro (IDR). Al invertir en innovación y en la profundización de los datos demográficos, Maricá se acerca a la cientificidad como política pública,

---

80 BATEMAN, Milford, «Bringing the Local State Back into Development: The ‘Local Developmental State’ and the Promotion of Sustainable Economic Development and Growth from the Bottom-Up» [en línea] (October 21, 2017). <https://ssrn.com/abstract=3057226>, p. 4.

81 JABBOUR, Elias; GABRIELE, Alberto. *China: o socialismo do século XXI.* Boitempo Editorial, 2021.

82 TEIXEIRA, Fernando; FEIJO, Carmen; BATEMAN, Milford. “Como Construir um Arcabouço Institucional Eficiente Para a Gestão de Recursos Finitos: Recomendações para o Desenvolvimento Econômico De Maricá”, en *Estudos Maricaenses: o Município de Maricá em Debate,* Editora Darcy Ribeiro, 2021.

una forma de actuación marcada por China[83], un innegable estado modelo en la planificación económica de la ciudad[84].

Como parte de una estrategia municipal de ciencia, tecnología e innovación, el ICTIM se posiciona como una entidad pública que consolida actividades de investigación sostenible y presta servicios en materia técnica[85]. Al igual que los ya mencionados Biotec y CODEMAR, el instituto forma parte de un conglomerado público destinado a reducir la dependencia de los royalties del petróleo, ya sea diversificando actividades o investigando y estudiando nuevas formas de ingresos. El tratamiento del hidrógeno natural, por ejemplo, se destaca en una acción diametral de estas entidades: al incentivar la investigación en una estrategia pública, se fomenta un proceso de transición energética municipal.

Asimismo, llevando el nombre del importante autor mencionado al principio de esta sección, el Instituto Darcy Ribeiro tiene la función de recopilar, organizar e interpretar datos socioeconómicos sobre la ciudad, colaborando incluso con las Naciones Unidas en determinados proyectos. Al invertir en un conocimiento profundo de su población, la función abstracta de la organización es, en cierta medida, apoyar el enfoque de Darcy Ribeiro, desarrollando una teoría social del propio municipio.

Programas como el "Censo de Ciudadanía" aplican preceptos estadísticos descriptivos para orientar la actuación del ayuntamiento dentro de la demografía empresarial y urbana de la ciudad. A su vez, el programa "Llegó tu turno" define el papel proactivo del Estado para mapear a los ciudadanos en situación de vulnerabilidad e insertarlos en un protocolo de recepción del municipio, orientándolos hacia los programas sociales pertinentes[86].

---

83 ARBIX, Glauco et al. "Made in China 2025 e Industrie 4.0: a difícil transição chinesa do catching up à economia puxada pela inovação". *Tempo social*, v. 30, 2018. pp. 143-170.

84 GLÜSING, J. "Socialist Utopia: A City in Brazil Experiments with the Unconditional Basic Income"[en linea]. *Der Spiegel*, 2021.

85 INSTITUTO DE CIÊNCIA E TECNOLOGIA DE MARICÁ. «Programas e Projetos» [en línea], (2023), <https://ictim.com.br/programas-e-projetos/>. [Consulta: 05 jul. 2023.]

86 INSTITUTO DARCY RIBEIRO «Maricá está perto de zerar evasão escolar dentro do programa 'Chegou a Sua Vez'» [en línea], (2023), <https://idr.marica.rj.gov.br/category/programas/chegouasuavez/>. [Consulta: 01 jul. 2023].

Según Celso Furtado, el crecimiento económico sólo tiene sentido cuando es compatible con el compromiso de reducir las disparidades demográficas[87]. El aspecto social, por lo tanto, es esencial para la gestión pública. En otras palabras, no hay ciudad inteligente sin una preocupación inherente por la desigualdad social.

En un municipio guiado por el excedente provocado por los royalties del petróleo, la estructura del Estado de Maricá avanza hacia un desarrollo local distributivo y constitutivo de derechos, que planifica no sólo la diversidad de sus fuentes económicas, sino también la pluralidad de alternativas sociales para la población. Como Estado de Desarrollo Local[88], la ciudad presenta un modelo de desarrollo basado en una opción política social que se incorpora gradualmente a una estructura pública con vistas a su propio entorno, en la medida de sus potencialidades.

La Moneda Mumbuca y la Ciudad de las Utopías

Toda la estructura de Maricá, más allá de la explotación de los royalties del petróleo, gira en torno al mayor proyecto brasileño de moneda social, la "Moeda Mumbuca". Estructurada en torno a un banco comunitario de carácter asociativo, la moneda se basa en iniciativas de economía popular que no sólo redundan en un calentamiento de la economía local, sino que también suponen nuevas alternativas de vida para los habitantes, ya que además de ser una moneda social, está incluida en un programa de renta básica[89].

De acuerdo con las mediciones del municipio, el programa de transferencia de dinero en efectivo con la Moneda Social Mumbuca beneficia a más de 40.000 residentes, con el depósito mensual, de acuerdo con la Ley Municipal Nº 3.153/2022[90], de 200 Mumbucas por persona, en una cantidad igual al real.

---

87 FURTADO, Celso. *Formação econômica do Brasil.* Companhia das Letras, 2020.

88 BATEMAN, Milford, «Bringing the Local State Back into Development: The 'Local Developmental State' and the Promotion of Sustainable Economic Development and Growth from the Bottom-Up» [en línea] (October 21, 2017). <https://ssrn.com/abstract=3057226>

89 NEUMANN, Denise Maria. «Mumbuca: moeda social e/ou renda básica de cidadania?», [en línea], (2021) < https://bibliotecadigital.fgv.br/dspace/handle/10438/31767> [Consulta: 17 jun. 2023].

90 PREFEITURA DE MARICÁ. «Renda Básica da Cidadania» [en línea] (2023), <https://www.marica.rj.gov.br/programa/renda-basica-da-cidadania/#:~:text=Com%20

Según datos del CENSO 2022, una medición realizada por el Instituto Brasileño de Geografía y Estadística (IBGE), la ciudad de Maricá ha visto aumentar su población en más de un 50% en los últimos diez años[91]. En un Estado de Río de Janeiro marcado por la desesperanza, la ciudad se posiciona en su etiqueta de "Ciudad de las Utopías", en un ambicioso plan para ofrecer una calidad de vida compatible con los 17 ODS delimitados.

En resumen, la Moneda Mumbuca representa la base de una experiencia notable de cómo las políticas económicas y sociales innovadoras pueden impulsar el crecimiento y la inclusión social en una comunidad local. Al adoptar estrategias que combinan el desarrollo económico con acciones centradas en la mejora de la calidad de vida y la reducción de la desigualdad, Maricá se ha destacado como una alternativa a seguir por varias entidades subnacionales de todo el mundo. La prioridad, por lo tanto, es la inserción de las personas–la base de toda ciudad–en un proyecto público.

Conclusión

Maricá se ha convertido en un ejemplo inspirador para otras ciudades y regiones del mundo. Al dar prioridad al desarrollo local y adoptar un enfoque innovador, integrador y sostenible, la ciudad demuestra cómo es posible impulsar el crecimiento económico, preservar el medio ambiente y mejorar la calidad de vida de sus ciudadanos de forma integrada. El éxito de la Moneda Mumbuca y de las políticas de renta básica demuestra que se pueden aplicar alternativas eficientes y progresistas a escala local, que conduzcan a una mayor autonomía y resiliencia de las comunidades. El esfuerzo institucional de la Administración Pública al condensar en un solo propósito entidades responsables de asuntos de estrategia, investigación, innovación e infraestructura refuerza la importancia de invertir en políticas públicas proactivas, alineadas con las necesidades y potencialidades locales. Señala, por tanto, un camino prometedor hacia un futuro más sostenible e inclusivo a escala global.

En conclusión, Maricá se consolida como un "Estado de Desarrollo Local", bajo la forma de una ciudad en la que las políticas públicas institucionalmente consolidadas se orientan hacia la transformación de las

---

a%20pandemia%2C%20o%20valor,R%24%20200)%20por%20pessoa.> [Consulta: 27 jun. 2023].

91 INSTITUTO BRASILEIRO DE GEOGRAFIA E ESTATÍSTICA. «Panorama do Censo 2022» [en línea], (2023), <https://censo2022.ibge.gov.br/panorama/>. [Consulta: 28 de junho de 2023]

realidades. Organismos autónomos como el ICTIM y el Instituto Darcy Ribeiro, y empresas de capital mixto como CODEMAR y Biotec Maricá desempeñan un papel crucial en la concepción de una ciudad sostenible inmersa en principios sociales. El proyecto que define la "Ciudad de las Utopías", por tanto, refuerza la matriz de que una estructura pública puede ser la clave para construir un futuro marcado por la promoción del potencial local.

Referencias

ARBIX, Glauco et al. "Made in China 2025 e Industrie 4.0: a difícil transição chinesa do catching up à economia puxada pela inovação". Tempo social, v. 30, 2018. pp. 143-170.

BATEMAN, Milford, «Bringing the Local State Back into Development: The 'Local Developmental State' and the Promotion of Sustainable Economic Development and Growth from the Bottom-Up» [en línea] (October 21, 2017). <https://ssrn.com/abstract=3057226>

BRASIL. «Constituição da República Federativa do Brasil» [en línea] (2023), <https://www.planalto.gov.br/ccivil_03/constituicao/constituicaocompilado.htm> [Consulta: 02 jul. 2023].

CODEMAR. «Na praia de Maricá, Darcy Ribeiro concluiu um dos livros mais importantes da história: O Povo Brasileiro». [en línea], (2021), <https://bit.ly/Codemar-Darcy>. [Consulta: 10 jun. 2023]

CODEMAR. «Programa Lagoa Viva» [en línea], (2021), <https://codemar-sa.com.br/lagoa-vica/>. [Consulta: 18 jun. 2023]

EMPRESA PÚBLICA DE TRANSPORTES. «EPT Vermelhinhas» [en línea], (2021), <http://bikeeptvermelhinhas.com.br/>. [Consulta: 20 jun. 2023]

EMPRESA PÚBLICA DE TRANSPORTES. «Nossa História» [en línea], (2021), <https://www.eptmarica.rj.gov.br/index.php/empresa/historia>. [Consulta: 27 jun. 2023]

FURTADO, Celso. Formação econômica do Brasil. Companhia das Letras, 2020.

GLÜSING, J. "Socialist Utopia: A City in Brazil Experiments with the Unconditional Basic Income"[en linea]. Der Spiegel, 2021.

HAARSTAD, Håvard. "Constructing the sustainable city: examining the role of sustainability in the 'smart city' discourse". Journal of Environmental Policy & Planning, 19, 2017, pp. 423 – 437

INSTITUTO DE CIÊNCIA E TECNOLOGIA DE MARICÁ. «Programas e Projetos» [en línea], (2023), <https://ictim.com.br/programas-e-projetos/>. [Consulta: 05 jul. 2023.]

INSTITUTO BRASILEIRO DE GEOGRAFIA E ESTATÍSTICA. «Panorama do Censo 2022» [en línea], (2023), <https://censo2022.ibge.gov.br/panorama/>. [Consulta: 28 de junho de 2023]

INSTITUTO DARCY RIBEIRO «Maricá está perto de zerar evasão escolar dentro do programa 'Chegou a Sua Vez'» [en línea], (2023), <https://idr.marica.rj.gov.br/category/programas/chegouasuavez/>. [Consulta: 01 jul. 2023].

JABBOUR, Elias; GABRIELE, Alberto. China: o socialismo do século XXI. Boitempo Editorial, 2021.

MARICÁ. Constituição de Maricá, [en línea] (2023), <https://www.marica.rj.gov.br/wp-content/uploads/2022/08/leiorganica_edicao3_emenda45.pdf> [Consulta: 27 jun. 2023]

MENEZES, Luiz C. A.; JANNUZZI, Paulo de M. "Planejamento nos municípios brasileiros: um diagnóstico de sua institucionalização e seu grau de efetividade" en Qualidade de vida, planejamento e gestão urbana: discussões teórico-metodológicas. Bertrand Brasil, Rio de Janeiro 2009.

NAÇÕES UNIDAS. «Agenda 2030 para o Desenvolvimento Sustentável», [en línea], (2023), <https://brasil.un.org/pt-br/91863-agenda-2030-para-o-desenvolvimento-sustent%C3%A1vel> [Consulta: 01 jul. 2023].

NEUMANN, Denise Maria. «Mumbuca: moeda social e/ou renda básica de cidadania? », [en línea], (2021) < https://bibliotecadigital.fgv.br/dspace/handle/10438/31767> [Consulta: 17 jun. 2023].

O GLOBO. «Programa trata esgoto e utiliza o próprio meio ambiente para revitalizar lagoas em Maricá», O Globo, [en línea], (2021), <https://oglobo.globo.com/um-so-planeta/programa-trata-esgoto-utiliza-proprio-meio-ambiente-para-revitalizar-lagoas-em-marica-1-25171283>. [Consulta: 17 jun. 2023].

PREFEITURA DE MARICÁ. «Biotec se prepara para estudos, fabricação e registro dos produtos da Farmacopeia Mari'ká» [en línea], (2023), <https://www.marica.rj.gov.br/noticia/biotec-se-prepara-para-estudos-fabricacao-e-registro-dos-produtos-da-farmacopeia-marika/>. [Consulta: 01 jul. 2023].

PREFEITURA DE MARICÁ. «Renda Básica da Cidadania» [en línea] (2023), <https://www.marica.rj.gov.br/programa/renda-basica-da-cidadania/#:~:text=Com%20a%20pandemia%2C%20o%20valor,R%24%20200)%20por%20pessoa.> [Consulta: 27 jun. 2023].

PROGRAMA DAS NAÇÕES UNIDAS PARA O DESENVOLVIMENTO . «PNUD e Petrobras lançam Coletânea de Territorialização dos Objetivos de Desenvolvimento Sustentável» [en línea], (2021) <https://bit.ly/pnudpetrobras>. [Consulta: 01 jul. 2023.]

RIBEIRO, Darcy. O povo brasileiro: a formação e o sentido do Brasil. Global Editora e Distribuidora Ltda, 2015.

SANTINI, Daniel. Passe livre: as possibilidades da tarifa zero contra a distopia da uberização. Autonomia Literária, 2019.

TEIXEIRA, Fernando; FEIJO, Carmen; BATEMAN, Milford. "Como Construir um Arcabouço Institucional Eficiente Para a Gestão de Recursos Finitos: Recomendações para o Desenvolvimento Econômico De Maricá", en Estudos Maricaenses: o Município de Maricá em Debate, Editora Darcy Ribeiro, 2021.

3. Prosperidad

¿De existir conexiones, cómo se conecta la Agenda 2030 con la intervención social/comunitaria/local?

3.1. A MODO DE INTRODUCCIÓN: LA INTERVENCIÓN SOCIAL Y LA CREACIÓN DE CONDICIONES PARA LA PROSPERIDAD.

ROSER FERNÁNDEZ BENITO[92]

La prosperidad es un eje fundamental en la hoja de ruta que plantean los Objetivos de Desarrollo Sostenible y se entiende desde la Agenda 2030 como tener la generosidad de ayudarse unos a otros. En el marco de la Agenda, la prosperidad une los objetivos 7, 8, 9, 10 y 11 con el propósito de incentivar un progreso económico, social y tecnológico compatible con el respeto a la naturaleza.

A través de este grupo se busca asegurar vidas prósperas y satisfactorias en armonía con el entorno. Cabe decir que, dada la visión holística e interrelacionada de la Agenda, en la que cada objetivo se superpone y se refuerza mutuamente, con una actuación multinivel simultánea en los espacios locales, regionales, nacionales y globales, las propuestas que se presentaran en este capítulo son extrapolables a objetivos de otros ejes.

Los Objetivos de Desarrollo Sostenible son una brújula de navegación hacia el desarrollo humano, es decir, hacia procesos de ampliación de las libertades y oportunidades de las personas. Es importante, sin embargo, que este desarrollo humano no se quede en su mera formulación normativa, como ha venido sucediendo con el desarrollo desde la década de los 80 para "ajustar" la realidad en función de intereses generales de poder de la clase social, la ideología y la cultura dominantes.

---

92 International Sociological Sport Observatory/ Instituto Joaquín Herrera Flores/ Investigación social aplicada al deporte (HUM 1034)

Bajo la pretensión de definir "lo humano" desde un determinado prisma y acorde a unos determinados parámetros y objetivos, se ha ido consolidando la necesidad ideológica de abstraer los derechos de las realidades concretas (HERRERA FLORES, 2002, p. 68). Se torna imperativo, así pues, recuperar el contexto. Las prácticas y fenómenos sociales no pueden entenderse ni estudiarse separadas de éste. Construir las condiciones que propicien el desarrollo de las capacidades humanas y su apropiación y despliegue en los contextos donde se sitúen nos obliga a conocer esas realidades y a identificar de qué forma influyen en el desarrollo humano y en cualquier objetivo de desarrollo que construya el camino hacia el mismo.

Otro imperativo es recuperar, fortalecer y resignificar, si es necesario, la participación. La sostenibilidad de cualquier estrategia de desarrollo descansa en la participación de los diversos actores en las distintas fases de la intervención y en los procesos de toma de decisiones. La cuestión de la participación no es nueva, subyace a la misma definición del Desarrollo Humano, que según el PNUD consiste en *"el desarrollo de las personas mediante la creación de capacidades humanas por las personas, a través de la participación activa en los procesos que determinan sus vidas, y para las personas, mediante la mejora de sus vidas." (PNUD, 2017, p. 2).*

Pero, de nuevo, se trata de crear las condiciones para que este desarrollo se torne real y no una mera definición analítica. El enfoque desde el cual planteemos acciones en pro de los Objetivos de Desarrollo Sostenible debe, en primer lugar, intervenir en las causas de las distintas problemáticas o necesidades y no solo en sus efectos y, en segundo lugar, servirse de metodologías que permitan intervenir en la realidad desde esta misma, entendida desde una visión materialista, "contaminada" por el contexto, consciente de los numerosos elementos que la componen y configuran y de las desigualdades que estos generan. Es decir, una forma de concebir el mundo como un mundo "real", repleto de situaciones de desigualdad, de diferencias y disparidades, de intereses más o menos visibles, que no pueden ser obviados.

Un enfoque que aúne Agenda 2030, territorios y Teorías Críticas debe crear las condiciones que nos permitan:

- Superar la trampa de los derechos, "el derecho a tener derechos", aun cuando no haya un acceso no jerarquizado a priori a los bienes y recursos necesarios para satisfacerlos. Los derechos vendrán después de las luchas por el acceso a los bienes materiales e inmateriales para una vida digna (HERRERA FLORES, J., 2008).

- Ampliar nuestra capacidad de hacer, a transitar de la actualidad a la potencialidad en un contexto dado, creando las condiciones para ello. Si luchamos por la obtención de los bienes única y exclusivamente para sobrevivir, ¿Cuáles son las condiciones de esa supervivencia? Lo que visamos es la creación de condiciones materiales concretas que nos permitan una satisfacción "digna" de los mismos, teniendo en cuenta que hablar de dignidad humana no implica hacerlo de un concepto abstracto o ideal, sino que es un fin material, un objetivo que se concreta en un acceso igualitario y generalizado a los bienes que hacen que la vida sea "digna" de ser vivida (HERRERA FLORES, J., 2008).
- Partir del contexto, de la realidad material. Los derechos humanos son la respuesta normativa temporal (no perenne ni inamovible) a un conjunto de acciones (prácticas sociales, institucionales o no) que han abierto y consolidado espacios de lucha por la dignidad humana. Contemplar lo terrenal y lo impuro, colocar los derechos humanos en el espacio y la acción, en la pluralidad y en el tiempo concreto en el que surgen, exige igualmente una metodología holística y relacional que consiga abarcar estos conceptos en sus mutuas relaciones consigo mismos y con los procesos sociales donde se insieren (HERRERA FLORES, J., 2008).

Partiendo de este enfoque, ¿podemos afirmar que existen conexiones entre la Agenda 2030 y la intervención social/comunitaria/local? ¿Cómo o a partir de qué elementos se generan estas conexiones?

En este apartado se presentan aportaciones que, desde las premisas de este enfoque, resaltan la Agenda 2030 y la intervención social y comunitaria como dos elementos clave a interrelacionar en intervenciones sociales que visen realizarse en el ámbito local y cercano a la vida de las personas. Cabe dar valor, además de a una serie de reflexiones teóricas, a la intervención social como plataforma y vehículo a la hora de actuar en pro de los Objetivos de Desarrollo Sostenible desde la mirada de la Agenda 2030 y considerando la intervención desde lo local como agente capaz de aportar su conocimiento y saber en la dimensión social, una de las que conjugan el desarrollo sostenible según Naciones Unidas.

En las siguientes páginas se verá cómo la apuesta por poner en práctica proyectos comunitarios de intervención en el ámbito local puede ayudar a materializar varios de los Objetivos de Desarrollo Sostenible, afirmando la importancia de visibilizar a las personas dentro de su entorno más próximo. También, la necesidad de que haya una resignificación de lo que realmente debiera fundamentar la intervención social comunitaria con miras a que a través de ella sea la comunidad quien pueda encontrar aquellas respuestas que den solución a sus necesidades en y desde su entorno y contexto particulares. Para ello comunidad y participación deben ser dos caras de una misma moneda a la hora de identificar los retos multidimensionales de cada lugar desde el enfoque integral que propone la Agenda 2030.

En esta línea, se abren diversas posibilidades de acción y de intervención desde disciplinas como el Trabajo Social, por ejemplo, que pueden proponer metodologías de intervención para el cambio social desde elementos de la investigación participativa basada en la comunidad. Desde esta perspectiva, científica e ideológica, pueden promoverse, apoyar y facilitar procesos de transformación en las relaciones -asimétricas- de poder entre las personas o grupos y las estructuras sociales. Sus principios epistemológicos significan una manera de acercamiento a la realidad social: se trata de conocer transformando (RODRÍGUEZ GABARRÓN Y HERNÁNDEZ LANDA, 1994, p. 23).

Desde una perspectiva crítica, materialista y emancipadora, las personas pasan a convertirse en sujetos en acción. Esta idea engarza con la voluntad de entender el sujeto en el marco de su contexto y, por tanto, otorgar la importancia necesaria a la comprensión del contexto para poder intervenir sobre la problemática que atañe al sujeto y desde el propio sujeto.

Este es un principio axial común a las aportaciones que comprenden este capítulo, que rehúsan intervenir sobre la realidad desde paradigmas externos y ajenos a esta y a la voluntad y la práctica real de las personas. Asimismo, se entiende la estructura social como un elemento dinámico, inmutable e inacabado, partiendo de la premisa fenomenológica que *"considera a las personas como seres en situación, que se encuentran enraizadas en condiciones temporales y espaciales que las marcan y que a su vez ellas marcan. Su tendencia es reflexionar sobre su propia situacionalidad en la medida en que actúan sobre ella"* (RODRÍGUEZ GABARRÓN Y HERNÁNDEZ LANDA, 1994, p. 27).

En el primer artículo se presentará los resultados de un estudio de percepción de los Trabajadores sociales de la ciudad de Sevilla en relación con la Agenda 2030 y los Objetivos de Desarrollo Sostenible; se expondrá también la necesidad de entender el trabajo social crítico como una herramienta facilitadora de un modelo de desarrollo sostenible e integral. Esto permitirá la creación de ciudades con menos desigualdades donde el centro sea la dignidad humana.

En el segundo artículo se analizan las convergencias y divergencias entre la Agenda 2030 y la Intervención Social Comunitaria en el Sistema Público de Servicios Sociales y su influencia en la praxis profesional. El artículo pone de manifiesto cómo el devenir de los acontecimientos políticos y económicos y el déficit en los recursos financieros abren el espacio a otros recursos no menos significativos, como son los culturales y sociales, cobrando éstos un papel relevante en el diseño de iniciativas locales y propuestas de transformación social.

En este sentido, hace hincapié en la importancia de generar procesos de fortalecimiento de la comunidad, empoderamiento que permitirá que las personas desarrollen conjuntamente capacidades y recursos para controlar su situación de vida. Y para ello, es necesario que las personas sientan que forman parte de esta comunidad, que haya un sentido de pertenencia que promueva la creación de vínculos y objetivos compartidos, que sirva para actuar de forma comprometida, consciente y crítica, visando la transformación del entorno según sus necesidades y aspiraciones.

En el tercer artículo se analiza la realidad que enfrentan los barrios desfavorecidos, caracterizados por una exclusión social persistente consecuencia de una problemática multidimensional caracterizada por una triple fractura: territorial, socioeconómica y política. Esta triple brecha debilita el entramado social de estos barrios, caracterizado por la fragmentación urbana y la exclusión social. Su análisis contempla la adopción de la Agenda 2030 en las políticas dirigidas a los barrios desfavorecidos de Andalucía, identificando aquellos Objetivos de Desarrollo Sostenible y metas que responden a los desafíos que enfrentan los barrios desfavorecidos en las ciudades. Así mismo, propone un cambio de paradigma en la intervención social dirigida a estos territorios, situando al trabajo social comunitario como clave para la adaptación de estas políticas a los contextos concretos desde un enfoque de desarrollo humano local.

El cuarto artículo pone el foco en el proyecto desarrollado en la Residencia Universitaria Flora Tristán, un proyecto social de la Universidad Pablo de Olavide realizado en el Polígono Sur (Sevilla), zona considerada como la más excluida y pobre de España por quinto año consecutivo según datos del INE. Por ello, se reflexiona sobre la denominación y conceptualización de este tipo de barrios y zonas, atendiendo de por sí al pensamiento y Trabajo Social crítico, entendiendo éste como la asunción del pensamiento crítico en la intervención e investigación desarrolladas desde esta disciplina. Esto, para vincular la participación social en estos entornos excluidos con el marco de acción global que supone la Agenda 2030. Y teniendo muy presente que la participación nos permite ver que las redes y relaciones es en lo que se sostiene lo social, por lo que el desarrollo no será posible si la realidad se aborda únicamente desde categorías estancas que terminan por segmentar la sociedad.

Las siguientes aportaciones son de gran ayuda para arrojar luz sobre cómo lograr los Objetivos de Desarrollo Sostenible a partir de la reflexión teórica, la experiencia práctica y el análisis de las limitaciones que una cierta aproximación a la intervención tiene como consecuencia. Nos brindan así una serie de recomendaciones que nos abren nuevas posibilidades para, desde lo local, promover las acciones necesarias para materializar los objetivos de la Agenda 2030.

Para que se produzcan avances significativos los Objetivos de Desarrollo Sostenible necesitan de decisiones claras y compromisos políticos precisos que transformen la retórica vacía en medidas efectivas de transformación. Estos artículos configuran un espacio desde el cual crear nuevas narrativas, que permitan crear las condiciones para avanzar en la aplicación de la Agenda 2030. Propuestas que pasarán necesariamente por la consecución de la dignidad humana, entendida desde una perspectiva concreta y material.

Las personas nos construimos a través del lenguaje y en relación con el contexto en el que nos desarrollamos y nos desenvolvemos. La construcción de nuevas narrativas y los recursos y oportunidades para hacerlas posibles trazan el sendero para caminar hacia lo propiamente humano: la vida, la acción y la lucha por la dignidad (HERRERA FLORES, J., 2002, p. 80), algo que surge naturalmente del reconocimiento de que cada persona tiene solo una vida para vivir (NUSSBAUM, M., 2000, p. 56).

Bibliografía

HERRERA FLORES, J. (2002). La riqueza humana como criterio de valor. *Crítica Jurídica. Revista Latinoamericana de Política, Filosofía y Derecho* (21), 67-81.

HERRERA FLORES, J. (2008). *La reinvención de los derechos humanos.* Sevilla: Atrapasueños.

NUSSBAUM, M. C. (2000). *Women and Human Development.* Cambridge University Press.

PROGRAMA DE LAS NACIONES UNIDAS PARA EL DESARROLLO (2017) *Informe sobre Desarrollo Humano 2016. Desarrollo Humano para todas las personas.* Naciones Unidas.

RODRÍGUEZ GABARRÓN, L; HERNÁNDEZ LANDA, L. (1994) *Investigación participativa.* CIS, Cuadernos Metodológicos núm. 10. Madrid.

3.2. TRABAJO SOCIAL Y AGENDA 2030. ESTUDIO DE PERCEPCIÓN DE LOS PROFESIONALES EN LA PROVINCIA DE SEVILLA.

JESÚS DELGADO BAENA[93]

MARTA LUNA GUISADO[94]

La Agenda 2030 se estableció para llevar a cabo los Objetivos de Desarrollo Sostenible (ODS) para generar un modelo de desarrollo que genere una mayor calidad de vida de bienestar para las personas que viven en los diferentes territorios del planeta. La situación actual es el resultado de un proceso en el cual han sucedido diferentes situaciones complejas, como diferentes guerras, pandemias o el fortalecimiento de un modelo neoliberal. Los movimientos sociales con distintas causas y proclamaciones, conjuntamente con profesiones que históricamente han sido partícipes en un estado de bienestar como es el Trabajo Social, permiten comprender la realidad social actual y las necesidades sociales para la transformación mediante procesos de lucha por la dignidad en los diferentes territorios del planeta.

Debido a esto, el presente artículo analiza cómo el trabajo social, específicamente en la provincial de Sevilla percibe una agenda que priori parece alinearse con el código deontológico de la profesión y con la carta universal de los derechos humanos, y conocer si efectivamente, los trabajadores sociales de la región trabajan en el marco de la propia agenda.

La necesidad de un Trabajo social crítico para un modelo de desarrollo sostenible.

El presente estudio comienza analizando las relaciones teóricas conceptuales de los principales elementos fundamentales que aparecen en el artículo. Por un lado, desde un paradigma epistémico crítico, definir los conceptos básicos desde una idea radicalmente transformadora, es decir, por un lado, el trabajo social crítico, por otro el desarrollo crítico y, finalmente, los Derechos Humanos.

---

93 PhD Derechos Humanos y desarrollo. Profesor e Investigador Departamento de Trabajo Social y servicios sociales-Universidad Pablo de Olavide

94 Trabajadora Social -Sevilla.

El trabajo social y el concepto de desarrollo son elementos estrechamente relacionados desde un marco epistémico crítico, específicamente en las teorías críticas de la escuela de Frankfurt y las teorías sociales (KELLNER, 1990). Al acercarse al trabajo social desde este paradigma hay que tener en cuenta que el profesional debe de buscar la raíz de los problemas con los que está trabajando, ya que afectan a las personas que residen en los territorios. Entender el trabajo social desde un paradigma crítico significa no sólo encontrar explicación de los problemas sociales del territorio, si no también participar en su transformación, implicando a la ciudadanía a través de la participación (LLONA & SORIA, 2003)

Por otro lado, el acercarse desde este paradigma al concepto de desarrollo establece replantearse la propia existencia de este elemento conceptual. Es decir, como dice Gilbert Rist (RIST, 2002), entender el desarrollo como un mito o una leyenda que forma parte del ideario colectivo que introduce a los territorios el propio modelo neoliberal. El desarrollo hegemónico establece características que rompen con la idea de la transformación social que presenta el trabajo social crítico, por lo que hay que establecer otros modelos o ideas de Desarrollo.

Uno de estos espacios alternativos al desarrollo hegemónico vinculados al desarrollo crítico está más relacionados con el decrecimiento o ecofeminismo, elementos transformadores que nos presentan una posibilidad de cambio de paradigma sobre el desarrollo hegemónico (DELGADO-BAENA & VELA-JIMÉNEZ, 2022). La Agenda 2030 no va por este camino. Si bien la agenda está marcada dentro de un orden global que desiste en preguntarse si es necesario o no un cambio en las relaciones económicas y de producción (GIL, 2018) nos permite al menos establecer espacios de lucha por la dignidad humana a través de los 17 ODS, proporcionando un marco legal internacional y global al que los profesionales del trabajo social pueden acogerse a través de sus instituciones para poner las herramientas necesarias que permitan establecer un marco de desarrollo sostenible que implique no sólo el apartado medioambiental, sino todo lo relacionado con el buen vivir de las personas en la actualidad. Los trabajadores sociales pueden encontrar en la agenda 2030 una "grieta" del desarrollo hegemónico, que permite, al menos, establecer procesos de lucha por la dignidad que permitan visibilizar a nivel territorial que otros modelos de desarrollo son posibles, más vinculados a la ciudadanía. Comprenderá el lector que esto no supone una "revolución" ni un cambio de paradigma, pero sí permite mejorar la calidad de vida y establecer "micro cambios" en los territorios que permitan visibilizar precisamente la necesidad de un cambio estratégico en el futuro; la agenda se convertirá en una aliada de la transformación social y por ende del Trabajo Social.

Pero ¿el trabajo social conoce y entiende esta posibilidad? Precisamente es donde este artículo pretende incidir, por un lado, en determinar si las trabajadoras sociales conocen la agenda, y por otro lado, saber si, al conocerla, entienden su potencial transformador dentro de un modelo de desarrollo hegemónico. Para responder esta pregunta se ha seguido la siguiente metodología para obtener los resultados, así como, a continuación, un breve resumen de estos para presentar posteriormente la discusión.

La importancia de la percepción de los profesionales en los territorios

Para responder la pregunta de investigación, se tomado como muestra un grupo de trabajadoras sociales a través del Colegio Oficial de Trabajo Social de Sevilla. Es especialmente importante entender que, por un lado, la desigualdad social es mayor en la región de Andalucía y en sus ciudades como Sevilla que en el resto de Europa (ORTIZ LLANO, 2020), y por otro, que específicamente Sevilla, al igual que otras ciudades de Andalucía, es un lugar de recepción de ayudas para la lucha contra la pobreza y la exclusión social pero aún se mantiene la desigualdad social especialmente después de la pandemia del COVID 19 (J. DELGADO-BAENA ET AL., 2022)

- Por un lado, este artículo pretende poner énfasis en el trabajo social como herramienta de cambio, (aunque realmente la hipótesis es válida para cualquier actor o actores que realicen intervención social) ya que como se ha expuesto anteriormente las trabajadoras sociales son agentes de cambio cercanos al territorio a través de la ciudadanía (PAWAR, 2019)
- Por otro, la ciudad de Sevilla engloba los barrios en exclusión social más importante de España (VELA JIMÉNEZ, 2023)
- Y para finalizar el colegio profesional como un espacio de encuentro de la profesión que permite aglutinar principalmente a trabajadoras sociales que se encuentran en la administración pública, que debería ser la garante a la hora de dar a conocer y establecer las líneas estratégicas para la consecución de los objetivos.

La metodología utilizada ha sido eminentemente cuantitativa ya que se "*...concibe el objeto de estudio como externo en un intento de lograr la máxima objetividad.*" cuantitativa (MUÑOZ CANTERO & ABALDE PAZ, 1992) pero igualmente se han realizado dos preguntas abiertas, permitiendo que el cuestionario sea mixto ya que el análisis del discurso se entiende como fundamental, aunque la muestra sea reducida. Así que se ha realizado una prueba o cuestionario con 12 ítems, con dos preguntas abiertas y diez cerradas.

¿Qué piensan los trabajadores sociales sobre la Agenda 2030?

En el cuestionario realizado, se observa que la mayoría de los participantes son mujeres, representando el 87,9%, mientras que el 12,9% son hombres. En cuanto a la edad, más de la mitad de los encuestados tienen entre 30 y 49 años (51,6%), seguidos por el grupo de 23 a 29 años (19,4%) y el grupo de 50 a 65 años (29%). En términos de ubicación, la mayoría de los encuestados provienen de municipios con más de 20.000 habitantes, mientras que el 29% proviene de municipios más pequeños dentro de la provincia de Sevilla. Estos datos permiten ver que la muestra está relacionada con la feminización del Trabajo vinculado especialmente a las tareas de cuidados que históricamente han realizado las mujeres (JENNINGS & DALEY, 1979)

En relación con el ámbito laboral, se observa que la mayor proporción de encuestados trabaja en el tercer sector (38,7%), seguido por la administración local (19,4%), la administración autonómica (16,1%), personas desempleadas (12,9%), y un 6,5% en el ámbito educativo y en empresas del sector privado respectivamente. Un elemento que permite, igualmente ver que las trabajadoras sociales en Sevilla que han realizado el cuestionario, pertenecen a organizaciones sociales. Este dato es importante tenerlo en cuenta, ya que muchas de las organizaciones se financian con subvenciones pública donde se establece en muchas ocasiones la obligación de que las acciones estén enmarcadas dentro de la propia agenda 2030.-

Siguiendo con los Objetivos de Desarrollo Sostenible (ODS) y la Agenda 2030, se observa que el 40% de los encuestados conocen todos los ODS, mientras que el 43,3% conocen algunos de ellos. El 16,7% restante declaró no conocer los ODS. Es decir, más de la mitad de los profesionales entrevistados conocen poco o no conocen la agenda 2030.

En cuanto a la relación entre el trabajo de los encuestados y los ODS, el 62,5% afirmó que su trabajo tiene una relación directa con los ODS, mientras que el 25% dijo tener una relación indirecta y el 12,5% no tenía relación. Es decir, el trabajo social como herramienta de la transformación social se enmarca en la propia idea de generar espacios de lucha por la dignidad, pero cerca del 40 por ciento de los entrevistados no encuentra relación entre su labor de como trabajadora social con una Agenda que entre sus objetivos de desarrollo tiene acabar la pobreza o la igualdad de género.

La mayoría de los encuestados (aproximadamente el 100%) está a favor de los principios y objetivos de la Agenda 2030, mientras que solo el 7,4% manifestó no estar seguro o no tener una opinión. En esta ocasión hay unanimidad en el resultado de la cuestión.

En términos de percepción sobre la Agenda 2030, el 59,3% de los encuestados considera que representa un avance para ellos y su profesión, mientras que el 37% opina que es una utopía y el 3,7% no tiene interés en el tema. Volvemos a ver que cerca del 40 por ciento de la muestra no cree que una agenda que pretende generar un modelo de vida mas sostenible no representa un avance en sus labores como Trabajadora Social.

En cuanto a la relación entre la Agenda 2030 y el Trabajo Social, el 52% de los encuestados mencionó que la relación se basa en la coincidencia de los objetivos de la Agenda con las funciones del Trabajo Social. Otro 16% destacó que los/as profesionales del Trabajo Social son agentes de cambio, mientras que el 28% señaló que hay una relación importante debido al bienestar individual y colectivo que se promueve. Un 4% no tenía conocimiento de la relación. Este resultado está en la línea del resto de preguntas.

En relación con las proyecciones de futuro de los ODS en la provincia de Sevilla, hubo una división de opiniones, con un 54,2% considerando que son viables y un 45,8% opinando lo contrario. Los principales argumentos en contra de su viabilidad incluyen la falta de compromiso político, la falta de participación. Es decir, no se establece con claridad la necesidad del trabajo social como garante de una agenda que ponga en el centro los derechos humanos y el territorio.

Conclusiones

El resultado de este artículo permite entender que por un lado hay elementos científicos desde las ciencias sociales que permiten entender la relación entre el trabajo social y los estudios de desarrollo, especialmente cuando estos elementos se encuentran en territorios concretos, entendiendo la agenda como un marco de trabajo para la transformación social en los territorios, no como una imposición de lo global a lo local.

En el muestreo realizado se percibe un alto desconocimiento por parte de los profesionales del Trabajo Social en la provincia de Sevilla en relación con los Objetivos de Desarrollo Sostenible (ODS) y la Agenda 2030.

Igualmente, como limitación la baja participación de la muestra por parte de las trabajadoras sociales del colegio profesional de Trabajo social, también podría deberse a la falta de interés de estos profesionales en el tema.

La muestra evidencia un malestar hacia las políticas públicas de la provincia de Sevilla, lo que sugiere que los trabajadores sociales no trabajan de manera interdisciplinaria en la discusión y creación de estas políticas, a pesar de lo que proclama el Código Deontológico de Trabajo Social en su Artículo 26, además de los elementos conceptuales y teóricos que se han expuesto al inicio de este artículo. Esta falta de trabajo conjunto dificulta una intervención social eficaz e integral para comprender y abordar una transformación social emancipadora que provenga de una reflexión crítica.

La precariedad laboral, también se sitúa como uno de los principales problemas de los profesionales del Trabajo social, no permitiendo en ocasiones poner el foco en los territorios si no en la necesidad de establecer espacios laborales seguros

Es importante destacar que la mayoría de los participantes en la encuesta consideran que los valores de las entidades a las que pertenecen se asemejan a lo proclamado en la Agenda 2030, lo que indica que a nivel micro se trabaja en los ODS. Sin embargo, a nivel político o macro, no se realiza el suficiente trabajo, lo que obstaculiza los esfuerzos de la población y los profesionales para abordar las necesidades debido a la falta de apoyo de las políticas públicas.

Además, se señala una actitud negativa hacia la Agenda 2030, considerándola utópica. Esto dificulta la comprensión de su función y hace que su aplicación en esta provincia sea difícil. También se destaca la vaga relación que se menciona entre la Agenda y el Trabajo Social, limitándola al bienestar individual y colectivo y al cambio, sin tener en cuenta otras funciones importantes del Trabajo Social, como el trabajo interdisciplinario con otras disciplinas relevantes para lograr esos objetivos de la propia agenda.

La falta de credibilidad en la Agenda 2030, es debida a la baja viabilidad percibida en la provincia de Sevilla por las administraciones públicas. Se destaca que las principales instituciones educativas no forman a la población en los Derechos Humanos y que los estudios universitarios y el ejercicio del Trabajo Social no se enfocan en la aplicación de la Agenda 2030 en la vida laboral diaria. Esto dificulta su implementación, a pesar de que la práctica del Trabajo Social está estrechamente relacionada con estos temas.

En definitiva, y como principal conclusión, se puede resaltar, la necesidad de encontrar paradigmas que produzcan que las trabajadoras sociales en colaboración con otras disciplinas puedan aplicar la Agenda 2030 de una manera holística, e incluso poder mirarla de una manera crítica.

Como futuras líneas de investigación sería pertinente analizar la hipótesis sobre por qué los principales organismos internacionales relacionados con el Trabajo Social aparentemente no han expresado con fuerza el compromiso con la Agenda al igual que si se utiliza, por ejemplo, en el código deontológico, la carta Universal de los Derechos Humanos. Esto podría explicar mejor la falta de conocimiento e interés por parte de los profesionales del trabajo social. Igualmente habría que realizar un muestreo más amplio y con una mayor diversidad de territorios más allá de las grandes ciudades.

Bibliografía

DELGADO-BAENA, J. D., & VELA-JIMÉNEZ, R. (2022). *Elementos del Postdesarrollo en el marco de la agenda 2030 desde las teorías críticas de los Derechos Humanos.*

DELGADO-BAENA, J., GARCÍA-SERRANO, J. DE D., TORO-PEÑA, O., & VELA-JIMÉNEZ, R. (2022). The Influence of the Organizational Culture of Andalusian Local Governments on the Localization of Sustainable Development Goals. *Land, 11*(2), Article 2. https://doi.org/10.3390/land11020214

GIL, C. G. (2018). Objetivos de Desarrollo Sostenible (ODS): Una revisión crítica. *Papeles de relaciones ecosociales y cambio global, 140*(1), 107-118.

JENNINGS, P. L., & DALEY, M. (1979). Sex discrimination in social work careers. *Social Work Research and Abstracts, 15*(2), 17-21. https://doi.org/10.1093/swra/15.2.17

KELLNER, D. (1990). Critical Theory and the Crisis of Social Theory. *Sociological Perspectives, 33*(1), 11-33. https://doi.org/10.2307/1388975

LLONA, M., & SORIA, L. (2003). *La participación en la gestión del desarrollo local. La experiencia del Presupuesto Participativo en Villa El Salvador. No 22.*

MUÑOZ CANTERO, J. M., & ABALDE PAZ, E. (1992). Metodología cuantitativa Vs. Cualitativa. *Metodología educativa I, 1992, ISBN 84-600-8006-4, págs. 89-99,* 89-99. https://dialnet.unirioja.es/servlet/articulo?codigo=1217000

PAWAR, M. (2019). Social Work and Social Policy Practice: Imperatives for Political Engagement. *The International Journal of Community and Social Development, 1*(1), 15-27. https://doi.org/10.1177/2516602619833219

RIST, G. (2002). *El desarrollo: Historia de una creencia Occidental.* Libros de la Catarata.

VELA JIMÉNEZ, M. R. (2023). *Desafíos para la gobernanza participativa de las políticas de transformación social en los barrios desfavorecidos de Andalucía: Adopción multinivel y adaptación al territorio* [DoctoralThesis]. https://repositorio.uloyola.es/handle/20.500.12412/4034

3.3. AGENDA 2030 Y LA INTERVENCIÓN SOCIAL COMUNITARIA: SUS CONVERGENCIAS Y DIVERGENCIAS EN EL SISTEMA PÚBLICO DE SERVICIOS SOCIALES E INFLUENCIA EN LA PRAXIS PROFESIONAL.

JOSÉ TOMAS DIESTRE MEJÍAS[95]

El contexto global actual, caracterizado por la innovación de Programas y modelos de intervención nos ofrece una oportunidad única para revisar nuestros principios fundamentales y funciones como profesionales. El autodiagnóstico y la auto observancia constituyen ejes fundamentales en el ejercicio de nuestras funciones como profesionales y no siempre coincide con la naturaleza de los Programas ofertados desde el sistema Público de Servicios Sociales.

Aunque los acontecimientos de diversa índole (crisis económica o sanitaria) han provocado inmediatas medidas de contención, no es menos cierto que se han paralizado políticas sociales basadas en la generación de respuestas por parte de las propias personas, grupos, colectivos o comunidades. Esto es así, hasta el punto de que puede conllevar riesgos de quedarse obsoletos, a pesar del supuesto carácter innovador que envuelve la oferta y resultar, además de ineficaces, claramente inoportunos.

Los desajustes económicos y sociales son una consecuencia de modelos de Planificación que atienden a las necesidades sin considerar la eficacia de constatada en evaluaciones de Programas y Proyectos basados en la implicación activa y directa de las personas y colectivos afectados en la búsqueda de alternativas basadas en el emprendimiento, y la gestión propia de alternativas. Todos estos logros han sido fruto de largos procesos de negociación, no exentos de complejidades y conflictos para superar el intervencionismo social y reconvertirlas en otras acciones que han perseguido la estimulación de respuestas por parte de la ciudadanía y constituida previamente en formaciones sociales (formales e informales). A nivel metodológico debemos señalar que se ha venido atendiendo o acompañando del siguiente modo:

- Se atiende al concepto de necesidad considerando el carácter histórico, dialógico, conflictual y procesual de los acontecimientos socia-

95 Profesor e Investigador Departamento de Trabajo Social y Servicios Sociales Universidad Pablo de Olavide-Sevilla

les. No se puede atender por tanto desde esquemas formales y sin atender al conjunto de variables que inciden el concepto necesidad.

- Es importante considerar el contexto en el que tienen lugar los acontecimientos, así como el concepto de necesidad que se construye a través de los mismos.

La Agenda 2030 y concretamente en el Plan Nacional de Recuperación, Transformación y Resiliencia plantea "una mejora del sistema de prestaciones económicas no contributivas considerándose como reformas de carácter estructural que modernizan los mecanismos de protección social existentes hasta ahora en España, y que aspira a simplificar y maximizar la eficiencia de las prestaciones sociales, evitando solapamientos y procurando la complementariedad, de modo que la ciudadanía no sufra lagunas de protección que refuercen los altos niveles de pobreza estructural existentes en nuestro país. Este mecanismo debe servir para encauzar otras políticas existentes en los diferentes niveles de administración y centrar el apoyo público en los colectivos más vulnerables"

La implementación de estas medidas, siendo legítimas y coherentes pueden significar que en buena medida se atiendan temporalmente una serie de necesidades, pero son insuficientes e incompletas. Estas medidas deben ir acompañadas de otras que son fundamentales desde la lógica metodológica profesional en las que se hace necesario abordar el propio concepto de necesidad desde perspectiva más amplias, cambiantes y cómo éstas se construyen o deben construirse desde los propios grupos afectados. En este sentido, considerando las aportaciones del Colectivo IOE, y atendiendo al diseño y metodologías de Planes de intervención y resultados de los mismos podemos afirmar que:

- "En los programas de políticas sociales y gestión institucional se atiende según modelos o estereotipos de necesidad social, así como metodologías específicas de investigación que no concuerdan con otros modelos de necesidad.
- El análisis de las necesidades sociales que proceden de un ámbito institucional estatal parten de principios ideológicos que determinan la percepción de la realidad, potencian determinados enfoques y dificulta otros que permiten un mejor y mayor acercamiento para la comprensión de los fenómenos sociales.
- Esta perspectiva llevada a cabo por determinados agentes e intereses impide captar la complejidad y la génesis social de las necesidades.

- Esta metodología o enfoque de analizar la realidad impide captar a los sujetos sociales con necesidades dentro de un proceso social en el que se producen y reproducen y se limitan a ofrecer recuentos y clasificaciones de necesidades abstractas construidas o interpretadas fuera del escenario o contexto en el que se producen.
- La relación que se establece entre los representantes políticos, los representantes técnicos o gestores y los usuarios es de carácter asimétrico en la que los responsables diseñan servicios (función directiva), los profesionales y voluntariado los aplican (función gestora o instrumental) y los usuarios/as consumen desde una posición dependiente y asistencial (función clientelar)."

La población que sufre las necesidades las aborda cediendo el diagnóstico de las mismas, que es apropiado por los responsables políticos. La gestión queda en manos de técnicos/as y funcionarios intermedios, profesionales y voluntariado. De este modo los usuarios quedan excluidos del circuito o sistema de decisión. COLECTIVO IOE. Investigación-Acción Participativa. Introducción en España. Documentación Social 92, Madrid (1993)

Es por todo ello que se requiere de la participación activa de la ciudadanía y a ser posible que ésta esté formalmente representada y de este modo posibilitemos entre todo el protagonismo de la misma. Estos planteamientos suponen incluir a los representantes de los colectivos (destinatarios de las acciones que puedan emprenderse) en los niveles de gestión y decisión.

Esta lógica de funcionamiento requeriría de igual modo que el papel de los técnicos y técnicas no quedase relegada a la gestión de contención cotidiana y compulsiva de los problemas y desequilibrios que origina y provoca el propio sistema social del que proceden.

Debemos plantearnos otro enfoque para abordar las necesidades en el campo de las políticas sociales con dos claros objetivos: intervenir en la génesis social de los problemas y no sólo en sus efectos. Y por otro lado recurrir a metodologías que permitan replantear la relación entre los agentes implicados, desvelando los intereses que hay en juego y facilitando el protagonismo de los colectivos excluidos. Estas metodologías tendrían las siguientes características:

a) Las personas e instituciones que participan en el programa deberían estar abiertas al autoanálisis y a la evaluación de sus intereses y representantes colectivos afectados por necesidades sociales específicas y a partir de ahí iniciar un proceso de análisis de la demanda.

b) Se trataría de un enfoque de intervención social que persiga la recepción de expectativas, perspectivas e intereses de los sectores implicados en un proceso de acción social, otorgando el principal protagonismo a los colectivos afectados. En este sentido hay autores como Fals Bordá, O y Rodríguez Brandao que mantienen la siguiente idea "La capacidad de los grupos de base, explotados por sistemas económicos, de actuar políticamente tanto como de articular y sistematizar conocimientos, de tal manera que puedan asumir un papel protagonista en el avance de la sociedad y en la defensa de sus propios, intereses de clase y de grupo." FALS BORDÁ, O & RODRÍGUEZ BRANDAO, C. "Investigación Participativa". Ed: Banda Oriental Montevideo-Uruguay (1987); p.8

c) Trata de potenciar los recursos disponibles en estos sectores, tanto a nivel del conocimiento: difusión y aplicación de técnicas de autodiagnóstico e investigación colectiva, como de la acción: promoción de iniciativas y auto organización.

Esta propuesta o apuesta no es nueva pues ya se ha venido aplicando desde hace décadas experimentándose óptimos resultados en distintos ámbitos y contextos de aplicación. El presente artículo tomará como referencia una experiencia de investigación e intervención llevada a cabo en un contexto rural y concretamente con colectivos de mayores constituidos en formaciones sociales, específicamente "asociacionismo".

En este contexto se ha podido comprobar cómo se hace uso de los recursos existentes por parte de las asociaciones de mayores en su intento de resistir a situaciones de crisis socioeconómica que les afecta de manera directa. Los recursos disponibles se comparten e intercambian con otras formaciones sociales que comparten una misma realidad socioeconómica generando nuevos discursos o identificaciones colectivas en un contexto sociocultural específico, e influidos también por unas circunstancias socioeconómicas antes referidas.

Este escenario nos ha permitido conocer las distintas formas o expresiones adoptadas por determinados colectivos, particularmente el de personas mayores, como estrategia de adaptación a cambios socioeconómicos. A partir de aquí hemos comprobado y analizado cómo se construyen nuevos discursos y posicionamientos ante el devenir de los acontecimientos en su intento por mostrar sus inquietudes y aspiraciones; en definitiva, tener una presencia activa en su entorno social. Todo ello ha conllevado la aparición de nuevos procesos de interacción social generados por las propias estrategias y cómo la opción de la complementariedad y trabajo conjunto Inter asociativo puede convertirse en una alternativa para afrontar estos imperativos en el que se desenvuelven y les afecta.

Dimensiones del "hecho asociativo": Fundamentos Teóricos sobre la Participación Social en Ámbito Rural

El enfoque metodológico de Investigación-Acción-Participación nos permite una construcción teórica más cercana a la realidad social y al imaginario de las personas que en esencia son sus protagonistas. En estudios realizados sobre asociacionismo de mayores se constata que los factores socioeconómicos en situación de crisis determinan el comportamiento colectivo de una asociación y en este contexto la identidad cultural desempeña un importante papel.

El estudio de las dinámicas socioculturales que surgen en un lugar determinado en un contexto de crisis socioeconómica y la intervención social llevada a cabo desde un Equipo de Servicios Sociales Comunitarios nos proporciona útiles herramientas para una fundamentación metodológica. Si además de ello lo sometemos a un riguroso proceso de investigación que incluye la deconstrucción de intervenciones realizadas a lo largo del tiempo, estamos en disposición de incorporar también una fundamentación teórica.

Las investigaciones e intervenciones realizadas desde un enfoque teórico-metodológico basado en la Investigación- Acción- Participación nos confirma que miembros o representantes de Juntas Directivas de Asociaciones de mayores, tras una formación e información recibida, estimula y posibilita una dinamización real y capacidad de gestión o resolución cuando se trata de atender necesidades específicas.

Estas metodologías de participación aportan por tanto herramientas teóricas básicas sobre todos los procesos sociales que se desarrollan en un determinado espacio y desde éste se toman decisiones que probablemente tengan que ver con la propia supervivencia de un sistema social. Por ello he considerado conveniente tomar como referencia algunos estudios que demuestran la relevancia de este aspecto en las relaciones sociales y su incidencia en el entorno. Es el caso del estudio realizado por Encina, J., Rosa, M. y Caraballo, J.M. que entre otras aportaciones afirman lo siguiente: "Deben ser los sujetos implicados en los contextos de investigación los que con su explicación y comprensión de los problemas y necesidades sociales apunten la dirección y materialicen los cambios" ENCINA.J & ROSA.M &CARABALLO.J.M. ("Cuando nos parece que la gente no participa. Materiales de apoyo para la participación") Editorial Atrapasueños. Sevilla (2005); p.376.

La constatación de estas evidencias científicas y empíricas constituyen unos claros argumentos para considerar que la intervención social debe atender comportamientos sociales organizados de esta naturaleza ya que pueden estar advirtiéndonos de que también deben formar parte del análisis sobre cuáles deben ser unas reformas de carácter estructural que modernizan los mecanismos de protección social, y si éstas son realmente efectivas, según se recoge en la Agenda 2030.

Este escenario nos invita a otro análisis no menos relevante, como es el autodiagnóstico que a veces queda relegado a un segundo término y que muy probablemente podría ofrecernos algunos elementos relevantes para ese acercamiento real a la eficiencia de la intervención profesional.

Las experiencias de investigación e intervención sobre formaciones sociales (asociacionismo de mayores) nos ha permitido comprender de qué forma la comunidad coopera en el desarrollo del capital social de nuestra sociedad y cómo ello ha producido unos efectos en la construcción de valor público y colectivo. Indudablemente estamos hablando de empoderamiento colectivo y comunitario que se ha sustentado de un acompañamiento técnico cuyas bases o principios han estado sometido a riguroso análisis o reflexión. Tal vez este ejercicio también nos ofrece una oportunidad de empoderamiento a quienes ejercemos esta profesión.

Junto a esta apreciación también debemos plantearnos la naturaleza y sentido que pueden tener los recursos en su amplia extensión del término y no exclusivamente los económicos. En este sentido podemos constatar experiencias de formaciones sociales que han resistido a contextos de crisis de distinta índole, incluída la económica, y que no han desestabilizado la capacidad de autogestión y auto organización optimizándose los recursos disponibles; aquellos que tienen que ver con la identidad cultural y cómo ésta ofrece patrones de organización colectiva que vienen desarrollándose durante el tiempo. En su estudio Díaz González, T manifiesta que:" Junto a los sentimientos de identidad local o comarcal arraigados, estos ofrecen una gran potencialidad de movilización, si bien suelen incluir elementos negativos para la apertura y relación exterior. El arranque vendría de valorar los signos de identidad, no tanto de apoyos externos que generan dependencia" DÍAZ GONZÁLEZ. T ("La cultura como factor estratégico del desarrollo rural"). Revista de Educación, Núm. 322 www.educacionyfp.gob.es (2000);pg. 69-88.

Es por ello que es importante también revalorizar nuestros logros profesionales sustentados en principios fundamentales de la labor técnica, más allá de lógicas intervencionistas y seguir apostando por procesos participativos de esta naturaleza en los que la prevención y promoción constituyan ejes vertebradores de nuestra práctica profesional y que éstos además puedan complementarse e integrarse con la apuesta que ofrece la Agenda 2030 por un nuevo modelo que pretende desarrollar las condiciones de accesibilidad al sistema público .

El empoderamiento como alternativa

La perspectiva de la participación como una vía de fortalecimiento de la sociedad civil permite comprender de qué forma la comunidad coopera en el desarrollo del capital social de nuestra sociedad, y cómo ello produce unos efectos en la construcción de valor público, de valor colectivo.

El "empoderamiento"" es conocido como la habilidad de las personas para poder lograr comprensión y control sobre las fuerzas personales, sociales, económicas y políticas que influyen en su vida con el fin de poder actuar en la mejora de las condiciones de ésta. Esta definición de "empoderamiento" debe ir acompañada de otros factores que forman parte del contexto sociocultural cuyo papel también resulta relevante. Tal es así que Díaz González, T refiere que además del "desarrollo cultural" hay que considerar otro concepto: "desarrollo integrado" que según este autor consiste en: "Un enfoque holístico o sistemático que trata de dinamizar los sectores socioeconómicos del área, o al menos aquellos que permiten los recursos físicos y humanos considerando sus interdependencias hacia objetivos comunes, consiguiendo conclusiones de síntesis, que faciliten la toma de decisiones bajo un prisma integrador." DÍAZ GONZÁLEZ.T ("La cultura como factor estratégico del Desarrollo rural. Revista de Educación, Núm. 322") www.educacionyfp.gob.es 2000; pg. 69-88

La influencia de los profesionales en el fomento de la implicación o de la pasividad de las personas se deriva tanto de las actitudes como de los métodos empleados. Tal es así, como ya hemos comentado anteriormente, el empoderamiento no debe ser una tarea exclusiva de los actores principales o representantes de la comunidad con sus diversos colectivos sino también de los propios profesionales que intervienen en ella. El conjunto de profesionales que desarrolla intervenciones en ámbitos comunitarios no debe estar ajeno al ciclo de funcionamiento de las políticas públicas. Es más, debe liderar y tener una presencia activa en el diseño de políticas sociales públicas basadas en la dinamización y desarrollo de las "fuerzas vivas" que realmente será el núcleo en el que se encuentran las necesidades sentidas u origen de los desequilibrios sociales. La reivindicación de alternativas basadas en el empoderamiento debe ser por tanto de carácter conjunto:

agentes sociales y representantes de los colectivos en ámbitos comunitarios y profesionales que intervienen en estos contextos y su presencia en los órganos de decisión de las distintas administraciones donde deben diseñarse y planificarse los distintos Programas de intervención.

Para impulsar los procesos de participación los profesionales tienen una responsabilidad que no pueden obviar en la tarea de conjugar limitaciones y fortalezas. Según Monreal Bosh, P y Valle, A" Cualquier proceso de participación significa una remodelación de lo que sucedía antes de que se iniciara. Sólo desde una actitud abierta es posible promover la participación, y sólo desde una actitud abierta se puede aprender a través de la participación. Para que se dé la participación son imprescindibles cuatro elementos: Querer (nivel de motivación), Poder (capacidad, habilidades y vías que lo posibilitan), Saber (conocimientos, métodos, técnicas), y Reconocimiento (valor social positivo)." MONREAL BOSH, P y VALLE, A "Las personas mayores como actores en la Comunidad Rural: innovación y empowerment".Athenea Digital ,N°17,171-187. Universidad de Girona (2010)

En el entorno rural los espacios de participación se caracterizan por ser significativos para la persona, promovidos por propia iniciativa, y por mantener la continuidad en la comunidad. En este sentido Monreal Bosh, P y Valle, A nos viene a decir: "Estos espacios se producen en el ámbito informal, están integrados en la vida cotidiana y están claramente marcados por las diferencias de género. En el entorno rural lo importante es compartir el presente y el futuro sin olvidar el pasado donde se enraíza nuestra identidad cultural porque, quien olvida su historia pierde la identidad. La identidad cultural y el sentido de comunidad es un elemento central para las personas que han vivido toda su vida en el entorno rural. Conocer los elementos que configuran este sentido de comunidad resulta indispensable para plantear una intervención social comunitaria respetuosa con una práctica, una historia, una cultura y unas condiciones de vida socialmente construidas." MONREAL BOSH, P y VALLE, A. "Las personas mayores como actores en la Comunidad Rural: innovación y empowerment". Athenea Digital, N°17,171-187. Universidad de Girona (2010)

La participación como proceso humano de integración, articulación y desarrollo social ha sido y sigue siendo objeto de los más variados abordajes en las ciencias sociales. Se ha estudiado, generalmente, desde las perspectivas política, sociológica, jurídica, psicológica, pedagógica y culturológica. En la mayoría de estos estudios existe el consenso de que la participación es un complejo proceso social que se ejerce de diferentes formas y adquiere diferentes significados en función del contexto histórico, cultural, económico, social y político en los que se desarrolla. Además, a ello hay que añadir el conjunto de intereses, finalidades y cosmovisión de los grupos de los grupos en que ocurre.

Las valoraciones anteriores permiten asumir a la participación comunitaria como un proceso sociocultural que se configura en su propio desarrollo y territorio y además se articula desde lo organizativo, lo comunicacional y se define desde su contextualidad y subjetividad. Estas peculiaridades exigen que el estudio y desarrollo parta desde las producciones significativas de los propios sujetos, generadas y construidas por los actores o en el diálogo con ellos en sus propios contextos situacionales, sociales e históricos.

La incorporación de estos enfoques teóricos metodológicos y sistematización de la praxis profesional que aborden la naturaleza de la participación comunitaria y su presencia en el diseño de políticas sociales públicas permitirían integrar la pluralidad y dinamismo propios de la sociedad actual y superar así los análisis dicotómicos que han acompañado los procesos de fragmentación del conocimiento: empírico-teórico, sujeto-objeto, objetivo-subjetivo, individual-social, macro y microsociológico encontrado en investigaciones precedentes.

La participación comunitaria como fenómeno sociocultural requiere para su estudio y desarrollo de un enfoque que fomente el componente significativo de las normas y valores contenidos en la subjetividad de los grupos humanos, es decir, partir de los sentidos y significados que los actores tienen de su propio proceso participativo en función del marco cultural al que pertenecen. Es por ello que el abordaje de un fenómeno social como es la participación desde una dimensión sociocultural implica el estudio de las condiciones que permitan al sujeto interactuar conscientemente con el sistema instrumental, así como las propias especificidades de la identidad cultural de la realidad social a la que nos refiramos.

Es estos procesos de transformación socio-económica es oportuno considerar aquello que Montero, M. como fortalecimiento y "empowerment" de la comunidad: "El proceso mediante el cual los miembros de una comunidad desarrollan conjuntamente capacidades y recursos para controlar su situación de vida, actuando de manera comprometida, consciente, crítica, para lograr la transformación de su entorno según sus necesidades y aspiraciones, transformándose al mismo tiempo a sí mismos. Se puede adquirir poder uniéndose a los otros." MONTERO, M "El fortalecimiento en la comunidad, sus dificultades y alcances: Intervención Psicosocial- (Psichosocial Intervertion" 13, nº1,.5-19. Colegio Oficial de Psicólogos de Madrid (2004). p.7

Las personas que viven en comunidad no son simples espectadores de la realidad, la clave es que estén integrados, que se sientan integrados, que sean conscientes de ello y además que sean actores-creadores de su propia identidad. La comunidad existe si la gente piensa que está en ella, que forma parte de ella (sentirse con, compartir, poder utilizar un nosotros). Humanizarse es crear vínculos: el diálogo genera la realidad.

Las personas que viven en comunidad no son simples espectadores de la realidad, la clave es que estén integrados, que se sientan integrados, que sean conscientes de ello y además que sean actores-creadores de su propia identidad. La comunidad existe si la gente piensa que está en ella, que forma parte de ella (sentirse con, compartir, poder utilizar un nosotros). Humanizarse es crear vínculos: el diálogo genera la realidad.

El devenir de los acontecimientos políticos y económicos y déficit en los recursos financieros ponen en evidencia otros recursos no menos significativos como son los culturales y sociales, cobrando éstos un papel relevante en el diseño de iniciativas locales y propuestas de transformación social. A esta capacidad de respuesta por parte de los colectivos sociales podemos denominarla: "estrategias adaptativas".

Bibliografía

COLECTIVO IOE. Investigación-Acción Participativa. Introducción en España. Documentación Social 92, Madrid (1993)

DÍAZ GONZÁLEZ, T. (2000-mes). "La cultura como factor estratégico del Desarrollo rural." Revista de Educación, Núm. 322 www.educacionyfp.gob.es

ENCINA, J. DOMÍNGUEZ, M. ÁVILA.M.A. ALCÓN, R. LÓPEZ, J.M." La ciudad a escala humana. Democracias participativas." Universidad Unilco-Atrapasueños. Editorial. (2007)

ENCINA, J ROSA.M. CARABALLO, J.M." Cuando nos parece que la gente no participa". Materiales de apoyo para la participación. Atrapasueños. Sevilla. (2005)

FALS BORDÁ.O, & RODRÍGUEZ BRANDAO, C "Investigación Participativa" Montevideo. Uruguay. Banda Oriental. (1987)

MONREAL BOSH, P VALLE, A. "Las personas mayores como actores en la Comunidad Rural: innovación y empowerment". Athenea Digital N°17,171-187. Universidad de Girona. (2010) ISSN:1578-8946

MONTERO, M "El fortalecimiento en la comunidad, sus dificultades y alcances Intervención Psicosocial" (Psichosocial Intervertion) 13, n°1,.5-19. Colegio Oficial de Psicólogos de Madrid. (España)-2004

3.4. LA IMPORTANCIA DEL TRABAJO SOCIAL COMUNITARIO PARA LA ADOPCIÓN DE LA AGENDA 2030 EN LAS POLÍTICAS E INTERVENCIONES SOCIALES DIRIGIDAS A LOS BARRIOS DESFAVORECIDOS

ROCÍO VELA-JIMÉNEZ[96]
ANTONIO SIANES[97]

La realidad multidimensional de los barrios desfavorecidos: el caso de Andalucía

La creciente concentración de la población mundial en las ciudades, donde según Naciones Unidas para el año 2050 vivirán 7 de cada 10 personas (NACIONES UNIDAS, 2017, 2022), está incidiendo en el aumento de las desigualdades sociales y el empobrecimiento de la vida urbana, provocando una fractura social que conlleva la proliferación de los denominados barrios desfavorecidos (CASTELLS, 1974; HARVEY, 1977; LEFEBVRE, 1969; SENNETT, 2019).

Hoy, aproximadamente 1 de 4 cuatro habitantes urbanos vive en estos barrios desfavorecidos, lo que equivaldría a más de 1.000 millones de personas (NACIONES UNIDAS, 2022), suponiendo en Europa el 32% de su población (ECONOMIC AND SOCIAL COUNCIL, 2016; NACIONES UNIDAS, 2022). Esta injusticia social pone de manifiesto la importancia de abordar las causas y consecuencias de esta segregación urbana y social, que se erige hoy como uno de los retos más cronificados y limitantes para alcanzar ciudades inclusivas y sostenibles (FISCHER, 2018; VELA-JIMÉNEZ & SIANES, 2023).

Las personas con menos recursos y de ciertas características sociodemográficas, como género u origen, resultan ser las más afectadas por esta tendencia segregadora de la ciudad, viéndose de esta forma relegadas a habitar lugares con mayores déficits urbanos, lo que incide diferencialmente en su calidad de vida (BLANCO ET AL., 2018, 2022; NEL-LO ET AL., 2021).

---

[96] Instituto de Investigación en Políticas para la Transformación Social Universidad Loyola Andalucía

[97] Instituto de Investigación en Políticas para la Transformación Social Universidad Loyola Andalucía

La literatura científica ha venido a denominar el impacto social de esta relación entre segregación residencial y conformación de los barrios desfavorecidos como el *Efecto Barrio* (ATKINSON & ZIMMERMANN, 2018; BLANCO ET AL., 2018, 2022; CHESHIRE, 2013; DARCY & GWYTHER, 2012; NEL-LO ET AL., 2021; PETROVIĆ ET AL., 2021; VAN HAM ET AL., 2012). Con este concepto se pone de manifiesto cómo las personas que residen en determinadas áreas vulnerables se ven afectadas por una serie de desventajas sociales que condicionan sus vidas, tal y como muestran los indicadores referidos a calidad de vida u oportunidades vitales (AGUADO-MORALEJO ET AL., 2019; BLANCO ET AL., 2018, 2022; FÉLIX TEZANOS ET AL., 2013; LANCIONE & SIMONE, 2021; NEL-LO ET AL., 2021; SIMONE, 2020; SOJA, 2010; WACQUANT, 2010).

Así, la realidad que enfrentan los barrios desfavorecidos viene definida por una problemática multidimensional caracterizada por la triple fractura territorial, socioeconómica y política que incide en la persistencia de la exclusión social en estos contextos. Por un lado, en estos territorios impactan cuestiones físicas que tienen que ver con el entorno urbano como reproductor de las desigualdades sociales, como la conectividad con el resto de la ciudad o el déficit en viviendas y equipamientos (BLANCO ET AL., 2018, 2022; DIAZ-PARRA ET AL., 2022; NEL-LO ET AL., 2021). Así mismo, factores socioeconómicos cómo el fracaso escolar, altos índices de desempleo o la inseguridad provocada por la presencia de actividades ilegales. Por último, factores políticos como la poca atención por parte de la administración pública, políticas inmobiliarias segregadoras, o la ineficacia de las políticas para la inclusión social (ARIAS, 2005; ATKINSON & ZIMMERMANN, 2018; BLANCO ET AL., 2022; DIAZ-PARRA ET AL., 2022; NEL-LO ET AL., 2021; SOJA, 2010; TORRES GUTIÉRREZ, 2021; WACQUANT, 2010). Esta triple brecha impacta en el debilitamiento del entramado social de estos barrios al mantener a lo largo del tiempo la fragmentación urbana y la exclusión social, derivando en una falta de expectativas vitales que afecta especialmente a la población joven.

1.1. Andalucía: paradigma de una exclusión social estructural prolongada en el tiempo

En España, aproximadamente el 28% de la población se encuentra en situación de pobreza y exclusión social (EAPN ESPAÑA, 2022). En el año 2020, el Relator sobre la extrema pobreza y derechos humanos de Naciones Unidas, Philip Alston, alertaba sobre la grave situación que enfrentaban determinadas zonas urbanas del país, dónde la existencia de condiciones de vida marginales visibiliza graves problemas estructurales en las políticas de protección social (NACIONES UNIDAS, 2020; VTYURINA, 2020).

La grave situación de desigualdad social que experimenta España en relación con el resto de Europa se acentúa de forma especial en Andalucía, dónde se agudiza el impacto devastador de la triple fractura territorial, socioeconómica y política. Esta Comunidad se sitúa por encima la media europea y estatal en población en situación de pobreza y exclusión social, suponiendo ya el 38,7% (EAPN ANDALUCÍA, 2022).

Esta brecha que afecta a Andalucía se agrava aún más cuando se observan los datos del último informe de Indicadores Urbanos del Instituto Nacional de Estadística (2023), donde se constata que, de los 15 barrios más pobres de España, 10 se encuentran en Andalucía. Se trata además de barrios que llevan encabezando este ranking desde hace varios años, por lo que Andalucía enfrenta una tarea compleja que abordar no solo en estos, sino en sus ya 99 barrios desfavorecidos (JUNTA DE ANDALUCÍA, 2018).

Políticas para la Transformación social: La adopción de la Agenda 2030 en las políticas dirigidas a los barrios desfavorecidos de Andalucía

2.1. Desgranando la mirada de la Agenda 2030 a las zonas urbanas desfavorecidas

El reto que afronta Andalucía no resulta ajeno a la realidad que presentan otros contextos geográficos. Por ello, cada vez es más notorio cómo a nivel internacional existe una preocupación en torno a estos territorios urbanos que parecen ignorados por los procesos de desarrollo y permanecen estancados en una situación socioeconómica de exclusión.

Estas circunstancias han dado pie a la promulgación de estrategias y políticas globales, nacionales y locales, que pretenden incidir sobre esta realidad, incorporando los barrios desfavorecidos a los procesos de desarrollo urbano de una manera inclusiva y sostenible.

A nivel global, estrategias como la Nueva Agenda Urbana-Hábitat III (2017) o la Agenda 2030 para el Desarrollo Sostenible (2015) suponen una apuesta en la construcción de ciudades en las que “nadie se quede atrás” a través de su adopción en políticas nacionales y locales dirigidas a la lucha contra la pobreza y exclusión social.

Centrando la mirada en la Agenda 2030, ésta se articula a través de 17 Objetivos de Desarrollo Sostenible (ODS), destacando en materia de inclusión urbana el ODS 11, que busca la conformación de ciudades y comunidades sostenibles. Aunque este ODS hace especial hincapié en los barrios y asentamientos marginales, lo realiza desde la mirada integral que interrelaciona el resto de sus ODS. Además, incorpora un enfoque multiactor que define la necesaria gobernanza participativa en la promoción de estos procesos de desarrollo humano, local, inclusivo y sostenible (DELGADO-BAENA, 2015; ESPADAS-ALCÁZAR, 2017; VELA-JIMÉNEZ & SIANES, 2023).

La adopción de este tipo de políticas dirigidas a la transformación social a nivel local supone uno de los grandes retos existentes, siendo necesario en primer lugar llevar a cabo un proceso de adaptación sobre la realidad en la que se pretende incidir (VELA-JIMÉNEZ & SIANES, 2022). En el caso de los barrios desfavorecidos se pude realizar esta territorialización de la Agenda 2030 conectándola con los desafíos multidimensionales que presentan estos contextos

Para ello, es posible identificar aquellos ODS y metas que responden a problemas urbanos que se presentan en las ciudades, distinguiendo además aquellos que lo hacen de forma generalizada, y aquellos específicos que se refieren a problemas endógenos propios de los barrios más desfavorecidos. A través de esta propuesta de adaptación (VELA-JIMÉNEZ ET AL., 2022) se identifica la presencia de 14 ODS y 51 metas del total de las 169 que componen la Agenda.

Este ejercicio de sistematización permite identificar aquellos desafíos generales que presentan estos territorios en relación a los ODS 1, 2, 3, 4, 5, 8, 11, 12 y 16, y que otros autores también han analizado. Por ejemplo, la reducción de la población que vive en situación de pobreza en las ciudades (ODS 1), la reducción de la contaminación (ODS 3), situación que cada vez está siendo más preocupante en las ciudades (ORGANIZACIÓN MUNDIAL DE SALUD, 2021), los ODS 4 y ODS 8 que abarcan dos de los desafíos más presentes en las zonas urbanas desfavorecidas: educación y empleo (PERUZZI, 2015), o aquellas metas dirigidas a fortalecer vínculos económicos, sociales y ambientales entre las zonas urbanas (ODS 11 y 12), situación que impacta de forma diferencial en estos barrios (PALACIOS GARCÍA, 2012; TORRES GUTIÉRREZ, 2021).

Igualmente puede identificarse aquellos desafíos específicos que enfrentan estos barrios, en metas relacionadas con los ODS 1, 3, 4, 5, 6, 7, 8, 9, 10, 11, 16 y 17. A modo de ejemplo, otros autores han destacado aquellas referidas a la creación de estrategias de desarrollo en favor de los pobres (ODS 1), siendo este uno de los retos que caracterizan a las políticas que se desarrollan en las zonas urbanas desfavorecidas (ATKINSON & ZIMMERMANN, 2018; PALACIOS GARCÍA, 2012), las relacionadas con la prevención del consumo de sustancias adictivas (ODS 3), situación de riesgo que afecta especialmente a la población de estos barrios (PERUZZI, 2015), o aquellos desafíos más comunitarios como el tratamiento de aguas residuales y el acceso a servicios energéticos (ODS 6), cuestiones que en los últimos años están siendo de especial atención en las zonas urbanas desfavorecidas (RECALDE ET AL., 2019; VALIENTE GONZÁLEZ & CABALLOS, 2020).

Entre estos desafíos específicos, destaca uno que ha sido ampliamente explorado por la literatura, que es la participación de la ciudadanía en la toma de decisiones (ODS 16), cuestión clave para promover procesos de inclusión social en estos barrios (ATKINSON & ZIMMERMANN, 2018; BLANCO ET AL., 2012; BOELHOUWER, 2002; ESPADAS-ALCÁZAR, 2017; HERNÁNDEZ, 2010; PÉREZ ERANSUS, 2016; SIANES & VELA-JIMÉNEZ, 2020; TORRES GUTIÉRREZ, 2021).

2.2. Incorporación de la Agenda 2030 en la Estrategia Regional para la Inclusión y Cohesión Social. Intervención en Zonas Desfavorecidas (ERACIS)

Desde hace más de cuatro décadas, a nivel andaluz se identifican numerosos esfuerzos por abordar la persistencia de la exclusión social que enfrentan sus barrios desfavorecidos. A lo largo de estos años, diversas han sido las políticas y planes puestos en marcha para reducir las desigualdades sociales que impactan en estas comunidades, tales como el Plan de barriadas preferentes en 1988, las Zonas con Necesidades de Transformación Social (ZNTS) en 1998.

En esa tradición se enmarca la actual Estrategia Regional para la Cohesión e Inclusión Social (ERACIS), que comenzó en 2018 y acaba de finalizar. Desafortunadamente, parece que esta política también se suma a la tradición de bajo impacto de sus precedentes, pues todas ellas se han mostrado hasta ahora ineficaces para romper la espiral de exclusión social a la que se vienen enfrentando estos territorios desde hace décadas (JARAÍZ ARROYO & GONZÁLEZ PORTILLO, 2019; MUÑOZ-GARCÍA, 2022; PÉREZ ERANSUS, 2016; TORRES GUTIÉRREZ, 2021).

Centrando la mirada en la ERACIS, se observa cómo esta política hace esfuerzos por incorporar en su fundamentación el enfoque integral y participativo que propone la Agenda 2030, haciendo especial hincapié en los ODS 1 "poner fin a la pobreza" y el ODS 11 "Lograr que las ciudades y asentamientos humanos sean inclusivos, seguros, resilientes y sostenibles". De igual modo, destaca la necesidad de articular un trabajo social comunitario como clave para promover procesos de transformación social en las 99 zonas desfavorecidas que identifica (JUNTA DE ANDALUCÍA, 2018).

Sin embargo, al tomar como referencia la propuesta anteriormente señalada sobre la adaptación de la Agenda a los retos multidimensionales que enfrentan los barrios desfavorecidos (VELA-JIMÉNEZ ET AL., 2022), se observa que existe un sesgo en relación a la incorporación del enfoque integral propuesto por la Agenda. La ERACIS en realidad está dirigida a resolver cuestiones materiales que tienen que ver con la inclusión sociolaboral de la población que habita estos barrios, y de sus 129 objetivos planteados, sólo 4 son obligatorios, todos orientados a la generación de empleo y la contratación de profesionales para implementar dicha política.

Esta materialización de los objetivos que aborda ERACIS a través de sus principales herramientas de implementación, los Planes Locales de Zona (PLZ), anticipa un límite en el impacto de esta política para abordar la triple brecha que enfrentan los barrios desfavorecidos. Especialmente, en aquellas cuestiones sociales relacionadas con el ámbito comunitario, pues se pone de manifiesto la falta del necesario enfoque multiactor que define la Agenda como imprescindible en la promoción de procesos de desarrollo. Esto ahonda en las posibilidades de generar un capital social suficiente capaz de promover procesos virtuosos de transformación social (ATKINSON & ZIMMERMANN, 2018; ESPADAS-ALCÁZAR, 2017; HERNÁNDEZ, 2010; MONTAÑÉS SERRANO & MARTÍN GUTIÉRREZ, 2017; VELA-JIMÉNEZ & SIANES, 2023).

Desde esta identificación de las limitaciones que presentan políticas que como ERACIS que, aunque pretenden incidir en la promoción de procesos de desarrollo inclusivo y sostenible, no articulan los objetivos ni mecanismos participativos para ello, se hace necesario ahondar en un cambio de paradigma que ponga en el centro los territorios y las personas que los habitan desde un enfoque integral y participativo, como es el del trabajo social comunitario.

La puesta en valor del trabajo social comunitario como clave en la promoción de procesos de desarrollo humano local

El diseño e implementación de las políticas e intervenciones orientadas a resolver los retos que enfrentan los barrios desfavorecidos se ha decidido fundamentalmente de forma alejada a estos territorios, impactando así en la ineficacia para romper las dinámicas excluyentes que los definen (ESPADAS-ALCÁZAR, 2017; GIMENO-MONTERDE & ÁLAMO-CANDELARIA, 2018). El excesivo enfoque individual y burocratizado que ha marcado las intervenciones, fruto de un desarrollo construido desde un relato neoliberal, ha mermado la posibilidad de que las políticas e intervenciones sociales aborden desafíos sociales en lugar de biográficos para romper las desigualdades estructurales que enfrentan estos contextos (ALBERICH-NISTAL & ESPADAS-ALCÁZAR, 2014; GIMENO-MONTERDE & ÁLAMO-CANDELARIA, 2018; NAVARRO-LLOBREGAT, 2016).

Ante esta situación, se hace necesario un cambio de paradigma que oriente la articulación de la acción social entendida como la búsqueda de praxis emancipatorias y recuperación de lo colectivo, poniendo en valor un trabajo social comunitario como propuesta política que no busca soluciones, sino que contribuye a que la comunidad encuentre las mejores respuestas en su entorno y en su contexto, incidiendo de esta forma en la modificación de las políticas existentes (CURBELO & HERNÁNDEZ, 2017; ESPADAS-ALCÁZAR, 2017; MARCHIONI, 2014).

Dos principios vertebran el trabajo social comunitario: la comunidad y la participación, elementos que resultan ser claves para abordar e identificar los retos multidimensionales que presentan estos barrios desde el enfoque integral que propone la Agenda 2030. Esta propuesta, supone entender la participación como la vía a través de la cual la propia comunidad se apropia de su propio proceso de desarrollo, y sin la cual no será posible promover una transformación social efectiva en estos contextos (ARNSTEIN, 1969; ATKINSON & ZIMMERMANN, 2018; ESPADAS-ALCÁZAR, 2017; HERNÁNDEZ, 2010; MARCHIONI, 2014; MONTAÑÉS SERRANO & MARTÍN GUTIÉRREZ, 2017).

El trabajo social comunitario se caracteriza por una metodología adaptable y flexible a la realidad particular de cada comunidad, desde una lógica de proceso a largo plazo, más allá de una lógica de proyecto finalista (ALBERICH-NISTAL & ESPADAS-ALCÁZAR, 2014; GIMENO-MONTERDE & ÁLAMO-CANDELARIA, 2018; MARCHIONI, 2014). Hasta ahora, las intervenciones sociales, han adolecido de dicho enfoque de articulación comunitaria, que incide en la promoción de un conocimiento y gestión compartida y participada del territorio (CURBELO & HERNÁNDEZ, 2017; ESPADAS-ALCÁZAR, 2017; HERNÁNDEZ, 2010; MONTAÑÉS SERRANO & MARTÍN GUTIÉRREZ, 2017).

La intervención comunitaria se basa en la articulación de espacios de gobernanza participativa, donde se incluyan de forma horizontal todos los actores públicos, privados y vecinales presentes en las comunidades, como es el caso de los barrios desfavorecidos (GIMENO-MONTERDE & ÁLAMO-CANDELARIA, 2018; MARCHIONI, 2014; VELA-JIMÉNEZ & SIANES, 2023). Las intervenciones basadas en áreas dirigidas a estos barrios, como los Planes Urban, supusieron una apuesta por la participación comunitaria encaminada al fortalecimiento del capital social en estos territorios (ATKINSON & ZIMMERMANN, 2018). Sin embargo, su carácter cortoplacista, así como la incapacidad de generar espacios de participación que incorporen las percepciones de la propia comunidad sobre su contexto, mermaron las posibilidades de facilitar procesos de desarrollo comunitario eficaces (ATKINSON & ZIMMERMANN, 2018; GIMENO-MONTERDE & ÁLAMO-CANDELARIA, 2018; HERNÁNDEZ, 2010; MONTAÑÉS SERRANO & MARTÍN GUTIÉRREZ, 2017; VELA-JIMÉNEZ & SIANES, 2023).

Ante esta realidad, La apuesta por reorientar la intervención social desde los principios orientadores del trabajo social comunitario, se erige como clave para promover, desde un enfoque *bottom-up,* el conocimiento de los diferentes retos multidimensionales de inclusión social que presentan los barrios desfavorecidos. Esta lógica de intervención social comunitaria va a facilitar la localización de los ODS y metas conectados con estos territorios, contribuyendo así a la adopción y adaptación eficaz de las políticas e intervenciones (GIMENO-MONTERDE & ÁLAMO-CANDELARIA, 2018; VELA-JIMÉNEZ & SIANES, 2023).

Así, para poder incidir en la adopción de políticas como la Agenda 2030, resulta necesario llevar a cabo este cambio de paradigma. La apuesta por intervenciones comunitarias facilitará la articulación de espacios de confianza y colaboración, incorporando a todos los actores públicos, privados y vecinales en la construcción de un proyecto de barrio compartido que parta de la propia comunidad como sujeto social y político (CURBELO & HERNÁNDEZ, 2017; ESPADAS-ALCÁZAR, 2017; GIMENO-MONTERDE & ÁLAMO-CANDELARIA, 2018; HERNÁNDEZ, 2010; MARCHIONI, 2014; MONTAÑÉS SERRANO & MARTÍN GUTIÉRREZ, 2017; VELA-JIMÉNEZ & SIANES, 2023).

Este trabajo social comunitario, fortalecido además por el conocimiento territorializado que los profesionales de la intervención social tienen en estos barrios, facilitará poder conectar los desafíos de desarrollo inclusivo y sostenible que plantea la Agenda 2030 en estos territorios. En primer lugar, permitirá llegar a las vecinas y vecinos de estos barrios, territorializando el conocimiento de los retos a abordar; y, en segundo lugar, favorecerá la creación de espacios de colaboración y gobernanza entre todos los actores presentes en estos contextos (ESPADAS-ALCÁZAR, 2017; GIMENO-MONTERDE & ÁLAMO-CANDELARIA, 2018; MARCHIONI, 2014; VELA-JIMÉNEZ & SIANES, 2023).

La promoción de estos procesos de desarrollo comunitario, desde una lógica de gobernanza participativa, va a permitir la articulación de procesos virtuosos de transformación social al partir de la realidad concreta y actualizada de cada entorno, para de esta forma incidir en el diseño de políticas e intervenciones adaptadas a la realidad de las necesidades de los barrios y las personas que los habitan (CURBELO & HERNÁNDEZ, 2017; ESPADAS-ALCÁZAR, 2017; GIMENO-MONTERDE & ÁLAMO-CANDELARIA, 2018; HERNÁNDEZ, 2010; MONTAÑÉS SERRANO & MARTÍN GUTIÉRREZ, 2017; VELA-JIMÉNEZ & SIANES, 2023).

Conclusiones

Para caminar hacia ciudades inclusivas y sostenibles desde el enfoque integral y participativo que propone la Agenda 2030, es necesario, en primer lugar, la territorialización de este tipo de políticas conectándolas al conocimiento de los desafíos concretos que presentan los contextos locales, en este caso los barrios desfavorecidos.

En este proceso, será fundamental la generación de espacios de gobernanza colaborativa que incluyan de forma horizontal a todos los actores presentes en estos territorios, tanto públicos, privados como ciudadanos. Para dilucidar los retos que enfrentan estos barrios, no es suficiente con conocer los indicadores de exclusión, que además de no estar territorializados, se encuentran obsoletos. Abordar eficazmente la realidad que enfrentan estos contextos, supone partir necesariamente de las percepciones de todos los actores, incorporando los significados del contexto social y comunitario que tienen las personas que habitan estos barrios. Así, las políticas e intervenciones sociales dirigidas a estos barrios, deben diseñarse desde un enfoque de lugar basado en el conocimiento local. Para ello, resulta imprescindible apostar por enfoques de intervención que permitan la gestión inclusiva y colaborativa de los procesos de transformación social que se pretender poner en marcha.

La clave para la promoción de estos procesos participativos, parte del cambio de paradigma centrado en un trabajo social comunitario capaz de articular una acción social orientada a facilitar el encuentro y participación de todas las fuerzas vivas que existen en los barrios desfavorecidos. Esta acción comunitaria, va a permitir que la comunidad participe de forma activa en su propio proceso de desarrollo, empoderando a la ciudadanía como parte del cambio que se pretende lograr.

De esta forma, el trabajo social comunitario se erige cómo lógica subyacente a la generación de procesos de desarrollo humano local inclusivo y sostenible que verdaderamente logren transformar, desde la multidimensionalidad y participación que propone la Agenda, la realidad que enfrentan estos territorios. Sólo poniendo en el centro a las personas y sus contextos, pasando del enfoque individual al enfoque social y comunitario, se podrá articular, de una forma integral y a todos los niveles políticos, la inclusión y participación de todos aquellos actores sociales y vecinales como protagonistas de su propio proceso de desarrollo.

Referencias

Aguado-Moralejo, I., Echebarría, C., & Barrutia, J. M. (2019). Aplicación de un análisis clúster para el estudio de la segregación social en el municipio de Bilbao. Boletín de La Asociación de Geógrafos Españoles, 81. https://doi.org/10.21138/bage.2763

ALBERICH-NISTAL, T., & ESPADAS-ALCÁZAR, M. Á. (2014). Democracia, participación ciudadana y funciones del trabajo social. *Trabajo Social Global. Revista de Investigaciones En Intervención Social, 4*(6), 3–30.

ARIAS, F. (2005). El estudio de la desigualdad urbana. *Urbano, 8*(11), 77–83. http://www.redalyc.org/articulo.oa?id=19801110

ARNSTEIN, S. R. (1969). A Ladder Of Citizen Participation. *Journal of the American Planning Association, 35*(4), 216–224. https://doi.org/10.1080/01944366908977225

ATKINSON, R., & ZIMMERMANN, K. (2018). Area-based initiatives – a facilitator for participatory governance? In *Handbook on Participatory Governance* (pp. 267–290). Edward Elgar Publishing. https://doi.org/10.4337/9781785364358.00019

BLANCO, I., FLEURY, S., & SUBIRATS, J. (2012). Periferias urbanas y Transformación Social. *Gestión y Política Pública, 2012,* 3–40.

BLANCO, I., GOMÁ, R., ANTÓN-ALONSO, F., BARBIERI, N., BENACH, J., BONAL, X., CHECA, J., CRUZ, H., DOMENE, H., DONAT, C., GARCÍA, X., GARCÍA-SIERRA, M., GONZÁLEZ, S., NAVARRO-VARAS, L., NEL-LO, O., PÉREZ, M., PÉREZ, N., PERICÁS, J. M., PINDADO, F., ... REBOLLO, Ó. (2022). *¿Vidas segregadas? Reconstruir fraternidad* (I. BLANCO & R. GOMÁ, Eds.). Tirant lo Blanch.

BLANCO, I., NEL-LO, O., BARBIERI, N., BRUGUÉ, Q., CAMPRUBÍ, A., CRUZ, H., DONAT, C., FERNÁNDEZ, C., JIMÉNEZ, E., MARTÍNEZ, R., & PARÉS, M. (2018).

Barrios y Crisis. Crisis económica, segregación urbana e innovación social en Cataluña (I. BLANCO & O. NEL-LO, Eds.). Tirant lo Blanch. Valencia

BOELHOUWER, J. (2002). Social Indicators and Living Conditions in the Netherlands. *Social Indicators Research, 60*(1/3), 89–113. http://www.jstor.org/stable/27527042

CASTELLS, M. (1974). *La cuestión urbana.* Siglo XXI. Madrid

CHESHIRE, P. (2013). Are mixed community policies evidence based? A review of the research on neighbourhood effects. In *Neighbourhood effects research: New perspectives* (Vol. 9789400723092, pp. 267–294). Springer Netherlands. https://doi.org/10.1007/978-94-007-2309-2_12

CURBELO, A., & HERNÁNDEZ, L. (2017). *Otro Trabajo Social es posible. Construyendo Ciudadanía /14.* Observatorio Internacional y Medioambiente Sostenible-CIMAS. Madrid

DARCY, M., & GWYTHER, G. (2012). Recasting research on "neighbourhood effects": A collaborative, participatory, trans-national approach. En *Neighbourhood effects research: New perspectives* (Vol. 9789400723092, pp. 249–266). Springer Netherlands. https://doi.org/10.1007/978-94-007-2309-2_11

DELGADO-BAENA, J. (2015). *Derechos Humanos y Desarrollo Local en la Ciudad de Rafaela, Santa Fe, Argentina.* Universidad Pablo de Olavide.

DIAZ-PARRA, I., BARRERO-RESCALVO, M., JOVER, J., CARRACEDO-PANDELET, J., PARRALEJO, J. J., CAMARILLO-NARANJO, J. M., VALLEJO-VILLALTA, I., GARCÍA-GARCÍA, A., LARA-GARCÍA, Á., LÓPEZ-CASADO, D., HERNÁNDEZ-CONDE, M., SALGUERO, O., SÁNCHEZ-COTA, A., RODRÍGUEZ-MEDELA, J., CAPOTE-LAMA, A., NAVARRO-VALVERDE, F. A., MORENO-MAESTRO, S., QUINTERO-MORÓN, V., HERNÁNDEZ-RAMÍREZ, J., … GONZÁLEZ, S. (2022). *Turismo, desarrollo urbano y crisis en las grandes ciudades andaluzas* (I. DÍAZ-PARRA & M. BARRERO-RESCALVO, Eds.). Editorial Comares. Granada

EAPN ANDALUCÍA. (2022). *TRAS LA PANDEMIA 12o Informe sobre el Estado de la Pobreza en Andalucía.* https://www.eapn.es/estadodepobreza/index.php

EAPN ESPAÑA. (2022). *El estado de la pobreza en España 2021.* https://www.eapn.es/estadodepobreza/

ECONOMIC AND SOCIAL COUNCIL. (2016). *Report of the Inter-Agency and Expert Group on Sustainable Development Goals Indicators.*

ESPADAS-ALCÁZAR, M. Á. (2017). Procesos comunitarios y redes colaborativas para la inserción social: La experiencia del Polígono del Valle en Jaén (España). *Trabajo Social Global-Global Social Work. Revista de Investigaciones en Intervención Social, 7*(13), 193–217.

FÉLIX TEZANOS, J., SOTOMAYOR, E., SÁNCHEZ MORALES, R., & DÍAZ, V. (2013). *En los bordes de la pobreza. Las familias vulnerables en contextos de crisis.* Editorial Biblioteca Nueva. Madrid

FISCHER, A. M. (2018). *Poverty as Ideology: Rescuing Social Justice from Global Development Agendas.* Zed Books. Londres

GIMENO-MONTERDE, C., & ÁLAMO-CANDELARIA, J. M. (2018). Trabajo Social Comunitario: hacia unas políticas públicas sostenibles. *Trabajo Social Global-Global Social Work, 8*(14). https://doi.org/10.30827/tsg-gsw.v8i14.6457

HARVEY, D. (1977). *Urbanismo y Desigualdad Social.* Siglo XXI. Madrid

HERNÁNDEZ, L. (2010). Antes de empezar con metodologías participativas. *Cuadernos Cimas.* https://www.redcimas.org/wordpress/wp-content/uploads/2012/08/m_DHernandez_ANTES.pdf

INE. (2023). *Informe de Indicadores Urbanos 2023.*

JARAÍZ ARROYO, G., & GONZÁLEZ PORTILLO, A. (2019). The impact of local inclusion policies on disadvantaged urban areas: perceptions in the case of Andalusia. *Investigaciones Regionales-Journal of Regional Research, 44*(2), 47–62. https://www.redalyc.org/articulo.oa?id=28962494004

JUNTA DE ANDALUCÍA. (2018). *Estrategia Regional Andaluza para la Cohesión e Inclusión Social. Intervención en Zonas Desfavorecidas (ERACIS).*

LANCIONE, M., & SIMONE, A. (2021). Dwelling in liminalities, thinking beyond inhabitation. *Environment and Planning D: Society and Space, 39*(6), 969–975. https://doi.org/10.1177/02637758211062283

LEFEBVRE, H. (1969). *El derecho a la ciudad.* Península. Barcelona

MARCHIONI, M. (2014). De las comunidades y de lo comunitario. *Espacios Transnacionales, 3,* 112–118. http:// www.espaciostransnacionales.org/tercer-numero/ reflexiones-3/comunidadesycomunitario/

MONTAÑÉS SERRANO, M., & MARTÍN GUTIÉRREZ, P. (2017). De la IAP a las Metodologías Sociopráxicas. *Hábitat y Sociedad, 10,* 35–52. https://doi.org/10.12795/habitatysociedad.2017.i10.03

MUÑOZ-GARCÍA, L. (2022). Una mirada a las Intervenciones Basadas en Áreas. El caso de las Zonas con Necesidades de Transformación Social en Andalucía. En M. R. HERRERA-GUTIÉRREZ (Ed.), *Construyendo conocimiento para una Transformación Social Inclusiva. Aportes a la agenda de investigación del Trabajo Social.* Tirant lo Blanch. Valencia

NACIONES UNIDAS. (2015). *Transformar nuestro mundo: la Agenda 2030 para el Desarrollo Sostenible.*

NACIONES UNIDAS. (2017). Nueva Agenda Urbana (Hábitat III). En *Conferencia de las Naciones Unidas sobre la Vivienda y el Desarrollo Urbano Sostenible (Hábitat III).* https://www.habitat3.org/

NACIONES UNIDAS. (2020). *Informe del Relator Especial sobre la extrema pobreza y los derechos humanos. Visita a Espana.*

NACIONES UNIDAS. (2022). *Informe de los Objetivos de Desarrollo Sostenible 2022.*

NAVARRO-LLOBREGAT, B. (2016). Apuntes para un Trabajo Social Crítico (que no criticón). *I Jornada de Trabajo Social.* Universidad de Almería

NEL-LO, O., AGUADO, I., ANTÓN, F., ANTUNES, G., BLANCO, I., CHECA, J., CRUZ, H., DEL ROMERO, L., DOMÍNGUEZ, M., DONAT, C., GOMÁ, A., GOMÁ, R., HUETE, M. Á., LÓPEZ, J., MICHELINI, J. J., MUÑOZ, J., MUÑOZ, R., PORCEL, S., ROBLES, M., … UCEDA, P. (2021). *Efecto barrio: segregación residencial, desigualdad social y políticas urbanas en las grandes ciudades ibéricas* (ORIOL NEL-LO, Ed.). Tirant lo Blanch. Valencia

PALACIOS GARCÍA, A. J. (2012). *Los barrios desfavorecidos ¿existen guetos en las ciudades españolas? de la extirpación a la regeneración* (M. VALENZUELA RUBIO, Ed.; 2012th ed.). UAM Ediciones.

PÉREZ ERANSUS, B. (2016). Una propuesta de análisis de las políticas de inclusión. *Revista Española Del Tercer Sector, 33*, 47–63.

PERUZZI, A. (2015). From Childhood Deprivation to Adult Social Exclusion: Evidence from the 1970 British Cohort Study. *Social Indicators Research, 120*(1), 117–135. https://doi.org/10.1007/s11205-014-0581-2

PETROVI⊠, A., VAN HAM, M., & MANLEY, D. (2021). Where Do Neighborhood Effects End? Moving to Multiscale Spatial Contextual Effects. *Annals of the American Association of Geographers*. https://doi.org/10.1080/24694452.2021.1923455

RECALDE, M., PERALTA, A., OLIVERAS, L., TIRADO-HERRERO, S., BORRELL, C., PALÈNCIA, L., GOTSENS, M., ARTAZCOZ, L., & MARÍ-DELL'OLMO, M. (2019). Structural energy poverty vulnerability and excess winter mortality in the European Union: Exploring the association between structural determinants and health. *Energy Policy, 133*, 110869. https://doi.org/10.1016/J.ENPOL.2019.07.005

SENNETT, R. (2019). *Construir y habitar. Ética para la ciudad* (2022nd ed.). Anagrama. Barcelona

SIANES, A., & VELA-JIMÉNEZ, R. (2020). Can Differing opinions hinder partnerships for the localization of the sustainable development goals? Evidence from marginalized urban areas in Andalusia. *Sustainability, 12*(14). https://doi.org/10.3390/su12145797

SIMONE, A. (2020). (Non)Urban Humans: Questions for a Research Agenda (the Work the Urban Could Do). *International Journal of Urban and Regional Research, 44*(4), 755–767. https://doi.org/10.1111/1468-2427.12875

SOJA, E. (2010). *Seeking Spatial Justice*. University of Minnesota Press.

TORRES GUTIÉRREZ, F. J. (2021). Polígono Sur en Sevilla. Historia de una Marginación Urbana y Social. *Scripta Nova. Revista Electrónica de Geografía y Ciencias Sociales, 25*(2), 105–129. https://doi.org/https://doi.org/10.1344/sn2021.25.33352

VALIENTE GONZÁLEZ, M., & CABALLOS, M. G. (2020). Cuando los cortes de luz te quitan la salud. *AMF, 16*(8), 451–457.

VAN HAM, M., MANLEY, D., BAILEY, N., SIMPSON, L., & MACLENNAN, D. (2012). Neighbourhood effects research: New perspectives. En *Neighbourhood effects research: New perspectives* (Vol. 9789400723092, pp. 1–21). Springer Netherlands. https://doi.org/10.1007/978-94-007-2309-2_1

VELA-JIMÉNEZ, R., & SIANES, A. (2021). Do Current Measures of Social Exclusion Depict the Multidimensional Challenges of Marginalized Urban Areas? Insights, Gaps and Future Research. *International Journal of Environmental Research and Public Health, 18*(15), 7993. https://doi.org/10.3390/ijerph18157993

VELA-JIMÉNEZ, R., & SIANES, A. (2023). *Desafíos para la gobernanza participativa de las políticas de transformación social en los barrios desfavorecidos de Andalucía: adopción multinivel y adaptación al territorio*. Universidad Loyola Andalucía. https://repositorio.uloyola.es/handle/20.500.12412/4034

VELA-JIMÉNEZ, R., SIANES, A., LÓPEZ-MONTERO, R., & DELGADO-BAENA, A. (2022). The Incorporation of the 2030 Agenda in the Design of Local Policies for Social Transformation in Disadvantaged Urban Areas. *Land, 11*(2). https://doi.org/10.3390/land11020197

VTYURINA, S. (2020). *Effectiveness and Equity in Social Spending: The Case of Spain.*

WACQUANT, L. (2010). *Castigar a los pobres: el gobierno neoliberal de la inseguridad social.* Gedisa. Barcelona

WORLD HEALTH ORGANIZATION. (2021). *Who global air quality guidelines.*

3.5. AGENDA 2030 Y ENTORNOS EXCLUIDOS

ALFONSO BLÁZQUEZ MUÑOZ[98]

Introducción

La Agenda 2030 y los Objetivos de Desarrollo Sostenibles (ODS) constituyen un "llamamiento universal", para la puesta en marcha real de una serie de metas y retos que alcanzar, aunque su aplicación quede generalmente en una esfera teórica.

La creación de redes debe ser un elemento aglutinador y práctico en toda intervención social que, acompañado de la conceptualización correcta en la dimensión política, podría impulsar efectivamente el impacto que esta Agenda podría alcanzar.

La intervención comunitaria conlleva la relación entre espacios, entidades, y personas para causar un cambio de inclusión social real, desde una visión colectiva. La mirada generalista de los ODS puede ayudar a entender las relaciones, los objetivos comunes más allá de los individualistas, y, sobre todo, crear una visión de corresponsabilidad social. Pero todo ello no será posible si las administraciones públicas no "movilizan los medios necesarios" tal como se acordó el 25 de septiembre de 2015 (ONU, 2015).

El trabajo comunitario en entornos excluidos y marginados, nos hacen mirar al mundo de una forma diferente. La Agenda 2030 ayuda a poder interpretar el mundo desde una perspectiva más global y conectada, en la que nos podemos sentir responsables y agentes de cambio de muchas realidades que incluso no están cerca, nos afecten directamente o no. Pero nos olvidamos de aquellas injusticias cercanas que no se atienden y no se defienden, dejando de lado la dignidad humana. Los ODS nos podrán ayudar a comprender y trabajar de forma colectiva, en base a objetivos comunes, pero la implicación de los mismos no puede recaer nuevamente en la responsabilidad ciudadana exclusivamente.

Este reto común, encuentra una mayor dificultad cuando lo trabajamos desde entornos más vulnerables o desfavorecidos. En este trabajo vamos

98 Profesor e Investigador Departamento de Trabajo Social y Servicios Sociales Universidad Pablo de Olavide-Sevilla

a centrar el foco en el trabajo desarrollado en la Residencia Universitaria Flora Tristán, que es un proyecto social de la Universidad Pablo de Olavide, situado en Polígono Sur, zona considerada como la más excluida y pobre de España por quinto año consecutivo según los datos del INE, en base a los indicadores Urban Audit (edición 2022).

Todas las experiencias que desarrollamos desde la intervención social comunitaria conllevan en sí la necesidad de conectar entidades, ciudadanía y profesionales. Las conexiones deben ser esenciales para producir cambios reales, siempre con instrumentos participativos y con acciones colectivas. Cada vez son más las acciones que se identifican con la Agenda 2030, pero sin el trabajo coordinado, volveremos a realizar intervenciones aisladas, con grupos aislados, en base a proyectos teóricos y sin el impacto real perseguido.

Un proyecto social de inclusión social: la Residencia Universitaria Flora Tristán

La Residencia Universitaria Flora Tristán nace como proyecto social en el año 2004, impulsado por la Rectora Rosario Valpuesta y por la primera Directora Ana Gómez Pérez. Desde su creación hasta la actualidad este proyecto ha contado con 5 directores y directoras, todos docentes de la Facultad de Ciencias Sociales, identificando así el interés de la institución por dotar al proyecto de una visión integradora y basada en la justicia social.

El proyecto nace con los objetivos fundamentales de ser un espacio de encuentro, abierto a la ciudadanía del Polígono Sur de la ciudad de Sevilla, promoviendo la ruptura de estigmas, la colaboración social en aquellos problemas sociales que la propia población demandase y acercando la Universidad a un entorno de este tipo, sin pretensión de ser un escaparate de investigación social, sino más bien un lugar para compartir, interdisciplinar e informal, para atender y superar los problemas de exclusión que les aqueja.

La Residencia Universitaria Flora Tristán comparte varias similitudes con la experiencia de los *Settlement Houses*, salvando el espacio y el tiempo, tal como podemos leer en la obra de Miguel Miranda de 2004.

El movimiento de los Settlement Houses constituye el principio teórico del Trabajo Social Comunitario, compartiendo espacios con estudiantes universitarios y con personas de diferentes estatus sociales en el entorno específico de exclusión de cada época. El caso más estudiado y con mayor repercusión fue el del Hull House de Chicago, proyecto fundado por Jane Addams y que supuso un cambio en la mentalidad de la intervención social pasando de la caridad a la promoción de las personas que en esas zonas vivía, como explica Miranda, M. (2004). Los jóvenes universitarios compartían espacios con los vecinos y vecinas y a su vez favorecían la inclusión social, la formación, el acceso a recursos y el cambio comunitario de las zonas.

Tal como nos acerca Allen F. Davis (2000), esta práctica de los Hull Houses, y la réplica de la misma en diferentes estados, así como su trabajo solidario en las diferentes guerras que vivió, le hizo merecedora del Premio Nobel de la Paz en 1931.

Estas experiencias previas a la Residencia U. Flora Tristán compartían el sentido de vivir en estos territorios, en un mismo tiempo y espacio, y compartiendo problemas con la población, acompañándola en sus procesos de inclusión, formación y cohesión.

La filosofía y la puesta en marcha del proyecto, y la construcción de conocimiento en sí que se ha producido de esta experiencia, se inspira también en la experiencia anterior del Colegio Mayor la Coma, de Valencia, impulsada por Joaquín García Roca.

La Residencia U. Flora Tristán, como proyecto social de la Universidad Pablo de Olavide, intercala la presencia de las personas estudiantes en la zona, lo cual ya es un cambio rotundo en la manera de entender cómo llegamos a estas personas que viven ahí (ya que la residencia se sitúa en dicho barrio), con la colaboración directa en proyectos sociales de diferentes entidades. Tras un pequeño proceso de selección, desde la residencia se seleccionan estudiantes universitarias con motivación para colaborar en la zona, y a cambio de la cuota del alojamiento, participan activamente en la comunidad en diferentes entidades. Desde el equipo de la Residencia, se crean grupos de trabajo que favorecen la acción coordinada en la zona, con la formación que adquieren estas personas estudiantes universitarias. Además de estas colaboraciones coordinadas y que duran todo el curso académico, se apoya en muchas otras acciones de cohesión vecinal para dar apoyo en procesos colaborativos y participados.

De esta experiencia, con casi 20 años de funcionamiento, se extrae todo el pensamiento y relatos de este capítulo.

Esta Residencia, así como sus antecedentes, se ubican en entornos con necesidades de transformación, o denominadas como zonas en exclusión social. Por todo esto, es importante reflexionar sobre la denominación y conceptualización de este tipo de barrios y zonas, atendiendo de por sí al pensamiento y Trabajo Social crítico, entendiendo éste como la asunción del pensamiento crítico en la intervención e investigación desarrolladas desde esta disciplina.

El pensamiento crítico está marcado desde valores de análisis. Valores para interpretar teniendo en cuenta que existen realidades, culturas, espacios, relaciones y esperanzas diferentes en función de la historia de cada lugar, de cada grupo, colectivo, o sociedad. El pensamiento crítico abruma al relacionarlo con perspectivas globales, pero también acerca la realidad a espacios de coherencia y defensa de todo ser humano en cuanto a sujeto de derecho, y no sólo como mercancía, productor o consumista. Este pensamiento pretende analizar desde lo real, sin olvidar que "toda teoría está hecha por alguien y por algo" (COX, H. 1965, p.121).

De forma casi automática atribuimos a estas zonas o barrios una cierta capacidad de aislamiento. Es decir, habitualmente denominamos a las mismas como zonas de exclusión social, como si tuvieran la capacidad de excluir o autoexcluirse. Esta denominación encierra una realidad que puede ser entendida desde la ciudadanía del resto del entorno, o desde un nivel técnico o político, como una manera de clasificar espacios, territorios y, por ende, a las personas. Por ello hemos de tener en cuenta en este apartado, que estas zonas, en el caso de tener que ser clasificadas o instrumentalizadas, son territorios "excluidos socialmente", o en términos de marginación, marginados. Para muchas personas es muy importante tener en cuenta dicha clasificación, ya que el problema es estructural, de atención pública y política, más que de las propias personas que habitan estos espacios y zonas. Tener en cuenta cómo denominamos los territorios, o cómo nos atrevemos a clasificar a las personas, pueden causar más distancia y deterioro.

Desde el imaginario colectivo de la población civil, de los grupos y personas "de la calle", sólo se escucha o utiliza el concepto "derechos humanos" cuando aluden a acontecimientos graves que de algún modo atentan contra la vida, es decir, como cuando se habla de "violación de los derechos humanos" en algunos sucesos internacionales, haciéndonos sentir cómo si en nuestros entornos u otros espacios estuvieran siendo respetados, no se escucha ni se habla del desarrollo positivo de los mismos, los Derechos Humanos se afirman por su violación (NEUENSCHWANDER Y GIRALDES, 2018, p.37). De la misma manera nos encontramos la visión de la exclusión y entornos marginados, que son referenciados cuando en sus territorios se acontecen sucesos reprobables, pero en el día, en la vulneración de la dignidad humana que se da en su propia configuración.

Como dice Muñoz Bellerín (2017), materializar estas ideas desde la propuesta de los Derechos Humanos y desde el Trabajo Social crítico se "concretiza a través de la reparación de aquellas identidades que han sido dañadas por las prácticas dominantes" (p.31), relacionando así, por tanto, la autonomía de estas personas con el reconocimiento de su propia autoestima.

El término exclusión social se caracteriza por ser multidimensional y multifactorial, frente al concepto de pobreza, que se identifica de forma unidimensional (JIMÉNEZ RAMIREZ, M, 2008).

El capitalismo y la reformulación social ha creado que vivamos, pues, "en la época de la exclusión generalizada" (HERRERA, J. 2008, p.140), anteponiendo intereses económicos, egoístas y de posición social, a los derechos básicos y fundamentales, creando otra organización en la que la sociedad se encasilla en función al acceso que se tenga a una serie de bienes de consumos o no.

Incluso, la ética del desarrollo, nacida a mediados del siglo XX, nos acerca a la visibilidad de "no dejar a nadie atrás", como explica Pedrajas (2017), siendo de suma importancia poder avanzar en la inclusión social real desde los diferentes modelos y desde las diferentes estrategias que nos dan estas nuevas estructuras, entre las que podemos destacar la Agenda 2030.

La participación comunitaria y la Agenda 2030

Como pieza clave para que todos estos planes y estrategias de trabajo comunitario funcionen, es que deben ser enfocadas desde la participación ciudadana. Sólo así se conseguirá acercar y se avanzará en la consolidación de elementos para la dignidad humana, considerados de interés porque podrán modificar, reestructurar y marcar políticas sociales de futuro a corto espacio de tiempo.

Pero, ¿qué entendemos por participación? De forma general, pensamos en la participación como aquella asistencia y corresponsabilidad asumida por un grupo de personas en busca de objetivos colectivos, siendo esta continua. Pero realmente la participación va más allá, ya que pretende, explícita o implícitamente, influir en el debate público y la distribución de poder en una sociedad (ALARCÓN, P.; FONT, J., 2015), no sólo en momentos de impacto como las elecciones y asistencia a manifestaciones y encuentros reivindicativos.

Las ciencias sociales segmentan a la sociedad y a las personas, en "lo político, lo mental, lo económico, lo cultural, lo natural" (ROSA Y RUIZ, 2006), pero la participación real nos hace ver el sustento social en base a las relaciones y las redes, demostrando la imposibilidad de separar y romper realidades en base a categorías. Desde la innovación social nos planteamos la necesidad de construir nuevos elementos, o rectificar los ya existentes, para avanzar en un desarrollo auténtico.

Según la Estrategia Regional Andaluza para la cohesión e inclusión social en zonas desfavorecidas (2017), estos espacios son aquellos ubicados en los "pueblos y ciudades donde se registran situaciones graves de exclusión social y/o donde existen factores de riesgo de que se produzcan" (p. 8). Estos factores son los que impiden que un grupo de ciudadanos y ciudadanas puedan acceder a derechos del estado bienestar, debido a la pobreza y otros factores que provocan una dificultad añadida.

En el marco europeo podemos encontrar diferentes propósitos (Estrategia 2020 y Agenda 2030) en los que se propone la reducción de la pobreza de millones de personas en Europa. En esos documentos además se plantea la necesidad de la visión integral de la acción social e intervención pública para poder atajar realmente las dificultades.

Ya desde la estrategia de Lisboa, que marcaba objetivos hasta 2010, y que continuó con la Estrategia 2020, se marcaba la necesidad de plantear las metas desde una inclusión activa, donde la ciudadanía pudiera participar realmente en los procesos de normalización como eje fundamental, siendo agentes de su propio cambio.

Para favorecer esta propuesta, se planteaba la necesidad del acceso al mercado laboral de personas en exclusión, activar las rentas mínimas y el acceso a servicios públicos de calidad.

En la Estrategia Regional Andaluza (2018, p. 13), que nace con la visión compartida de la Agenda 2030, se recogen las principales medidas que deben poner en marcha los estados miembros en cuanto a la recuperación social, en relación a los objetivos de la Estrategia Europea, siendo primordiales:

- Emprender acciones en el conjunto de las políticas, adoptando un criterio transversal, más allá del ámbito de las políticas de inclusión y protección social.
- Hacer un uso más frecuente y eficaz de los fondos de la Unión Europea en apoyo a la inclusión social.

- Promover la innovación social, para aumentar la eficiencia de las políticas.
- Trabajar en colaboración con otros actores implicados y favorecer el potencial de la economía social.
- Mejorar la coordinación de las políticas entre los Estados miembros.

Sólo atendiendo a estos elementos conseguiremos pasar de unas acciones puramente asistencialistas a promover una participación real activa y comprometida con el cambio social, donde sea la propia ciudadanía la protagonista del cambio y demandando una implicación política que pueda consolidar los cambios iniciados.

Esta estrategia es un claro ejemplo de la intencionalidad de la puesta en marcha de mecanismos a favor de los ODS, aunque sus resultados reales en función al impacto aún se están estudiando.

Conclusiones

A lo largo de este capítulo, hemos podido reflexionar sobre diferentes términos vinculados con la Agenda 2030 y los entornos excluidos, diferenciándolos y matizándolos, ya que lo que no se nombre correctamente puede generar más exclusión, habiendo visto otras estrategias que persiguen objetivos con la misma base fundamental. De igual forma, hemos vinculado la participación social en estos entornos excluidos con un marco de acción global: la Agenda 2030. Si tuviéramos que priorizar las diferentes metas que nos plantea la Agenda 2030, fijaríamos la atención en el ODS 1, fin de la pobreza, que consideramos esencial atajar desde todo tipo de políticas que se implementen desde cualquiera que sea la esfera. Ese objetivo debe ser un punto inicial en cualquier iniciativa pública, atendiendo al principio de dignidad humana, ya sea a través de políticas o de acuerdos internacionales como los Derechos Humanos o la Agenda 2030.

El marco que nos ofrece la Agenda 2030 es importante y positivo en cuanto a entender la colectividad como algo esencial en nuestras vidas, atendiendo no sólo a las necesidades individuales sino a también a los problemas colectivos, es un entendernos de manera global en nuestra existencia. Esto nos lleva a que no sólo debemos tener un espacio donde vernos y reconocernos, sino que también es importante que rememos en el mismo barco, o al menos, lo interpretemos así.

La realidad es que nos encontramos a 7 años de la fecha propuesta para alcanzar los ODS, y la realidad social aún dista mucho de la intención inicial.

Pero para que estos objetivos y esta agenda global tengan sentido, es necesario que las mismas administraciones que la suscriben se responsabilicen, a través de mecanismos reales y realistas, de su puesta en marcha. Por ello, es importante adscribir a ellas un presupuesto y una estructura pública, eficiente y eficaz, si no, nuevamente, caerán en el voluntarismo. De ahí que sea necesario recurrir, a su vez, al ODS 17: Alianzas para conseguir los Objetivos. Mientras que se sigan realizando acciones puntuales, sin una corresponsabilidad, sin una conciencia comunitaria, que impulse la participación comunitaria, no desaparecerá la raíz de todos los problemas que generan los entornos más vulnerables y se perpetuará la marginación. Es necesario un compromiso institucional y político, que implique a la administración pública, al tejido empresarial, a las entidades del tercer sector y a la ciudadanía en su conjunto. Ese sería el escenario ideal, sin el que no podremos conseguir esa realidad soñada para el año 2030.

Bibliografía.

ALARCÓN, P.; FONT, J., "Participación Ciudadana y Desigualdad, Diagnóstico y líneas de acción", en *Informe de investigación de Oxfam Intermón.* Madrid, 2015

BOJA (Boletín oficial de la Junta de Andalucía). 05/09/2018. Acuerdo de 28 de agosto de 2018, del Consejo de Gobierno, por el que se aprueba la «Estrategia Regional Andaluza para la Cohesión e Inclusión Social. Intervención en zonas desfavorecidas» (ERACIS). Disponible en: https://www.juntadeandalucia.es/boja/2018/172/1

COX, H., *La ciudad secular,* Península, Barcelona, 1965

DAVIS, A. *American Heroine. The Life and Legend of Jane Addams.* Ivan R. Dee, Chicago, 2000.

HERRERA, J. *La reinvención de los derechos humanos,* Atrapasueños, Sevilla, 2008.

INE.: «Nota de Prensa. Indicadores Urbanos, edición 2022» [en línea], (2022), <https://www.ine.es/prensa/ua_2022.pdf>. [Consulta:23/05/2022.]

JIMÉNEZ RAMÍREZ, M.: «Aproximación teórica de la exclusión social: complejidad e imprecisión del término. Consecuencias para el ámbito educativo» [en línea], (2008). <http://dx.doi.org/10.4067/S0718-07052008000100010> . [Consulta:13/07/2023.]

ONU.: «Transformar nuestro mundo: La Agenda 2030 para el Desarrollo Sostenible. Resolución 70/01» [en línea], (2015), <https://undocs.org/es/A/RES/70/1> [Consulta:17/07/2023.]

MIRANDA, M., *De la caridad a la ciencia: pragmatismo, interaccionismo simbólico y trabajo social,* Universidad de Zaragoza, 2004

MUÑOZ, M.: «Derechos Humanos, teatro y personas sin hogar: aportaciones desde el diamante ético» [en línea], (2017). <http://revistaeletronicardfd.unibrasil.com.br/index.php/rdfd/article/view/922>. [Consulta: 15/06/2023.]

NACIONES UNIDAS.: «Objetivos de desarrollo Sostenible» [en línea], (2017), <https://www.un.org/sustainabledevelopment/es/poverty/> [Consulta: 08/06/2023.]

NEUENSCHWANDER, J. Y GIRALDES, M., "Resistência e Direitos Humanos", en *70º aniversario de la declaración universal de derechos humanos: la Protección Internacional de los Derechos Humanos en cuestión,* Tirant lo Blanch, Valencia, 2018, pp. 407-416.

PEDRAJAS, M.: «La Última Milla: Los desafíos éticos de la pobreza extrema y la vulnerabilidad en la Agenda 2030 para el Desarrollo Sostenible de Naciones Unidas» [en línea], (2017), <http://dx.doi.org/10.4067/S0718-92732017000200079> [Consulta: 15/07/2023.]

ROSA, M. Y RUIZ, E.,"Sujetos en la intervención social", en *Del dicho al hecho andando ese trecho. Participación, comunicación y desarrollo comunitario,* Atrapasueños, Sevilla, 2006, pp. 117-118.

4. *Paz*

¿Cómo conectar la Agenda 2030 con el arte, la memoria, la comunicación y la cultura como promotores de un modelo de desarrollo crítico?

4.1. A MODO DE INTRODUCCIÓN: LA AGENDA 2030 EN RELACIÓN CON LO CULTURAL Y ARTÍSTICO JUNTO A OTROS MODELOS DE COMUNICACIÓN POSIBLES

NOELIA CÁMERON-NÚÑEZ[99]

En la actualidad, incluso en grupos de personas a las que se le presupone un alto grado formativo, todavía queda una concepción de cultura que se encuentra entre la dualidad alta y baja cultura, cuyo concepto va asociado estrictamente al mundo académico y/o elitista del eminente quehacer artístico en sus expresiones más estéticas. Un concepto vinculado con la sofisticación y relacionado con algunas clases sociales establecidas, dominantes, hegemónicas…

Por otro lado, nos encontramos con manifestaciones artísticas y culturales que son expresiones populares y de lo popular y que, según el imaginario colectivo, representan a un nivel inferior, a una cultura subordinada y subalterna propia de las masas y/o clases sociales sumergidas y medias.

Sin embargo, estas conceptualizaciones han tenido su apogeo en el pasado y hoy día desde las distintas disciplinas, intelectuales y populares entienden las expresiones culturales como dinámicas que se intercambian desde distintos grupos sociales en un ejercicio dialéctico sumergido en luchas de poder entre los distintos grupos hegemónicos y subalternos en una constante búsqueda por situar a sus manifestaciones culturales entre las más influyentes, transformadoras o no.

---

99 Universidad Pablo de Olavide/ Instituto Joaquín Herrera Flores

Nos interesa, por tanto, esa dialéctica: el conjunto de acciones que los seres humanos desarrollan en la interacción del sistema humano con los diferentes sistemas ambientales, referenciando a Eduardo Gudynas y Graciela Evia (1993) en sus aportaciones sobre las teorías de la ecología social desde una perspectiva sistémica que entienden al ser humano como un Sistema (unidad mínima, primero; grupo, después) y que interactúa con el sistema ambiental (natural o construido) para dar lugar a otros tres sistemas ambientales (Operacional, Percibido, Inferido).

Así, entendemos la cultura como el conjunto de hábitos, formas, saberes y manifestaciones que los pueblos han ido configurando como resultado de su lucha por la supervivencia y su posicionamiento por lo que consideran importante en la vida (CEMBRANOS et al., 1997). De esta manera, la cultura en un momento dado se entiende como el producto de las relaciones de las personas y las colectividades con su medio en una evolución histórica.

Entenderíamos la cultura como un concepto dinámico, activo, procesual, que abre las puertas a que personas y colectivos puedan participar en la construcción de su propia realidad (DELGADO BAENA, A, 2000).

Esta toma de consciencia de la realidad nos lleva, irremediablemente, a los conceptos de *concientización, acción cultural, transitividad ingenua,* o *dialogicidad* de Paulo Freire (1989).

Una vez sentadas las bases sobre la conceptualización dinámica de la cultura, es necesario tener en cuenta que no está exenta de las dinámicas de luchas de poder y tensiones de clase, y que por tanto, se generan constantemente movimientos culturales y/o sociales con gran capacidad de incidencia sobre los elementos culturales de las sociedades y pueblos. Movimientos que con más o menos consciencia provocan cambios culturales, políticos y sociales, interrelacionados a través de sus acciones sobre lo cultural.

Teniendo en cuenta que la cultura, en tanto en cuanto expresión humana dinámica y cambiante, está sujeta a las interacciones que los diferentes actores activan, la cultura popular se muestra no como una subcultura sino como la producción cultural de aquellos grupos humanos que resisten/consienten al sistema adaptando en la vida cotidiana los elementos de la cultura dominante (ENCINA & EZEIZA, 2015).

Así, fijamos el foco en una concepción de cultura orientada a las cuestiones de la vida cotidiana desde un posicionamiento mucho más abierto, activo y vivo que se diferencia del *"cierre cultural"* que señala Joaquín Herrera Flores (2005), que la considera construcciones colectivas siempre en relación con las demás culturas.

La UNESCO también nos ofrece una concepción más ajustada a esta reflexión en los siguientes términos:

> *[...]la cultura puede considerarse actualmente como el conjunto de los rasgos distintivos, espirituales y materiales, intelectuales y afectivos que caracterizan a una sociedad o un grupo social. Ella engloba, además de las artes y las letras, los modos de vida, los derechos fundamentales al ser humanos, los sistemas de valores, las tradiciones y las creencias y que la cultura da al hombre, la capacidad de reflexionar sobre sí mismo. Es ella la que hace de nosotros seres específicamente humanos, racionales, críticos y éticamente comprometidos. A través de ella discernimos los valores y efectuamos opciones. A través de ella el hombre se expresa, toma conciencia de sí mismo, se reconoce como un proyecto inacabado, pone en cuestión sus propias realizaciones, busca incansablemente nuevas significaciones, y crea obras que los trascienden* (1982).

En definitiva, estamos ante una definición amplia de cultura, que tiene en cuenta los modos de vida, los imaginarios colectivos y los mecanismos de toma de conciencia y que, todos ellos, interaccionan en procesos complejos de relaciones y reconocimientos mutuos que forman parte de un mismo contexto.

Un concepto que aúna no solo las formas de ser y estar en el mundo, muchas veces relacionado con las artes y el patrimonio, pero también con las distintas formas de comunicación, mediadas y/o de masas, como formas de construcción de esas realidades, que a su vez crean y recrean los pensamientos colectivos e individuales.

Juan Díaz Bordenave nos señala que la comunicación es un proceso humano universal, pero a la vez *constituye también un arte, una tecnología, un sistema institucional y una ciencia social* (2012). Y, en el caso concreto, debemos potenciar procesos que apunten a una mayor democratización de la comunicación y de los medios, desmontando monopolios y oligopolios comunicacionales.

Si nos situamos en un marco en el que la cultura es algo estático, puro y acabado, no tendremos la capacidad de conocer y reconocer su importancia en la construcción de sociedades ecosociales más sostenibles y su relación directa con la Agenda 2030.

En este sentido, es necesario entender que la cultura, las artes y la comunicación crean, promueven y potencian procesos de transformación en la medida en que las relaciones horizontales de los y las participantes permitan el acceso a construcciones colectivas más sostenibles e igualitarias (CÁMERON NÚÑEZ, N., 2021). En resumidas cuentas, lo cultural es el escenario donde se desarrolla la acción política.

En cuanto a los Objetivos de Desarrollo Sostenible, *la cultura y el desarrollo sostenible es el punto introductorio que origina numerosos debates en torno al nuevo contrato social que supone la Agenda 2030* (VÁZQUEZ, LUCÍA; GARCÍA HARO, MARTA, 2020).

El tema cultural como tal no se aborda específicamente en ninguno de los 17 Objetivos de Desarrollo Sostenible, aunque sí se incorpora de manera transversal.

En este marco, es importante situar la cultura como una dimensión más del desarrollo, o incluso como una dimensión central. Desterrar la concepción errónea de gasto para hablar de inversión y exigir así su incorporación en las políticas públicas (MARTINELL SEMPERE, A., 2020).

En este marco de acción, nos interesa hablar sobre los *partnership* o alianzas, la quinta dentro de las 5 pes, en donde la cultura y la comunicación juegan un papel fundamental a la hora de fortalecer esas alianzas entre los gobiernos, el sector privado, la sociedad civil y todas las partes interesadas.

Es importante movilizar todos los recursos disponibles para la consecución de los ODS, pero igual de importante es compartir y comunicar los conocimientos, las formas y saberes socioculturales que posibilitarán que el engranaje funcione.

Esta quinta p por tanto se corresponde con el Objetivo 17 'Alianzas para lograr los objetivos' (CEPAL, 2017), cuya relación con la cultura y la comunicación nos ayuda a abordar y ampliar posibilidades por varias vías.

Clarificando el concepto de cultura con el que debemos trabajar para llegar a acciones más eficaces, esta desempeña un papel fundamental para la creación de las identidades, individuales y compartidas, para promocionar la diversidad existente en el mundo y afianzar su riqueza, para la promoción de diálogos interculturales y para facilitar y explorar nuevos procesos de comunicación que nos hagan llegar al entendimiento y a la acción compartida.

En cuanto a la comunicación, cabe señalar que las nuevas tecnologías (TIC) son, hoy en día, el centro de todas las relaciones locales, nacionales e internacionales y, por tanto, facilitan el intercambio de información, de conocimiento y de prácticas ya mencionadas.

Se hace necesaria una comunicación transparente, participativa y participada, que ponga el centro en lo local para proyectarse en lo global, sin olvidar a todos los agentes, asegurando procesos sólidos que aporten garantía en la consecución de los objetivos.

En las siguientes líneas tratamos de abordar múltiples reflexiones desde los conceptos previos estudiados, con el objetivo de aportar no solamente experiencias enriquecedoras, sino también preguntas y reflexiones en torno a temas dianas que ya han sido debidamente abordados (o no) en el marco de los ODS.

La comunicación con vocación transformadora debe presentarse como herramienta para la promoción de un desarrollo crítico abordando los desafíos previstos para la consecución de los 17 ODS en el marco de la Agenda 2030.

Una comunicación basada en la escucha activa a través de la participación entre iguales poniendo a las personas y al medioambiente en el centro de todas las soluciones.

Por otro lado, es importante visibilizar lo que está ausente, como la mención a los conflictos armados o a la 'guerra', y en este sentido se plantea la introducción de nuevos enfoques que combinen desarrollo, acción humanitaria y construcción de paz de forma estratégica, vinculando adecuadamente los componentes de desarrollo, paz y acción humanitaria, con especial énfasis en el impulso de la 'cultura de paz'.

En estos términos, estudiamos además tres casos concretos en los que el trabajo con los ODS requiere, tanto a nivel teórico como metodológico, la utilización de la cultura y el arte no solo como herramientas, sino como fines en sí mismos.

El caso de las pesquerías olvidadas del Caribe, cuyas comunidades artesanales de pescadores se enfrentan a situaciones de exclusión, señalando la necesidad de utilizar enfoques culturales y socioecológicos para un abordaje adecuado de la situación que pasa por el reconocimiento de los derechos y conocimientos locales con una perspectiva intercultural.

Por otro lado, tenemos el caso del proyecto de innovación docente 'Fotovoz', que trabaja en torno a los ODS 3 y 5, utilizando la fotografía como herramienta para la promoción del análisis crítico de los desafíos y fortalezas relacionadas con estos dos objetivos.

La posibilidad de generar cambios en el estudiantado a través de sus prácticas cotidianas, desde una perspectiva de género, facilitará ese desarrollo de conciencias críticas que generan cambios.

Por último, el patrimonio, la recuperación de lugares con alto valor histórico patrimonial para el ejercicio de nuevas prácticas para el desarrollo de públicos críticos, a pesar de partir desde un contexto de deterioro y obsolescencia.

La constante búsqueda de alternativas al modelo neoliberal de cultura proponiendo la diversificación y la persistencia para la mejora de la vida urbana es una de las propuestas abordadas.

Con todo lo aportado, el debate sigue abierto, esa es la intención. Trabajar por la plena inclusión de políticas que tengan en cuenta la cultura y la comunicación en el desarrollo e implementación de los ODS es una constante que desde muchas organizaciones y colectivos se reivindica como el centro de todo.

La cultura es lo que nos diferencia de otros seres vivos, pongámosla al servicio de nuestro nuevo modelo.

Bibliografía

BORDENAVE, J. D. (2012). *La comunicación y el nuevo mundo posible / Communication and Possible New World* [Text.Serial.Journal]. Commons. Revista de Comunicación y Ciudadanía Digital. https://revistas.uca.es/index.php/cayp/article/view/3049

CÁMERON NÚÑEZ, N. (2021). La Propiedad Intelectual. Hegemonía, mercantilización y desarticulación de los movimientos culturales. En *La necesaria (re)invención de los Derechos Humanos* (Primera, pp. 673-686). Tirant lo Blanch. https://editorial.tirant.com/es/libro/la-necesaria-reinvencion-de-los-derechos-humanos-jesus-delgado-baena-9788413131085

CEMBRANOS, F., MONTESINOS, D., & BUSTELO, M. (1997). *la Animación sociocultural: Una propuesta metodológica.* (6a ed.). Editorial Popular S.A.

CEPAL. (2017, febrero 17). *Objetivos de Desarrollo Sostenible (ODS)* [Text]. https://www.cepal.org/es/temas/agenda-2030-desarrollo-sostenible/objetivos-desarrollo-sostenible-ods

DELGADO BAENA, A. (2000). *Dinamización Sociocultural. Algunas cuestiones.* Diputación de Sevilla.

ENCINA, J. & EZEIZA, A. (2015). De los modelos participativos a la construcción colectiva. Culturas populares, ilusionismo social y desempoderamiento (Volumen VIII). Publisher y Kaskideta Sarea.

FREIRE, P. (1989). *La educación como práctica de la libertad* (39o ed.). Siglo XXI–Tierra Nueva.

GUDYNAS, EDUARDO, & EVIA, GRACIELA. (1993). *Ecología social. Manual de metodologías para educadores populares.* Popular, OEI, Sociedad Estatal Quinto Centenario.

HERRERA FLORES, J. (2005). *El Proceso Cultural. Materiales para la creatividad humana.* (Primera). Aconcagua.

MARTINELL SEMPERE, A. (2020). Cultura y desarrollo sostenible; un estado de la cuestión. *Periférica Internacional. Revista para el análisis de la cultura y el territorio, 21,* 128-135. https://doi.org/10.25267/Periferica.2020.i21.10

UNESCO. (1982). *Declaración de México sobre las Políticas Culturales. Conferencia mundial sobre las políticas culturales.* http://portal.unesco.org/culture/es/files/35197/11919413801mexico_sp.pdf/mexico_sp.pdf

VÁZQUEZ, LUCÍA; GARCÍA HARO, MARTA. (2020). *Cultura y desarrollo sostenible. Aportaciones al debate sobre la dimensión cultural de la Agenda 2030.* Red Española para el Desarrollo Sostenible. https://reds-sdsn.es/wp-content/uploads/2020/04/REDS_Cultura-y-desarrollo-sostenible-2020.pdf

4.2. HABLANDO DE PARTICIPACIÓN: UN ENCUENTRO DE DIMENSIONES SUBESTIMADAS ENTORNO DEL CORAZÓN DE LA AGENDA 2030

GIOVANNI ALLEGRETTI[100]

El tema de la participación cívica en la transformación de los territorios donde vivimos es un tema tratado de forma esquizofrénica en la agenda 2030. Prácticamente ausente en la mayoría de los ODS (también en algunos donde seria expectable su fuerte presencia), el tema vuelve con una tal centralidad en otros documentos internacionales que traducen en acciones más concretas los objetivos centrales de la Agenda (por ejemplo, en la Nueva Agenda Urbana) que su presencia en forma de mantra acaba convirtiéndolo casi en una *buzzword*, o sea, un concepto que acaba perdiendo su densidad semántica en función de un uso marcadamente instrumental.

El texto propone analizar brevemente las dimensiones de medio y fin de la participación cívica en la toma de decisiones en sus tres potenciales centrales: instrumental, epistemológico y de construcción y refuerzos de lazos socio-comunitarios. Pretendemos evidenciar cómo la ausencia y/o la excesiva presencia de una referencia a la participación como derecho humano fundamental en el marco de la Agenda 2030, y de sus *follow-up*, acaba por afirmarla como una importante “encrucijada”, un espacio semántico donde se encuentran otras dimensiones descuidadas por la misma agenda: la cultura, la memoria, la construcción multidimensionales de las relaciones pacíficas entre habitantes y territorios.

Aunque en el debate que ha plasmado la Agenda 2030 el tema del involucramiento de los ciudadanos y de las ciudadanas en la construcción de las políticas públicas y del gobierno de los territorios haya ocupado un amplio espacio, en la propia agenda (o sea, en sus 17 Objetivos de Desarrollo Sostenible–ODS) brilla principalmente por su ausencia[101]. Especialmente en áreas donde se hubiera esperado su presencia de forma densa (como los objetivos y los subobjetivos relacionados con Salud y Bienestar, Infraestructuras Resilientes, Educación de Calidad, Energía Asequible y no Contaminante, Modalidades de consumo y producción sostenibles, Combate al Cambio Climático, Trabajo Decente y Crecimiento Económico), la

---

100 CES, Universidad de Coimbra, Portugal

101 Véase: https://www.un.org/sustainabledevelopment/es/

ausencia de referencias explícitas en cuanto a la importancia de fomentar la participación cívica deja un silencio ensordecedor. Hay otras áreas donde el tema se hace presente, aunque sin mucha fuerza. Por ejemplo, en un punto del Objetivo 5 (Lograr la igualdad entre los géneros y empoderar a todas las mujeres y las niñas) que fue actualizado después de la pandemia, se menciona la actuación de ONU-Mujeres, que ha desarrollado "una respuesta rápida y específica para mitigar el impacto de la crisis de la COVID-19", promoviendo que "las mujeres y las niñas lideren y participen en la planificación y la toma de decisiones". Además, en el "Objetivo 6: Garantizar la disponibilidad de agua y su gestión sostenible y el saneamiento para todos" (meta 6.b.) se declara el empeño para "apoyar y fortalecer la participación de las comunidades locales en la mejora de la gestión del agua y el saneamiento". A su vez, la meta 11.3 (Objetivo 11 "Ciudades y Comunidades Sostenibles") convida a "aumentar la urbanización inclusiva y sostenible y la capacidad para la planificación y la gestión participativas, integradas y sostenibles de los asentamientos humanos en todos los países", mientras que la meta 16.7 (del Objetivo 16: "Paz, Justicia e Instituciones sólidas" compromete a "garantizar la adopción en todos los niveles de decisiones inclusivas, participativas y representativas que respondan a las necesidades". En este cuadro, la ausencia más visible es en el Objetivo 17 (alianzas para lograr los objetivos), que debería presuponer un claro y explícito convite a valorizar las diferentes formas de participación "por convite" y "por irrupción" (BLAS & IBARRA, 2006; GAVENTA, 2005), y aún más hubiera sido necesario explicitar el auspicio de un diálogo intenso con las diferentes formas de acción colectiva y de activismo cívico después de las notas de actualización introducidas en los ODS a seguir a la emergencia pandémica, en la cual resultó clarísimo el valor añadido representado por el involucramiento social en la construcción de redes de apoyo, políticas públicas de salud y bienestar, acciones de solidaridad y transformaciones culturales.

El casi-"mantra" de la fórmula centrada en promover "decisiones inclusivas, participativas y representativas" y "gestión participativa, integrada y sostenible" no parece valorizar de forma intensa la contribución de la participación cívica en la construcción de territorios más justos y sostenibles. Lo mismo se repite en otros documentos de *follow-up* que se inspiran en (o dialogan con) los 17 ODS de la Agenda 2030. Un ejemplo son las Relatorías del Grupo Interinstitucional y de Expertos sobre los Indicadores de los

Objetivos de Desarrollo Sostenible (IAEG-SDG)[102], donde falta una medición cualitativa de la promoción de la participación cívica, más allá de los pocos indicadores cuantitativos referidos a la presencia de normas o programas que favorecen la participación cívica en algunas dimensiones de la gobernación territorial (5.5, 6.b, 6b.1, 11.3.2, 15.6). Entre las excepciones a esta "ausencia" del tema de la participación cívica, podemos citar la nueva Agenda Urbana (NAU)[103], que los representantes de muchos gobiernos nacionales suscribieron en varias etapas (entre Nueva York y Quito) a finales de 2016. Probablemente por el hecho de haber sido concebida en un diálogo fuerte con los poderes locales, ella recoge "un sinfín de advertencias e indicaciones sobre la importancia de que los ciudadanos se involucren en la construcción de políticas públicas" aunque "rara vez se compromete directamente a llevar a la práctica dicha involucración" (ALLEGRETTI, 2017: 70). En este documento, lo que anihila la centralidad de la palabra "participación" es —al contrario— el exceso de su presencia, dado que es uno de los términos que más se utilizan en la NAU, superado tan sólo por las referencias al desarrollo sostenible, señalado como una responsabilidad directa de los gobiernos locales y autonómicos mientras las instituciones nacionales se comprometen a velar por sus políticas para garantizar la idoneidad de los principios y la gobernanza inclusiva[104]. Aquí se subraya la primera ambigüedad de la visión internacionalmente negociada de la participación cívica: sin embargo, de los 175 párrafos de la Agenda, "no se desprende que los gobiernos nacionales tengan realmente la intención de transformarse en 'instituciones que aprenden' y de trasladar a sus propias políticas los numerosos experimentos participativos que, en el transcurso de las últimas décadas, han ido transformando el panorama de las administraciones más próximas a los ciudadanos" (ALLEGRETTI, 2017: 71). En este sentido, parece que la escala de la participación deba mantenerse prisionera en la "trampa de lo local" (PURCELL, 2006) y de la "proximidad".

La centralidad de un concepto se puede debilitar de varias maneras: una es ignorándolo, otra es reduciéndolo a un "mantra" a través del exceso

---

102 Véase, por ejemplo: https://unstats.un.org/unsd/statcom/47th-session/documents/2016-2-IAEG-SDGs-S.pdf

103 Véase: https://onuhabitat.org.mx/index.php/la-nueva-agenda-urbana-en-espanol

104 Véanse, sobre todo, los párrafos 13, 26, 31, 33, 38, 41, 48, 72, 79, 125, 138, 140 y 148 en los que se recalca la necesidad de involucrar sobre todo a los ciudadanos más vulnerables (colectivos indígenas, niños y jóvenes, mujeres, discapacitados físicos y los sin techo) en las políticas públicas y locales y —en los casos menos frecuentes— también en la programación económica local y supralocal.

de su uso, otra aun es vaciándolo de su densidad semántica y de su complejidad. La impresión que deja la lectura de la Nueva Agenda Urbana es que la reiterada referencia a la importancia de la promoción de la participación —siendo casi "mecánica" y "ritualizada"— acabe convirtiéndola en una *buzzword*, o sea un concepto "estirable" y casi "despolitizado". Algo que nos recuerda la famosa definición de Sherry Arnstein de 1969: "La idea de participación ciudadana es un poco como comer espinacas: nadie está en contra en principio porque te hace bien"; pero el aplauso enérgico "se reduce a palmadas educadas cuando este principio es defendido" por las minorías y los desposeídos "como redistribución del poder" (ARNSTEIN, 2019: 24)[105]. De hecho, la ritualización del uso de la palabra "participación" (y de sinónimos como "involucramiento cívico", y otros parecidos) se empobrece de sentido en la medida en que su presencia se conjuga con la falta de asociación a otros conceptos, por ejemplo, aquellos ligados al conflicto, a la redistribución o a la justicia social y ambiental. Si hay excepciones a esta ausencia de "binomios fuertes", ellas no aparecen en la propia Agenda sino en documentos interpretativos publicados sucesivamente, como "La Nueva Agenda Urbana Ilustrada" (realizada en México por la ONU-Habitat y la Ong Centro Urbano, en 2020)[106], donde se explicita como "la participación de la comunidad y las partes interesadas aumenta la propiedad, la confianza, reduce los conflictos y garantiza la sostenibilidad (p. 90)". En el mismo texto también se habla del "papel fundamental en la resolución de conflictos" (p. 114) de la cultura y del arte —otros temas muy ignorados, o por lo menos subestimados, por la Agenda 2030— que empezaron a ser objeto de mayor atención en la Nueva Agenda Urbana (ver puntos 4, 10, 13, 14, 26, 33, 34, 37, 38, 60, 103, 111, 119, 124 y 125). Estos temas empiezan a encontrar-se conectados también en los empeños suscritos en tratados tardíos, como el Acuerdo Regional de Escazú[107] (aprobado en 2018 y entrado en vigor en 2021), que recupera para el continente latinoamericano los temas del "Acceso a la Información, la Participación Pública y el Acceso a la Justicia en Asuntos Ambientales", que había sido objeto de la Convención de Aarhus en 1998.

En relación a las amplias tradiciones de prácticas participativas que han sido experimentadas en los últimos treinta años, la Agenda 2030 y sus

---

105 Véase: https://www.tandfonline.com/doi/full/10.1080/01944363.2018.1559388

106 Véase: https://publicacionesonuhabitat.org/onuhabitatmexico/Nueva-Agenda-Urbana-Ilustrada.pdf

107 Véase: https://repositorio.cepal.org/bitstream/handle/11362/43595/S2200798_es.pdf

follow-ups parecen perder una rica oportunidad de propiciar un refuerzo y un aumento de escala de las mismas. Sin duda, esta oportunidad perdida es el clásico fruto de las negociaciones internacionales entre culturas institucionales (y de participación) muy diferentes. Pero, también, es la consecuencia directa de una manera difundida de pensar la participación, principalmente en una clave instrumental y en una ótica "orientada-a-la-solución" que subestima la riqueza y complejidad de los problemas subyacentes y la naturaleza conflictiva de su lectura, que se da a partir de posiciones diferentes de los diversos actores territoriales. Esta atención excesiva a la (1) dimensión instrumental y táctica de la participación (como espacio de negociación de intereses para lograr mejores políticas y soluciones compartidas) acaba por olvidarse de otras dos dimensiones centrales del envolvimiento de los y de las habitantes en la construcción de las decisiones: (2) la epistémica (construcción y difusión de saberes, capacidad de la participación de crear espacios pedagógicos para la comprensión de la complejidad, esclarecimiento de los conflictos entre puntos de vista y culturas diferentes, etc.) y la de (3) creación de lazos sociales. Estas últimas dos representan importantes contribuciones "transformativas" a la construcción de la emancipación de los individuos y de las comunidades (AVRITZER & RAMOS, 2016), y —por lo tanto— ignorarlas empobrece el propio recurso a la participación cívica como contribución sustantiva a la gobernación de los territorios y a la transformación del planeta que la Agenda 2030 declara querer propiciar. Por el contrario, en general, la Agenda y muchos de sus *follow-ups* parecen compartir una visión de la participación cívica que mueve de las instituciones (o sea subestima los movimientos autónomos, las revueltas sociales, etc.) y refuerza una visión no conflictiva. Esto cuando la participación es —por su misma naturaleza intrínseca— atravesada constantemente por conflictos de visiones y de posiciones (GELLI & ALLEGRETTI, 2023).

No hay duda de que esta manera de mirar a la participación se mueve de la experiencia de muchas prácticas participativas de naturaleza "deontológica". O sea —en la definición sugerida por Fung (2011; ver también FUNG ET AL., 2021)— experiencias que valoran las innovaciones porque "ayudan a crear buenas relaciones entre los ciudadanos y entre los ciudadanos y el estado"; de ahí que "una democracia que valga la pena simplemente requiere mayor participación ciudadana (innovación participativa), deliberación (experimentos deliberativos) y derechos a la información y al conocimiento (transparencia), además de otros efectos que estas innovaciones puedan tener" (*IBÍDEM*). Según esta perspectiva, sería suficiente ofrecer espacios de participación a los ciudadanos sin necesidad de unos objetivos más amplios (ALLEGRETTI, 2017)[108]. Seguramente, la visión de participación cívica hubiera sido más rica si hubiera sido construida a partir de una perspectiva "consecuencialista" (FUNG, 2011), que considera las innovaciones democráticas como más o menos valiosas en función de su capacidad para obtener un valor añadido destinado a crear políticas que puedan promocionar más la justicia social, la inclusión de los más débiles, la responsabilidad del Estado, la lucha contra la corrupción, etc. (*IBÍDEM*). Como se puede imaginar, las últimas son prácticas mucho más "exigentes", radicales y capaz de autocrítica, puesto que sus éxitos se miden en la capacidad para alcanzar objetivos específicos y en la coherencia de las herramientas que se ponen en marcha para ello. Por lo tanto, se trata de prácticas menos difundidas, y hasta menos "populares" (o de moda) entre las instituciones que prefieran pensar en formas de democracias moldadas en la gobernación, más bien que en prácticas de gobernación articuladas en torno a formas de democracia de más alta intensidad (BUA & BUSSU, 2023).

Sin embargo, a menudo, las autoridades electas o las tecno-burocracias terminan por intentar "amansar" a los potenciales emancipadores de los procesos participativos, y por sobreponer a los mecanismos de puesta en valor de los conocimientos ciudadanos unas figuras o procedimientos burocráticos que suponen unos nuevos *gatekeepers* ("porteros", personas o grupos que tienen capacidad y poder para abrir o cerrar puertas). La existencia de estos últimos "lleva a los participantes a pensar que han sido objeto de burla o superados por una élite de decisores tradicionales que poco tienen que ver con sus necesidades y sus sueños. En dichos casos, los esfuerzos realizados para convencer a los actores sociales de que juegan un papel central en la gestión y construcción del territorio y de las políticas públicas se desperdician quedando aniquilados por un mecanismo en el que el valor discursivo, retórico y de marketing de la palabra 'participación' es muy superior y distante de su puesta en valor concreta" (ALLEGRETTI, 2017).

En esta perspectiva, otro "sesgo" que probablemente ha marcado la visión de la Agenda 2030 y de sus *follow-ups* llega del hábito de muchos procesos participativos "por invitación" (aquellos concebidos u organizados por

---

108 Naturalmente, hay que decir que la mayoría de los procesos de esta primera categoría —desde su presentación— plantean objetivos genéricos y rara vez se hacen preguntas sobre el auténtico porqué de su existencia y de los esfuerzos que realizan. "En la mayoría de los casos siempre tienen una agenda (más o menos oculta) relacionada con la necesidad de recuperar la confianza de los habitantes en sus propias instituciones" (ALLEGRETTI, 2017).

instituciones de la democracia representativa) a pensar el proceso siempre a partir del punto de vista y de capacidad de organización interna del organizador, sin ponerse como objetivo el de "escuchar" a los participantes (ALLEGRETTI, 2014) y preguntarse cómo los "blancos" de eses mismos procesos los viven, y cuáles y cuantas de sus expectativas y percepciones pueden reducir o ampliar la satisfacción y el propio impacto final de esas prácticas de diálogo social.

Claro, en nuestra lectura de hoy de cómo la Agenda 2030 y sus *follow-ups* tratan la participación hay una posición de ventaja: porque en los últimos 8-10 años muchas transformaciones se han dado en la lectura mundial del tema de la participación (gracias a tantas practicas concretas que dan testimonio, comprueban y han contribuido a estas evoluciones). En este cuadro, no es difícil criticar las posiciones de la Agenda 2030 como envejecidas o desactualizadas en relación a este tema. Dos mudanzas merecen de ser subrayadas:

1) la primera es el pasaje de la convivencia en un mismo territorio de prácticas paralelas de participación a la construcción de "sistemas participativos multicanales" (SPADA & ALLEGRETTI, 2020), donde diferentes procesos participativos y deliberativos, con públicos diferentes, se integran y cooperan entre ellos, para construir decisiones conjuntas y compartidas entre ciudada@s y administraciones, dentro molduras de visiones y escenarios de futuro más amplios para el territorio y sus relaciones nacionales, regionales y (eventualmente) también internacionales;

2) la segunda tiene a ver con la transformación tecnológica, que también (a pesar de existir también un "mantra" referido a la evolución de lo digital) se queda como una dimensión muy subestimada —en sus potenciales y riesgos— por la Agenda 2030 y sus *follow-ups.*

Estas evoluciones no se hacen presentes en la Agenda 2030 como en varios de los documentos por ella inspirados. Hay documentos, como la Agenda Urbana, en que la palabra "tecnología" se utiliza con mucha frecuencia, especialmente cuando va asociada con las cuestiones de la *Smart City* ("Ciudad inteligente"), la "modernización de los transportes" y la "brecha digital" (tanto entre el Norte y el Sur de nuestro planeta como entre las distintas generaciones y colectivos sociales). Pero, a pesar de esta presencia, raramente la palabra se vincula con la participación y sus argumentos: a decir verdad, los términos "tecnología" y "participación" se utilizan juntos tan sólo cuatro veces (ALLEGRETTI, 2017): (1) en el párrafo 92 (dedicado a las herramientas de planificación y programación de las políticas incluso a través de plataformas informáticas de nueva generación); (2) en el párrafo 125 (dedicado a la puesta en valor del patrimonio construido e inmaterial donde la tecnología se considera como un medio para salvaguardar las culturas locales y multiplicar el uso de lenguas minoritarias): (3) en el párrafo 156 (sobre la responsabilidad de los gobiernos centrales a la hora de fomentar políticas de info-inclusión y gobierno digital centradas en el ciudadano y encaminadas a promocionar el compromiso cívico en la transformación y gestión territorial); (4) y en el párrafo 160, que se ocupa de construir y mejorar plataformas de datos abiertas, de fácil acceso y participativas.

Claramente, la Agenda 2030 podría ser diferente si hubiera sido revisada después de la pandemia del Covid-19. Porque esta última ha jugado como un "laboratorio" involuntario de nuevas formas ligadas al crecimiento de las plataformas digitales —también en forma híbrida o *blended,* donde conviven dimensiones *online* y *offline*— y a una difusión en el uso de las TIC por parte de grupos sociales o etarios que antes tenían poca familiaridad con ellas (DIAS ET AL., 2021). A falta de las nuevas visiones traídas por este periodo de forzada transformación de la relación entre participación y nuevas tecnologías, la Agenda 2030 y sus *follow-ups* parecen indicar una dirección que coincide con la multiplicación de procesos participativos "descafeinados", en los que —a menudo — parecen desaparecer los grandes objetivos, prevaleciendo una visión "salvífica" del progreso y de las tecnologías, estando la misma ligada a la "agregación" de preferencias individuales[109] e incluso desvinculada de la construcción de comunidades y capital humano y relacional que, por lo general, justifica la puesta en

---

109 Como nota Allegretti (2017), a partir del 2006, "la llegada de la Web 2.0 ha modificado profundamente la calidad de los experimentos participativos, asociándolos al potencial de penetración en las redes sociales. La tecnología, que ha entrado por necesidad en el ámbito de la participación tradicionalmente *offline* ("desconectada") y *cara a cara* (también para captar a unas categorías determinadas como aquellos que viajan cada día de su casa al trabajo o los "nativos digitales" de las nuevas generaciones), se ha traducido de hecho— en un aumento notable de los participantes pero, a menudo, ha modificado también el significado de algunas experiencias, haciendo que el compromiso cívico se redujera a lo que se denomina el "clicktivismo". Así, un uso poco coherente de las tecnologías ha debilitado la capacidad de muchos procesos participativos para establecer vínculos sociales y ahondar en el debate público. En cambio, ha hecho que la participación se redujera a una suma de apoyos individuales expresados con un clic desde ordenadores con acceso remoto a través de Internet (permitiendo a los ciudadanos expresarse sin encontrarse nunca)".

marcha de un proceso centrado en formas maduras de interacción entre habitantes e instituciones, que se pongan como objetivo el de lograr una elevada "calidad deliberativa" y no apenas el de sumar votos de ciudadanas y ciudadanos individuales…

En suma, nos parece de poder decir que las ausencias relativas a la (tímida) presencia del tema de la "participación pública" en la Agenda 2030, así como el vaciamiento de la riqueza semántica del concepto en la repetición ritualizada que reencontramos en otros documentos internacionales concebidos en el marco de la misma Agenda (entre ellos la Nueva Agenda Urbana del 2016, o incluso algunos más recientes como la "*Berlin Declaration on Digital Society and Value-Based Digital Government*» del 2020[110]), acaban por visualizar el tema como una importante "encrucijada". O sea, un espacio semántico donde se encuentran otras dimensiones descuidadas por la misma agenda: la cultura, la memoria, una tecnología al servicio del humanismo o la construcción multidimensionales de las relaciones pacíficas entre habitantes y territorios.

A partir de este punto de vista, en el futuro deberemos interrogarnos sobre cómo las prácticas concretas del planeta (que preceden, acompañan y siguen la construcción de la misma agenda) han ido demostrando los potenciales del saber trabajar con una visión "densa" del concepto de participación como espacio capaz de recuperar y ligar memorias de forma inter- y transgeneracional, de construir culturas auténticas y abiertas a la polinización cruzada, de trabajar proyectos participativos de gobierno y transformación territorial "consecuencialistas" (o sea orientados por grandes valores y no por un uso instrumental del involucramiento cívico apenas orientados por la atención a los problemas de gobernanza). Para que futuros acuerdos y empeños internacionales logren incorporar visiones más sustanciales y emancipatorias de la participación cívica, será también fundamental preguntarnos cómo el arte y las tecnologías pueden apoyar en la tentativa de evitar que la participación sea solo al servicio de los actores que existen (y sobre todo, entre ellos, de los que ya tienen agencia y voz garantizada en un cuadro de relaciones de poder asimétricas). En los últimos años, muchas experiencias artísticas —por ejemplo— han intentado hacer "subir al escenario" y "tornarse presentes" a actores que hasta ahora no han logrado tener voz en los procesos participativos (como las futuras generaciones o la naturaleza en sus componentes "no humanas"). Sin

110 Véase: https://digital-strategy.ec.europa.eu/en/news/berlin-declaration-digital-society-and-value-based-digital-government

duda, sería muy importante trasladar este esfuerzo del arte a otros campos de lucha y a otros niveles territoriales, especialmente cuando hablamos de transformaciones ecológicas y ambientales. Igualmente, para valorizar la diversidad, los comunes y los conflictos constructivos, necesitamos dar un sentido nuevo y "caliente" hasta al tema de las nuevas tecnologías – tratado de forma fría e instrumental en la Agenda 2030 y en otros compromisos internacionales.

Para que se pueda dar esta evolución en un próximo futuro, es probablemente necesario ser más puntiagudos y críticos en relación a algunas afirmaciones rituales que pautan la Agenda 2030 y sus *follow-ups,* como aquella relativa a la necesidad "de asegurar que nadie —y ningún lugar— se quede atrás". ¿Podrá ser necesario empezar a pensar que hay alguien (por ejemplo, los grandes poderes que luchan para defender formas de *status quo* basadas en la injusticia, en la marginalización de las resistencias sociales y en la agresión a la naturaleza) que **DEBE** ser dejado atrás, en la medida que se pone como obstáculo a las transformaciones indispensables y a los objetivos retóricamente declarados en la propia Agenda?

Referencias bibliográficas:

ALLEGRETTI, G. "Los procesos de participación e innovación tecnológica: la búsqueda de nuevas formas de empatía", *in* M. Rodaño Gonzales; A. Rioja Ulgar (org.), *Localizar los objetivos de desarrollo sostenible. Gobiernos y actores locales y provinciales en la implementacion de la Agenda 2030. Una mirada desde Andalucia.* Sevilla: FAMSI, 2017, pp. 70-76

ALLEGRETTI, G. "Paying attention to the participants perceptions in order to trigger a virtuous circle". *In* DIAS, N. (org.), *Hope for Democracy 25 YEARS OF PARTICIPATORY BUDGETING WORLDWIDE.* In-Loco, S. Brás de Alportel, 2014, pp. 47-64

ARNSTEIN, S. "A Ladder of Citizen Participation", *Journal of the American Planning Association,* 85:1/2019, pp. 24-34 – articulo original del 1969. DOI: 10.1080/01944363.2018.1559388

AVRITZER, L.; RAMOS, A.. "Democracia, escala y participación. Reflexiones desde las instituciones participativas brasileñas". *Revista Internacional De Sociología,* n. *74*(3), 2016, e040. https://doi.org/10.3989/ris.2016.74.3.040

BLAS, A.; IBARRA, P. "La participación: estado de la cuestión", *Cuadernos Hegoa,* n. 39, 2006, pp. 5-35.

BUA, A.; BUSSU, S. (ed). *Reclaiming Participatory Governance. Social Movements and the Reinvention of Democratic Innovation.* Routledge, 2023.

DIAS, N.; CARDITA, R.; JÚLIO, S. *Participatory budgeting world atlas 2020-2021,* Epopeia Books/Oficina, 2021

FUNG, A., “A Preface to Pragmatic Democracy: Toward Continuous Innovation in Governance”, presentaci´n en la conferencia “Participatory Governance and Decentralization”–Wilson Center, Washington DC (9 y 10 de mayo de 2011).

FUNG, A.; RUSSON-GILMAN, H.; SCHMITT, M. “Democratizing the Federal Regulatory Process: A Blueprint to Strengthen Equity, Dignity, and Civic Engagement through Executive Branch Action” (October 15, 2021). HKS Working Paper No. RWP21-025, 2021: Available at SSRN: https://ssrn.com/abstract=3943458 or http://dx.doi.org/10.2139/ssrn.3943458

GAVENTA, J. “Reflections of the uses of the ‘power cube’ Approach for analyzing the spaces, places and dynamics of civil society participation and engagement”. *CFP Evaluation Series,* N° 4, 2005.

GELLI F.; ALLEGRETTI G.. “Prefazione: Tra accoglienza e conflitto: traiettorie di partecipazione per una rappresentanza inclusiva”, in THE GOOD LOBBY (org.), *Toolkit “Le Grammatiche della Partecipazione”*. Fondazione Feltrinelli, Milano, 2023, pp. 3-9.

PURCELL, M. “Urban Democracy and the Local Trap”. *Urban Studies, 43*(11), 2006, pp. 1921–1941. https://doi.org/10.1080/00420980600897826

SPADA, P.; ALLEGRETTI, G. “When Democratic Innovations Integrate Multiple and Diverse Channels of Social Dialogue: Opportunities and Challenges”. In ADRIA, M. (ed.), *Research Anthology on Citizen Engagement and Activism for Social Change.* IGI Global, 2020, pp. 1346-1370

4.3. ANÁLISIS DE LA AGENDA 2030 DESDE LA COMUNICACIÓN CON VOCACIÓN TRANSFORMADORA.

DR. ÓSCAR TORO PEÑA[111]

Resumen

Si se mira la Agenda 2030, impulsada por las Naciones Unidas, para lograr un modelo de desarrollo global, inclusivo y sostenible, desde los paradigmas de la comunicación social y para el desarrollo se ve que, en este caso, predomina una propuesta más instrumental, estrechamente vinculada a las TIC, y a combatir la brecha digital, y menos con un enfoque transformador de la comunicación.

La comunicación con vocación transformadora juega un papel fundamental en la promoción de un desarrollo crítico. La Agenda 2030, a pesar de sus sombras, brinda el instrumento que favorece el diálogo entre diferentes generando nuevas relaciones entre multiactores, e iguala a países y comunidades a la hora de abordar soluciones a cambios globales que van desde los climáticos, las desigualdades, o los modelos de gobernanza. Los 17 ODS afectados por la poli crisis actual, obliga como reflexiona Edgar Morin (2020), a la regeneración de la política, a una mayor protección del medio ambiente y a reivindicar a las personas en el centro de un desarrollo, que necesariamente tiene que ser sostenible. Cambios que requieren de una comunicación con propósito basada en la escucha activa y el diálogo entre iguales, y que acompañe en la articulación de modelos de sostenibilidad que tienen que ser eficaces, eficientes, y, sobre todo, afectivos.

Introducción

La Agenda 2030 es un plan de acción global adoptado por todos los Estados Miembros de la ONU en 2015 para erradicar la pobreza, proteger el planeta y asegurar que todas las personas gocen de paz y prosperidad para 2030. La llegada y expansión del virus de la Covid-19 por el mundo, convertido en pandemia global tras su declaración por la Organización Mundial

111 Grupo Investigación Ágora-Universidad de Huelva. Laboratorio de Iberoamericano de Innovación para la Transición Socioecológica

de la Salud el 11 de marzo de 2020, agrava la realidad socioeconómica de los países, y aleja las posibilidades de alcanzar las metas y objetivos establecidos en los 17 ODS. Entre los efectos, como se indicaba en la edición del 2022 del Índice de Desarrollo Humano elaborado por el PNUD y que publicaba el diario El País (2022, 8 de septiembre), más de un 90% de los países (indistintamente de su renta) del planeta habían sufrido un retraso en sus indicadores de esperanza de vida, educación o ingresos individuales. Lo que supone, según el artículo, volver a los indicadores previos al inicio de la declaración de la Agenda 2030. Evidenciando, por primera vez, una caída de los indicadores de desarrollo humano. Algo que no ocurría desde 1990, cuya tendencia siempre había sido al alza. Este escenario alimenta las voces que critican o evidencian las sombras, ya apuntadas, de esta agenda. Por ejemplo, Gómez Gil (2018) censura la arquitectura compleja con la que se diseñó y sus limitaciones técnicas. El Centro de Estudios Estratégicos de Relaciones Internacionales (CEERI), coincidiendo con Gil, sostiene que si bien cada uno de los 17 objetivos y las 169 metas están explicados en distintas plataformas y medios, muchos de ellos son sustancialmente genéricos en su contenido y pueden presentar problemas de medición cuantitativa. Cardesa-Salzmann (2017) señala la dificultad para alcanzar un modelo real de gobernanza en términos de justicia social y sostenibilidad ambiental si no se logra trabajar en los equilibrios necesarios para aflojar las tensiones entre los intereses económicos, sociales y ambientales.

Es verdad que la Agenda 2030 tiene sombras. Es cierto que los últimos acontecimientos, a los que se podrían sumar las consecuencias de la guerra de Rusia a Ucrania, o el crecimiento y ocupación de espacios de gobiernos de partidos de ultraderecha con discursos negacionistas hacen aún más difícil alcanzar las metas de los ODS para el año 2030. Sin embargo, o precisamente por todo ello, también hay voces que ven la importancia de reforzar esta hoja de ruta, favorable al encuentro y al diálogo, si se quiere encontrar soluciones globales y compartidas para garantizar el desarrollo y el bienestar de los pueblos en clave de seguridad ambiental y justicia social. Parece que tiene sentido recuperar a Sanahuja y Tezanos (2016) cuando hablan de los ODS como una propuesta cosmopolita de pacto global para el desarrollo. La propuesta de estos autores es la misma reclamada por expertos, entidades sociales y ecologistas, y organismos internacionales como UNICEF o el PNUD a la hora de intensificar la implementación de la Agenda 2030 como opción para salir unidos de estas crisis. La europarlamentaria socialista y catedrática de Historia e Instituciones Económicas de la Universidad Pablo Olavide (Sevilla, España), Lina Gálvez (GÁLVEZ & FERNÁNDEZ, 2020), hace una llamada de atención al compromiso personal. Gálvez insiste en que lo que «hacemos por nuestra cuenta, y por los demás, tiene que ser distinto a lo que habitualmente hemos venido haciendo, ya que el comportamiento individual, ya sea por omisión u acción, también tiene que ver con lo que está ocurriendo». Una reflexión que sirve para evidenciar otra de las cualidades de la Agenda 2030, como es la idea de fortalecer los liderazgos a través de políticas palancas que incidan en sus ejes estratégicos de: personas, planeta, prosperidad y paz.

El filósofo Edgar Morin (2020) en su ensayo "Cambiemos de vía: lecciones de pandemia' viene a recordar como un minúsculo virus ha puesto el mundo *patas arriba,* generando una *policrisis mundial* que a su vez ha generado una *gran incertidumbre.* Para Morin ante un futuro que tacha de impredecible es imprescindible hacer todo lo posible para "regenerar la política, proteger el planeta y humanizar la sociedad. Es hora de cambiar de vía". En definitiva, Morin (2020) como Sanahuja et al (2016) proponen un cambio de mentalidad y de actitud personal para lograr el compromiso colectivo para alcanzar unos objetivos que significan construir global y localmente un desarrollo humano sostenible. Y estos siguen estando en la Agenda 2030. Siendo, por tanto, el marco idóneo para el encuentro y el trabajo compartido ante los desafíos globales.

Objetivo

Para alcanzarlo, instrumentos transversales como la educación, la comunicación y la información adquieren gran relevancia. Martínez-Oses y Martínez (2015) ya venían apelando a la necesidad de construir o de reconstruir nuevos marcos de interpretación, de narrativas que sirvieran para interactuar de forma diferente, para llegar a cambios reales. Es cierto, como señala Cristina Sala Valdés (2017) el irrelevante peso de la comunicación para el desarrollo o el cambio social (argumentado por expertos como Rosa María Alfaro (1993), Alfonso Gumucio, (2001) etc.) en la Agenda 2030 a pesar de ser una conquista en los anteriores Objetivos de Desarrollo del Milenio (ODM). Los ODM no dudaron en asumirlo a partir de las conclusiones de las cumbres de la Sociedad de la Información celebradas en Ginebra en 2003, en Túnez en 2005, y especialmente del congreso Mundial de la Comunicación para el Desarrollo de Roma en 2006 y el de la UNESCO en 2013. Es cierto que los ODS centran, principalmente, su atención en una concepción más instrumental de la comunicación, y especialmente, como indica el ODS 9 vinculadas a las TIC y a la lucha para reducir la brecha digital (según ONU más de 4 millones de personas no tienen acceso a internet. El 90% de ellos en el mundo desarrollado). Mientras que el ODS 16 hace una referencia directa a garantizar el acceso a la información y proteger las libertades fundamentales, de conformidad con las leyes nacionales y los acuerdos internacionales. Un enfoque orientado hacia el papel de los medios como canales de información, y al derecho de la ciudanía a estar informada, y, por tanto, alejada de la dimensión amplia, transversal, corresponsable de una comunicación para el cambio social o con vocación transformadora construido a partir de la hibridación de saberes aportado desde la visión educativa de Freire (2005) hasta los modelos ecocomunicativos de Chaparro (2009).

Se podría señalar como un efecto positivo de la Agenda 2030 el interés de algunos medios por poner el foco informativo en los contenidos relacionados con el desarrollo humano sostenible. El caso más significativo es la sección 'Planeta Futuro' creada por El País en 2014, con financiación de la Fundación Bill y Melida Gates y replicando el modelo del diario británico The Guardian. Rompiendo esa vieja idea de que los medios no suelen incluir la pobreza y el desarrollo en su agenda informativa (TAIBO, 2007).

Metodología

Este artículo corresponde a la intervención en la mesa titulada '¿Cómo conectar la Agenda 2030 con el arte, la memoria, la comunicación y la cultura como promotores de un modelo de desarrollo crítico?' celebrada el 14 de julio del 2023 en el marco de las Jornadas Internacionales de Teorías Críticas de los derechos humanos y el desarrollo organizadas por la Universidad Pablo de Olavide (Sevilla).

Resultado

Díaz-Bordenave (2012) reclamaban en los foros de los ODM la necesidad de otra comunicación posible si el objetivo era alcanzar «otro mundo posible». Hoy, la reclamación, en el marco de los ODS, es de actualidad. Es tiempo para recurrir a nuevos modelos comunicativos e informativos que favorezcan los aprendizajes adquiridos para generar cambios de actitud y de aptitud para abordar el desafío de lograr sociedades más justas, inclusivas y sostenibles. Como indica la profesora Miedes (2021) se trata de aprender a conectar con la propia agencia, con la capacidad de transformación y con las otras personas, para que finalmente creamos que realmente podemos y somos capaces de transformar las cosas. Y la Agenda 2030, frente a los negacionistas, sigue siendo un espacio de encuentro de multiactores a través de una hoja de ruta compartida. Hoy el apoyo e impulso a la Agenda 2030 es un posicionamiento de acción política.

" *El papel de la sociedad global y su capacidad para ser parte activa en la transformación del poder estructural será un elemento crucial para el futuro de la agenda. En concreto, será fundamental la capacidad e influencia que esta tenga en la construcción de un marco de interpretación y una narrativa capaces de ampliar los límites de la agenda y de hacerla interactuar con aquellas otras esferas del poder estructural en las que se definen las cuestiones más determinantes para la configuración del desarrollo. No puede ignorarse la enorme tarea que exige a numerosas organizaciones de esta sociedad civil global transitar hacia un contexto en el que su papel fundamental no reside ya en la implementación de una agenda estática, sino en la interpretación y la construcción de la Agenda 2030 para hacer de ella una realidad dinámica y adecuada a las transformaciones que un mundo sostenible, equitativo y justo*" (MARTÍNEZ OSÉS & MARTÍNEZ MARTÍNEZ, 2016, pag.99)

El conector es, sin lugar a dudas, una comunicación basada en los comunes, y en la construcción colectiva de comunidad. Para ello se requiere un modelo de comunicación transformador. Cuyo propósito no sea el comunicar por comunicar, si no que la comunicación sea con propósito.

Conclusión

La Agenda 2030 como espacio político de transformación global requiere de una comunicación basada en la eco-coherencia. Es decir, que el propósito sea la sostenibilidad como hoja de ruta que garantice el desarrollo desde el reconocimiento de la existencia de límites, y la necesidad de generar nuevos modelos ecosociales para lograr la seguridad ambiental y la justicia social. Es importante el diseño de estrategias basadas en acupunturas comunicativas que permitan nuevas narrativas articuladas en el diálogo y en la escucha activa, y en la que se fomente la participación, poniendo en valor lo local, y la presencia de las voces que se quedaron en los márgenes. Y es determinante generar modelos de desarrollo que sean eficaces y eficientes, pero sobre todos afectivos para que realmente situemos al capital humano (las personas) y al capital natural (el medio) en el centro. De esta forma tendremos una comunicación con propósito para y de transformación social.

Bibliografía

AGUDO, A. "El desarrollo humano retrocede a los niveles de 2016", en *El País,* 8 de septiembre 2022.

ALFARO, R.M, *La comunicación como relación para el desarrollo. Alfaro, RM: Una comunicación para el desarrollo.* Ed. Calandria, Lima. 1993, pp. 27-39.

BARCENA, A., «*Coyuntura, escenarios y proyecciones hacia 2030 ante la presente crisis de la Covid-19*». [en línea], (2020) Comisión Económica para América Latina y el Caribe (CEPAL),. <https://bit.ly/37qSh6t>

CARDESA-SALZMANN, A., "La agenda 2030 y los objetivos para el desarrollo sostenible: una mirada crítica sobre su aportación a la gobernanza global en términos de justicia distributiva y sostenibilidad ambiental". *Revista española de derecho internacional,* Vol. 69, Nº 1, 2017, págs. 279-285.

CHAPARRO, M. "Comunicación para el empoderamiento y comunicación ecosocial. La necesaria creación de nuevos imaginarios, perspectivas de la comunicación". *Perspectivas de la Comunicación,* 2. Universidad de La Frontera (Chile), 2009.

DÍAZ-BORDENAVE, J., "La comunicación y el nuevo mundo posible". *Commons,* 1(1), 2012 pp. 6-13. https://doi.org/10.25267/commons.2012.v1.i1.02

FREIRE, P., *Pedagogía del oprimido.* Madrid. Siglo XXI, 2005

GÁLVEZ, L., & FERNÁNDEZ, P., «El mundo post-COVID, un reto también personal» [en línea], (2020), <https://bit.ly/3cXY8Br>, Eldiario.es. May 24 2020

GIL, C. G., "Objetivos de Desarrollo Sostenible (ODS): una revisión crítica". *Papeles de relaciones ecosociales y cambio global,* 140(1), 2018, pp. 107-118.

GUMUCIO-DAGRON, *Haciendo olas: historias de la comunicación participativa para el cambio social.* Nueva York. Estados Unidos. Fundación Rockefeller, 2001.

MARI-SÁEZ, V.M., "Comunicación, desarrollo y cambio social en España: entre la institucionalización y la implosión de campo". *Revista Commons,* 2013, 3, 42-46.

MARTÍNEZ OSÉS, P., & MARTÍNEZ MARTÍNEZ, I., "La Agenda 2030:¿ cambiar el mundo sin cambiar la distribución del poder?", *Lan harremanak: Revista de relaciones laborales,* N.º 33, 2016, pp. 73-102

MIEDES UGARTE, B., «Transformar nuestro mundo. Tres senderos de aprendizaje para agentes de cambio» [en línea], Huelva (2021): <http://www. uhu.es/publicaciones/?q=libros&code=1267> (accessed on 13 November 2021)

MORIN, E., *Cambiemos de vía. Lecciones de la pandemia.* Paidós. 2020

NACIONES UNIDAS PARA EL DESARROLLO (Ed.) «*Comunicación para el Desarrollo: Fortaleciendo la eficacia de las Naciones Unidas» [en línea], (2011)* <https://bit.ly/3d0Ie9e> Oficina de Políticas para el Desarrollo Grupo para la Gobernabilidad Democrática. Accedido 10/6/2022.

SANAHUJA, J.A., & TEZANOS-VÁZQUEZ, S. "Del milenio a la sostenibilidad: Retos y perspectivas de la Agenda 2030 para el desarrollo sostenible", *Política y Sociedad,* 54(2), 2016, 1-23. https://doi.org/10.5209/poso.51926

SALA-VALDÉS, C. "Repensar los objetivos de desarrollo sostenible desde la comunicación" [Ponencia], *8º Encuentro Internacional de Cultura, Comunicación y Desarrollo: Comunicando para un Desarrollo SOStenible,* UPV/EHU, 2017.

TAIBO, C. (2007). "Los efectos de la globalización en la era de la comunicación", en *Universidad, Medios de Comunicación y Solidaridad. (II Edición Periodismo Solidario),* Cuadernos Solidarios, UAM Madrid, 2007 pp. 87-106.

4.4. TRIPLE NEXO Y AUSENCIAS EN LA AGENDA 2030 Y LOS ODS: UNA REFLEXIÓN NECESARIA

DR. ALFREDO LANGA HERRERO[112]

Los Objetivos de Desarrollo Sostenible (ODS) y la Agenda 2030 ocupan un lugar central en muchas agendas gubernamentales, al menos sobre el papel. Sin embargo, la falta de menciones a los conflictos armados y la total usencia del término guerra, hacen necesario la reflexión al respecto. El hecho de que tan solo el Objetivo 16: "Promover sociedades justas, pacíficas e inclusivas" incluya en su meta 16.1, "Reducir significativamente todas las formas de violencia y las correspondientes tasas de mortalidad en todo el mundo" es una muestra de ello.

El enfoque de triple nexo, por su parte, fue lanzado en el marco de las denominadas nuevas formas de trabajar–*New Way of Working* (NWOW) – como iniciativa de Naciones Unidas y fue presentado en la Cumbre Humanitaria Mundial de 2016. Este enfoque hace hincapié en la necesidad de combinar tres elementos en la cooperación internacional, sin los cuales, no sería posible causar un impacto sostenible que posibilite un cambio social real y duradero. Estos elementos son: el desarrollo en el sentido de los ODS, la acción humanitaria y la construcción de la paz. El último elemento se materializa como un aspecto innovador, ya que hasta ahora se habían trabajado "dobles nexos", sobre todo el referido a Desarrollo-Acción Humanitaria y a Desarrollo-Construcción de Paz. Tal y como refiere la AECID (2019:7), este triple nexo se torna de gran relevancia para lograr las siguientes metas:" reducir la vulnerabilidad general y el número de necesidades no cubiertas, reforzar las capacidades de gestión del riesgo y abordar las causas subyacentes del conflicto".

Por todo ello, este texto representa una reflexión respecto a la aplicación de la Agenda 2030 y las estrategias planteadas para su culminación, tanto en el ámbito nacional como local, así como a la necesidad de incorporar el enfoque de Triple Nexo. Y esto, de cara a mejorar y aumentar la eficiencia de las políticas y proyectos de desarrollo territorial y, en algunos casos, incluso de posibilitar su impacto real.

---

112 Universidad Alice Salomon-Berlin

Introducción

Este texto tiene como objetivo presentar una reflexión sobre la ausencia del componente de construcción de la paz dentro de los Objetivos de Desarrollo Sostenible (ODS) y la Agenda 2030. Además, se introduce el concepto de triple nexo, recientemente incorporado como marco casi obligado de actuación, dentro de los actores de cooperación, aunque todavía circunscrito al elemento de acción humanitaria. Para ello, se ha acudido a bibliografía especializada y a informes que ponen de manifiesto dicha ausencia.

En un primer apartado, se identifican las "ausencias" del componente de conflicto y paz en los ODS y en la Agenda 2030. Posteriormente, se introduce el concepto y los elementos que componen el triple nexo entre acción humanitaria, desarrollo y paz y, en el cuarto apartado, se reflexiona sobre el componente de paz y conflicto ausente en los ODS. Por último, se ofrecen unas conclusiones que cierran el texto.

Ausencia de conflicto armado, paz y guerra en los ODS

El 25 de septiembre de 2015, 150 jefes de Estado y de Gobierno y los 193 miembros de Naciones Unidas (NNUU) aprobaron los ODS como "una serie de objetivos globales para erradicar la pobreza, proteger el planeta y garantizar la prosperidad para todos como parte de una nueva agenda de desarrollo sostenible". Estos 17 ODS, que se enumeran en la Tabla 1, con sus 169 metas y 232 indicadores suponen fines globales de desarrollo que se han de ir materializando mediante la Agenda 2030, ya que el año 2030 es el horizonte temporal hacia el que se dirigen (NACIONES UNIDAS, 2018; SANAHUJA y TEZANOS VÁZQUEZ, 2017).

Tabla 1. Los 17 ODS.

1. Poner fin a la pobreza en todas sus formas en todo el mundo
2. Poner fin al hambre, lograr la seguridad alimentaria y la mejora de la nutrición y promover la agricultura sostenible
3. Garantizar una vida sana y promover el bienestar de todos a todas las edades
4. Garantizar una educación inclusiva y equitativa de calidad y promover oportunidades de aprendizaje permanente para todos
5. Lograr la igualdad de género y empoderar a todas las mujeres y las niñas
6. Garantizar la disponibilidad y la gestión sostenible del agua y el saneamiento para todos.

7. Garantizar el acceso a una energía asequible, fiable, sostenible y moderna para todos.
8. Promover el crecimiento económico sostenido, inclusivo y sostenible, el empleo pleno y productivo y el trabajo decente para todos.
9. Construir infraestructuras resilientes, promover la industrialización inclusiva y sostenible y fomentar la innovación.
10. Reducir la desigualdad en los países y entre ellos.
11. Lograr que las ciudades y los asentamientos humanos sean inclusivos, seguros, resilientes y sostenibles.
12. Garantizar modalidades de consumo y producción sostenibles.
13. Adoptar medidas urgentes para combatir el cambio climático y sus efectos.
14. Conservar y utilizar sosteniblemente los océanos, los mares y los recursos marinos para el desarrollo sostenible.
15. Proteger, restablecer y promover el uso sostenible de los ecosistemas terrestres, gestionar sosteniblemente los bosques, luchar contra la desertificación, detener e invertir la degradación de las tierras y detener la pérdida de biodiversidad.
16. Promover sociedades pacíficas e inclusivas para el desarrollo sostenible, facilitar el acceso a la justicia para todos y construir a todos los niveles instituciones eficaces e inclusivas que rindan cuentas
17. Fortalecer los medios de implementación y revitalizar la Alianza Mundial para el Desarrollo Sostenible

Fuente. NACIONES UNIDAS (2018).

De los 17 ODS, tan solo dos de ellos contienen referencias a la violencia — los ODS 5 y 16 —, y ello a pesar de que el último informe sobre el estado de la inseguridad alimentaria mundial de la FAO identificaba como factores de malnutrición e inseguridad alimentaria a los conflictos armados, los fenómenos climáticos extremos y las crisis económicas, todo ello en combinación con el incremento de las desigualdades (FAO, FIDA, OMS, PMA y UNICEF, 2022; NACIONES UNIDAS, 2018).

El ODS 5 hace referencia a “Lograr la igualdad entre los géneros y empoderar a todas las mujeres y las niñas” y tan solo en su meta 5.2 hace una tímida referencia a la violencia, aunque no a las consecuencias de los conflictos armados, ni tampoco menciona la violencia contra la mujer como forma de guerra o instrumento de ésta. La referida meta 5.2. solo especifica: “Eliminar todas las formas de violencia contra todas las mujeres y las niñas en los ámbitos público y privado, incluidas la trata y la explotación sexual y otros tipos de explotación” (NACIONES UNIDAS, 2018).

El ODS 16, por su parte, pretende "Promover sociedades pacíficas e inclusivas para el desarrollo sostenible, facilitar el acceso a la justicia para todos y construir a todos los niveles instituciones eficaces e inclusivas que rindan cuentas". No menciona a los conflictos armados o a la guerra y de sus doce metas, tan solo la 16.1. alude a "Reducir significativamente todas las formas de violencia y las correspondientes tasas de mortalidad en todo el mundo". La guerra se incluye dentro del término "todas las formas de violencia", y tan solo se menciona de manera específica en las metas 16.4. y 16.10. con las expresiones "todas las formas de delincuencia organizada" y "el terrorismo y la delincuencia" (REY, 2020; NACIONES UNIDAS, 2018).

La ausencia de los términos guerra y/o conflicto armado son significativas, ya que invisibiliza una de las causas de la inseguridad alimentaria como consecuencia extrema de las carencias del desarrollo humano y, por tanto, los ODS no permiten trabajar en la resolución de las causas de dicha violencia (FAO, FIDA, OMS, PMA y UNICEF, 2022). Tal y como apunta Francisco Rey (2020), las referencias a los conflictos armados y a la construcción de la paz en la Agenda 2030 son muy limitadas y se circunscriben al ODS 16, como hemos visto, siendo las referencias a los temas humanitarios apenas presentes y claramente escasas.

Y esto es importante porque en los últimos años, desde el seno de NNUU y de diversas instituciones regionales y multilaterales, se ha planteado la necesidad de vincular el desarrollo con la acción humanitaria y las iniciativas de construcción de la paz (ABELLÁN y REY, 2022; REY, 2020; AECID, 2019). Estos tres elementos se han identificado dentro de un enfoque o guía de actuación que los incluye y que implica su coordinación y coherencia. Es lo que se denomina enfoque de triple nexo y se trata en el apartado siguiente.

El tripe nexo entre acción humanitaria, desarrollo y paz

El enfoque de triple nexo hace referencia a los vínculos entre la acción humanitaria, las intervenciones de desarrollo y las iniciativas de paz, por lo que cada componente del triple nexo tiene bases diferentes. El enfoque del triple nexo fue presentado en la Cumbre Humanitaria Mundial de Estambul de 2016 y surgió dentro la Agenda para la Humanidad y de las iniciativas de Naciones Unidas para identificar nuevas formas de trabajar – *New Way of Working*– (ABELLÁN y REY, 2022; REY, 2020; AECID, 2019).

De manera específica, en la Agenda para la Humanidad surgida de la cumbre se especifica lo siguiente: "Tal y como acordaron los socios en el documento Compromiso para la Acción, la Nueva Forma de Trabajar no consiste en trasladar la financiación de los programas de desarrollo a los programas humanitarios o de los actores humanitarios a los de desarrollo, sino en:

- Utilizar mejor los recursos y las capacidades, mejorando los resultados de los ODS para las personas en situaciones de riesgo, vulnerabilidad y crisis; reducir las necesidades humanitarias a largo plazo.
- Impulsar nuevas asociaciones y colaboraciones (por ejemplo, a través del sector privado, los actores locales o los bancos multilaterales de desarrollo) en apoyo de la consecución de resultados colectivos y mensurables que reduzcan las necesidades, el riesgo y la vulnerabilidad de las personas" (REY, 2020:84).

Es decir, se centra en la consecución de los ODS y se enfoca, esencialmente, en la organización y en el uso de los recursos. Por ello, los ODS marcan el horizonte de la *New Way of Working* y alejan a esta nueva forma de trabajar del análisis de los conflictos armados y del seguimiento de sus consecuencias y efectos. De esta manera, el componente de desarrollo del triple nexo está limitado y delimitado por los ODS y la Agenda 2030, y las políticas, planes, programas y proyectos de desarrollo se rigen, al menos en cuento a NNUU se refiere, por éstos.

El componente de acción humanitaria, por su parte, se refiere a las iniciativas y acciones que buscan, fundamentalmente salvar vidas, aliviar el sufrimiento, y mantener y proteger la dignidad humana ante situaciones de crisis humanitaria. Estas crisis humanitarias pueden tener su origen en desastres provocados por el hombre y la mujer o tener un origen natural. En todo caso, la acción humanitaria ha de contemplar los principios humanitarios en sus actuaciones: neutralidad, independencia, imparcialidad y humanidad (IECAH, 2010). Además, la acción humanitaria ha de considerar la protección de las personas afectadas por crisis humanitarias, apoyándose en el marco jurídico que proporciona el Derecho Internacional Humanitario, el Derecho internacional de los Derechos Humanos y el Derecho Internacional de los Refugiados (REY, 2020; IECAH, 2010).

Al respecto, la vinculación de la acción humanitaria y el desarrollo se ha mostrado como un elemento esencial de eficacia, eficiencia, coordinación, y coherencia por parte de actores de desarrollo y humanitarios. El denominado enfoque VARD (Vinculación entre Acción Humanitaria, Rehabilitación y Desarrollo) fue introducido hace dos décadas por donantes e instituciones de cooperación de cara a cristalizar un doble nexo entre acción humanitaria y desarrollo que evitara el solapamiento entre actuaciones y permitiera aprovechas sinergias (ABELLÁN y REY, 2022; REY, ABELLÁN y GÓMEZ, 2022). El doble nexo trata de enlazar las actividades humanitarias con las de desarrollo, y con la llegada de Agenda para la Humanidad se elaboran cinco responsabilidades que incorporaban el elemento de paz y conflicto:

- Prevenir los conflictos y ponerles fin.
- Respetar las normas de la guerra.
- No dejar a nadie atrás.
- Trabajar de manera diferente para poner fin a las necesidades.
- Invertir en humanidad (NACIONES UNIDAS, 2016).

Quizás por ello, y como consecuencia de esta necesidad de conexión entre componentes es que nace el triple nexo, que incorpora el componente de paz como elemento novedoso. Así, las iniciativas de desarrollo deben tener en cuenta las iniciativas humanitarias y la resolución pacífica de conflictos, y viceversa. El nexo en cooperación internacional da así un paso más, y ya no es sólo un doble nexo entre desarrollo y acción humanitaria, sino un triple nexo que también tiene en cuenta la construcción de la paz, tal y como ilustra la Figura 1 (REY, 2020).

Figura 1. Convergencia Triple Nexo

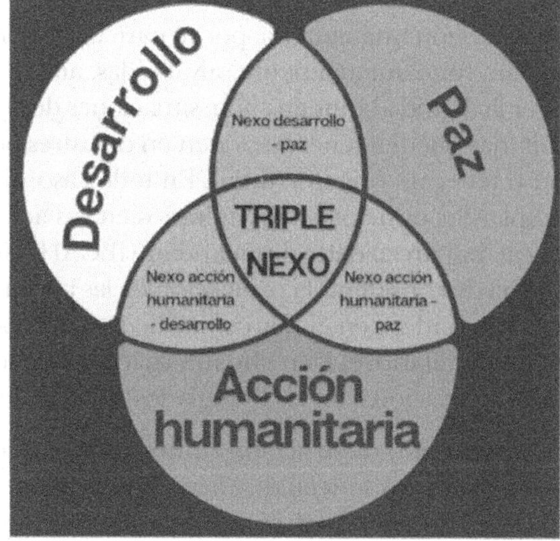

Fuente: ABELLÁN y REY (2022) y REY (2020).

Paz, violencias y triple nexo

El componente de la paz es el elemento más recientemente incluido en el triple nexo y el que genera mayor ambigüedad y complejidad en su aplicación. Es este elemento el que convierte el doble nexo acción humanitaria-desarrollo en un triple nexo, y el que corrobora que las iniciativas de desarrollo deben tener en cuenta las actividades humanitarias y la resolución pacífica de conflictos, y viceversa (REY, 2020; FANNING y FULLWOOD-THOMAS, 2019).

En relación con el tercer elemento del nexo — la paz —, a finales de 2016, António Guterres, secretario general de NNUU, alentó a la comunidad internacional a incorporar el tercer elemento, denominado "paz sostenible". Esto plantea un importante reto en términos de coherencia y coordinación con los componentes de desarrollo y acción humanitaria (ABELLÁN y REY, 2022). Dar contenido y definir dicha "paz sostenible" plantea un desafío ya que, si los otros dos componentes del triple nexo están claramente definidos, el de la paz, no lo está. Más aún, teniendo en cuenta las ausencias manifiestas de los ODS al respecto y presentadas en los apartados anteriores. En este texto se propone acudir al enfoque propuesto por Abellán y Rey, (2022) o Rey, Abellán y Gómez (2022) y asociar el término "paz sostenible" con el concepto de paz positiva, propuesto por Johan Galtung (2003) y en el que se basa, igualmente, John Paul Lederach (1998), hace ya algunas décadas.

El concepto de paz positiva implica la ausencia de todo tipo de violencia y ello incluye tres tipos de violencias: la violencia directa, la violencia indirecta o estructural y la violencia cultural (GALTUNG, 2003). En este sentido, la violencia no se concibe como sinónimo de conflicto, ya que el conflicto implica la competencia entre dos o más sujetos por los recursos, por un determinado territorio o por cuestiones de índole conceptual, como la ideología o las interpretaciones religiosas. La solución a dicha competencia o disputa no implica necesariamente el uso de la fuerza, por lo que toda violencia se basa en un conflicto, pero no todo conflicto implica violencia (LEDERACH, 1998).

Como se ha visto, el concepto de violencia no es uniforme, sino que integra tres dimensiones. La violencia directa significa el ejercicio de la fuerza y la agresión que es visible y observable en términos de comportamiento, conducta y acciones de las personas. La violencia indirecta o estructural, por su parte, tiene que ver con la existencia de una determinada estructura o sistema social represivo, explotador o alienante que, a su vez, provoca injusticia, exclusión, desigualdad y privación para determinados grupos sociales. De esta manera, no se ejerce una agresión física directa, pero las estructuras socioeconómicas a través de las instituciones ejercen una violencia que se traduce en la pobreza, la falta de acceso servicios básicos o la marginación de comunidades o grupos definidos por criterios sociales, religiosos, étnicos, territoriales o de clase (GALTUNG, 2003). De esta forma, la violencia indirecta o estructural posibilita, en muchos casos, el ejercicio de la violencia directa sobre los grupos o comunidades excluidos por las élites en el poder. Este aspecto es uno de los ausentes en los ODS, ya que al no mencionarse que ciertas estructuras posibilitan o ejercen violencia, se visibiliza la posibilidad de análisis y solución.

La violencia cultural, en cambio, se refiere al aspecto más profundo y simbólico de las relaciones, que corresponde a la percepción del otro. Tiene que ver con la conformación de los criterios sociales, religiosos, étnicos, territoriales o de clase que posibilitan el ejercicio de la violencia directa e indirecta de unos sobre otros. Consiste en la suma de todos los mitos, glorias y traumas de un grupo o comunidad y sus élites que sirven para justificar la violencia directa e indirecta sobre otro grupo o comunidad. Sin la violencia cultural no se entiende el ejercicio de las otras violencias y es fundamental para justificarlas (GALTUNG, 2003).

De manera visual, Galtung nos ofreció una figura en forma de triángulo que relaciona las violencias. Este triángulo de las violencias — Figura 2 — podría identificarse con un iceberg, en cuya cima se encuentra la violencia directa, que es observable y física, pero donde se oculta la violencia indirecta o estructural y, sobre todo, la violencia cultural, que es la que justifica y permite que se ejerzan las otras dos (GALTUNG, 2003; LEDERACH, 1998).

FIGURA 2. El triángulo de la violencia

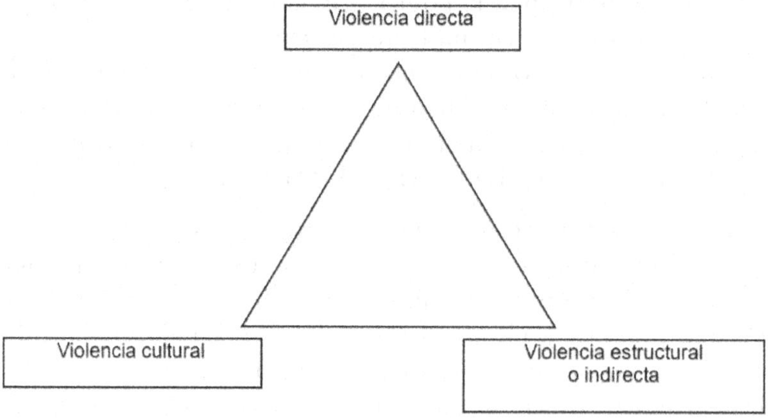

Violencia directa

Violencia cultural

Violencia estructural o indirecta

Fuente. GALTUNG (2003) y Elaboración propia.

De esta forma, Galtung (2003) confecciona un concepto de paz que está relacionado con la existencia de estas tres dimensiones de la violencia. La paz positiva implica la ausencia de todas las violencias, por lo que podría acercarse a lo que António Guterres denominó "paz sostenible" (ABELLÁN y REY, 2022).

Sin embargo, la paz negativa supone la ausencia de violencia directa, pero no así de violencia indirecta o estructural y cultural, por lo que no constituye un ejemplo de "paz sostenible".

En este punto, resulta esencial volver al triple nexo y a las responsabilidades que lanzó la Agenda para la Humanidad con respecto a la comunidad internacional, la primera de las cuales se refería al liderazgo político para prevenir y poner fin a los conflictos. Dentro de esta responsabilidad, se especifica que: "Para acabar con el sufrimiento humano se necesitan soluciones políticas, unidad de propósito y liderazgo e inversión continuos en sociedades pacíficas e inclusivas" (NACIONES UNIDAS, 2016:7). Por ello, al menos, en el ámbito humanitario se consideraba la acción política como fundamental para afrontar los conflictos, algo que los ODS obviaron y que resultaría esencial de cara a poner en marcha iniciativas integradas en el componente de paz del triple nexo. De esta manera, se evidencia que los elementos estructurales relacionados con la violencia, que deberían de ser incorporados en el componente de desarrollo del triple nexo, se obvian al estar ausentes del contenido de los ODS. Se deja una opción de vínculo entre la paz y la acción humanitaria a través de las responsabilidades que plantea la Agenda para la Humanidad, pero ese vínculo se difumina en el nexo desarrollo-paz, con las ausencias de los ODS.

Conclusiones

Como se ha comprobado, la Agenda 2030 y los ODS no incorporaron en su día el elemento de conflicto y paz necesario para la materialización del enfoque de triple nexo. Teniendo en cuenta que la Agenda para la Humanidad lo incluyó en 2016 dentro de sus cinco responsabilidades, parece claro que la comunidad internacional y con ella, los organismos e instituciones de cooperación internacional lo han interiorizado, pero dentro del componente de acción humanitaria. Por ello, los ODS como paradigma del desarrollo siguen desvinculados del componente de paz del triple nexo y parece que dicho componente se deba vincular con la acción humanitaria únicamente. Esto no es desgraciadamente una tendencia exclusiva de las instituciones regionales o multilaterales, sino que, tanto en la academia como en gran parte de las ONG, se sigue asociando al triple nexo con la acción humanitaria, y el componente de paz a ésta, dejando casi al margen, al componente de desarrollo y a los paradigmáticos ODS. De esta forma, el nexo desarrollo-paz apenas se considera.

Por todo ello y de cara romper esta tendencia, la relación entre los componentes del triple nexo debería de ser coherente, complementaria y coordinada, tal y como plantean Abellán y Rey (2022). Además, existe una necesidad de elaborar e impulsar nuevos instrumentos de planificación y seguimiento que incorporen un verdadero triple nexo que incluya al desarrollo y al concepto de paz positiva. Para ello, una propuesta concreta sería la generalización del uso de metodologías sensibles al conflicto, tanto en la acción humanitaria como en las iniciativas de desarrollo para, de esta manera, incorporar, al menos como horizonte, el concepto de paz positiva o el de "paz sostenible" que permita una plena y real aplicación del triple nexo.

Bibliografía

ABELLÁN, B., REY, F., *El triple nexo en la práctica: retos y propuestas para la cooperación española*, Instituto de Estudios sobre Conflictos y Acción Humanitaria (IECAH), Madrid, 2022.

AECID, *Recomendación del Comité de Ayuda al Desarrollo (CAD) sobre el nexo acción humanitaria-desarrollo-paz*, Oficina de Acción Humanitaria de la Agencia Española de Cooperación Internacional para el Desarrollo (AECID), Madrid, 2016.

FAO, FIDA, OMS, PMA y UNICEF, *Versión resumida de El estado de la seguridad alimentaria y la nutrición en el mundo 2022*, FAO, Roma, 2022. https://doi.org/10.4060/cc0640es

GALTUNG, J., *Paz por medios pacíficos. Paz y conflicto, desarrollo y civilización*, Editorial Gernika Gogoratzu, Bilbao, 2003.

IECAH, *La vinculación entre ayuda de emergencia, rehabilitación y desarrollo. Estado de situación a nivel internacional y aportaciones para la formulación de una política de la Oficina de acción humanitaria de AECID*, Instituto de Estudios sobre Conflictos y Acción Humanitaria (IECAH), Madrid, 2010.

LEDERACH, J. P., *Building peace: sustainable reconciliation in divided societies*, United States Institute of Peace, Washington, 1998.

NACIONES UNIDAS, *La Agenda 2030 y los Objetivos de Desarrollo Sostenible: una oportunidad para América Latina y el Caribe*, Comisión Económica para América Latina y el Caribe (CEPAL), Santiago de Chile, 2018.

NACIONES UNIDAS, "Una humanidad: nuestra responsabilidad compartida: Informe del Secretario General para la Cumbre Humanitaria Mundial" A/70/709 (2 de febrero de 2016), disponible en: http://www.unorg/es/conf/whs/pdf/A-70-709-SG_es.pdf

REY, F., ABELLÁN, B. y GÓMEZ, A., *La aplicación del enfoque de triple nexo entre la acción humanitaria, el desarrollo y la paz en el contexto de los flujos migratorios de Venezuela*, Instituto de Estudios sobre Conflictos y Acción Humanitaria (IECAH), Madrid, 2022.

REY, F., "El nexo entre la acción humanitaria, el desarrollo y la construcción de la paz: algunas precauciones desde una perspectiva humanitaria", en *La Acción Humanitaria en 2019-2020: Una Agenda Condicionada por la Pandemia*, Instituto de Estudios sobre Conflictos y Acción Humanitaria (IECAH), Madrid, 2020.

SANAHUJA, J.A. y TEZANOS VÁZQUEZ, S., "Del milenio a la sostenibilidad: retos y perspectivas de la Agenda 2030 para el desarrollo sostenible", en *Política y Sociedad*, 54(2), Madrid, 2017.

4.4. LA "DIALÉCTICA DEL MONSTRUO" EN LAS PESQUERÍAS OLVIDADAS DEL CARIBE: DESAFÍOS CULTURALES DE LA AGENDA 2030

JOHANA HERRERA ARANGO[113]
CARLOS TAPIA MARTÍN[114]

Introducción

Comprender la relación pescadores-mares-sostenibilidad implica adentrarse en múltiples arreglos históricos, sociopolíticos y culturales construidos por la gente del mar para adaptarse y manejar un ámbito acuático que se caracteriza por su inmensidad, a la vez que por su fragilidad y tendencia actual al colapso. Por gente del mar entendemos a los pueblos que, en la actualidad, mantienen sistemas pesqueros y de navegación de pequeña escala, como sucede en el Mediterráneo, el Gran Caribe, los litorales asiáticos, africanos y del Atlántico europeo.

La gente del mar ostenta en la actualidad un ámbito muy reducido en la gobernanza marítima. Las costas y océanos se regulan a través de complejas normativas -desde escalas globales a locales- en las que priman comercio, pesca industrial, soberanías nacionales y, cada vez con más frecuencia, las áreas marinas protegidas. Los pescadores artesanales y de pequeñas flotas, así como sus formas de vida, suelen estar marginalizadas de la discusión sobre los océanos.

Lo que no deja de ser paradójico porque los pueblos pescadores conocen y apropian la mar a partir de praxis definidas por Florido (2020) como *culturalezas* que se caracterizan por una conexión relacional entre seres humanos, animales y otras entidades vivientes y actantes. Ese complejo constructo humano-ambiental es cambiante y enfrenta serios desafíos para adaptarse a distintos marcos geoeconómicos y geopolíticos (FLORIDO, 2020).

Uno de esos marcos es la Agenda 2030 y, de manera más específica, las políticas locales que se alinean con las metas de sostenibilidad que surgen

---

113 Universidad Javeriana–Colombia

114 Universidad de Sevilla

de la Agenda y de los Objetivos de Desarrollo Sostenible (ODS). Ese conjunto de disposiciones, indicadores, acuerdos y programas buscan incidir en problemas estructurales como el hambre, la vivienda, los sistemas de salud y otros asuntos en los que la desigualdad e inequidad se expresan con mayor rigor. Los océanos están presentes en la Agenda 2030, especialmente en el ODS 14, pero las pesquerías artesanales están invisibilizadas en el conjunto de objetivos. Y no se trata de un sector minoritario. Tan sólo la Red Iberoamericana de Pesca Artesanal reúne cerca de 20 millones de pescadores de Portugal, España y Latinoamérica. En el planeta se estima que hay 492 millones de personas que dependen —al menos en parte— de la pesca en pequeña escala como medio de vida (FAO ET AL. 2023:83).

En este capítulo proponemos un análisis de enfoque cultural y socioecológico que busca problematizar los regímenes de invisibilidad que tienen las pesquerías artesanales en la Agenda 2030. Sostenemos que, la relación del resto de la sociedad con la gente del mar ha estado caracterizada por tensiones propias de dos mundos opuestos, el lógico-normativo que busca imponer nociones de orden y propiedad, y los resistentes al cumplimiento de la ley, sujetos sometidos a regulaciones externas sobre su propio mundo. En el arte y la memoria, esta rivalidad de los terrestres contra los pueblos del mar tiene importantes referentes históricos de cómo y por qué el mar y sus habitantes devienen tan extraños como para reconocerlos como monstruosos, peligrosos, anormales.

Los denominamos dos mundos porque si se reposiciona la condición de anormalidad tradicionalmente atribuida a los pueblos del mar, al menos en un estado transitorio, las pesquerías en toda su diversidad constituirían un otro mundo al que los agentes de lo lógico normativo se deben acercar, comprender y aceptar. Si la Agenda 2030 busca superar brechas de inequidad, debe subvertir dichos mundos dicotómicos, del que hace la ley (o la política pública de los ODS) y quienes han de cumplirla.

Nuestra propuesta considera las pesquerías como modos de existencia, como ensamblajes socioecológicos diversos y continuamente confrontados por los modelos de ordenamiento, los conflictos ambientales y la exclusión. Pese a ello, las pesquerías subsisten y aspiran a no desaparecer tal como lo muestran los casos empíricos que usamos en este capítulo fruto del trabajo etnográfico en la zona insular de Cartagena de Indias en Colombia.

La ley del monstruo

Se dice del desemejante Papa Pío II (1458-1464) que escribió, además de la novela erótica "Historia de dos amantes", un curioso improperio, tan impropio como el personaje que él mismo representaba: "¿Qué les importa la ley a los peces? Así como entre las bestias brutas las criaturas acuáticas tienen la menor inteligencia, entre los seres humanos los venecianos son los menos justos y los menos capaces de humanidad, y naturalmente, porque viven en el mar y pasan su vida en el agua usan barcos en lugar de caballos, no son tan compañeros de los hombres como de los peces y de las multitudes de monstruos marinos" (CHAMBERS, 1971:96). Es relevante esta frase para comprender la relación de las gentes del agua con la cultura y la memoria, trascendiendo la propia y sirviendo a la ajena. Y lo es porque la redacta al perder en 1463 la oportunidad de hacerse con la ciudad marinera y pesquera de Cervia, obviamente superado en la puja por Venecia, a quien acusa de compra ilegal. No duró mucho allí el *podestá* veneciano, y tras las guerras contra la Liga de Cambrai, en el año 1509 volvió la ciudad a manos del Estado de la Iglesia.

La clave de sentido de la frase se encuentra en la condición liminar. Quienes moran en el *limes* determinan lo que *no* son los demás. Quienes allí comprenden la ley de la frontera adquieren características que, literalmente, mutan su ser. Ese sentido se ha asumido por siglos por vía contraria, a saber, que los demás son los monstruos, puesto que, para que haya *ser,* éste ha de atenerse a la norma. Pero esclareceremos aquí que hay más oportunidad de entender procesos contemporáneos de inequidad en casos concretos de sociedades históricamente pesqueras por la primera vía que por la segunda. Como dijo Jeffrey Cohen, el monstruo, si algo es, es pura cultura. Su "liminaridad ontológica" (*ontological liminality,* COHEN, 1996: 6) entraña asimismo riesgo, puesto que, a lo atrayente de permanecer indescifrable, intratable, se une a la amenaza de volver inasible a la misma cultura que lo construyó, como su reverso tenebroso, como su contracara. Las ficciones culturales y la imaginación social de los pueblos del agua muestran un reflejo –más cercano a ser un acto reflejo que a contemplarse frente a un espejo- del equívoco reparto de papeles entre normales y anormales.

Lo cierto es que, Chambers, que escribe sobre la edad imperial de Venecia y su marco jurídico, no cree que el Papa Pío II dijera con convencimiento que esos subhumanos que son los venecianos no impartieran justicia más eficazmente que lo que se conseguía en los territorios papales. Parece más una cuestión de envidia la que envuelve la frase, una sentencia impulsiva que entreteje la legalidad con la monstruosidad.

Que sean condiciones psicológicas o parapsicológicas las que se desvelan en esa reunión improcedente Ley-Monstruo, ha demorado en determinarse cabalmente mucho tiempo.

Será el siglo XIX quien se empeñe con más ahínco en hacer ciencia con lo monstruoso –aunque se debe recordar la precursora tentativa taxonómica de Carl Linnaeus (SCRIBNER, 2021) que incluyó dragones o sátiros en su *Systema Naturae*–, para, finalmente, con la Modernidad inundándolo todo, lamentarse de que no había caso. No obstante, el empeño generalizado de ordenar lo ordinario con lo anormal es uno de los primeros proyectos de la ciencia. Weinstock (2008) aporta en su artículo un dato relevante en el estudio de lo diferente, de los "Errores de la Naturaleza", de lo monstruoso y mutado, al traer a primer plano el tratado de Francis Bacon "Novum Organum" en el que la Historia Natural se divide en tres ámbitos interrelacionados: el estudio de la naturaleza ordinaria o habitual (la auténtica historia de las generaciones), de la naturaleza desviada, y de la naturaleza manipulada por el hombre (la artificialidad). Para Bacon (1620), no pueden separarse metodológicamente esos tres ámbitos, sino que han de reconocerse como interdependientes.

Pero, hasta ese siglo XIX, y desde los tiempos que pretendían aclarar la oscuridad medieval, los monstruos marcan los límites de los valores culturales. Como excrecencias de nuestros sistemas de autodefinición, son relevantes en su doble papel que combina fascinación y miedo, lo imposible y lo prohibido. Lo que entendía Darwin por monstruosidad consistía en alguna desviación considerable de las estructuras, o bien perjudicial, o bien inútil, para la especie.

No fue sino hasta que Georges Canguilhem pronunció su conferencia de Polonia en 1969, donde ponía en jaque la obviedad de la llamada "Ideología Científica", cuando lo inamovible del método científico en su marco histórico desde el XIX se vuelve perplejidad al cuestionarse su autenticidad. Si la autenticidad de la ciencia dejara entrar la historia de todas las expropiaciones efectuadas con lo llamado *inauténtico* como parte de su sistema comprensivo, ¿qué podría suceder? Si a ello sumamos el que en 1962 Canguilhem había analizado los monstruos como productos de la organización social del conocimiento, la tesis es contundente: en una investigación colectiva, el modo en que se fabrican los monstruos es un *síntoma* de las culturas cuando llevan al extremo los límites de autoconciencia.

Como recogió el autodidacta y revolucionario cirujano-barbero renacentista Ambroise Paré (que llegó desde orígenes humildes a médico real) en 1575 en su libro "Des Monstres et Prodiges", acercarnos a los monstruos provee pruebas de la variedad ilimitada de la naturaleza y de nuestra capacidad de respuesta humana a ella. El libro describe profusamente diversas criaturas extrañas, horripilantes y contra natura, de las que había tenido conocimiento a lo largo de su dilatada y variada carrera. Conocer a los monstruos significa reconocer nuestras nociones de alteridad en términos abstractos, es poder dar luz a todo aquello que va más allá de los límites de la imaginación y que no pueden explicarse a fondo. Cualitativamente, puede decirse, los monstruos sientan una lógica distinta de la racional.

El tono sardónico de Pío II, que reúne la lógica no racional con la ley por la mediación de lo anormal, refuerza la idea de síntoma, de algo que está pasando y que está por esclarecer, en las culturas. Recordemos con Foucault (2001) que tratar al monstruo como categoría jurídica (desde la Roma justiniana) genera aperturas para reflexionar sobre la diferencia, la exclusión, la supresión, la vigilancia y el control en la vida contemporánea. Será Canguilhem, quien aclare que el monstruo es una condición biológico-médica y lo monstruoso una categorización legal. Pero legal en términos europeos, primero desde el modelo francés, encarnado el relato de los dispositivos foucaltianos y, después, anglosajona, por la globalización y la implantación de su respaldo jurídico acorde (SHARPE, 200: 391).

Cabe señalarse aquí que Vico (tomado de San Agustín, entendido en su caso como lo fuera de lo común), invocaba la etimología jurisprudencial de la palabra monstruo como *monstrare*, es decir, mostrar, explicando que, en el Derecho Romano, los hijos nacidos de prostitutas son llamados monstruos, porque su origen está en una unión incierta (VICO 1744, vi, 410). Insultar a alguien acusándolo de tener una madre meretriz implica no tanto aludir a un origen indigno sino colocarlo en el lugar permanentemente desencajado del monstruo. Los monstruos guardan una lejana pero amenazadora relación de diferencia con las normas que construimos para ordenar nuestro mundo.

Sin embargo, no se trata de una carga ideológica que se norma meramente en papel. El arte exhibe su definición precisamente por su razón de ser, que no es otra, como dice Remo Bodei (1998: 16), que ha de ocuparse de "lo amorfo, lo disonante, lo repudiado, de profundizar en todas las manifestaciones deformadas y desfiguradas de una verdad dolorosa, que -obligada a esconderse y disfrazarse para escapar a la persecución de los poderes establecidos- ha acabado asumiendo un rostro híspido, repulsivo y terrible". Si el arte es tal, lo es por atacar los aparatos simbólicos que blindan las ideologías dominadoras con sus cláusulas expeditivas de legalidad, incluyendo aquellas manifestaciones artísticas redundantes con el sistema de coerciones y limitaciones a una realidad expandida, obliterando incluso las historias que no suman a los designios de determinación, sin reparos a cegar vidas y modos de vida en su aplanamiento co-existencial.

En la época de Pío II, el pintor Andrea Mantegna graba en la década de los 70 del siglo XV una especie de friso con dos partes diferenciadas, pero en continuidad escénica (Fig. 1). Se trata de la "batalla de los dioses marinos", que ejemplifica con rotundidad la parte maldita del arte que, como toda *marginalia*, requiere un esfuerzo comprensivo auxiliar. Esas partes en blanco de los mapas, en sus márgenes desconocidos y temidos, se nominaban en este momento como "Terra Incognita". Que los cartógrafos ingleses colocaran en esos lugares la frase "here be dragons" no incitaba a la precaución sino a la atracción, a la fascinación, a hacer *cognita* la tierra desconocida.

Figura 1 El combate de los dioses marinos (Madrid, Biblioteca Nacional de España), 1470s Andrea Mantegna.

Mantegna, según relata el Vasari (1550), encaja la escena mediante la elaboración de una pregunta para la que no tiene respuesta, buscada en los eruditos de la época sin que obtuviera una concluyente contestación por parte de sus asesores (JACOBSEN, 1998: 627): ¿cómo representar una personificación de la justicia?, tal era la pregunta. La resuelve como si contestara directamente la pregunta del Papa *mostrando* el papel mismo del arte en la frontera marina donde los seres encauzan formas extraídas de un *topos* literario conocido para conectar con un entendimiento plausible y generalizado.

Aleccionados por la Envidia, en una zona pantanosa -significadamente viciosa-, unos personajes luchan entre sí. Al fondo, se ve una estatua de Neptuno frente a un espejo, pero con la cara vuelta hacia la ciudad, que es apenas visible, para él y para el observador. Ante la nimiedad dada a la autoridad de dioses en el lugar de la ley -la ciudad-, el *limes* es entonces pura presencia, donde lo subhumano, lo monstruoso, se territorializa al alza en ese ecotono que encabalga tierra y mar. El propio dios del mar se olvidó de su atributo por prestar atención a la ciudad. La bruja que encarna la Envidia porta un letrero que la identifica (INVID), y desata las bajas pasiones, propias de quienes no están del lado de la ley, delineando unas criaturas mitológicas, entre humanas y animales, siendo esa naturaleza la más baja de la humanidad, consagrándose aquí un estereotipo que era común en el Renacimiento y que nos sirve de advertencia ante la Agenda 2030, que se centra principalmente en la tierra, en los sistemas agrícolas y los problemas agrarios o urbanos, obliterando la importancia de los océanos a un solo ODS (14).

Mantegna hace confundir la apariencia de los monstruos con los Telquines, hábiles artistas mitológicos de la isla de Rodas que estaban vinculados a la Envidia, y que el pueblo los reconocía por su irascibilidad, al emplear su poder de demonios para provocar catástrofes al modo en que los dioses lo hacían, usando las fuerzas de la naturaleza como medio de castigo. El propio Mantegna estaría implicado en el tema representado, por las vicisitudes que padeció como pintor en su juventud al aprovecharse su mentor de su talento, y por las falsificaciones que hicieron otros grabadores de su obra (que en ocasiones penaron su ofensa con una golpiza propinada por matones pagados por el propio pintor). El muy freudiano concepto de inconsciente se disemina justo antes de la muerte de Aby Warburg, cuyas conceptualizaciones sobre los hechos culturales acogen bien nuestras hipótesis psicológicas –la envidia- sobre la pregunta de Pío II. La "dialéctica del Monstruo", así por Warburg definida, es una lógica dual que desborda el propio caos que muestra el choque mientras se exhibe una belleza determinada por el horror que reprimen, como ha escrito Didi-Huberman (2001). Pero, al mismo tiempo, estas confrontaciones culturales promueven una libertad donde cada parte no somete su pulsión a su contraparte, una esquizofrenia que será más tarde la vía deleuziana para los afectos. Así, la crisis, la represión –la envidia sería una forma de expresarla- se visibilizan en el método warburgiano que Huberman llama como *síntomas-movimientos* (2001: 627).

Serían estas imágenes ideadas una suerte de *Ars Memorandi* mediante seres híbridos en los que es posible resumir en una sola representación la totalidad circundante, de forma que, desde este punto de vista, el monstruo, que sería un trofeo cultural, se convierte en un edificante *teatro de la memoria,* al modo de Giulio Camillo. Y es que, Monstruo, viene de *men,* una raíz indoirania, de donde también viene *memoria,* pensamiento en sí. La interpretación de este grabado alerta de la inmediatez de atribuir la monstruosidad a quien no le corresponde, si por corresponsabilidad entendemos a la ligera que los dioses imparten justicia y los demonios, supuestamente no. En los textos de Cicerón (106-43 aC) se relaciona *monstrum* con *monere,* que significa recordar o advertir, en la misma significación que entendemos cómo actúa un presagio o augurio.

Las pesquerías olvidadas

En el Caribe colombiano la configuración del paisaje y la historia del uso de las grandes cuencas ribereñas han dado origen a comunidades humanas en estrecha conexión con el agua. Los expertos lo denominan *culturas anfibias* para mostrar que se trata de un modo de vida complejo y adaptativo a los regímenes hídricos (RICAURTE *ET AL.*, 2019). Sin embargo, poco se ha explorado las formas de vida costeras, de aquellas poblaciones que habitan lagunas del litoral caribeño y que circulan mar adentro para la pesca y la navegación. Estas poblaciones del litoral y del mar, en su mayoría pueblos afrodescendientes, han construido un modelo de uso y unas relaciones socio-ecológicas con el océano, con el Gran Caribe, que dan cuenta de un *maritorio* que conecta Colombia con América Insular (MÁRQUEZ, 2019).

Sin embargo, esa estrecha relación de los pueblos insulares con el mar enfrenta hoy múltiples amenazas. Por un lado, la degradación de los sistemas marinos ha llevado al colapso de las pesquerías (SALAS *ET AL.*, 2007), y el abandono de la actividad pesquera y las artes de pesca (DFG por sus siglas en inglés *Derelict fishing gear*) contribuye al gran problema de los desechos marinos (MACFADYEN, HUNTINGTON y CAPPELL, 2009). Por otro lado, las formas de vida de los pueblos costeros han tenido que maniobrar con los cambios abruptos en el ecosistema y con un escenario de nuevos actores y usos del mar como el turismo, el auge inmobiliario en la costa (BERKES, 2015), la creación de áreas protegidas, la construcción de puertos y otros usos del mar que les afectan en la libre circulación y el acceso a los ya escasos recursos pesqueros y, en conjunto, a su propio modo de vida comunitario.

El problema no es de fácil tratamiento. Ante el declive de los bancos de peces es claro que el ecosistema está degradado y que, aunque la pesca artesanal sea una práctica sostenible, debe adaptarse a las nuevas realidades ecológicas y contextos sociales. No sólo en el Caribe la industria pesquera marina está fuera de control, los modelos de proyección de capturas indican que, dadas las prácticas pesqueras actuales, los bancos de peces colapsarán por completo en el 2050 (GOLDEN *ET AL.*, 2016). Asimismo, el uso privado de las costas es también un problema recurrente que reconfigura las estructuras de gobernanza sobre pueblos locales que no cuentan con seguridad jurídica de tenencia de la tierra ni reconocimiento de áreas de uso preferente del ecosistema (BOLAÑOS *ET AL.*, 2020). Algunos de los más importantes debates científicos sobre el Caribe quedaron reflejados en la Resolución de enero de 2015 de la Asamblea General de Naciones Unidas que reconoce al mar Caribe como una zona de diversidad biológica singular y un ecosistema sumamente frágil que requiere de esfuerzos conjuntos para la formulación y aplicación de iniciativas regionales orientadas a promover la conservación y la ordenación sostenibles de los recursos costeros y marinos[115].

Un caso que muestra muy bien esta situación es la isla de Barú en Cartagena de Indias en Colombia. Desde las categorías de ordenamiento legal y administrativo del Estado, Barú se considerada un sistema insular. Se caracteriza por estar poblada mayoritariamente por comunidades afrodescendientes de antiguos palenques y arrochelas[116] que han construido formas y medios de vida basados en la pesca, la navegación, la agricultura y, más recientemente, el turismo. Desde los años ochenta, diversos conflictos tienen lugar en Barú entre las poblaciones nativas y otros actores privados y estatales. Casi todas las disputas se relacionan con el uso, distribución, control y acceso a bienes y servicios ambientales, en el área continental y en el extenso espacio marino que constituye la territorialidad – *maritorialidad* de los *baruleros (figura 2)*.

---

115 Resolución aprobada el 19 de diciembre de 2014. Disponible en: www.un.org/es/ga/67/resolutions.shtml

116 Categorías usadas durante la esclavización para nombrar los espacios de libertad que conformaban personas huidas de sus esclavistas.

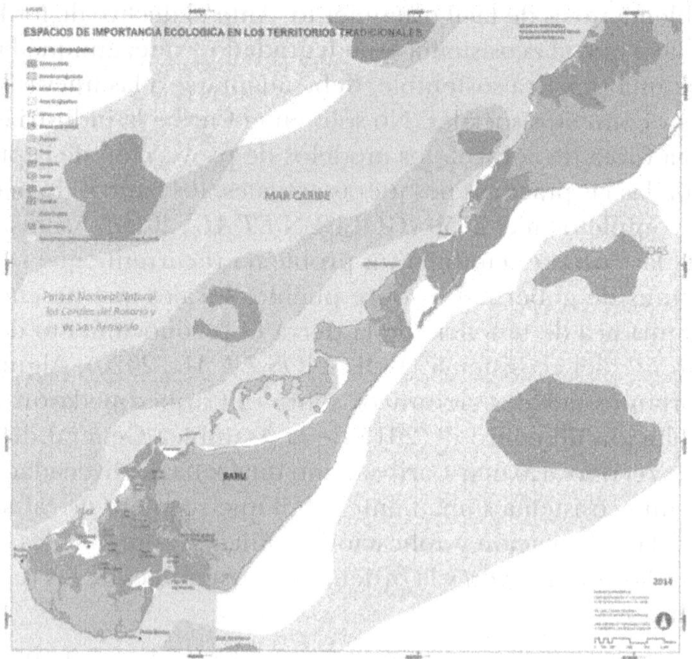

Figura 2. Maritorio de Barú

Desde la perspectiva político-administrativa, este tipo de lugares tiene un tratamiento difuso en la planificación territorial de la ciudad: no son tan urbanos para ser abiertamente áreas de expansión de la ciudad, pero tampoco son desde la perspectiva de los planificadores, un área rural con características que la excluya del mercado inmobiliario. Paradójicamente, también está en el contexto inmediato del Parque Nacional Natural Corales del Rosario que hoy tiene 120.000 hectáreas declaradas bajo esta figura de protección y forma parte de la plataforma coralina más extensa del Caribe continental colombiano.

Como en otros lugares del Caribe, dada la fragilidad ecológica de las costas, Colombia ha venido diseñando políticas de sostenibilidad, la más importante ha sido la creación de áreas marinas protegidas y delimitación de líneas de navegación para la preservación de los ecosistemas de coral y pastos marinos. Sin embargo, buena parte de estas enunciadas "políticas sostenibles" han afectado negativamente a las poblaciones locales que habitan el mar y que hoy enfrentan regulaciones que van tendiendo a su exclusión de la actividad pesquera y la navegación. Así, desde hace pocos años el Caribe enfrenta un momento de transición: del mar como espacio infinito y reserva territorial del Estado, al mar como recurso natural disponible para encapsular en los discursos de la sostenibilidad. De otro lado, la reclamación de un mar habitado, un mar poblado da forma a una narrativa que pone en el centro a los pueblos del mar, a la relación histórica de Colombia con el Gran Caribe y a la búsqueda del reconocimiento del mar como espacio de encuentro, identidad y arraigo. Ante todo ello, cabe preguntarse qué modelo de sostenibilidad se ha implementado en la región de estudio, qué conceptos lo erigen y cuál es su praxis y auténtico alcance; puesto que, a todas luces, es un modelo que no incluye a la población local ni da lugar a sus reclamaciones territoriales sobre las costas y el mar, lo que no deja de ser contradictorio en un Estado como el de Colombia que reconoce derechos especiales a las comunidades afrodescendientes desde la Constitución de 1991.

En síntesis, el sistema insular analizado muestra la transición de las costas y el mar de un bien común de comunidades locales a una mixtura de bienes privados o controlados por el Estado, que se insertan en modelos de manejo costero presentados por el Estado, pretendidamente, como modelos sostenibles e inclusivos (SAID *ET AL.*, 2019). Por ello, a partir de datos de la degradación de los sistemas naturales y sociales de la región, se quiere problematizar la noción de sostenibilidad que subyace a las políticas nacionales de manejo marítimo y que acentúan patrones de regulación sobre el mar tendientes a escenarios de exclusión de las comunidades de pescadores artesanales. Contexto ya problemático que se agudiza, a su vez, con los impactos negativos de la variabilidad climática, con los efectos devastadores de la pesca comercial-industrial y la contaminación oceánica (DOUGLASSA & COOPERC, 2019).

Esta discusión, trasladada a los ecosistemas marinos, tiene varios retos. Por un lado, en los mares no se erige la propiedad privada ni es usual que los regímenes jurídicos sobre la tenencia de la tierra se apliquen a los ecosistemas marinos. Como diría Pío II, a los peces no les es de aplicación el derecho *natural*, cuánto menos el *romano*. Por otro lado, los ecosistemas marinos suelen estar protegidos por regulaciones de control estatal, en el caso del Caribe colombiano, regulaciones ejercidas por autoridades ambientales y las fuerzas militares. Sin embargo, el manejo de las costas sí permite modalidades de tenencia que combinan propiedad privada y control estatal, como se mostrará más adelante, con la dificultad de que los límites de los ecosistemas costeros no son simples, sino complejos y siempre cambiantes (COSTANZA *ET AL.*, 1998).

Discusión ésta que está en el orden del día de los retos de la sostenibilidad oceánica con el inicio la Década de los Océanos declarada por las

Naciones Unidas para el periodo 2021-2030. Con ello se apunta a "una revolución en la ciencia de los océanos que desencadene un cambio en la relación de la humanidad con el océano" (IOC-UNESCO, 2020), así como ofrece a la comunidad oceánica una oportunidad de aunar esfuerzos, movilizar recursos, crear alianzas y comprometer a los gobiernos para avanzar en lo que el Decenio resume como "la ciencia que necesitamos para el océano que queremos". Los resultados están por verse, pero es innegable el marco de oportunidad que existe para articular a todos los actores interesados en los mares, mejorar conocimientos e impregnar el campo de la sostenibilidad oceánica de una adecuada praxis de los derechos de los pueblos al mar. Es la oportunidad de hacer *mundo* desde el *limes*.

Desde la dimensión ambiental, los ecosistemas costeros, como los estuarios, las praderas marinas, los pastos marinos y los manglares, tienden a tener un alto valor tanto en términos de valor económico como de valor social (BERKEY, 2015). Ahora bien, desde una perspectiva socioecológica, los dos subsistemas están vinculados por una retroalimentación mutua y se consideran interdependientes y co-evolutivos (BERKES, 2011), así hay que considerar que, pese a la degradación y la exclusión, los océanos y las costas siguen satisfaciendo las necesidades humanas desde el punto de vista físico (alimentos), ecológicamente (biodiversidad), económicamente (medios de vida) y culturalmente (sentido de lugar). Precisamente por esa coevolución una alteración en el sistema social será siempre una afectación al sistema ecológico y viceversa, por lo que el conjunto de conflictividades por los bienes comunes se expresa en todas las dimensiones de interés para la sostenibilidad: sociales, culturales y ecológicas.

En el caso de Barú, la relación de sus ancestros y renacientes con el mar adquiere un valor cultural que ha sido establecido por la propia comunidad en sus lógicas organizativas. Pese a que el Estado no reconoce explícitamente un derecho al mar, las propias comunidades en virtud de la autodeterminación ejercida consuetudinariamente establecen sus nociones de territorio y territorialidad sin excluir de ello la vida marina. Esto ha sido nombrado como *maritorio,* un concepto que apunta a mostrar las complejas formas de vida que el mar hace posible, los sistemas de uso de las comunidades locales que están en conexión con las mareas y todos los recursos hidrobiológicos que provee, que viven sobre/con él en sus embarcaciones que son extensión de sus casas (ÁLVAREZ *ET AL.*, 2019).

Conclusiones: conectar críticamente la Agenda 2030

El mar ya no es el mismo de antes en términos de productividad biológica ni tampoco es un espacio manejado por las comunidades locales. Como se mostró, la influencia de las políticas ambientales, de navegación y de turismo han transformado significativamente las estructuras de manejo local y, con ello, han puesto en funcionamiento un modelo de gobernanza que los pobladores nativos no terminan de comprender. Quedan así definidos los *síntomas-movimientos,* con sus correspondientes augurios. Sin embargo, estas comunidades, se han adaptado a un sistema natural cambiante y degradado, han transitado de la actividad pesquera a la venta de servicios turísticos, pero apuestan por reivindicar la pesca y la navegación como una práctica colectiva e identitaria que les conecta con su legado afrodescendiente.

En todo ello emergen las propuestas de los estados del Gran Caribe por hacer más sostenibles las actividades que ocurren en el mar, pero no aparece contundentemente en la ecuación de sostenibilidad implementada los derechos de las comunidades nativas. Razón por la que el enfoque intercultural emerge como un imprescindible en la revisión de las políticas de creación de áreas protegidas, en las políticas de turismo y en los modelos económicos que involucran el mar y a sus pobladores. La gestión marítima que se ha implementado ha simplificado la presencia humana en las costas y ha soslayado la etnicidad y vulnerabilidad de las formas de vida que allí acontecen. En este caso de Barú, se puede evidenciar cómo la creación de áreas protegidas no ha significado la preservación del ecosistema, sino que, similar a otros casos de conservación, ha tendido a limitar las prácticas de manejo local y el conocimiento que sobre el ecosistema tienen las comunidades.

Si los modelos implementados en el marco de la Agenda 2030 no han recuperado el ecosistema, al contrario, tanto en la costa como en el mar se han acumulado perturbaciones como la, remoción de pastos, construcción de playas artificiales, desecación de lagunas costeras, entre otros, la promesa de conservación tampoco se ha cumplido. En otras palabras, el modelo de sostenibilidad allí implementado no toma en cuenta la dimensión social y ecológica, sino que tiendn a la imposición de lógicas de manejo de recursos naturales que profundizan la injusticia. La imagen de la Envidia emponzoñando las relaciones pareciera recurrentemente atemporal. La sostenibilidad de este tipo de ecosistemas, en paisajes habitados por comunidades locales empobrecidas y racializadas por lógicas de poder estatales y privadas, no puede ser alcanzada sin un enfoque de justicia.

La construcción de una nueva teoría y praxis de la sostenibilidad exige una aclaración de definiciones y conceptos –definir desde qué lado situamos el *monstruo*-, a la vez que demanda generar procesos para que la sociedad sienta el mar como parte esencial de su vida y plantee razonamientos críticos sobre su privatización. Es un reto arduo pero necesario. Como diría Warburg, *per monstra ad astra*: que las dificultades conduzcan, por fin, a grandes logros. En este caso del Caribe, tal como lo afirma Berkes (2015), los bienes comunes suelen estar en manos de una combinación de regímenes de derechos de propiedad, de uso, de tenencia que combinan lo privado, lo público y lo comunitario, y esto reta los escenarios de manejo, principalmente si se trata de espacios no mesurables como el mar. En todo ello, los conocimientos locales proporcionan una forma práctica de entender el estado de los ecosistemas y su evolución –un mundo para contrarrestar el *otro*, el dominado, generando su propio grabado para la memoria, su propia batalla entre dioses- y, para empezar, el reconocimiento de los derechos de un modo de existencia en y con el mar. Todo ello generará un horizonte alternativo de sostenibilidad de los pueblos que aspiran a seguir habitando el mar, como el pueblo de Barú.

Referencias

ÁLVAREZ, R. ET AL., "Reflexiones sobre el concepto de maritorio y su relevancia para los estudios de Chiloé contemporáneo". *Revista Austral de Ciencias Sociales*, 36, 2019. 115-126.

BACON, F., *Novum Organum*. Losada: Buenos Aires, 2003 [1620].

BERKES, F.,*Coasts for people: Interdisciplinary approaches to coastal and marine resource management*. Routledge, 2015.

BERKES, F. y FOLKE, C., "Back to the future: ecosystem dynamics and local knowledge", en *Panarchy* (L.H. Gunderson and C.S. Holling, eds.). Island Press, Washington, DC, 2002, 121–146.

BOLAÑOS, O. *ET AL.*, "Collective land tenure in island areas of Colombia: legal challenges and obstacles", en *World Bank Conference on Land and Poverty. Washington DC*, 2020.

BROCKINGTON, D., Y DUFFY, R. (Eds.), *Capitalism and conservation*, John Wiley & Sons, Vol. 45, 2011

BODEI, R. "La sombra de lo bello", en *Revista de Occidente*, 201, "La hora de los monstruos: Imágenes de lo prohibido en el arte actual", 1998, 5-24.

CANGUILHEM, G., "La monstruosidad y lo monstruoso", en *Diógenes* 40 (octubre-diciembre de 1962), 33-47.

CANGUILHEM, G., "Ideología y racionalidad en la historia de las ciencias de la vida. Nuevos estudios de historia y de filosofía de las ciencias", en *Buenos Aires: Amorrortu,* 2005.

CHAMBERS,D.S., *TheImperialAgeofVenice,*London,1970,96.urn:oclc:record:1035607772

COSTANZA, R., R. D'ARGE, R. DE GROOT et al., *The value of ecosystem services: putting the issues in perspective.* Ecological Economics 25. 1998, 67–72.

DIDI-HUBERMAN, G., "Dialektik des Monstrums: Aby Warburg and the symptom paradigm", en *Art History* Vol. 24, No. 5, November 2001, 621-645.

DOUGLASS, K., & COOPER, J. (2020). "Archaeology, environmental justice, and climate change on islands of the Caribbean and southwestern Indian Ocean", en *Proceedings of the National Academy of Sciences, 117*(15), 8254-8262.

FAO, DUKE UNIVERSITY & WORLDFISH, *Illuminating Hidden Harvests – The contributions of small-scale fisheries to sustainable development.* Rome. 2023

FLORIDO, D. "Hibridaciones de saberes y lógicas culturales en la pesca: Vivir de la mar y en la mar en Andalucía (España) y Chiloé (Chile) en el contexto contemporáneo", en *Estudios Atacameños (En línea),* (65), 2020, 21-45. https://doi.org/10.22199/issn.0718-1043-2020-0019

FOUCAULT, M., *Los anormales: curso en el Collège de France (1974-1975).* Argentina: Fondo de Cultura Económica, 2000.

IOC-UNESCO. *The Transformative Role of Foundations in the Ocean Decade [UN Decade of Ocean Science for Sustainable Development (2021–2030)].* Paris. 2020. (The Ocean Decade Series, 16; IOC Brochure 2020-12).

JACOBSEN, M. A., "The Meaning of Mantegna's Battle of Sea Monsters", *The Art Bulletin,* Vol. 64, No. 4,1982, 623-629

KIRK, T., "Monumental Monstrosity, Monstrous Monumentally", en Perspecta 40, 1998, 6-15.

MACFADYEN, G., HUNTINGTON, T., & CAPPELL, R., *Abandoned, lost or otherwise discarded fishing gear.* United Nations Environment Programme, Roma, 2009.

MÁRQUEZ, A. I. M., "Acaparamiento de territorios marinos y costeros: dos casos de estudio en el Caribe colombiano", en *Revista Colombiana de Antropología, 55*(1), 2019, 119-152.

RICAURTE, L.F., PATIÑO, J.E., ZAMBRANO, D.F.R. et al., *A Classification System for Colombian wetlands: An essential step forward in open environmental policy-making.* Charles Sturt Uiversity. 2019.

SAID, A., CHUENPAGDEE, R., AGUILAR-PERERA, A. et al,. "The principles of transdisciplinary research in small-scale fisheries", *Transdisciplinarity for Small-Scale Fisheries Governance,* Springer, 2019, 411-431.

SALAS, S., CHUENPAGDEE, R., SEIJO, J. C., y CHARLES, A., "Challenges in the assessment and management of small-scale fisheries in Latin America and the Caribbean", *Fisheries research, 87*(1), 2007, 5-16.

SHARPE, A.N., "Foucault's Monsters, the Abnormal Individual and the Challenge of English Law". *Journal of Historical Sociology* Vol. 20 No. 3, 2007, 384-403.

SCRIBNER, V. «Mermaids and Tritons in the Age of Reason» [en línea] (2021), *The Public Domain Review* 29 de septiembre de 2021 <https://publicdomainreview.org/essay/mermaids-and-tritons-in-the-age-of-reason>, [Consulta: 10/07/2023.]

VASARI, G., *Las vidas de los más excelentes arquitectos, pintores y escultores italianos desde Cimabue a nuestros tiempos.*Catedra, 2020 [1550].

VICO, G., *Ciencia nueva.* Tecnos., vi, 2006, 410. [1744].

WEINSTOCK, J. A., "Monsters, Mutations and Morphology". *Perspecta,* Vol. 40, 2008, 170-175.

YOUNG, J.C., D.C. ROSE, H.S. "Mumby et al., A methodological guide to using and reporting on interviews in conservation science research". *Methods in Ecology and Evolution* 9, 2018, 10–19.

4.5. SALUD, GÉNERO Y FOTOGRAFÍA: ACERCAMIENTO A LOS OBJETIVOS DE DESARROLLO SOSTENIBLE A TRAVÉS DE FOTOVOZ

MARÍA CABILLAS[117]

MARIAN PÉREZ BERNAL [118]

NURIA CORDERO[119]

Este capítulo recoge una experiencia de innovación docente en educación superior en la que los Objetivos de Desarrollo Sostenible (ODS) enmarcaron un trabajo de reflexión crítica sobre desafíos y fortalezas en cuanto a salud y género. Llevándolos al plano del día a día del alumnado, utilizamos la fotografía partiendo de fotovoz como estrategia docente. En la primera parte nos detendremos a presentar el enfoque desde el que hemos planteado la docencia en la actividad, para seguidamente detallar cómo lo hemos llevado al marco de los ODS, concretamente a los ODS 3 y 5 –Salud y bienestar y Género e igualdad-. En la segunda, detallaremos la actividad en sí, centrándonos en el papel de la fotografía como herramienta de trabajo desde fotovoz. Compartiremos resultados obtenidos para ilustrar cómo la fotografía nos ha permitido movilizar aprendizajes en el alumnado a partir de experiencias vividas y ha dado pie al establecimiento de reflexiones personales a partir de lo aprendido.

Universidad, pensamiento crítico y cambio de perspectiva como aplicación de lo aprendido

> "En definitiva, el pensamiento crítico en la formación superior debe de promover aquellas habilidades que favorecen la capacidad de analizar, cuestionar, argumentar, sintetizar, discriminar lo importante de lo que no lo es, y la disposición de querer hacerlo y llevarlo a la práctica dentro del repertorio comportamental de la persona." (GARCÍA MORO, GÓMEZ-BAYA & NICOLETTI, 2022: 45)

---

117 Universidad Pablo De Olavide-Departamento De Antrop.Soc.Psicologia Basic.Y Salud Pub.

118 Universidad Pablo de Olavide-Departamento de Geografía, Historia y Filosofía

119 Universidad Pablo de Olavide-Departamento de Trabajo Social y Servicios Sociales

Las palabras con las que abrimos presentan uno de los objetivos planteados en nuestra actividad: favorecer la reflexión personal en aprendizaje desde una perspectiva crítica. Concretamente, queríamos asegurarnos de que el aprendizaje se incorporaba a sus formas de dar sentido a su día a día, favoreciendo una perspectiva crítica que les sirviese, como se apunta, para discriminar lo importante, y para actuar consecuentemente a partir de este conocimiento. La perspectiva crítica, tomando como referencia los aportes de la Escuela de Frankfort, hace referencia a la capacidad de transformar la realidad para generar condiciones de vida digna. Esto implica una ruptura con las lógicas económicas, políticas y culturales que generan opresión (YOUNG, 2000) en cada contexto. Como apunta Freire (2013 (1970)), en el nivel más elevado de conciencia crítica las personas se vuelven conscientes de su propia responsabilidad por las elecciones que realizan, y que ayudan a mantener esa realidad o pueden tratar de cambiarla. Para abordar nuestro objetivo hemos querido incorporar en el espacio docente las perspectivas del alumnado, abriendo la aplicación de lo aprendido a sus respectivas realidades. Hemos buscado así romper con una docencia como discurso unidireccional que se halla siempre en manos del experto, para permitir el intercambio de opiniones procedentes de distintas experiencias que resulta siempre más enriquecedor (CALVO SALVADOR Y SUSINOS RADA, 2010: 80).

Por otra parte, la idea de conectar reflexiones personales con la perspectiva crítica que planteamos persigue "aterrizar" el plano teórico-abstracto en la dimensión cotidiana, tratando de ver en ella la salud y el género como derechos humanos que exigen generar espacios para lograr la dignidad humana (HERRERA, 2005). Desde este enfoque, los derechos humanos no son considerados principios absolutos sino más bien son considerados como instrumentos para lograr la garantía efectiva de protección para las personas vulnerabilizadas por las condiciones de vida impuestas (CORDERO, 2014). En la enseñanza superior existe una importante tendencia a presentar los derechos humanos como principios generales descontextualizados (FLORES, et al, 2022). Romper con estos planteamientos exige una nueva mirada que permita salir de los enfoques tradicionales para poder transitar del otro al otro concreto (BENHABIB, 2006). Cuando nos salimos de un enfoque generalizado, la cuestión se vuelve más compleja:

> "(...) a la hora de sentir compasión y preocuparnos por los demás todos coincidimos en que debemos hacerlo por ese ser humano abstracto que nos proporciona la ciencia o la filosofía, pero luego

> cuando llega el ser humano concreto todo resulta más complicado, porque "el otro concreto" tiene sexo, ideología, raza, creencias, carácter, etc. y no parece coincidir con nuestro modelo abstracto de ser humano. Nuestra imagen real siempre sale perdiendo respecto al modelo ideal." (GARCÍA MORO, GÓMEZ-BAYA & NICOLETTI, 2022: 45)

Huir del discurso abstracto y ser capaces de ver al otro teniendo presente todas sus particularidades y sus necesidades resulta una tarea especialmente urgente hoy (GARCÍA MORO, GÓMEZ-BAYA & NICOLETTI, 2022: 45-46). El concepto "políticas de localización" de Adrienne Rich (1984) puede ser clave para entender a qué nos referimos. Rich es muy consciente de las intersecciones que nos conforman y hasta qué punto debemos tenerlas presentes para analizar la realidad. Las políticas de localización nos permiten ver nuestra identidad como una intersección de múltiples hilos que construye la trama cambiante, rica y en ocasiones confusa de nuestra identidad (PÉREZ BERNAL, 2021). Partiendo del cuerpo concreto de cada una de nosotras, pasando por el sexo, la etnia, la orientación sexual, la nacionalidad o la religión todos esos elementos están pesando en nuestra forma de mirar y analizar la realidad y a los otros. Estas realidades están implícitas, invisiblemente y sin tomar conciencia, en las formas en las que interpretamos los momentos en nuestro día a día. Justo son estas inercias en las que hemos querido que el alumnado trabaje lo aprendido para re-colocarse, adoptar otras posiciones para interpretar críticamente desde lo aprendido, y poder actuar en consecuencia. Citamos en este punto a bell hooks:

> "Más que nunca, los estudiantes y profesores tenemos que comprender plenamente las diferencias de nacionalidad, raza, sexo, clase social y sexualidad si queremos crear formas de pensamiento que refuercen la educación como práctica de la libertad" (BELL HOOKS 2022 (2010): 184).

Frente a propuestas educativas reproductoras de relaciones hegemónicas que pretenden imponer el discurso abstracto sobre los derechos humanos prescindiendo de los contextos, resulta necesario incorporar en la enseñanza universitaria alternativas basadas en la construcción del conocimiento a través experiencias prácticas que favorezcan el cambio de mirada, a través del encuentro y el diálogo en el aula (GHISO, 2015).

Salud y Género desde los ODS: actuaciones críticas desde la cotidianeidad

En este apartado introducimos cómo hemos planteado los ODS en nuestra actividad centrándonos en los ODS 3 y 5, sentando las bases desde las que hemos entendido la dinámica de trabajo del alumnado desde un plano de actuaciones críticas.

La Universidad Pablo de Olavide se ha alineado con el fin de colaborar para alcanzar los objetivos de la Agenda 2030. Para la consecución de los ODS es fundamental la implicación de la sociedad civil y de la población en general. En esta línea la tarea de la Universidad puede tener una gran repercusión ya que en sus aulas se conforma la ciudadanía del futuro, por lo que una docencia centrada en los ODS sería de gran ayuda para construir un mundo más justo. Incluir los ODS en el ámbito universitario implica cambios importantes en el diseño de la formación universitaria. En este sentido resulta imperiosa la necesidad de dotar la formación académica de los futuros profesionales de instrumentos que contribuyan a *dar voz* y a *visibilizar* a los protagonistas de los fenómenos sociales que se quieren estudiar. La revisión de los ODS desde una perspectiva crítica favorece la construcción de un aprendizaje significativo y constructivo que se sustente en un pensamiento crítico, autónomo y dialogante que permita al estudiante incorporar complejos problemas y le prepare para la toma de decisiones profesionales.

Los ODS no son solo una lista de "buenas intenciones" sino también una exigencia sobre tareas pendientes de la humanidad para construir un mundo mejor. Alrededor de ellas hemos diseñado nuestra actividad y con ella pretendemos fomentar entre el alumnado la reflexión crítica sobre los ODS a partir de realidades cotidianas, entendiendo la reflexión crítica y la toma de conciencia subsiguiente como una forma de acción. La invitación de la ONU a actuar como ciudadanía nos ha servido para centrar nuestra actividad en el nivel de actuaciones cotidianas y asequibles pero que, no obstante, se valoran como pasos y cambios necesarios y valiosos. Por ejemplo, en la campaña "Actúa ahora", en el objetivo "Acciones para una sociedad más justa" encontramos el apartado "Defiende la igualdad de género" donde se nos propone lo siguiente:

> "Contrata a una mujer por el mismo salario que a un hombre. Diles a todos tus conocidos que no hay justicia sin la justicia de género. Enorgullécete de ser feminista. Defiende los derechos LGBTQI. Desafía los estereotipos de los medios de comunicación. Rechaza el lenguaje sexista. La vida cotidiana está llena de oportunidades para avanzar en la igualdad de género, y se necesitan todas, y muchas más. (…)"

Estos distintos planos de actuaciones aseguran poder tener posibilidades de acción al alcance de cualquier persona. No todo el mundo tiene la opción de contratar a alguien, pero esta actuación se conecta directamente con otras que sí podemos abordar (difundir en nuestro círculo personal lo que conlleva la injusticia de género, o enorgullecernos de ser feministas, por ejemplo), y que visibilizan y fomentan una concienciación igualmente necesaria para que haya cambios a largo plazo. Nos parece especialmente relevante la incorporación de los ODS y de los derechos humanos para las mujeres en la vida cotidiana, el ámbito de nuestro día a día, como territorio de actuaciones que se legitiman como cambios necesarios.

Sin perder de vista que el potencial de los ODS exige cambios que van de la mano de líneas de actuaciones políticas a nivel macro, en nuestra experiencia docente nos hemos situado en el plano que plantea "microcambios". Se plantean así acciones cotidianas que llevan los ODS al alumnado desde sus realidades, buscando fomentar el ejercicio de una ciudadanía global, activa y comprometida, contextualizada en el día a día de cada estudiante. Siguiendo esta lógica hemos elegido los ODS 3 y 5 como marcos en los que situar los aprendizajes de las asignaturas participantes. En cada asignatura, el alumnado elegía temáticas para usar lo aprendido vinculándolo específicamente a uno de ellos, o los combinaban de forma transversal.

En el caso del ODS 3, el planteamiento de acción con el que hemos enfocado el trabajo parte de un documento elaborado por la ONU, "Salud y bienestar: Por qué es importante", concretamente de un apartado titulado "¿Qué puedo hacer para ayudar?" donde encontramos lo siguiente:

> "Todos podemos empezar por promover y proteger nuestra propia salud y la de nuestro entorno, tomando decisiones bien informadas, practicando relaciones sexuales seguras y vacunando a nuestros hijos.
>
> Podemos concienciar a nuestra comunidad sobre la importancia de la buena salud y de un estilo de vida saludable, y podemos dar a conocer el derecho de todas las personas a acceder a unos servicios de salud de calidad."

La idea de promocionar y proteger una salud entendida en sus dimensiones social, física y mental (OMS, 1948) ha estado presente como línea base. Desde ahí se han identificado temáticas muy diversas en las que, directa o indirectamente, aspectos del día a día suponen un impacto en nuestra salud o en las de otros, provocando diferencias en los procesos de salud-enfermedad (WILKINSON Y MARMOT, 2003).

En asignaturas en las que el ODS 5 ha supuesto el marco principal de trabajo el alumnado ha trabajado con las nueve metas establecidas, invitándoles a descubrir en su realidad cotidiana, por ejemplo, situaciones en las que las mujeres y las niñas sufren diferentes formas de discriminación (meta 1); a analizar la presencia de la violencia de género en nuestro día a día (meta 2) o a asegurar la participación efectiva de las mujeres en igualdad de oportunidades en todos los niveles de la vida política, económica y pública (meta 5). Se trataba de que tomasen conciencia a pequeña escala de todo lo que pueden hacer para cambiar la realidad. No es necesario hablar del gobierno o de la cúpula directiva de una empresa para cuestionarnos la cuestión de la paridad. También podemos pensar en ella hablando de la representación de mujeres y de hombres en el Consejo de estudiantes de la Universidad Pablo de Olavide (CEUPO) o viendo qué profesorado se sienta en la tribuna cuando se organiza una mesa redonda (¿hay una representación paritaria?).

La meta 5.4, por ejemplo, propugna "Reconocer y valorar los cuidados y el trabajo doméstico no remunerados mediante servicios públicos, infraestructuras y políticas de protección social, y promoviendo la responsabilidad compartida en el hogar y la familia, según proceda en cada país". Nos gustaría destacar como fueron muchos grupos de trabajo los que volcaron su mirada y las cámaras hacia lo que sucedía en el propio hogar. Desde una estudiante que fotografió a su tío y a su tía limpiando juntos la cocina "porque en mi casa eso no pasa", hasta aquellos que trajeron fotografías de supermercados llenos de mujeres y se preguntaban por qué los hombres no estaban allí. Queremos recordar que entre las 170 acciones diarias para transformar nuestro mundo, una de las que se recoge en el ODS 5 es precisamente "La igualdad de género empieza en casa".

Desde estas lógicas de los ODS 3 y 5, en nuestra actividad hemos buscado actuar y concienciar llevando el trabajo a la perspectiva del estudiantado, a una forma de mirar encarnada en el día a día. Y es con este propósito que hemos visto en la fotografía planteada desde fotovoz una herramienta que nos permita llevar el análisis crítico al ámbito de lo cotidiano. Esta herramienta didáctica aporta formación de los ODS a los futuros profesionales generando un cambio de perspectiva en el alumnado sobre cuestiones de género y salud al constatar que las exigencias de los ODS permiten revisar nuestras realidades cotidianas, y experimentar un aprendizaje crítico y significativo que no se logra a través de clases teóricas. Llevar la lógica de los ODS al trabajo con fotografía desde fotovoz ofrece vías de comprensión acerca de las vulnerabilidades a las que se enfrentan las mujeres para lograr una salud integral, por ejemplo, permitiendo dialogar sobre las incertidumbres de la vida profesional.

A partir de aquí y con esta filosofía en mente, el proceso de aprendizaje ha ido encaminado a una dinámica de trabajo proyectada desde el principio hacia la comunicación de un mensaje de concienciación crítica mediante la fotografía y su análisis, como veremos a continuación.

Trabajando con fotografía desde fotovoz

En esta sección nos centraremos en la fotografía como herramienta, limitando Fotovoz a una presentación general que nos permita contextualizar nuestro trabajo[120]. En la era digital en que nos encontramos, la fotografía ocupa un lugar esencial como medio de comunicación. La emergencia de las redes sociales como espacios de interacción ha facilitado la circulación de fotografías para compartir instantes de nuestras vidas en imágenes que, incluso sin representarnos directamente, dan cuenta de qué hacemos, dónde estamos, o con quién.

Al examinar las funciones de la fotografía actualmente, José Van Dijk (2008), experta en comunicación digital, da cuenta de este potencial comunicativo, así como de su función respecto a nuestra construcción identitaria y en cuanto a memoria autobiográfica. La accesibilidad que suponen los dispositivos fotográficos en teléfonos móviles, apunta esta autora, da soporte y fomenta el uso comunicativo de fotografías personales. Van Dijk (2008) señala también diferencias generacionales en cuanto al uso de imágenes, apuntando al cambio que en los jóvenes está llevando la fotografía hacia la interacción y conexión social (VAN DIJK, 2008: 62). En nuestra actividad, nos parecía importante comprender cómo en el día a día del alumnado universitario esta dinámica comunicativa a partir de imágenes es parte de sus vida. Basarnos en la fotografía suponía una ecología en cuanto a formato, y a la hora de abordar cómo trabajarla recurrimos a fotovoz como estrategia.

Fotovoz nace en los años ochenta, en el campo de la salud, de la mano de Caroline Wang y Mary Anne Burris, quienes lo definen como un méto-

---

120 Una visión más detallada de la experiencia docente como Fotovoz desde una perspectiva teórica y como guía de implementación, se puede consultar, respectivamente, en Cabillas Romero, M y Pérez Bernal, M. (en prensa A) y Cabillas Romero, M y Pérez Bernal, M. (en prensa B).

do participativo "en el que la gente puede identificar, representar y mejorar su comunidad a través de una técnica fotográfica específica" (WANG y BBURRIS 1997: 369). Sus pilares se hallan en la tradición de la investigación de acción participativa con grupos sociales desfavorecidos defendida por Paulo Freire (CARLSON, et al., 2006: 838), el movimiento de fotografía documental y los principios del pensamiento feminista (WANG Y BURRIS, 1997). Concretamente, los miembros de la comunidad vehiculan mediante la fotografía la identificación de aspectos que suponen desafíos y problemas, o bien fortalezas y recursos.

Bajo temáticas vinculadas a salud y género, en nuestra actividad hemos adoptado fotovoz como dinámica de trabajo, pidiendo al estudiantado identificar críticamente aspectos que supusiesen impactos positivos o negativos en cuanto a los ODS 3 y 5. Buscábamos una participación activa en el alumnado, una conexión de lo teórico con su plano personal desde la reflexión crítica. La metodología seguida fue la misma para todas las asignaturas participantes en el proyecto de innovación docente. En ella, el primer paso era formar grupos y elegir una temática de trabajo. Cada estudiante debía hacer fotografías sobre este tema individualmente, analizándolas, entre otros aspectos, a partir del significado personal y de contenidos que permitieran constatar el impacto del elemento elegido en cuanto a salud y/o género. Tras el análisis individual pasaban a ser puestas en común en el grupo de trabajo, donde se elegía una foto que representara al grupo, que pasaba a ser analizada conjuntamente. El trabajo evaluado consistía en una presentación final al grupo clase donde se exponía una foto individual analizada por cada miembro y la foto grupal. Al finalizar el curso, se organizó una exposición virtual en la Biblioteca de la Universidad Pablo de Olavide.

La creatividad y el pensamiento crítico resultan fundamentales en la dinámica de la actividad. La creatividad está presente tanto en el momento en el que hacen las fotos como en el momento en el que las interpretan. Una foto puede hacer surgir significados contradictorios. Como apunta Rose (2019: 492) las fotos pueden evocar diferentes formas de memoria y el uso de las mismas puede ayudar a que los recuerdos afloren de una forma más intensa y emocional. Uno de los comentarios del alumnado ilustra esto cuando, al identificar lo que más había disfrutado en la actividad, nos cuenta que fue "cuando reflexioné sobre lo que me transmitía la foto que había escogido. Me teletransporté al momento en el que hice la foto y revivieron en mi sentimientos muy enriquecedores."

Queremos resaltar que precisamente los debates a partir de las fotos y de sus múltiples interpretaciones han sido una de las partes de la actividad que más se valora por parte del alumnado. En ocasiones, no es lo mismo lo que fotografió la persona que hizo la foto y lo que interpretó en ella la audiencia (ROSE, 2019: 585). Esto podemos extenderlo a la misma persona a la hora de ver su propia foto. Otro de los comentarios en cuanto a lo más disfrutado identifica precisamente este punto: "En el momento de pensar qué me transmitía la foto ya que me he sorprendido de las conclusiones que he sacado individual y grupalmente". Este intercambio supone un interesante aprendizaje que se ve reflejado también en los cuestionarios que pasamos al estudiantado. La valoración de la aportación de otras perspectivas en el trabajo en grupo al analizar las imágenes y en las presentaciones se refleja en los siguientes ejemplos: "descubrir que las ideas que yo tenía con mis fotografías no eran las únicas que se podían sacar y mis compañeras me han dado otros puntos de vista diferentes" u "observar las distintas interpretaciones que cada compañero propone". Como apuntábamos en la primera sección de este capítulo al hablar de las políticas de localización de Adrienne Rich, nuestra identidad, construida a partir de un sinfín de rasgos y experiencias, va a condicionar la forma como pensamos la realidad.

Nos gustaría citar aquí a Bell Hooks:

> "El aspecto más emocionante del pensamiento crítico en el aula es que exige a todos que tomen la iniciativa, es decir, invita activamente a los estudiantes a que piensen con pasión y a que compartan sus ideas de forma entusiasta y abierta. Cuando todas las personas en el aula, profesor y estudiantes, reconocen que son responsables en conjunto de la creación de una comunidad de aprendizaje el aprendizaje alcanza su máximo sentido y utilidad" (BELL HOOKS 2022 (2010): 23)

En la experiencia con fotovoz llevada a cabo por Elizabeth Carlson y su equipo se señala que los participantes pasaron por tres niveles de conciencia crítica. En primer lugar el compromiso emocional, en segundo lugar el despertar cognitivo y, por último, la toma de conciencia que estimula la intención de actuar (CARLSON, et al., 2006: 842-843). Es en este último nivel cuando la persona toma conciencia también de su responsabilidad ante la situación que está viviendo (CARLSON, et al., 2006: 844).

Aquí encontramos resultados que reflejan muy positivamente cómo el alumnado nunca se había parado a pensar en la influencia de un determinado elemento. Uno de los comentarios identifica así esta atención como el aspecto más disfrutado de la actividad, al contarnos que fue "En el momento de la realización de la foto, por el desconocimiento del principio y por hacer que fuera donde fuera tuviera la idea y la asignatura en la cabeza." Esta atención nueva, estando alerta a partir de lo aprendido, aparece valorada positivamente en muchos cuestionarios, resultando ser una de las experiencias más satisfactorias. Vemos algunos comentarios en esta línea:

> "He disfrutado mucho haciendo las fotografías ya que he cogido un poco de ojo crítico que me permite cuestionarme la realidad".
>
> "Aprender a mirar con ojo crítico las situaciones cotidianas que tenemos normalizadas pero llevan asociado algún tipo de violencia contra la mujer. Me ha parecido muy interesante el fijarme en aspectos que antes no me fijaba pero están presentes todos los días"
>
> "La actividad te obliga a salir y fijarte en tu entorno de una forma que normalmente no lo harías".

Si bien la actividad estaba pensada para trabajar a partir de las fotos que hicieran a lo largo del curso, de forma autónoma parte del alumnado aplicó también la técnica a fotos que habían hecho con anterioridad. Un estudiante, por ejemplo, planteó que lo que había sido para él más satisfactorio fue "indagar en mi galería personal y darle otra lectura a imágenes que siempre vi como normales". Vemos en declaraciones como estas que la práctica consigue que el estudiante se replantee la forma en que ha mirado la realidad hasta ese momento y que, gracias a los contenidos vistos en la asignatura y a los ODS, hayan descubierto una realidad nueva que hasta ese momento se les escapaba.

A esto queremos añadir que el trabajo planteado hace que la fotografía emerja con una intención desde el principio comunicativa. La imagen es la plataforma para el mensaje con el que actuar y crear conciencia crítica sobre aspectos que, en esta cotidianeidad, resultan potencialmente positivos o negativos en cuanto a salud, género, o ambos. En nuestro caso, como apuntábamos arriba, los comentarios del alumnado reflejan la valoración tan positiva que se da al momento de escuchar las reflexiones de compañeros y en no pocas sesiones, la dinámica del aula reflejó la sorpresa y el interés del grupo clase ante las presentaciones.

Conclusión

"Precisamente porque las imágenes importan, porque son poderosas y seductoras, es necesario considerarlas críticamente" (Rose, 2019: 589).

Frente a propuestas educativas que reproducen relaciones hegemónicas que pretenden imponer el discurso neutro y acrítico sobre los ODS prescindiendo de los contextos, está la alternativa de la construcción de procesos de conocimiento basado en la reflexión crítica de experiencias que favorece las relaciones democráticas entre docentes y alumnado. La inclusión de la herramienta del fotovoz en la formación universitaria potencia la posibilidad de la problematización y la concientización de los ODS como instrumentos necesarios para reclamar los derechos de los contenidos de las materias implicadas. Esta herramienta didáctica ha permitido aterrizar, de forma dinámica y creativa, propuestas teóricas en las experiencias cotidianas. Consideramos que esta forma de abordar los ODS permite que futuros profesionales asuman un grado de conciencia acerca de las realidades cotidianas que les rodean y puedan poner en práctica los beneficios de reflexionar a partir de las distintas miradas sobre una misma situación. Potenciar esta conciencia crítica a través de la fotografía contribuye favorablemente al desarrollo de las competencias profesionales desde una perspectiva de género.

Nos gustaría poder pensar que a través de esta herramienta hemos entrenado la mirada del alumnado para ser capaces de generar cambios en sus realidades cotidianas y que estos microcambios pueden contribuir a acercar las metas del 2030 a la ciudadanía.

Como bien nos recuerda Rose “las imágenes nunca son ventanas transparentes hacia el mundo” (2019: 41). Al realizar una foto en cierto modo estamos construyendo una realidad y esa construcción puede y debe ponerse en cuestión.

Referencias bibliográficas

BENHABIB, S., *El Ser y el Otro en la ética contemporánea.* Gedisa, Barcelona, 2006.

CABILLAS-ROMERO, M. y PÉREZ BERNAL, M. “Aprendiendo a mirar, compartiendo miradas: participación social crítica desde la fotografía con fotovoz” en *Innovación en las universidades: oportunidades para la transformación docente.* Octaedro, Barcelona, 2023.

CABILLAS-ROMERO, M. y PÉREZ BERNAL, M. “Guía de trabajo para utilizar fotovoz en la docencia universitaria en el marco de los objetivos de desarrollo sostenible de salud y género”. En *Congreso Internacional de Educación, Innovación y Transferencia del Conocimiento (EDUEMER 2023).* Dykinson. 2023.

CALVO SALVADOR, A., & SUSINOS RADA, T. “Prácticas de investigación que escuchan la voz del alumnado: Mejorando la universidad indagando la experiencia”. *Profesorado. Revista de currículum y formación del profesorado.* 14(3), 2010, 75-88.

CARLSON, E. D., ENGEBRETSON, J., & CHAMBERLAIN, R. M. “Photovoice as a Social Process of Critical Consciousness”. *Qualitative Health Research,* 16 (6), 2006, 836-852.

CORDERO, N. "Trata de personas con fines de explotación sexual. Derechos Humanos que mal-tratan a las humanas", *Gazeta de Antropologia,* 2014, http://www.gazeta-antropologia.es/?cat=1380.

FLORES, M., ÁLVAREZ, R., CORDERO, N. y MUÑOZ, M. "Applicability of human rights in social policies: what do you know about human rights? Critical dialogue with social work students in Seville (Spain)", *Social Work Education.* 2022, 1-22.

DOI: 10.1080/02615479.2022.2134336

FREIRE, P.: *Pedagogía del oprimido,* Siglo XXI, Madrid, 2013.

GARCÍA MORO, F.J., GÓMEZ-BAYA, D. y NICOLETTI, J.A., "La labor del docente dentro del Espacio Europeo de Educación Superior y de la sociedad de los Objetivos de Desarrollo Sostenible", *Análisis y Modificación de Conducta,* vol. 48 (178), 2022, 41-54.

GHISO, A., "Prácticas generadoras de saber". *Educación y ciudad* (11), 2015, 71–88. https://revistas.idep.edu.co/index.php/educacion-y-ciudad/article/view/275HERRERA, J. *Los derechos humanos como productos culturales. Critica contra el Humanismo abstracto.* Madrid, Catarata, 2005.

HOOKS, B., *Enseñar pensamiento crítico,* Rayo Verde Editorial, 2022 (2010).

ORGANIZACIÓN MUNDIAL DE LA SALUD. «Constitución de la Organización Mundial de la Salud, 1948», [en línea], 2014. <http://www.who.int/gb/bd/PDF/bd46/s-bd46_p2.pdf> accedido 7/6/2023

PÉREZ BERNAL, M. ""Si hubiera sobrevivido en Praga, Amsterdam o Lodz…" Las políticas de localización en el pensamiento de Adrienne Rich". *Lectora: revista de dones i textualitat,* nº27, 2021, 291-307. DOI: 10.1344/Lectora2021.27.15

RICH, A. "Notes towards a Politics of Location", en Rich, A.: *Blood, Bread and Poetry. Selected Prose 1979-1985,* London: Virago Press, 1994 (1984), 210-232.

ROSE, G. *Metodologías visuales. Una introducción a la investigación con materiales visuales,* Cendeac, Murcia 2019

VAN DIJCK, J. "Digital photography: Communication, identity, memory.", en *Visual communication,* 7(1), 2008, 57-76.

WANG, C., y BURRIS, M. A. "Photovoice: Concept, methodology, and use for participatory needs assessment", en *Health Education & Behavior,* 24 (3), 1997, 369-387.

WILKINSON, R., y MARMOT, M. *Los determinantes sociales de salud. Los hechos probados.* Madrid: Ministerio de Sanidad y Consumo, Centro de Publicaciones, 2003.

YOUNG, I. *La justicia y la política de la diferencia,* Cátedra, Madrid 2000.

4.6. EXPERIENCIA DE RESISTENCIA AL DETERIORO Y OBSOLESCENCIA EN UN CENTRO URBANO: UNA SALA DE CINE COMO MODELO CULTURAL ALTERNATIVO PARA LA EXPERIENCIA URBANA EN VALPARAÍSO.

CLAUDIO PEREIRA NAVARRO [121]

Presentación

El presente texto es una aproximación a la pregunta formulada acerca de cómo la cultura puede plantear o promover un tipo de desarrollo crítico, en torno al debate de la Agenda 2030. Será a través de la exposición de un problema sobre el deterioro y obsolescencia de un centro urbano en una ciudad latinoamericana, donde se manifiesta una resistente a este proceso. En particular se trata de un caso de estudio de desarrollo cultural en un espacio privado que enriquece el espacio público. Una Galería comercial de inicios del siglo XX en la ciudad de Valparaíso (Chile), donde actualmente se desarrolla el proyecto INSOMNIA, Teatro Condell, sala alternativa de cine, que, en un entorno de evidente deterioro del centro de la ciudad, constituye un elemento de revitalización que enriquece su experiencia urbana.

Una discusión sobre el proceso de deterioro y obsolescencia en la ciudad y su espacio público.

La superación de problemáticas fundamentales que afectan a las sociedades, están expuestas en los objetivos de Agenda 2030, abarcando una serie de dimensiones fundamentales, así como profundas brechas y desigualdades que deben ser acortadas hacia un desarrollo sustentable.

La pregunta preliminar será **¿De qué forma la cultura, los derechos humanos y las manifestaciones artísticas están incorporadas o son parte de la agenda 2030?** El presente texto desarrollará en problematizaciones particulares derivadas de esta pregunta macro, centrándose en una experiencia de desarrollo de cultura local que manifiesta una distancia

---

121 Arquitecto UV, académico Escuela de Cine UV y tesista Magister en Arte mención Patrimonio UPLA

crítica con el modelo económico que rige a las ciudades, en especial a las latinoamericanas.

Las ciudades son por excelencia el espacio donde se manifiestan las contradicciones sociales, tensiones de la convivencia social y el escenario de las dimensiones que quedan enunciadas por la Agenda 2030, como lo señala Edwin Aguirre: "El mayor conflicto heredado por la ciudad moderna es justamente la inequidad presente en todos sus rincones". "Es un hecho que la ciudad es una obra incompleta". (Aguirre 2019).

Por lo tanto, el texto desarrollará en torno a la ciudad, la experiencia urbana en su espacio público, donde se evidencia el deterioro y la obsolescencia, siendo en este contexto donde aparece el caso de estudio que será expuesto en la última parte.

En primer lugar, es importante lo expresado por Olivier Mongin sobre el valor de la ciudad: "Concebir la ciudad como ese espacio que hace posible una experiencia urbana que da lugar a relaciones específicas que uno no encuentra en todas partes" (Mongin 2005). La experiencia de sus ciudadanos en la ciudad es por sobre todo en su espacio público, como lo continúa describiendo: "La ciudad: condición de posibilidad de diversas relaciones (corporal, escénica, política), lugar que da forma a prácticas infinitas y a una duración pública, tal es el sentido inicial de la condición urbana. Una entidad casi trascendental: La ciudad, un espacio que hace posibles experiencias urbanas, que nunca se realizan, completan ni totalizan". (Mongin 2005).

Como señala Yasna Contreras: "Existen varios estudios sobre las experiencias y procesos en tensión sobre cómo por un lado se han ido deteriorando las ciudades latinoamericanas, en especial sus centros, y por otro de iniciativas para recuperarlos. Desde la década de los años noventa algunas ciudades han experimentado dos formas de crecimiento urbano complementarias: un intenso movimiento residencial hacia la periferia (movilidad centrífuga)" como lo expone Fernando Carrión en Centros históricos de América Latina y el Caribe (2001) "versus una densificación de espacios centrales (movilidad centrípeta)" como la aportada por Eduardo Rojas en Volver al centro (2004).

María Moreno respecto a las condiciones de las ciudades contemporáneas señala: "Con la globalización y el neoliberalismo se extrema la agudeza de las condiciones de vida en la ciudad; prevalecen los intereses del mercado en la definición de las políticas y los procesos de la urbanización" (MORENO, 2018).

Tal como desarrolla la arquitecta Elke Schlack respecto al concepto de espacio público: "como el espacio físico que da cabida a la *esfera pública.* Mientras el espacio tiene cualidades físicas, la esfera pública está determinada por las interacciones sociales de las personas en el espacio. (SCHLACK, 2018).

Contribuyendo a esta discusión sobre espacio público, en el contexto de ciudades latinoamericanas, es pertinente mencionar las galerías comerciales, ya que, si bien son tipologías desarrolladas desde principios del siglo XX en Latinoamérica, propusieron nuevas relaciones con el espacio público, la experiencia urbana y el espacio privado. Curiosamente constituyen o han constituido parte de una identidad local tal cómo señala Beatriz Aguirre: "Las imágenes urbanas, la arquitectura y sus formas y el espacio como se estructura lo privado y lo público conforman vertientes que contribuyen a expresar una cultura". (AGUIRRE, 2006)

En especial en los centros urbanos de las principales ciudades latinoamericanas, las galerías comerciales fueron parte fundamental de su desarrollo por varias décadas del siglo pasado. "La historia cultural de la ciudad constituye el modo en que la ciudad como objeto de cultura produce significaciones las que a su vez la afectarán y se revertirán sobre su propia materialidad" (AGUIRRE, 2006).

De acuerdo con el contexto particular del caso de estudio, será pertinente sumar a la discusión los conceptos tanto de deterioro como de obsolescencia, los que están presentes en abundante bibliografía y experiencias de complejos procesos de recuperación de centros de ciudades. Ambos conceptos están relacionados directamente con el espacio público, ya que tanto bienes de valor patrimonial y cultural de los centros urbanos, como la propia experiencia urbana no solo se degradan, sino que también corren peligro de desaparecer. La discusión del valor y el uso de espacios privados y espacios públicos lleva algunas décadas, de acuerdo lo que señala Elke Schlack: "El tema del uso público de espacios legalmente privados ha tomado hoy un lugar central en la discusión sobre espacio público" (SCHLACK, 2011)

Deterioro: Sobre deterioro de centros urbanos, Eduardo Rojas en Volver al centro expresa en primer lugar: "En la mayor parte de los casos, el abandono y deterioro central es el resultado de cambios progresivos en las actividades económicas y residenciales y del gradual deterioro físico y funcional de los activos inmobiliarios" (ROJAS, 2004). A continuación, agrega que el proceso de deterioro: "se mueve con mayor velocidad impulsado por eventos de gran impacto". Lo anterior Rojas lo ejemplifica con áreas de almacenes y servicios al transporte ferroviario que se abandonan tras la suspensión de su uso o bien por su propio deterioro. El concepto de deterioro de acuerdo con Rojas está directamente relacionado al de obsolescencia: "En suma, los cambios de uso, la obsolescencia física de los edificios, infraestructuras y espacios públicos, y la obsolescencia funcional de ciertas formas edificadas cuyos programas arquitectónicos y niveles de servicio no responden a las necesidades contemporáneas, son factores concurrentes en el proceso de abandono y deterioro de las áreas centrales" (ROJAS, 2004)

Obsolescencia: De acuerdo con la definición de Antonio Vega, obsolescencia: "es un término que se refiere a la vida útil, o valor de uso, de un artefacto o servicio en función del tiempo, y en el contexto económico se asocia con la depreciación" (VEGA, 2012). Es fundamental la contribución a esta discusión lo que el antropólogo Marc Augé señala: "si un lugar puede definirse como lugar de identidad, relacional e histórico, un espacio que no puede definirse ni como espacio de identidad ni como relacional ni como histórico, definirá un no lugar [...]; la sobremodernidad es productora de no lugares, es decir, de espacios que no son en sí lugares antropológicos" (AUGÉ, 2000). Edwin Aguirre en Palimpsestos y obsolescencias en la ciudad contemporánea se refiere a que esta definición (del no lugar), ya que al mismo tiempo puede referir a: "una expresión de la obsolescencia de los espacios de la ciudad. La importancia del lugar antropológico vivido, apropiado, usado y significado por el hombre es lo que le da un sentido verdadero al lugar (AGUIRRE, 2019).

Eduardo Rojas en Volver al centro desarrolla los patrones de obsolescencia de la siguiente manera:

"**La obsolescencia funcional** de edificios y espacios públicos surge cuando estas estructuras ya no cumplen las funciones para las cuales fueron diseñadas originalmente". "**La obsolescencia física** se refiere al deterioro de la estructura, las instalaciones o las terminaciones de los edificios hasta el punto en que estos ya no tienen la capacidad de acoger las funciones para las cuales están destinados". "La **obsolescencia económica** se produce cuando ya no es rentable mantener los usos originales en un edificio por cuanto el terreno que ocupa, por su localización, ha aumentado de valor y se han incrementado las presiones para demolerlo y poner el terreno a su mejor y más provechoso uso".

Contexto del caso de estudio: Proceso de deterioro del centro ciudad de Valparaíso (Chile).

El contexto donde se desarrolla el caso de estudio es en la ciudad puerto de Valparaíso, (Chile) que entre sus múltiples particularidades resalta haber sido descubierta por la expedición adelantada española de 1536, pero no fue posible su fundación bajo las condiciones de la Corona española, debido tanto a su agreste topografía y por la resistencia de comunidades nativas.

La ciudad de Valparaíso, en su historia ha experimentado múltiples y diversas transformaciones, en especial en su plano urbano, por un lado, producto de su necesidad de expansión y por otro para dar respuesta a desastres naturales como fue el terremoto de 1906 que produjo la caída de gran parte de sus construcciones.

Durante el siglo XIX la ciudad se transforma radicalmente, ganando nuevos suelos urbanos por efecto de rellenos hacia el mar, dejando áreas que anteriormente estaban en condición de borde mar para ser convertidas en zonas interiores de la nueva trama. "Dicha cualidad, que le confiere la condición de realidad urbano-arquitectónica extraordinaria, ha sido descrita y comprendida como resultado del continuo proceso de ocupación del particular marco geográfico en que la población se ha ido desarrollando en el curso del tiempo". (DUARTE-ZÚÑIGA, 2007).

Así mismo el plano urbano sufre una modificación radical al extenderse logrando su unificación de su vida comercial y pública. La ciudad para fines del siglo XIX contempla 2 polos importantes de desarrollo, siendo por un lado el barrio puerto y por otro el barrio Almendral.

Será a partir del desastre del terremoto de 1906, que se originará un plan de reestructuración y reconstrucción del plano urbano de Valparaíso que definirá y consolidará su trazado urbano. "El terremoto que la asoló el 16 de agosto de 1906 le dio la posibilidad de establecer un nuevo urbanismo y una nueva ciudad". (MILLÁN-MILLÁN, 2015). Tras la reconstrucción es posible reconocer 2 grandes áreas de la ciudad consolidadas, por un lado, el barrio Almendral con un potente equipamiento y actividad económica principalmente en torno al mercado el Cardonal y por otro el sector comercial que se extiende hasta el puerto. Estas dos áreas tienen como zona límite a la Plaza de la Victoria. Esta zona de la ciudad tendrá para el siglo XX una alta densificación en su entorno y gran concentración de actividades de comercio y vida pública. La zona en torno a Plaza de la Victoria alcanzará una gran notoriedad al concentrar comercio, importantes instituciones y un equipamiento destinado al ocio y a la cultura, delimitada hasta el actual eje Bellavista y entre borde cerro (calle Condell ex calle San Juan de Dios) y Avenida Brasil.

En particular, la ciudad tras sus transformaciones urbanas tendrá la zona alrededor de Plaza de la Victoria un barrio con una singular riqueza en cuanto al equipamiento y valor arquitectónico. Por un lado, se superpondrán la dimensión del comercio concentrado principalmente en Calle Condell con un equipamiento de tiendas, una dimensión pública manifestada en sus espacios públicos principalmente en Plaza de la Victoria y una dimensión de ocio y cultura con un programa de teatros y posteriormente cines que existirán, como el primer Teatro Victoria, el primer teatro Odeón ubicado en ex calle del teatro (actual Salvador Donoso) con la primera proyección cinematográfica en el país, Teatro Valparaíso y Teatro Esmeralda (actual Teatro Condell), ambos frente a Plaza de la Victoria.

Por último, lo que también definirá la riqueza del sector descrito es la existencia de una serie de edificios con un alto valor arquitectónico que además de sus estilos contribuyen a una mixtura de expresiones propias del siglo XX que conviven con las de carácter historicista. Para ejemplificar lo anterior, en la zona descrita en primer lugar se destaca lo que fue la Catedral de Valparaíso la iglesia del Espíritu Santo, como uno de los edificios más importantes de la ciudad hasta su demolición en década de los setenta. Se destacan los edificios como el actual Club Naval, el Palacio Lyon (actual museo de historia natural), la Biblioteca Santiago Severín, por mencionar algunos, junto a otros edificios como el actual Hotel Prat y el edificio frente a Plaza de la Victoria, donde ambos albergan galerías comerciales que articulan pasajes interiores, siendo estas expresiones propias de la modernidad.

Todo lo anterior, es la descripción de un sector particular de la ciudad que se encuentra en una especia de zona intermedia que traba a los dos polos de desarrollo histórico de Valparaíso como es el puerto y el Almendral y que su configuración ha dado fruto a una serie de transformaciones descritas al inicio del presente contexto.

Se reconoce un proceso de deterioro en sector estudiado:

En un proceso que comprende varias etapas en el siglo XX, la ciudad de Valparaíso experimenta una extensa crisis que compromete tanto a su vida económica como a su vida social. “Finalmente, en los ochenta el traslado de industrias producto de las políticas centralistas del gobierno militar, completa el ciclo de crisis de Valparaíso" (KAPSTEIN-COOPER-OPAZO-GUROVICH, 2018). Así mismo el sector descrito anteriormente entre el Almendral y el puerto, experimenta cambios relacionados con su programa original caracterizado por una riqueza y mixtura, el cual atraviesa una especie de lo que (KAPSTEIN, 2016) señala como obsolescencia de sus equipamientos, edificios y espacios públicos.

Lo mencionado anteriormente sobre las diferentes crisis de la ciudad junto a la llamada obsolescencia, afectan profundamente a una zona de la ciudad que en el pasado tuvo una gran actividad y una conformación urbana mixta, para experimentar un apreciable decaimiento, donde por ejemplo se aprecia una trasformación de su equipamiento de ocio y cultura que se reconoce como deteriorado.

Por otro lado, en los últimos años, se ha evidenciado un constante cambio en el equipamiento comercial del sector, en especial en calle Condell, no habiendo claridad de la comunidad que habita y trabaja en el sector, y por lo tanto no existe definición de su identidad como barrio. Así mismo, la indefinición de su carácter, las desapariciones de importantes elementos de su equipamiento fomentan el desconocimiento de su riqueza arquitectónica y urbana y lo invisibilizan, asumiendo características similares al resto del barrio Almendral en cuanto al comercio informal que disputa y tensiona sus espacios públicos.

A fines del año 2019, con el estallido social se produjo una serie de eventos violentos que afectaron profundamente al sector y a su vez a la población de la ciudad. Por un lado, gran parte de las manifestaciones se realizaban en calle Condell y Plaza de la Victoria, las cuales finalizaban con una violenta represión policial y con la destrucción de mobiliario y daños al espacio público. Y, por otro lado, violentos actos de vandalismo y saqueos al comercio del sector en especial de calle Condell. Todo lo anterior, hizo que el sector en torno a Plaza de la Victoria alcanzara visibilidad mediática negativa, como zona violenta y saqueada.

Por todo lo anteriormente descrito, la zona estudiada experimenta un profundo deterioro, por un lado, de sus bienes inmuebles, de su equipamiento comercial, el cual cada vez más expresa su abandono y el deterioro tanto material como de calidad del espacio público para su comunidad. "El centro urbano no son sólo edificios patrimoniales, sino que también son los espacios de convivencia e identidad de la población de una ciudad" (BAZANT, 2012).

Si bien este deterioro está siendo observado en una zona particular, no se puede olvidar que afecta al resto. "La ciudad es una estructura físico-espacial integrada por múltiples sistemas, todos los cuales están interconectados y tienen efectos uno sobre el otro". (BAZANT, 2012).

Lo observado en el proceso descrito de crisis de la ciudad de Valparaíso, se ha acelerado dramáticamente en el sector, por un lado, por el estallido social y por otro por consecuencias de la pandemia, que paralizaron a gran parte de la actividad económica junto con el deterioro físico del barrio.

Finalmente se observa que las diversas crisis no sólo han afectado a la comunidad periférica de la ciudad sino también han deteriorado gravemente su propio centro urbano. "La ciudad experimenta un antieconómico proceso de expansión periférica y deterioro de sus zonas céntricas. Mientras el primero consume tierras e infraestructura, incrementando el costo de la vida y la producción, el segundo subutiliza los activos situados en el centro". (ROJAS, 2004).

Una experiencia particular de resistencia al deterioro; Una sala de cine en una galería comercial.

Otra dimensión y a la vez antecedente del proceso tanto de deterioro como de obsolescencia del centro de la ciudad de Valparaíso es, por un lado, la desaparición de las salas de cine y teatro y por otro la existencia de antiguas galerías comerciales. La gran mayoría de los cines y teatros se convirtieron producto de la obsolescencia como apunta Paula Kapstein en verdaderos esqueletos urbanos.

Resulta curioso que sea precisamente una galería comercial, de principios de siglo XX, que perviva al deterioro de la ciudad contemporánea. "La galería comercial se introdujo en Chile por la fuerte influencia de las tipologías comerciales construidas en Europa a mediados del siglo XIX, coincidiendo con el inicio de la industrialización masiva y el consumo en masas" (SCHLACK, 2017).

Tanto en Santiago como también Valparaíso, estas galerías comerciales albergaban teatros y salas de cine, lo cual constituye el caso de estudio.

En 2005 nace el proyecto INSOMMIA, conformado por ciudadanos que deseaban recuperar un lugar en la ciudad de Valparaíso para desarrollar una programación alternativa de cine a la oferta de los complejos de multisalas. Hacia fines de la década de los 90 la ciudad experimentó el cierre, derrumbe, demolición y venta de la gran mayoría de las salas de cine y teatros, que alcanzaron a ser alrededor de 20 salas. Los cines tipo cines-palacios, teatros adaptados y salas especializadas fueron experimentando hacia fines de la década de los años setenta un proceso de decadencia, por múltiples factores, entre ellos por nuevo hábitos y disponibilidad tecnológica como la televisión, las restricciones a las actividades sociales impuestas por la Dictadura militar (entre 1973 y 1990), la llegada del video club y las precarias condiciones económicas de la ciudad. Paradojalmente las únicas salas que funcionaban para 2004 eran 2 salas triple X y una sala tradicional reconvertida en multisala. El proyecto INSOMNIA nace en el Cine Central, sala en el centro de la ciudad ubicada en el eje comercial de Calle Condell que desde los años 60 funcionaba como cine popular. INSOMNIA con una programación de trasnoche funcionó hasta el año 2008 en Cine Central entregando ciclos de cine de autores contemporáneos, de culto, asiáticos, de géneros fantástico, terror y cine ciencia ficción, es decir una oferta alternativa al mainstream que ofrecía la única cadena de multicine que había en la ciudad. En 2011 se muda a Teatro Condell, sala que es parte de la Galería Condell que fue fundada en 1912 y que desde los años ochenta también se convierte en sala triple X. Producto del terremoto del año 2010, el teatro debe albergar actividades de la Municipalidad de Valparaíso por lo que cambia su administración, lo que posibilitó albergar la cartelera de INSOMNIA. Desde 2016 hasta la fecha el cine funciona administrado por esta organización de ciudadanos desarrollando una programación permanente siendo clave la persistencia y la diversificación de contenidos, así como las acciones de formación de públicos. De un cine alternativo y "under" como fue en Cine Central pasa a ser un lugar reconocido y valorado por los ciudadanos.

Esta experiencia es pertinente de ser expuesta en el presente texto, ya que es precisamente su persistencia en el tiempo que ha logrado resistir al proceso de deterioro acelerado que ha experimentado el sector entorno de Plaza de la Victoria y Calle Condell de Valparaíso descritos en capítulo anterior.

Se reconoce la Galería Condell como un bien de interés cultural, por lo cual la discusión patrimonial es como señala Llorenç Prats (2005), en torno a su activación, persistencia en el tiempo, desarrollo de actividades y relación con los públicos que enriquece la experiencia urbana del centro de la ciudad.

A modo de conclusión

En el contexto de un sector comercial deteriorado tanto en su equipamiento como en su espacio público, con la manifestación de obsolescencia, la Galería comercial Condell, donde funciona el proyecto INSOMNIA Teatro Condell es un caso de Espacio intermedio, de carácter privado que se abre hacia el espacio público, enriqueciendo la experiencia urbana.

La Galería con esta condición, se transforma en el bien de interés cultural que ha sido activado y que hace pervivir un valor patrimonial, a modo de resistencia del entorno.

El caso de estudio es un lugar en la ciudad, capaz de aportar al mejoramiento de la experiencia urbana en el espacio público y por tanto es un desarrollo crítico al modelo dominante que está regido por la especulación urbana, la gentrificación, el abandono y precariedad del equipamiento urbano del centro de Valparaíso.

El desarrollo y sostenibilidad en el tiempo, como activación de un bien con valor patrimonial en la ciudad, impacta y puede reconstituir un tejido dañado en la ciudad, como su centro comercial e histórico. Si bien la Agenda 2030 enuncia de forma genérica a la ciudad como espacio de expresión, es su espacio público y su experiencia urbana la que puede contribuir a mejorar la calidad de vida en una ciudad latinoamericana como Valparaíso.

Referencias bibliográficas

ARIAS, Beatriz Aguirre. Piezas de un itinerario memorable: Los pasajes y galerías del centro de la ciudad de Santiago. *DU & P: revista de diseño urbano y paisaje,* 2006, vol. 3, no 8, p. 1.

AGUIRRE RAMIREZ, Edwin. Palimpsestos y obsolescencias en la ciudad contemporánea. Instituto de Arquitectura Diseño y Arte, 2019.

ARIAS, Beatriz Aguirre. Piezas de un itinerario memorable: Los pasajes y galerías del centro de la ciudad de Santiago. *DU & P: revista de diseño urbano y paisaje,* 2006, vol. 3, no 8, p. 1.

AUGÉ, Marc. *Los no lugares.* Editorial Gedisa, 2020.

BAZANT, Jan. Deterioro del centro histórico de las ciudades. ¿Es viable su reactivación? *Tiempo y espacio,* 2012, no 29, p. 61-86.

BIBLIOTECA NACIONAL DE CHILE. "Terremoto del 16 de agosto de 1906, Valparaíso", en: Los terremotos en Chile (1570-2010). Memoria Chilena . Disponible en http://www.memoriachilena.gob.cl/602/w3-article-97953.html . Accedido en 23/7/2023.

CARRIÓN, Fernando. La ciudad construida. *Urbanismo en América Latina. FLACSO Ecuador. Recuperado de: https://bit. ly/2VfnAvL5,* 2001.

CONTRERAS GATICA, Yasna. La recuperación urbana y residencial del centro de Santiago: Nuevos habitantes, cambios socioespaciales significativos. *Eure (Santiago),* 2011, vol. 37, no 112, p. 89-113.

DUARTE, Patricio H.; ZÚÑIGA, Isabel M. Valparaíso cosmopolita: los efectos de la disposición hacia la técnica como parte de un espíritu progresista del siglo XIX. *Revista de Urbanismo,* 2007, no 17.

https://web.uchile.cl/vignette/revistaurbanismo/CDA/urb_complex/0,1311,SCID%253D20876%2526ISID%253D728%2526IDG%253D2%2526ACT%253D0%2526PRT%253D20876,00.html

KÁPSTEIN, Paula, et al. Regeneración de esqueletos urbanos en Valparaíso: patrimonio, espacio público y memoria colectiva. *Ciudad y formas urbanas,* 2018, p. 100.

MILLÁN MILLÁN, Pablo Manuel. Los Planes de reconstrucción de Valparaíso (Chile) tras el terremoto de 1906: la búsqueda de la modernidad en el trazado urbano. 2015. https://www.academia.edu/15270540/Los_Planes_de_reconstrucci%C3%B3n_de_Valpara%C3%ADso_Chile_tras_el_terremoto_de_1906_la_b%C3%BAsqueda_de_la_modernidad_en_el_trazado_urbano

MONGIN, Oliver, La condición urbana. Buenos Aires, Paidós, 2005

MORENO MACÍAS, María de los Ángeles; MURGA MELER, María Luisa. Imaginario y experiencia de ciudad. Mirada en devenir. *Andamios,* 2018, vol. 15, no 38, p. 15-38.

SCHLACK FUHRMANN, Elke, et al. Espacios de intercambio comercial en Santiago de Chile: tres maneras de aportar a la esfera pública de áreas urbanas. 2017.

SCHLACK, Elke. Producción privada de espacio público. Espacios privados de uso público y la planificación por incentivos. *Revista De Arquitectura,* 2011, vol. 17, no 24, p. ág. 18-25.

VEGA, Omar Antonio. Efectos colaterales de la obsolescencia tecnológica. Facultad de ingeniería, 2012, vol. 21, no 32, p. 55-62.

ZÚÑIGA, Margarita Greene. Eduardo Rojas (con la colaboración de Eduardo Rodríguez y Emiel Wegelin). Volver al Centro. La recuperación de áreas urbanas centrales. *EURE-Revista Latinoamericana de Estudios Urbanos Regionales,* 2005, vol. 31, no 92, p. 131-134

4.7. HACIA UNA LECTURA URBANA Y FACTIBLE DE LOS OBJETIVOS DE DESARROLLO SOSTENIBLE. ESPACIO PÚBLICO Y PRÁCTICAS ARTÍSTICAS PARTICIPATIVAS[122].

ANTONIO GARCÍA GARCÍA[123]
FRANCISCO JOSÉ TORRES GUTIÉRREZ[124]

Claves de FACTIBLES como propuesta desde la que reflexionar sobre los ODS

La Agenda 2030, adoptada por la Asamblea General de Naciones Unidas, y sus Objetivos de Desarrollo Sostenible (ODS), se han consolidado como referente mediático al tiempo que esperan hacerlo a nivel político y social. Esta situación no debe contemplarse como negativa *per se*, puesto que se exponen a nivel internacional urgencias básicas como la lucha contra la pobreza, la equidad, la gestión adecuada de los recursos y otros tantos ejes básicos de la sostenibilidad social y ambiental. No obstante, entrar con más detalle en estos Objetivos de Desarrollo Sostenible, conlleva también la detección de algunas disfunciones: una cierta tendencia retórica que a veces contrasta con la concreción difusa de las metas que se definen; un solapamiento de frentes de atención que, si bien es comprensible por la necesaria interrelación temática en la práctica, puede ser producto de una escasa consideración de las escalas; y, en general, la prevalencia del carácter indicativo o didáctico del documento frente a su manifiesta dificultad como herramienta de posible monitorización (GÓMEZ-GIL, 2018).

Dicho lo anterior, no pretendemos en este texto incidir en esta crítica y visión dialéctica de los criterios y contenidos de la Agenda 2030, tal como orientan otros autores, tratamos aquí de aprovechar su visibilidad para dar pábulo a determinadas iniciativas *ad hoc* y a la participación de

---

122 Este texto es parte del proyecto de I+D+i Prácticas artísticas participativas para la apropiación del espacio público y el desarrollo de la calidad de vida urbana (FACTIBLES) (PID2020-118221RB-I00), ayuda financiada por MCIN / AEI/10.13039/501100011033

123 Departamento de Geografía, Historia y Filosofía, Universidad Pablo de Olavide (Sevilla).

124 Departamento de Geografía, Historia y Filosofía, Universidad Pablo de Olavide (Sevilla).

base (VARIOS, 2020). Es decir, reflexionar desde la inmediatez de acciones locales que, aunque pueden valorarse con escasa trascendencia frente a las metas de los ODS, llegan a tener en la práctica un importante pragmatismo en el ámbito cotidiano de barrios y ciudades.

Para ello, compartiendo el interés general de este tipo de intervenciones y específicamente de aquellas que utilizan como medio distintas fórmulas de arte colaborativo, se partirá aquí del proyecto de investigación *FACTIBLES*: Prácticas artísticas participativas para la apropiación del espacio público y el desarrollo de la calidad de vida urbana[125]. Se trata de una propuesta interdisciplinar en la que participan investigadoras/es de Geografía, Bellas Artes, Arquitectura e Intervención Social. Se parte en ella del convencimiento de que unos espacios públicos en los que interactúa una diversidad de actores, que facilitan la sociabilidad de su entorno, que se desarrollan como lugares multifuncionales y confortables, y que propician mecanismos de identidad, contribuyen a mejorar la calidad de vida, las condiciones ambientales y los procesos de reconocimiento comunitario (VARIOS, 2019; MADDEN, 2018; GARCÍA-GARCÍA, 2011). Asimismo, en su condición de entornos accesibles y soportes de expresión individual y colectiva, son un escenario idóneo para el diálogo entre actores y procesos constitutivos de la ciudad (GARCÍA-GARCÍA, 2020; 2023). En paralelo, el acercamiento a estos lugares se enfoca desde la utilidad de unas prácticas artísticas que superan sus tradicionales corsés para impulsar cambios sociales, activar mecanismos colaborativos, favorecer transformaciones o facilitar canales de diálogo, promoviendo la consecución de una gestión participativa y socialmente inclusiva (PARCERISAS-COLOMER, 2009).

El proyecto contempla, en una primera fase, la definición de una metodología multidisciplinar y multidimensional que permita una lectura, a la par sintética y compleja, de prácticas artísticas participativas de distinto formato y variable gradiente de interacción, que están orientadas a favorecer procesos de apropiación del espacio urbano o de reconocimiento comunitario a través de él. Por otro lado, plantea la aplicación de dicha metodología a experiencias concretas de distintas ciudades españolas, seleccionadas en

---

125 El proyecto FACTIBLES (PID2020-118221RB-I00), iniciado en 2021, está financiado por el Ministerio de Ciencia e Innovación a través del Programa Estatal de Generación de Conocimiento y Fortalecimiento Científico y Tecnológico del Sistema de I+D+i y de I+D+i, Orientado a los Retos de la Sociedad. Su desarrollo durante estos dos años ha permitido aproximarnos a la dimensión creativa, comunitaria y sostenible que alcanzan algunas experiencias analizadas.

base a un criterio de diversidad y de representatividad, considerando la sinergia entre caracterización sintética y aprendizaje inductivo, fundamental en la búsqueda de claves de replicabilidad.

La base gramática de la propuesta de lectura se articula en un sistema de triple entrada a partir del cual se va desgranando una matriz de categorías y etiquetas asociadas:

- Cómo se concibe la práctica artística participativa, entendiendo como tal iniciativas procesuales y abiertas que buscan el intercambio con el lugar y la comunidad. Cuestión que se desarrolla en su formato (quién y cómo se podrá participar y con qué estrategia se interactúa con el lugar) y en las funciones del artista, esto es, cómo se concibe la intervención y el papel del resto de actores.
- A qué espacio público, sea un vórtice o una trama, se interpela. Y esto según la forma en la que sus condiciones estructurales condicionan la habitabilidad facilitando o no su función social; cuáles son sus claves de vitalidad, es decir, cómo se usan; y si evidencian síntomas de reconocimiento.
- El perfil de la comunidad en la que se enmarca y con la que interactúa. A partir de su estructura demográfica, donde se evidencian tendencias barriales; la composición cultural y el perfil de renta, con los retos y oportunidades que implican; o las redes sociales y las sinergias que pueden favorecer.

Experiencias concretas para situar el debate

En su primera fase, FACTIBLES ha estudiado una veintena de intervenciones, de distinta índole y complejidad de los procesos participativos. De ellas se van a tratar cinco para valorar cómo desde sus escalas y particularidades interpelan a algunos ODS y metas de los mismos. Se presentan en dos bloques de experiencias agrupadas intencionadamente según la originalidad de la propuesta artística y el rol que juega el espacio público *a priori*:

a) A medio camino entre la esencia contracultural, la condición de formato polifacético y el peligro de banalización como herramienta de intervención, el mural se ha consolidado como fórmula artística en el espacio urbano (GARCÍA-GAYO, 2019; VÉLEZ, 2016). Es el protagonista de la intervención *Arte para Todos* (en Polígono de San Pablo, Sevilla), de los programas *Parets* y *Persianes amb Ànima* (en Vallcarca y El Coll, Barcelona) y del caso en origen menos organizado institucionalmente, los murales del barrio de Lagunillas (Málaga). Comparten entre ellos la atención al espacio público como escenario desde el que catalizar procesos de identificación y reivindicación de sus vecindarios, pero con diferencias sustanciales entre promotores, motivaciones o lectura sociopolítica.

b) Explorando fórmulas menos habituales de intervención artística e incidiendo en las distintas fases de diseño, construcción y desarrollo de la faceta colaborativa y contextual (ARDENE, 2001), el segundo bloque trata el proyecto *Modul* (La Florida–Les Planes, Hospitalet de Llobregat) y *Cinema-Usera* (Usera, Madrid). A través de instalaciones de distinta naturaleza, ambos casos comparten la recuperación de espacios públicos como fin y como medio para el empoderamiento comunitario. Además, subrayan la capacidad del vehículo creativo para transformar, desde la base, incluso aquellos bordes urbanos cuya condición no parece favorecer situaciones de apropiación.

Arte para Todos es una iniciativa avalada por Naciones Unidas que se desarrolla en 2010 en el Polígono de San Pablo de Sevilla, como consecuencia de la colaboración entre agentes privados y el Ayuntamiento. Se concreta en cuatro decenas de murales de gran formato y firma internacionalmente reconocida (así como una inconclusa aportación escultórica posterior), mayoritariamente en medianeras y orientados hacia los ejes con mayor visibilidad y tránsito. El objetivo general de embellecimiento de entornos desfavorecidos y la recurrente alusión, en este caso concreto, a un "museo a cielo abierto" no parece hacer referencia a un proceso de creación participativa. No obstante, el talante más colaborativo de algunos creadores, la ligazón al barrio de algunas de las temáticas tratadas y, aunque sea parcialmente, el reconocimiento como nueva imagen local, lo hacen más versátil. Sea como fuere, no se termina de concretar la expectativa de reproducción en la base artística y social, ni de activar los medios necesarios para ello.

Figura 1. Mural del Polígono de San Pablo, Sevilla. Arte para Todos. Junio de 2022.

Fuente: Equipo FACTIBLES.

Parets y *Persianes amb Ànima (Paredes y Persianas con Alma)*, en los barrios barceloneses de Vallcarca y El Coll, respectivamente, son dos secuencias de un proyecto que comienza en 2021 y desarrolla su carácter participativo en dos niveles. Ambas iniciativas son promovidas por la asociación GRUPATRA y, en su objetivo de inclusión sociolaboral de mujeres en situación de vulnerabilidad -afectadas por problemas de salud mental-, utiliza estos murales y pinturas en persianas de comercios locales como vehículo de empoderamiento, de atención a sus circunstancias de salud, e incluso, como herramienta de promoción laboral. Para ello, artistas invitadas trabajan junto a estas mujeres en talleres previos y en la propia ejecución de las creaciones. Por otra parte, a nivel de arte urbano, los motivos de los murales, en el caso de *Parets*, interpelan a la identidad de barrio o a la igualdad de género; *Persianes* por su parte explicita las historias propias de cada comercio. El proceso creativo requiere diálogo con la comunidad, desarrolla una óptica de arte *specific site* y llama al reconocimiento colectivo.

Figura 2. Pintura mural, en Vallcarca, y en persiana, en El Coll (Barcelona). Parets y Persianes amb Ànima. Junio de 2023.

Fuente: Equipo FACTIBLES.

También el mural es el hilo conductor de la experiencia del barrio de *Lagunillas,* en Málaga, con la particularidad de que no es una intervención planificada. En este arrabal histórico converge un proceso de deterioro y abandono en los últimos decenios que ha enlazado, a causa de su proximidad a tramas muy centrales de la ciudad, con dinámicas de gentrificación y turistificación. Es en este marco en el que surgen alianzas entre el vecindario, aficionados a estas creaciones y artistas consolidados[126]. De este modo, un entorno en el que poder pintar va configurándose como una experiencia colectiva heterogénea de murales, cuyas temáticas van desde la expresión personal a la crítica sociopolítica y alusiones a la memoria local. Estas manifestaciones aparecen en el espacio público y privado de distinta manera, en muros en desuso, en fachadas privadas -previo consenso con los residentes- o, incluso, apoyando la reclamación de pequeños espacios de estancia y juego.

---

126 Así sucede con el pintor Miguel Ángel Chamorro, que creó en 2000 la Asociación Fantasía de Lagunillas, orientada a la inclusión y desarrollo cultural a través del arte y el deporte, iniciativa a la que se suman un considerable número de pintores y grafiteros -entre otros artistas-, alguno de los cuales reside en el propio barrio. O con la Asociación de Vecinos Lagunillas, que conjuga expresión artística y reclamación de espacios abiertos colaborativos.

Figura 3. Espacio público reclamado en Lagunillas, Málaga. Marzo de 2022.

Fuente: Equipo FACTIBLES.

Modul (Centro Ecológico Cultural MODUL) es un proyecto definido como “espacio ciudadano de creación y experimentación artística sostenible” que comienza en 2019 en un vacío urbano de borde en el barrio de La Florida-Les Planes, en Hospitalet de Llobregat. A partir de la promoción de la Fundación Contorno Urbano para la recuperación de este espacio, muestra entidad propia como proceso participativo y abierto. Con la mediación de artistas locales, el objetivo de recuperación y reciclaje de un espacio público y la propuesta de un equipamiento colectivo para la comunidad, se tramita con el trabajo previo de detección de urgencias, co-diseño o construcción colaborativa entre personas voluntarias, el vecindario y algunos colectivos. Actualmente es un proceso abierto sustanciado sobre la construcción de módulos de programación cultural; a partir de él se monitorizan proyectos de intervención local y funciona un taller de ideas para la recuperación como parque del solar preexistente.

Figura 4. Módulos y mobiliario en espacio reclamado en La Florida–Les Planes. Modul, Junio de 2023.

Fuente: Equipo FACTIBLES.

Cinema Usera comparte ubicación de borde urbano en el barrio homónimo. Es un proyecto de cultura de proximidad que surge de la iniciativa *Paisaje Sur. Autoconstruyendo Usera-Villaverde,* respaldado por Intermediae con la colaboración de distintos agentes culturales del entorno -Kubik Fabrik, Espacio Oculto y Todo por la Praxis- y el liderazgo de la Asociación Vecinal Barrio Zofío. Se materializa en un pequeño cine al aire libre, autoconstruido de forma colaborativa e igualmente gestionado y mantenido, que utiliza la propia proyección cinematográfica y otras actividades como medio de cohesión vecinal. Asimismo, su aceptación local favorece la apropiación y uso de una loma con una magnífica panorámica, cosiendo la trama de espacios públicos y equipamientos existentes en su entorno. En 2021 el Ayuntamiento de Madrid adjudica la explotación a una empresa privada y, tras años sin uso, en julio de 2023 parte de las estructuras del cine han sido incendiadas, lo que evidencia que el proceso comunitario es tanto o más importante que el equipamiento en sí.

Figura 5. Espacio público reclamado a través de un equipamiento colectivo y abierto. Cinema Usera. Diciembre de 2022.

Fuente: Equipo FACTIBLES.

Explorando la alineación y proyección con los ODS y sus metas

En relación con las metas que vienen a concretar los objetivos generales de desarrollo sostenible, destacamos en negrita los términos claves que nos ayudan a sintetizar los aspectos principalmente concernidos por las iniciativas que se han descrito.

- En el marco del Objetivo 3: *Garantizar una vida sana y promover el bienestar para todos en todas las edades*, consideramos la meta 3.4. *Reducir a un tercio la mortalidad prematura por enfermedades no transmisibles mediante la prevención y el tratamiento y* ***promover la salud mental y el bienestar***.
- En el seno del Objetivo 5: *Lograr la igualdad entre los géneros y empoderar a todas las mujeres y niñas*, y al margen de la meta 5.1. *Poner fin a todas las formas de discriminación contra todas las mujeres y las niñas en todo el mundo*, que se muestra así con un carácter más genérico, destacamos la orientación que sugiere la 5.5. *Asegurar la* ***participación plena y efectiva de las mujeres*** *y la* ***igualdad de oportunidades de liderazgo*** *a todos los niveles decisorios de la vida política, económica y pública.*

- El Objetivo 10: *Reducir la desigualdad en y entre los países,* puede ser contemplado por el conjunto de intervenciones analizadas, dado que, desde un plano teórico, en todas ellas se observan los parámetros de cohesión e inclusión social. Específicamente, la meta 10.2 establece: ***Potenciar y promover la inclusión social****, económica y política* ***de todas las personas****, independientemente de su edad, sexo, discapacidad, raza, etnia, etc.*

- El Objetivo 11: *Lograr que las ciudades sean más inclusivas, seguras, resilientes y sostenibles,* se convierte sin duda en el ODS de referencia para el conjunto de casos que se estudian en FACTIBLES[127]. De acuerdo con los cinco casos concretos que se han seleccionado para este análisis, las metas que destacamos serían las siguientes: 11.1. *Asegurar el acceso de todas las personas a viviendas y servicios básicos adecuados, seguros y asequibles y* ***mejorar los barrios marginales****;* 11.3. *Aumentar la* ***urbanización inclusiva y sostenible*** *y la capacidad para la* ***planificación y gestión participativas****, integradas y sostenibles de los asentamientos humanos en todos los países;* 11.6. *Reducir el* ***impacto ambiental*** *negativo per cápita de las ciudades, incluso prestando especial atención a la calidad del aire y la* ***gestión de los desechos municipales y de otro tipo****;* y 11.7. *Promocionar el acceso universal a* ***zonas verdes y espacios públicos seguros, inclusivos y accesibles****, en particular para las mujeres y los niños, las personas de edad y las personas con discapacidad.*

- Por último, el Objetivo 12: *Garantizar modalidades de consumo y producción sostenibles,* presenta dos metas que pueden ilustrar también la faceta ecológica o medioambiental que adquieren algunos de los casos. La 12.5. ***Reducir considerablemente la generación de desechos*** *mediante actividades de prevención, reducción, reciclado y reutilización,* y la 12.8. *Asegurar que las personas de todo el mundo tengan la* ***información y*** *los*

[127] En los fundamentos teóricos de esta investigación, el espacio público se concibe como un bien fundamental de la ciudad, sea como hito que sintetiza formas de idear y concebir su realidad (GARCÍA-GARCÍA, 2020), sea como emplazamiento privilegiado de un verde urbano cada vez más urgente (SANCHO-ROYO, 2008; HOUGH, 1995) o como referente de una concepción contemporánea del patrimonio que recoge el proceso de construcción colectiva de la identidad (PRATS-LLORENÇ, 1997). Por otro lado, la gestión participativa se convierte en condición *sine qua non* de aquellas iniciativas de arte procesual y abierto que buscan la interacción y el intercambio con el lugar y la comunidad, ajustando para ello el formato y las funciones del propio creador (CRESPO, 2020).

conocimientos para el desarrollo sostenible y los estilos de vida en armonía con la naturaleza.

En la figura 6, cuadro que sintetiza la relación que los diferentes casos establecen con estos objetivos y metas, se pueden ver las diversas facetas que en este sentido se consiguen desplegar. Las cinco intervenciones se comprometen con el ODS 10 y en distinta forma, según metas, con el 11. Algunas de ellas responden especialmente a los ODS 3 y 5 y otras también al 12.

Figura 6. Relación de las prácticas artísticas participativas y las metas de los ODS.

	ODS 3 3.4	ODS 5 5.5	ODS 10 10.2	ODS 11				ODS 12 12.5-8
				11.1	11.3	11.6	11.7	
Arte para Todos *(Polígono San Pablo, Sevilla)*			✓	✓	✓			
Murales *(Lagunillas, Málaga)*			✓	✓			✓	
Parets* y *Persianes amb Ànima *(Vallcarca y El Coll, Barcelona)*	✓	✓	✓				✓	
Modul *(La Florida, L'Hospitalet)*			✓			✓	✓	✓
Cinema Usera *(Usera, Madrid)*			✓			✓	✓	✓

ODS 3: Garantizar una vida sana y promover el bienestar para todos en todas las edades.
3.4. Promoción de la salud mental y el bienestar.
ODS 5: Lograr la igualdad entre los géneros y empoderar a todas las mujeres y las niñas.
5.5. Participación plena y efectiva de las mujeres. Igualdad de oportunidades de liderazgo.
ODS 10: Reducir la desigualdad en y entre los países.
10.2. Potenciar y promover la inclusión social… de todas las personas.
ODS 11: Lograr que las ciudades sean más inclusivas, seguras, resilientes y sostenibles.
11.1. Mejorar los barrios marginales.
11.3. Urbanización inclusiva y sostenible. Planificación y gestión participativas.
11.6. Impacto ambiental. Gestión de desechos y de otro tipo.
11.7. Zonas verdes y espacios públicos seguros, inclusivos y accesibles. Grupos vulnerables…
ODS 12: Garantizar modalidades de consumo y producción sostenibles.
12.5. Reducir la generación de desechos mediante la prevención, reducción, reciclado y reutilización.
12.8. Divulgar información y conocimientos para el desarrollo sostenible…

Fuente: Elaboración propia.

Contextos urbanos, fórmulas de intervención y procesos diferenciados

Nuestra interpretación conjunta de estas experiencias, a partir de tales correspondencias, nos lleva a diferenciar dos fórmulas de intervención y procesos que, tal como se apunta al inicio del segundo epígrafe, guardan relación con la originalidad de la propuesta artística y el rol que juega el espacio público, aspectos que, a su vez, propician distintas oportunidades a nivel urbano y social.

Los tres primeros casos descritos (*Arte para Todos, Parets y Persianes amb Ànima* e intervenciones en Lagunillas), iniciativas basadas en murales con dinámicas dispares en la interacción entre institución y ciudadanía, tienen lugar en barrios relativamente periféricos de las ciudades respectivas que manifiestan claras desventajas desde el punto de vista urbanístico y social.

Como se ha apuntado anteriormente, las fórmulas de intervención puestas en marcha distinguen las tres experiencias y se vinculan con el modo en que se han desarrollado y prolongan sus procesos. Mientras que en Polígono San Pablo (Sevilla) el proyecto culminó su ejecución en 2010, en Barcelona (Vallcarca y El Coll), el reciente abordaje de los programas descritos, la intermediación de las entidades colaboradoras y las posibilidades de replicabilidad, mantienen viva la experiencia. En Málaga, la muestra de arte urbano que representan los murales, dispersos por calles, edificios y solares de Lagunillas, se basa en la dinamicidad y heterogeneidad de las creaciones; en este sentido resulta necesario el apoyo de las entidades y asociaciones del barrio.

Hay que subrayar en estas tres iniciativas el modo en que, además de responder de manera evidente o tangencial a los ODS y metas señaladas, contribuyen fundamentalmente a una cualificación de la imagen urbana de los barrios. Es así como incorporan una expresión de reconocimiento social y autoestima que permite enfrentar el estigma que a veces recae sobre ellos dentro del imaginario social de sus ciudades. Estos proyectos promueven una resignificación en términos identitarios optimistas y bajo paradigmas como la preocupación medioambiental, la igualdad de género, la reivindicación social y política o la memoria de los propios vecindarios y familias.

Por otra parte, los casos observados de *Cinema Usera* y *Modul* se ubican también en barrios periféricos con altos niveles de desigualdad social respecto al entorno de sus distritos y ciudades, incluso a nivel regional y estatal, tal como muestran las rentas medias de sus sectores internos (INE, 2020). No obstante, es necesario recalcar en ellos el carácter multicultural de sus poblaciones, con amplias representaciones de población extranjera, sobre todo de China en Usera y de Latinoamérica y norte de África en La Florida.

Ambas experiencias, concretadas en instalaciones que implican o favorecen acciones con componentes creativos, culturales y participativos, tienen como objetivo primordial la recuperación de determinados espacios públicos y un proceso de empoderamiento comunitario vinculado estrechamente con la gestión practicada en los mismos. Por otro lado, como puede observarse en el cuadro de la figura 7, las actividades que promueven son guiadas por criterios de sostenibilidad, incidiendo en aspectos claves como el reciclaje (ODS 12). Tanto en La Florida como en Usera esta recuperación de espacios públicos ha afectado a terrenos en desuso o abandonados con grandes potencialidades para su apropiación social, entre ellas el valor que adquieren en áreas urbanas relativamente densificadas (más aún en condiciones como las sufridas bajo la situación de pandemia del COVID-19).

La evolución que han experimentado es desigual: mientras que *Cinema Usera* se ha ido abandonando por parte del Ayuntamiento madrileño, pasando por una fase intermedia de privatización de su gestión, el de *Modul* subsiste y diversifica actualmente sus posibilidades gracias al apoyo de un tejido asociativo implicado, a la labor esencial de Contorno Urbano como entidad mediadora y a la colaboración de las administraciones y otras entidades públicas y privadas. Sea como fuere, ambas experiencias transmiten aprendizajes de interés en relación a la necesidad de recuperar espacios públicos mediante prácticas originales de expresión artística y participación social.

Bibliografía

ARDENNE, P., *Un arte contextual. Creación artística en medio urbano, en situación, de intervención, de participación*, Cendeac, Barcelona, 2001.

CRESPO, B., "Acerca de las prácticas artísticas participativas contemporáneas como catalizadoras de la sociabilización", *Historia y comunicación social*, vol. 25, nº. 1, 2020, pp. 275-286.

GARCÍA-GARCÍA, A., *La calle a escena. El sistema de espacio público de Sevilla y su entorno metropolitano. Retos y posibilidades*, Ayuntamiento de Sevilla, Sevilla, 2011.

GARCÍA-GARCÍA, A., "An everyday living heritage landscape. Reading public space as a complete and complex expression of the contemporary city. Applications based on Andalusia cases", *Ri-vista. Ricerche per la progettazione del paesaggio*, 18, 1, 2020, 214-237. GARCÍA-GARCÍA, A., "Lugares que destilan, paisajes que respiran: espacios públicos singulares de la Cádiz burguesa y su carácter como paisaje patrimonial", *Cuadernos Geográficos*, 62(2), 2023, 136–162.GARCÍA-GAYO, E., "El espacio intermedio del arte urbano", *Ge-conservacion*, 16, 2019, 154-165.

GÓMEZ GIL, C., "Objetivos de Desarrollo Sostenible (ODS): una revisión crítica", *Papeles de relaciones ecosociales y cambio global*, 140 (1), 2018, 107-118.

HOUGH, M., *Cities and natural process*, Routledge, Londres, 1995.

INSTITUTO NACIONAL DE ESTADÍSTICA: «Atlas de distribución de renta de los hogares» [en línea], (2020)

<https://www.ine.es/experimental/atlas/experimental_atlas.htm> [Consulta: 16/06/2023].

MADDEN, K., *How to turn a place around. A Placemaking Handbook,* Project for Public Spaces, Nueva York, 2018.

PRATS-LLORENÇ, L., *Antropología y patrimonio,* Ariel, Barcelona, 1997.

PARCERISAS-COLOMER, P. "Arte y contexto. Hacia una redefinición del espacio público y el arte político", en *Arte, experiencias y territorios en proceso,* Ajuntament de Calaf, Ajuntament de Manresa, Generalitat de Catalunya, Diputació de Barcelona, Barcelona, 2009, pp. 24-26.

SANCHO-ROYO, F., "Función ambiental del espacio público en la ciudad inteligente", en *Espacio público, ciudad y conjuntos históricos,* Junta de Andalucía, Sevilla, 2008, pp. 112-121.

VARIOS, "Children's everyday encounters and affective relations with place: experiences of hyperdiversity in Auckland neighbourhoods". *Social and Cultural Geography,* 20, 2019, 1233-1250.

VARIOS, "Participación de la sociedad civil en las dinámicas de innovación para el logro de los ODS. Un marco de análisis", *Revista iberoamericana de estudios de desarrollo,* Vol.9 (1), 2020, 120-145.

VÉLEZ, L.F., "La memoria colectiva en el mural urbano: Imagen y representación", *Revista Imago,* (4), 2016, 60-73.

5. *Alianzas*

¿Cómo se adapta (si lo hace) La Agenda 2030 a nuevos modelos de gobernanza?

5.1. INTRODUCCIÓN: LA NECESARIA CUESTIÓN DEL CÓMO, CON QUIÉN Y PARA QUIÉN DE UNA PROPUESTA QUE ASPIRA A TRANSFORMAR

JUAN DE DIOS GARCÍA SERRANO[128]

Vivimos en espacios y tiempos llenos de aristas y complejidades que se instalan en los imaginarios y en el análisis, y que en los últimos años se vive como crisis múltiple, como "policrisis global" o incluso como crisis de modelo de civilización según algunas voces prestigiosas. Crisis ecológica o de supervivencia, demográfica, política e institucional, social o de convivencia, ética o de valores, del modelo urbano y rural, en definitiva, de civilización. Como afirma Morin (2011)" un malestar psíquico y moral se instala en el corazón del bienestar material". La enorme estructura de ideas que hemos construido ha colapsado y arrastra tras de sí modelos y paradigmas ya en desuso pero que mantenemos activas por inercia.

La "democracia", como construcción social que entendemos pilar esencial para la convivencia y la vida, está sufriendo tensiones que, en algunos casos, son altamente peligrosas para su supervivencia como institución. El filósofo Michael Sandel (2013)[129], afirma que "desde principios de los 80 hemos experimentado una revolución silenciosa y gradual" (pero con un efecto acumulado inmenso), hemos emprendido un viraje enorme, prácticamente sin darnos cuenta, desde tener economías de mercado hasta convertirnos en sociedades de mercado. Básicamente un modelo de sociedad en la que las relaciones de mercado dominan nuestra existencia. Poco a poco el mercado se ha adueñado de áreas que hasta entonces le eran

---

128 Universidad Pablo de Olavide.

129 Entrevista en el diario escrito "El Mundo" 28/12/2013. "El triunfo del mercado ha estrechado nuestra idea de lo que es libertad"

ajenas. Y sin debate sobre ello. Estamos contemplando cómo el mercado ha empezado a dominar áreas de las relaciones sociales, más allá de los bienes materiales, como la Educación, la Salud, Vivienda digna, Seguridad Alimentaria, Política, etc.

Ante esta realidad descrita, las instituciones públicas y organizaciones de la sociedad civil padecen problemas sistémicos para generar capacidad democrática de propuesta y respuesta a esta policrisis, fruto de sus imaginarios, culturas, liderazgos, diseños organizacionales, procesos de generación de valor y de aprendizaje, excesivamente cortoplacistas, sectoriales, asiladas y simplistas.

Para abordar estos problemas sistémicos el sector público y la sociedad en su conjunto deberán generar una nueva mirada política y estratégica para hacer cosas diferentes, deberá generar una estrategia de innovación social que permita "más y mejores conexiones críticas de valor" para poder responder a estos retos u otros cumplir con las expectativas que la sociedad tiene en nuestro tiempo.

Resulta urgente generar proyectos ilusionantes que se enfrenten y superen los retos presentes y, para ello, es necesario construir nuevos liderazgos, con personas que renueven las ideas de las instituciones y organizaciones, con profesionales que motiven a una ciudadanía dispuesta a innovar y participar activamente en el bien común. Estos nuevos líderes deben ser capaces de escuchar permanentemente las demandas sociales, y transmitir sus mensajes de forma clara y comprensible, defendiendo sus propuestas con solvencia; y para ello se requiere estrategias y procesos de comunicación minuciosamente elaborados.

¿De qué hablamos cuando hablamos de gobernanza?

Estamos ante un concepto que en la actualidad ha adquirido un protagonismo central, no sólo en la esfera de lo político y de las instituciones, sino además en el núcleo de los debates y de las propuestas en los ámbitos de lo económico, social, educativo y cultura, etc.

A mediados de la década de los 80 del siglo pasado, el término "gobernanza" emergió con fuerza en los círculos institucionales vinculados a los desafíos del desarrollo, particularmente en las organizaciones económicas internacionales, adquiriendo un significado novedoso y más preciso. Específicamente, el Banco Mundial, en su publicación de 1989 sobre el África subsahariana, empleó de manera reiterada la expresión "gobernanza". Esto se debió, en gran medida, a que una institución de esa naturaleza debía evitar consideraciones de índole política, y el término "gobernanza" se ajustaba perfectamente a esta perspectiva (WORLD BANK,1994).

Desde entonces, el uso del término "gobernanza" se ha difundido ampliamente en todas las organizaciones internacionales, así como en los ámbitos académicos e intelectuales. También ha irrumpido con fuerza en el ámbito de los estudios de administración (STEWART, 1996), como en el campo de las políticas públicas (BRAND, 1992) y relaciones internacionales (ROSENAU Y CZEMPIEL, 1992; FALK, 1995).

Estamos ante un paradigma emergente (CONEJERO, 2015): la gobernanza entendida como un concepto que busca trascender más allá de la política y del ámbito público (ROSENAU Y CZEMPIEL 1992), representando una nueva forma de gobernar (MAYNTZ, 2001) más colaborativa en la cual "instituciones estatales y no estatales, actores públicos y privados, participan y a menudo cooperan en la formulación y aplicación de políticas públicas" (MAYNTZ, 1993: 3).

En septiembre de 2015, ONU propugnaba la Agenda 2030 para el Desarrollo Sostenible (ODS), 17 Objetivos que supone una nueva mirada sobre lo que el desarrollo global significa, y donde lo "local" y la calidad de las relaciones entre actores se convierten en los grandes protagonistas. Esto implicará una "Nueva Gobernanza" del desarrollo, una nueva cultura política e institucional en el territorio, una apuesta por la innovación en la gestión de los gobiernos locales. Apuestas por principios explícitamente mencionados en el ODS 16 (16.6; 16.7; 16.10).

El "Informe sobre el Desarrollo Mundial elaborado por el Banco Mundial (2017): Gobernanza y Ley" la define como: "el proceso de interacción entre actores estatales y no estatales para formular y aplicar políticas en el marco de un conjunto determinado de reglas formales e informales que moldean el poder y son moldeadas por este".

Se trataría, por lo tanto, de un proceso, de una dinámica sistémica de generación de relaciones. En algunos casos, se trata de generar nuevas relaciones sociales y de poder entre los agentes de la comunidad y los nuevos modos de gobernanza que resultan de dichos nuevos modos de relaciones (MOULAERT ET AL., 2005; GONZÁLEZ, J. R., & DASÍ, J.F., 2011).

Se trata por tanto de "mejorar las relaciones sociales y los procesos de empoderamiento" (MOULAERT ET AL., 2013). Desde esta perspectiva no se trataría entonces de un mero proyecto, ni de un programa, ni de una mera iniciativa puntual, sino de un proceso que se manifestará en cambios y transformaciones en la cultura política de los actores del territorio y en la eficacia de las políticas de transformación.

El Informe del Banco Mundial (2017) señala que las políticas funcionan cuando se adaptan a las circunstancias cambiantes y cuando las personas deciden juntas para beneficiar al bien común. Pero a veces la distribución desigual del poder puede socavar el compromiso, la coordinación y la cooperación. La gobernanza trabaja de forma consciente del marco de reglas y normas que configuran el poder en el territorio y en la comunidad, asumiéndolo como parte de los cambios que son imprescindibles para romper esas asimetrías o desigualdades de poder, ya que (como se detalla en el propio informe) "la distribución desigual del poder puede derivar en exclusión, captura y clientelismo".

Cuando contextualizamos la gobernanza en el territorio y analizamos las relaciones (nuevas y clásicas) entre los agentes del mismo, se dan tres ámbitos básicos donde se concretan las relaciones y alianzas, siguiendo el trabajo de Camarinha-Mato y Afsarmanesh (2008) :

1.- Intercambio de información: entendiéndose como la comunicación con el propósito de generar beneficio mutuo.

2.- Cooperación: supone que, sin abandonar objetivos, utilizando recursos y métodos diferentes para responder a necesidades propias, existe un cierto alineamiento y redefinición de actividades para alcanzar mayor eficiencia en los resultados.

3.- Colaboración: supone la construcción de una visión compartida, definición de objetivos y acciones comunes, reglas de juego, un nivel de cohesión, de corresponsabilidad con los objetivos y metas y de un liderazgo cooperativo.

Entendemos que debemos aspirar a generar las condiciones, la estructura y las herramientas para co-producir las políticas públicas para el bien común, ampliando la esfera de actores que pueden y deben participar en esta construcción desde el origen. Sin embargo, la gobernanza interactiva, en red (coproducción), no implica gobernanza sin gobierno. Aunque los servicios y las políticas públicas son cada vez más el resultado de redes de actores estatales, privados y sociales, es preciso fortalecer el rol de conducción (steering) del Estado para garantizar el bien público.

Moulaert y Nussbaumer (2005), señalan que las capacidades para afrontar nuevos retos y problemas son resultado de procesos de aprendizaje colectivo en red, en el cual cada agente comparte con el resto su conocimiento con el fin de cogenerar nuevas capacidades. Esto implica la capacidad de involucrar a diversidad de agentes en estos procesos (MOULAERT, 2000). Tal y como apuntan Moulaert y Nussbaumer (2005), una mayor diversidad supone integrar diferentes tipos de conocimiento y permite construir una visión más plural para la búsqueda de soluciones.

Trabajar bajo la lógica de red implica una cultura política, técnica e institucional transformadora y es expresión de ella. Por eso podemos hablar de la red como una cultura organizacional, como creación cotidiana que atraviesa tanto los espacios de existencia y trabajo institucionales, como los personales.

Como afirma Jara Holliday (2008) el trabajo en red es una forma de ser y de hacer las cosas, que supone ir "tejiendo" relaciones, aprendizajes, complicidades, avanzando "de nudo en nudo" hasta tener constituido un espacio común, abierto y diversificado, en el que se puedan ir sumando nuevas iniciativas, propuestas y empeños.

Este proceso de construcción no obvia el marco de reglas y normas que configuran el sistema de poder en un territorio o en una comunidad dada, más bien lo asume como una variable explicativa muy potente de las relaciones que históricamente se han dado en lo concreto. Sin duda, la nueva gobernanza trabaja de forma muy consciente de este marco, asumiéndolo como parte de las transformaciones que son precisas para generar desarrollo, sostenibilidad, bienestar y justicia. En definitiva, democracia consciente.

Entendemos, en definitiva, que, no es posible pensar, diseñar, planificar y ejecutar políticas que aspiren a resolver y/o superar determinadas necesidades actuales y futuras de los territorios si no generamos las capacidades para ampliar miradas y enfoques tradicionales, ineficaces para un mundo que está en un momento decisivo. No es posible crecer en democracia sin demócratas, no es posible soñar ni construir territorio sin ciudadanía. Nada está escrito ni decidido aún. Vivimos en el "interregno", donde todo es posible, menos la indiferencia.

Y ante esta realidad, en este capítulo nos hemos preguntado ¿Cómo se adapta (si lo hace) La Agenda 2030 a nuevos modelos de gobernanza?

Para empezar, Antonio Delgado Baena analiza críticamente los desafíos y limitaciones en la implementación de la Agenda 2030 para el Desarrollo Sostenible cuestionando la base neoliberal de la agenda. El autor nos interpela con algunos interrogantes de interés: ¿cuáles son las principales limitaciones en la implementación de la Agenda 2030? ¿cómo se puede resistir la cooptación y politizar los espacios de gobernanza? ¿por qué es importante cuestionar la base neoliberal de la agenda y abogar por un enfoque basado en la justicia y la reconfiguración de las relaciones de poder?

Para Delgado la Agenda 2030, además de una hoja de ruta, plantea desafíos políticos y limitaciones que deben ser considerados, como la carencia de mecanismos efectivos que incidan en políticas concretas y acuerdos vinculantes, así como de un programa político global compartido

El autor documento destaca la importancia de la innovación social y la gobernanza para abordar los desafíos sociales y promover el desarrollo sostenible. Además, se enfatiza la necesidad de resistir la cooptación, politizar los espacios de gobernanza y cuestionar el enfoque economicista de la agenda para lograr una participación transformadora.

Por otra parte, Enrique Gallichio hace un llamado a explorar la posibilidad de cambios reales en el modo de desarrollo global y cómo la Agenda 2030 puede ser un instrumento de cambio efectivo a nivel territorial.

¿Cuáles son los principales desafíos que enfrenta la Agenda 2030 a nivel territorial? ¿Cómo pueden los actores emergentes influir en la implementación de la Agenda 2030? ¿Qué medidas concretas pueden tomar los gobiernos locales para asegurar que nadie se quede atrás en la implementación de los ODS?

Gallichio afirma que la implementación de la Agenda 2030 es un tema con un fuerte contenido político y que los resultados obtenidos hasta ahora son insuficientes, por lo que se plantea si es necesario hacer las cosas de manera diferente.

Pone énfasis en la articulación entre lo local y lo global, y la necesidad de un buen gobierno para tener influencia en los diferentes ámbitos de gobernanza global, de manera que los actores territoriales pueden tener mayores posibilidades de ubicarse en la mesa global y cómo pueden influir en la implementación de la Agenda 2030.

Gallichio defiende el enfoque territorial del desarrollo, rompiendo tanto visiones centralistas como localistas, enfatizando en la articulación multinivel, desde plataformas multinivel y multiactor en el territorio, por lo que destaca la importancia de la gestión pública, liderazgos y visión de la planificación en la implementación efectiva de la Agenda 2030.

La Prof.ª Dra. Blanca Miedes Ugarte reflexiona sobre las capacidades de transformación de la Agenda 2030 desde los territorios y los procesos de gobernanza territorial que podrían facilitar su localización con cuestiones como ¿cuáles son las limitaciones que se han enfrentado en la implementación de la Agenda 2030 desde los territorios?, ¿cómo se puede fomentar una gobernanza territorial inclusiva, efectiva y afectiva para lograr los objetivos de la Agenda 2030? o ¿qué papel juega la resiliencia, solidaridad y creatividad humanas en la implementación de la Agenda 2030?

Para alcanzar los objetivos de la Agenda 2030 se requiere de una gobernanza colaborativa e inclusiva que permita abordar de forma efectiva y afectiva las transformaciones, así como abordar algunas limitaciones (de gobernanza, conocimientos, valores, financiación, integración entre sectores y escalas de tiempo) en su implementación.

La profesora Miedes Ugarte considera necesario crear espacios en los que se promueva la escucha activa, la curiosidad, la experimentación creativa, el crecimiento personal, la adaptabilidad y la conexión con la fuerza, la vulnerabilidad y la apertura. Espacios para aprender y favorecer los cambios necesarios. Además, para la autora, se debe fomentar la creación de alianzas y el desarrollo de la gobernanza multiactor y multinivel, así como la necesidad de una reforma fiscal progresiva a gran escala para abordar los grandes desafíos socioecológicos.

Por último, en "Democracias participativas, eficientes y actuales" Tomás R. Villasante nos propone pensar y accionar en lo concreto, nos habla sobre la importancia de la participación popular en la gobernanza y cómo esto puede llevar a una sostenibilidad justa. ¿Qué estrategias se pueden implementar para fomentar la participación popular en la toma de decisiones? ¿Cómo se pueden superar las barreras políticas y sociales que impiden la implementación de programas justos y sostenibles?

El documento propone una visión innovadora y crítica sobre la participación ciudadana y la gobernanza, y propone nuevas formas de abordar estos temas para lograr una sostenibilidad justa y equitativa. Una metodología participativa y colaborativa para la construcción de estrategias desde las inteligencias diversas que se mueven en la democracia participativa

Asimismo, el texto destaca la necesidad de superar las barreras políticas y sociales que impiden la implementación de programas justos y sostenibles, a través de la educación y la formación ciudadana para fomentar la participación activa y crítica, así como alianzas estratégicas para una nueva gobernanza.

Referencias bibliográficas

BANCO MUNDIAL (2017): "Informe: La gobernanza y las leyes". NY

CAMARINHA-MATO Y AFSARMANESH (2008); "Classes of Collaborative Networks" en " Encyclopedia of Networked and Virtual Organizations" (p. 193-198). Igi Global. DOI: 10.4018/978-1-59904-885-7.ch079

CONEJERO, E. (2015): "Sinergia entre las organizaciones públicas y privadas: nuevos modelos de gobernanza para la provisión de bienes y servicios" en "Innovación social: claves y casos" (pp.47-70). Consello Social Universidade de Coruña

COSTAMAGNA, P. Y PÉREZ, R. (2013): "Enfoque Pedagógico del Desarrollo Territorial y su relación con los espacios formales y no formales de formación". Programa ConectaDEL. Octubre 2013

FALK, R. (1995). On Human Governance. Toward a New Global Politics. Cambridge: Polity Press.

GARCÍA SERRANO, JD.

(2014): "Knowledges and Technologies for Learning and Action Network: Towards NGO's Great Transformation". Ed. IGI, EEUU

(2018): "Documento base Estrategia Escuela de Gobernanza de San José". ISJ

GONZÁLEZ, J. R., & DASÍ, J.F. (2011). Redescubriendo la gobernanza más allá del buen gobierno. Democracia como base, desarrollo territorial como resultado. Boletín de la asociación de geógrafos españoles.

MAYNTZ, R (2001): El Estado y la sociedad civil en la gobernanza moderna. En Reforma y Democracia, Caracas, 21, octubre.

MORIN, E.

(2011): La Via para el futuro de la humanidad. Paidós Estado y Sociedad Ed. Madrid.

(2011): ¿Hacia dónde va el mundo? Biblioteca Edgar Morin. Madrid

MOULAERT, F. (2000): "Globalization and Integrated Area Development in European Cities", Oxford geographical and development. Oxford University Press.

MOULAERT, F. y NUSSBAUMER, J. (2005): "La región social. Más allá de la dinámica territorial de la economía del aprendizaje". Ekonomiaz, nº58, pp. 96-128.

ROSENAU, J.N. y Czempiel E. (1992): Governance without government: order and change in world politics. Cambridge University Press, Cambridge.

STEWART, J. (1996): A Dogma of Our Times -the Separation of Policy-Making and Implementation. Public Policy and management,.June- September, 1-8.

WORLD BANK (1994): "Governance, the World Bank Experience". USA

5.2. GOBERNANZA Y AGENDA 2030: DE LA COOPTACIÓN Y LA INNOVACIÓN SOCIAL

ANTONIO DELGADO BAENA[130]

Este artículo analiza los desafíos y limitaciones en la implementación de la Agenda 2030 para el Desarrollo Sostenible, centrándose en la innovación social, y la gobernanza. Destaca la necesidad de resistir la cooptación, politizar los espacios de gobernanza y desvelar el enfoque economicista para lograr una participación activa y transformadora. Se examina críticamente el impacto de las asimetrías de poder y el riesgo de disgregación de propuestas transformadoras a través de procesos de institucionalización. Se cuestiona, también, la base neoliberal de la agenda, abogando por un enfoque basado en la justicia y la reconfiguración de las relaciones de poder. El análisis enfatiza la importancia de las dimensiones políticas, la participación y los cambios en las relaciones de poder para abordar de manera efectiva las urgentes crisis climáticas y sociales. Se concluye resaltando la necesidad de ir más allá de la retórica de las relaciones internacionales y tomar medidas políticas concretas para promover un desarrollo sostenible y equitativo.

La civilización actual vive en un estado de emergencia climática y social donde las crisis sistémicas se suceden ininterrumpidamente. Por esto, en este contexto global la Cumbre de Desarrollo Sostenible de las Naciones Unidas en 2015 lanzó La Agenda 2030 para el Desarrollo Sostenible, que propone una hoja de ruta, fruto de un amplio consenso, para avanzar hacia el desarrollo sostenible, —como concepto— que permitiría superar la situación de emergencia climática y social. Con 17 objetivos y 169 metas, esta agenda busca poner a las personas en el centro, estableciendo principios y estrategias que aborden los desafíos económicos, sociales, ambientales y políticos.

La agenda proyecta con una visión holística un interés de cambio y una intencionalidad de afectar a las decisiones políticas que permitan implementar los ODS. Esto implica enfocarse en dos perspectivas: la de la innovación social y la de la gobernanza.

En este marco la necesidad de innovar en el campo social se ha convertido en una demanda apremiante. La emergencia climática, como expresión

---

130 Universidad Loyola Andalucía

clara de la crisis sistémica, exige soluciones novedosas y efectivas. Es en este contexto que surge el concepto de innovación social, un proceso de aprendizaje colectivo que busca satisfacer las demandas y necesidades sociales.

La importancia de la innovación social ha sido reconocida por instituciones transnacionales, países y regiones, quienes la consideran fundamental para mejorar la calidad de vida de la población y fortalecer el desempeño democrático. Reconociéndose su capacidad para atender las necesidades sociales que no son cubiertas por el mercado o los sectores públicos.

Por otro lado, el concepto de gobernanza ha ganado relevancia desde mediados de los años 80 como un enfoque que busca superar el modelo burocrático y jerárquico de gobierno. Se centra en fomentar la cooperación y complementariedad entre los diferentes actores involucrados, promoviendo la interdependencia y la confianza.

Sin embargo, la gobernanza no está exenta de desafíos. Aunque pretende fomentar la participación y la colaboración entre los actores públicos y privados, existen tensiones y desigualdades de poder que limitan su alcance. Especialmente en el marco de la Agenda 2030 donde plantea nuevos desafíos políticos y limitaciones.

Y es que la implementación de la Agenda 2030 enfrenta obstáculos relacionados con las asimetrías de poder y la cooptación de los procesos participativos. La falta de mecanismos adecuados y la hegemonía del neoliberalismo también plantean interrogantes sobre la efectividad y justicia de esta agenda.

En este contexto, el presente artículo analiza las implicaciones de la innovación social y la gobernanza en la implementación de la Agenda 2030. Se exploran los desafíos políticos y las limitaciones que surgen en la búsqueda de un desarrollo sostenible, equitativo y justo. Asimismo, se plantea la necesidad de resistir la cooptación, politizar los espacios de gobernanza y replantear el enfoque economicista para lograr transformaciones reales y efectivas.

En definitiva, se ofrece una visión crítica y reflexiva sobre algunos elementos clave que influyen en la implementación de la Agenda 2030, con especial enfoque en los procesos de gobernanza, con la intención de identificar los desafíos políticos que promuevan cambios transformadores en la dirección del desarrollo sostenible en busca de un futuro sostenible.

Innovación

Las diferentes situaciones de crisis sistémica, en el que el sistema liberal-capitalista globalizado subsiste, mantienen cronificadas las necesidades de los sectores más vulnerables que lejos de solucionarse tienden a aumentar (VELA-JIMÉNEZ ET AL,. 2022). Los modelos de gobernabilidad, los recursos, infraestructuras, y medios que se implementan giran en torno en la necesidad de innovar en el campo social y especialmente en el de la emergencia climática que no es si no la más clara expresión de la crisis sistémica.

En este contexto algunos autores (ABREU, 2011; DIAS¬PARTIDÁRIO, 2019) desarrollan el concepto de innovación social, entendida como un proceso de aprendizaje colectivo que genera soluciones novedosas para satisfacer las demandas y necesidades sociales. Esto ha quedado reflejado en diferentes documentos de instituciones transnacionales y países como la OCDE, USA o Reino Unido, que reconocen la importancia de apoyar y fomentar la innovación social como una forma de mejorar el rendimiento de las políticas inclusivas y fortalecer el desempeño democrático (CONEJERO, 2016).

Desde Europa se ha reconocido la capacidad de la innovación social para satisfacer las necesidades sociales no cubiertas por el mercado o sectores públicos mejorando la calidad de vida de la población.

La ONU, ya desde los objetivos del milenio estaba desarrollando programas de innovación social que abordaban la sostenibilidad ambiental, la educación, la salud y la mejora de los niveles de ingreso, proyectados ahora en los ODS de la Agenda 2030.

De esta manera el auge de la innovación social se ha planteado como una alternativa a los modelos de cambio y transformación social desarrolladas desde otras perspectivas y paradigmas (FALS BORDA, 2015; FREIRE, 1977). Tiene una fuerte raigambre en las teorías del desarrollo y la modernización socioeconómica (CÓRDOBA CELY ET AL., 2014). Así, la innovación social se ha convertido en un enfoque dominante para abordar los desafíos sociales y promover el desarrollo sostenible. Pero lo hace con un fuerte componente economicista, desde el cual se adaptan los componentes de otros enfoques implementando políticas y programas que pretenden generar soluciones colaborativas y mejorar la calidad de vida de las comunidades.

Gobernanza

Desde mediados de los años 80 la gobernanza ha irrumpido en los ámbitos institucionales y académicos, destacándose como un paradigma emergente (CONEJERO, 2016). Se ha destacado como un enfoque que pretende superar el modelo de gobierno burocrático y jerárquico fomentando la cooperación y complementariedad entre los diferentes actores implicados a la vez que facilita la interdependencia y confianza entre organizaciones, así como una aparente mayor autonomía del Estado.

El concepto no está exento de problemática a pesar de su éxito académico. Surgido de la mano del Banco Mundial o de la OCDE abordaría las cuestiones de desarrollo con un significado nuevo y más preciso pero que eludiría toda consideración de tipo político, diluyendo responsabilidades y confundiendo los límites entre lo público y lo privado a pesar de la interdependencia y autonomía de las organizaciones e instituciones implicadas en la gobernanza (CONEJERO, 2005; RHODES, 2007).

De esta manera la gobernanza puede ser vista como una nueva forma de gobernar, donde los actores públicos y privados participan y cooperan en la formulación y aplicación de políticas públicas, pero sin olvidar la tensión existente entre las instituciones gubernamentales y las organizaciones de la sociedad civil en términos de poder (PRATS, 2005). En la cual, las instituciones gubernamentales juegan siempre un papel promotor que las sitúa en un locus privilegiado de poder en la regulación de la colaboración y sus conflictos, desdibujando la supuesta cooperación horizontal que se le supone al concepto.

Entendiendo que el concepto en sí mismo reproduce las mismas limitaciones que perpetúan la desigualdad y las estructuras de poder dominantes, se han explorado nuevos modelos de gobernanza más inclusivos y transformadores que afinan el término, poniendo especial énfasis en las cuestiones relativas a la participación y las redes apareciendo términos como Gobernanza colaborativa, Gobernanza en red, gobernanza participativa, ...

Así, la gobernanza, desde una perspectiva crítica, se entiende como el proceso de gobernar con y a través de las redes, donde interactúan actores estratégicos (BARANDIARAN, 2021; RHODES, 2007). En este contexto Villasante (2015) habla de la sociopraxis poniendo el acento en el estudio de las redes y las metodologías participativas. Así la gobernanza colaborativa emerge como un enfoque participativo que involucra a una compleja red de actores y roles de participación (BRADLEY ET AL., 2022; HEALEY,

2006), proponiéndose como una forma de gestión y toma de decisiones públicas que abarca constructivamente a diversos actores en busca de metas públicas que de otra manera no se lograrían.

En el mismo sentido la gobernanza en red promueve la colaboración y la cooperación horizontal. Aunque como sostiene Conejero(2005) el gobierno asume un papel de liderazgo en la búsqueda de soluciones efectivas a los problemas sociales. Así la gobernanza en red aporta insumos a los responsables políticos para producir y traducir las nuevas ideas en políticas públicas (HARTLEY, 2005)

En esta línea la gobernanza implica gobernar a través de las redes, involucrando a actores estratégicos, fomentando la colaboración de los diferentes actores a través del reparto de poder, que se considera beneficioso, y la creación de asociaciones colaborativas orientada a la gobernanza participativa, lo que puede promover la colaboración y la innovación social en la búsqueda de soluciones a los problemas sociales (CONEJERO, 2005; HARTLEY, 2005).

La agenda 2030

Con todo lo anterior el trabajo realizado por la Naciones Unidas en materia de desarrollo que venía orientado por los objetivos de desarrollo del Milenio (ODM) (2000-2015) en la Cumbre de Desarrollo Sostenible de las Naciones Unidas en 2015 muta, fruto de negociaciones intergubernamentales y aportes de una gran variedad de actores, en la Agenda 2030 para el desarrollo Sostenible que, a su vez, contempla los objetivos de desarrollo sostenible (ODS) (VILCHES, 2023).

Esta agenda propone una hoja de ruta para que los países avancen en el desarrollo sostenible. Los elementos teóricos que la articulan giran en torno a la idea de poner a las personas en el centro con un enfoque de derechos, estableciendo un amplio marco de implementación que contempla visión, principios, y estrategia con una amplia vocación de universalidad y holismo.

La agenda está organizada en 5 esferas llamadas las 5 p del desarrollo sostenible, (Personas, Partenariado, Planeta, Paz y Prosperidad), 17 objetivos de desarrollo con 169 metas y 232 indicadores. Se convierte así en una herramienta de planificación, implementación y evaluación de sí misma. Por todo ello se considera Universal, indivisible, integral, civilizatoria, y transformadora.

A fin de cuentas, la Agenda 2030 es una decisión de política internacional (MARIÍN-ARANGUREN & TREJOS-MATEUS, 2019) orientada a construir sociedades más sostenibles. Lo que implica modelos de organización política fundamentados en el crecimiento económico, la sostenibilidad ambiental y la inclusión social. Esto lleva implícito notables compromisos hacia cambios institucionales y la implementación de determinadas políticas (CAMPOS, 2023). De tal manera que la Agenda se presenta como una hoja de ruta política con un alto componente de gobernabilidad y/o gobernanza que se está traduciendo en un aluvión de programas, e iniciativas institucionales y, a su vez, con la creciente ola "negacionista" (CLAUDIO ET AL., 2022) está siendo contestada desde posturas políticas conservadoras.

Ahora bien, desde una perspectiva opuesta cabría preguntarse si la Agenda 2030 es un dechado de virtudes, o por el contrario está en ocasiones sosteniendo prácticas antitéticas con su propia definición.

Los desafíos de gobernanza de la agenda 2030

A pesar de que las cinco esferas de la agenda tienen componentes de gobernanza es quizás el objetivo 16 el que mejor engloba este aspecto. Aunque no está exento de controversia, siendo el objetivo que más metas tiene (12) —que pueden clasificarse en tres, "sociedades pacíficas", "facilitar el acceso a la justicia para todos" y "promover instituciones sólidas e inclusivas"— y que siendo especialmente difícil de concretar se fundamenta en la dimensión política del desarrollo, sumándose a las otras tres dimensiones: económica, social, y ambiental (BELLOSO MARTÍN, 2020).

El marcado carácter político de este ODS lleva a que los gobiernos establezcan estrategias para la implementación de la Agenda y plantea la reducción de la violencia y la corrupción a través de estructuras institucionales activadas sobre la participación social.

Y es precisamente este marcado carácter político el que lo hace un tanto indefinido, al incorporar muchos aspectos que si bien están relacionados pueden tener cuerpo propio, como la institucionalidad y la participación, la lucha contra el narcotráfico… o que como plantean relaciones causales (CARDESA SALZMANN & PIGRAU I SOLÉ, 2017).

Además, en términos generales se cuestiona el proceso deliberativo de la construcción de la agenda cuando no ha podido escapar de las asimetrías de poder que terminaría redundando en la reproducción de un discurso universalista que esconde la mirada hegemónica de occidente respecto del desarrollo humano (BELLOSO MARTÍN, 2020; SANAHUJA & DELKÁDER PALACIOS, 2021).

La cooptación

Al tener la agenda ese carácter holístico, los nuevos modelos de gobernanza y de institucionalidad, ofrece diversos espacios para la participación en la toma de decisiones, desde el ámbito local hasta los espacios de gobernanza global. Pero estos espacios no están exentos de los riesgos de cooptación y despolitización que amenazan la participación genuina (MARTÍNEZ OSÉS, 2016). De ahí que haya demandas desde los movimientos sociales para la resistencia y politización de estos espacios con el fin de evitar que las propuestas transformadoras sean cooptadas y normalizadas por procesos de institucionalización (GIUNTA & DÁVALOS GONZÁLEZ, 2020).

Ni en la elaboración de la agenda ni en la puesta en marcha de las estrategias de gobernanza para implementar los ODS, —el 16 en especial—, ha supuesto la ruptura con las asimetrías de poder, antes bien, al contrario, se han introducido elementos de cooptación de los procesos por parte de los entes públicos de las iniciativas de carácter ciudadano despolitizándolas y minimizando su capacidad transformadora.

Se despliega, así, el desafío de contrarrestar la cooptación y legitimación de la distribución actual del poder en la implementación de la Agenda 2030. Lo que implicará resistencia y la politización en todos los niveles.

Precisamente la Agenda y los conceptos de gobernanza otorgan a las organizaciones estatales un papel predominante en la gestión de este tipo de conflictos. Disminuyendo así las posibilidades y necesidades transformadoras que surgen de los procesos de conflicto.

De esta manera los espacios de gobernanza participativa y otras nuevas institucionalidades llevan implícita las relaciones de poder que entrelazan a los stakeholder así como las estructuras de dominación que mantienen los diferentes poderes ya sean económicos o estatales.

Enfoque economicista

La producción académica en torno a la agenda 2030 ha crecido exponencialmente desde que se aprobó pasando de los 16 artículos de 2016 a los 255 que se publicaron en 2021 según refleja la Web Of Science. La producción académica permite promover y generar conocimiento por lo que resulta un indicador clave del interés que la agenda suscita en la ciencia, y una forma de promocionar los ODS (SERRANO, 2021). Pero la producción académica no está tampoco exenta de problemática. Ésta también está en entredicho debido a la formas y mecanismos de publicación que dan lugar a situaciones de injusticia epistémica como estudios recientes han demostrado (DELGADO-BAENA ET AL., 2022). Esto debido entre otras razones a las lógicas mercantiles que dominan la producción académica.

En este mismo sentido cabe preguntarse si una agenda holística y procedente de amplios consensos no estaría descansando sobre una base subyacente neoliberal.

El neoliberalismo se presenta como estructura de poder por un lado y como proyecto político por otro (MEDINA, 2016). Esta doble vertiente permite observar como a pesar de los amplios consensos el papel que las grandes multinacionales influyen en las Naciones Unidas y las diferencias de participación son de carácter estructural. Así el proceso de la agenda se muestra neoliberal al no suponer una ruptura con el desigual reparto del poder especialmente entre las grandes corporaciones que representan a los intereses privados frente a la sociedad civil que representa los intereses generales (MARÍN-ARANGUREN & TREJOS-MATEUS, 2019; MEDINA, 2016).

Como dice Medina el Neoliberalismo como proyecto económico político se sustenta en tres pilares: la empresa privada como motor de la economía, mercantilización de la vida cotidiana; y el estado como garante del contexto adecuado para la libre acción del mercado. En estos términos encontramos que la Agenda otorga el protagonismo del desarrollo en las empresas, para luego empujar a los poderes públicos para que se asocien con los poderes privados como recoge el ODS 17, para impulsar procesos de desarrollo equiparando de esta manera los intereses públicos con los privados. Lo que podría estar señalando a estos objetivos como un instrumento de la hegemonía neoliberal.

Desafío político

Ahora bien, teniendo estas cuestiones presentes cabe preguntarse cuáles son los desafíos políticos que tiene la Agenda en términos de gobernanza.

Y es que los 17 Objetivos de Desarrollo Sostenible (ODS) reflejan tanto los desafíos por enfrentar como las limitaciones impuestas por el sistema internacional actual y las relaciones de poder entre diferentes actores. Así, uno de los principales desafíos de la agenda supone superar ese aparente consenso que no hace sino seguir perpetuando en la situación poder a los responsables mismo del modelo que nos ha llevado a esta situación de emergencia climática y social. Pareciera que la agenda socializa las responsabilidades, cuando las responsabilidades son comunes, pero están diferenciadas. No todos tienen la misma responsabilidad ni capacidad. Es por ello por lo que la dimensión política debe ser sobredimensionada incidiendo en los cambios de las actuales relaciones de poder. Lo que debería hacerse efectivo durante el período de implementación para que las transiciones hacia un mundo más sostenible, equitativo, justo y pacífico vayan más allá de la retórica de las relaciones internacionales.

La Agenda se muestra excesivamente laxa, y parca en mecanismos mostrando lagunas y contradicciones que no hacen sino impedir el cuestionamiento de las relaciones de poder legitimándolas (MARTÍNEZ OSÉS, 2016).

Si bien la Agenda 2030 aun ofreciendo un diagnóstico amplio de los principales desafíos globales, no supone un programa político global compartido. No hay líneas de implementación política precisas y con orientaciones claras que impulsen las transformaciones necesarias. Esto implica, como plantea Martínez (2016), que, aunque los actores con mayor influencia hayan aceptado el discurso no parece estar dispuesto a aceptarlos en la implementación. Lo que dibuja una asimetría en un contexto global, —y local—, dominado por el sector privado que deja a las organizaciones sociales como actores resignados cuando con como claque (PRATO, 2014).

La Agenda 2030 se proyecta normativamente y posee una pulsión ética, pero carece de mecanismos adecuados que incidan sobre medidas políticas concretas y acuerdos vinculantes para los actores involucrados. Desde una perspectiva normativa requiere una revisión para replantear el desarrollo sostenibles en términos de justicia. Cardesa y Pigrau (2017) destacan la necesidad de profundizar en los derechos procedimentales que "junto a los derechos económicos y sociales permitan alcanzar un sistema multinivel de garantías Constitucionales capaces de fraguar soluciones integradoras de los intereses económicos, sociales y ambientales en tensión".

En conclusión

En conclusión, la Agenda 2030 y los conceptos de innovación social, gobernanza y nuevos modelos de gobernanza tienen el potencial de abordar los desafíos sociales y promover el desarrollo sostenible. Sin embargo, también plantean desafíos políticos y limitaciones que deben ser considerados.

En primer lugar, la implementación de la Agenda 2030 requiere superar las asimetrías de poder y la cooptación de los procesos participativos. Es necesario resistir y politizar los espacios de gobernanza para evitar que las propuestas transformadoras sean diluidas o cooptadas por procesos de institucionalización.

Además, se plantea la necesidad de cuestionar el enfoque economicista que subyace en la agenda. A pesar de su carácter holístico, se debe tener precaución para evitar que la agenda perpetúe las estructuras de poder. Es fundamental replantear el desarrollo sostenible en términos de justicia y promover la participación genuina de todos los actores involucrados, pero teniendo en cuenta la relación de conflicto en el que se sustenta la tensión de interese y poder.

En cuanto a la gobernanza, se destaca la importancia del objetivo 16 de la Agenda 2030, que aborda la dimensión política del desarrollo. Sin embargo, este objetivo es complejo de concretar y puede resultar indefinido debido a la amplia gama de metas que involucra. Se requiere un enfoque político que evidencie las relaciones de poder, las tensiones entre las metas los intereses de parte, así como permita desarrollar un enfoque de derechos. Se destaca la necesidad de activar mecanismos que permitan la participación real multinivel de las diferentes partes interesadas.

En última instancia, la Agenda 2030 debe superar su aparente consenso y abordar las relaciones de poder existentes. Es necesario sobredimensionar la dimensión política y generar cambios en las actuales relaciones de poder para lograr transiciones efectivas hacia un mundo más sostenible, equitativo, justo y pacífico.

En resumen, la Agenda 2030 ofrece una hoja de ruta para el desarrollo sostenible, pero también plantea desafíos políticos y limitaciones que deben ser abordados. Es fundamental resistir la cooptación, politizar los espacios de gobernanza, replantear el enfoque economicista y promover la participación genuina de todos los actores. Solo a través de estos esfuerzos podremos lograr una implementación efectiva de la agenda y promover los cambios transformadores que reclama la emergencia climática y social actual.

Bibliografía

ABREU, J. L. Q. (2011). Innovación social: Conceptos y etapas. 6(2), págs.134–138. http://eprints.uanl.mx/8019/

BARANDIARAN, X. (2021). Collaborative Governance for Public Social Innovation: The case of Gipuzkoa Basque Country. European Public and Social Innovation Review, 6(2), págs.78–96. https://doi.org/10.31637/EPSIR.21-2.6

BELLOSO MARTÍN, N. (2020). El ODS 16 en la agenda 2030: de la indefinición a algunas propuestas (iusfilosóficas) para su concreción. Quaestio Iuris, ISSN-e 1516-0351, Vol. 13, No. 4, 2020, Págs. 1939-1974, 13(4), 1939–1974. https://dialnet.unirioja.es/servlet/articulo?codigo=7723744&info=resumen&idioma=SPA

BRADLEY, S., MAHMOUD, I. H., & ARLATI, A. (2022). Integrated Collaborative Governance Approaches towards Urban Transformation: Experiences from the CLEVER Cities Project. Sustainability (Switzerland), 14(23). https://doi.org/10.3390/su142315566

CAMPOS, G. S. (2023). An analysis of the 2030 Agenda from Political Theory: Opportunities as a transformative tool. Politica y Sociedad, 60(1). https://doi.org/10.5209/POSO.78596

CARDESA SALZMANN, A., & PIGRAU I SOLÉ, A. (2017). La agenda 2030 y los objetivos para el desarrollo sostenible. Una mirada crítica sobre su aportación a la gobernanza global en términos de justicia distributiva y sostenibilidad ambiental. Revista Española de Derecho Internacional, ISSN 0034-9380, Vol. 69, No 1, 2017, Págs. 279-285, 69(1), 279–285. https://dialnet.unirioja.es/servlet/articulo?codigo=5818849

CLAUDIO, J., MATO, M., SANTOS, E. M., JACINTHO, B., MATOS, M. (2022). Informação, negacionismo e sustentabilidade: uma análise das publicações do Instituto Questão de Ciência (IQC) e de artigos no campo da Ciência da Informação no Brasil. InCID: Revista de Ciência Da Informação e Documentação, 13(1), págs. 216–235. https://doi.org/10.11606/ISSN.2178-2075.V13I1P216-235

CONEJERO, E. P. (2005). Globalización, gobernanza local y democracia participativa. Cuadernos Constitucionales de La Cátedra Fadrique Furió Ceriol, ISSN 1133-7087, No 52-53, 2005 (Ejemplar Dedicado a: Nuevos Retos Para Las Administraciones Locales y Autonómicas En España), Págs. 13-31, 52, págs.13–31. https://dialnet.unirioja.es/servlet/articulo?codigo=2538753

CONEJERO, E. P. (2016). Innovación social y nuevos modelos de gobernanza para la provisión de bienes y servicios públicos. Estado, Gobierno y Gestión Pública, 27(27), págs. 5–39. https://revistaeggp.uchile.cl/index.php/REGP/article/view/47255

CÓRDOBA CELY, C., VILLAMARÍN MARTÍNEZ, F. J., BONILLA, H (2014). Innovación social: aproximación a un marco teórico desde las disciplinas creativas del diseño y las ciencias sociales. Tendencias, 15(2), pág. 30–44. https://doi.org/10.22267/RTEND.141502.41

DELGADO-BAENA, A., SERRANO, L., VELA-JIMÉNEZ, R., LÓPEZ-MONTERO, R., & SIANES, A. (2022). Epistemic injustice and dissidence: A bibliometric analysis of the literature on Participatory Action Research hosted on the Web of Science. Action research 20(4), 318–342. Https://Doi.Org/10.1177/14767503221126531

DIAS, J., & PARTIDÁRIO, M. (2019). Mind the Gap: The Potential Transformative Capacity of Social Innovation. Sustainability 2019, Vol. 11, Page 4465, 11(16), 4465. https://doi.org/10.3390/SU11164465

FALS BORDA, O. (2015). Una sociología Sentipensante para América Latina (V. M. Moncayo, Ed.; 1a). Siglo XXI editores. http://biblioteca.clacso.edu.ar/clacso/se/20151027053622/AntologiaFalsBorda.pdf

FREIRE, P. (1977). Pedagogía del oprimido. (18a). Siglo XXI.

GIUNTA, I., & DÁVALOS GONZÁLEZ, J. (2020). Crecimiento económico inclusivo y sostenible en la Agenda 2030: un análisis crítico desde la perspectiva de la soberanía alimentaria y los derechos de la naturaleza. Revista Iberoamericana de Estudios de Desarrollo= Iberoamerican Journal of Development Studies, ISSN-e 2254-2035, Vol. 9, No. 1, 2020 (Ejemplar Dedicado a: CIVIL SOCIETY AND GLOBAL DEVELOPMENT AGENDA), Págs. 146-176, 9(1), págs. 146–176. https://doi.org/10.26754/ojs_ried/ijds.438

HARTLEY, J. (2005). Innovation in governance and public services: Past and present. Public Money and Management, 25(1), págs. 27–34. https://doi.org/10.1111/J.1467-9302.2005.00447.X

HEALEY, P. (2006). Collaborative planning : shaping places in fragmented societies (2nd ed.). Palgrave Macmillan. https://www.perlego.com/book/3032052/collaborative-planning-shaping-places-in-fragmented-societies-pdf

MARÍN-ARANGUREN, E. M., & TREJOS-MATEUS, F. D. (2019). Sociedad civil en red y gobernanza de la Agenda 2030. Revista Forum, ISSN-e 2216-1767, No. 15, 2019 (Ejemplar Dedicado a: Tema Abierto), Págs. 91-117, 15, 91–117. https://doi.org/10.15446/frdcp.n15.74544

MARTÍNEZ OSÉS, P. J. (2016). La Agenda 2030: Contradicciones, transformaciones y resistencias. http://addi.ehu.es/handle/10810/20908

MEDINA, J. M. (2016, July). ¿Es la agenda 2030 una agenda neoliberal? Dosieres EsF, 22, 7–14. http://ecosfron.org/wp-content/uploads/Dossieres-ESF-22-Otra-economía-mstá-en-marcha-III-Final.pdf

PRATO, S. (2014). Editorial: The Struggle for Equity: Rights, food sovereignty and the rethinking of modernity. Development (Basingstoke), 57(3–4), págs. 311–319. https://doi.org/10.1057/DEV.2015.47/FIGURES/2

PRATS, J. I. C. (2005). Modos de gobernación de las sociedades globales. en La gobernanza hoy: 10 textos de referencia, coord. Cerrillo Martínez, Agustí, 2005, ISBN 84-7351-239-1, págs. 145-172. Instituto Nacional de Administración Pública (INAP). https://doi.org/10.1088/1751-8113/44/8/085201

RHODES, R. A. W. (2007). Understanding Governance: Ten Years On. Organization studies. 28(8), 1243–1264. https://doi.org/10.1177/0170840607076586

SANAHUJA, J. A., & DELKÁDER PALACIOS, A. (2021). Ayuda, hegemonía y poder: EEUU y la configuración de la agenda global de desarrollo. en Revista de Fomento Social (Vol. 76, págs. 301–327). Universidad Loyola Andalucía. https://hdl.handle.net/20.500.14352/8500

SERRANO, L. (2021). Six years of agenda 2030 in higher education area: what do we publish when we published about the implementation of the SDGS en the universities? A bibliometric study. EDULEARN21 Proceedings, 1, 8744–8749. https://doi.org/10.21125/EDULEARN.2021.1761

VELA-JIMÉNEZ, R., SIANES, A., LÓPEZ-MONTERO, R., & DELGADO-BAENA, A. (2022). The Incorporation of the 2030 Agenda in the Design of Local Policies for Social Transformation in Disadvantaged Urban Areas. Land 2022, Vol. 11, Págs. 197, 11(2), 197. https://doi.org/10.3390/LAND11020197

VILCHES, C. (2023). Biblioguias: Agenda 2030 para el Desarrollo Sostenible: Agenda 2030 para el Desarrollo Sostenible. Biblioguías: Agenda 2030 Para El Desarrollo Sostenible. https://biblioguias.cepal.org/c.php?g=447204&p=6366258

VILLASANTE, T. R. (2015). Para avanzar con las metodologías participativas, usando la socio-praxis. en De sur a Norte: metodologías participativas desde la sociopraxis. (1a). Editora Faith. https://dialnet.unirioja.es/servlet/articulo?codigo=5285007

5.3. AGENDA 2030 A NIVEL TERRITORIAL: ¿BURBUJA O INSTRUMENTO DE CAMBIO?

ENRIQUE GALLICCHIO[131]

La arena global del desarrollo está en disputa. La misma se desarrolla en varios frentes, con el telón de fondo de la Agenda 2030 y los ODS. La Agenda representa una visión crítica del modo de desarrollo imperante, tanto en sus formas como en sus resultados, que ponen en cuestión la sustentabilidad del desarrollo.

Esta dimensión de debate, polémica, navega entre la posibilidad de cambios reales en el modo de desarrollo global, por una parte, y la sensación de "burbuja" creada en torno a la apropiación de algunas visiones respecto de los ODS, que pautan un riesgo de estar haciendo más de lo mismo ante una realidad que necesita de cambios en calidad y en cantidad. Por otro lado, es notorio que la Agenda 2030 no termina de "permear" a la mayoría de los espacios territoriales, especialmente en aquellos que no forman parte de grandes aglomeraciones poblacionales, áreas metropolitanas o con ubicaciones particulares. El no dejar a nadie atrás también significa no dejar ningún lugar atrás.

El debate, y las prácticas, algunas veces explícitas y otras no, se enmarcan en relaciones de poder, formas de hacer, recursos, institucionalidad vigente y otras que emergen, en una arena global. En la misma los actores "tradicionales" están actuando en función de sus visiones, pero hay también actores emergentes, con creciente poder factico y simbólico, que están buscando los espacios para generar cambios que no siempre son beneficiosos para la ciudadanía.

En ese marco es que se da el debate sobre el rol de los actores territoriales en la Agenda ODS, la agenda global por excelencia en esta coyuntura. Esta nueva gobernanza global, que está en disputa, y algunas formas en que emerge, es el tema de este trabajo.

Algunas de estas temáticas requieren acciones a escala global, y otras a escala territorial. Este trabajo intenta reflexionar sobre las acciones que se pueden realizar en la dimensión territorial, con énfasis en las ciudades, sin perder de vista la mirada global. Tiene un sesgo, obviamente,

---

131 *Director de la Maestría en Desarrollo Local y Territorial. Universidad CLAEH. Uruguay*

desde la realidad de América Latina, el ámbito donde el autor desarrolla la mayor parte de sus actividades.

¿La Agenda 2030 está cooptada?

Ante todo, y de ninguna manera subvaluando el valor que tiene la dimensión técnica, estamos ante una temática con muy fuerte contenido político. Política entendida en el sentido más esencial, de decisiones que influyen en mejora de calidad de vida, de cercanía, de empatía, de liderazgo, de visión estratégica.

Por tanto, nos ubicamos en un contexto en el marco de la cual estamos hablando de poder, de recursos, de competencias, pero también, de cambio de una realidad que no conforma.

Hay dos elementos que subyacen en este sentido. Por una parte, la agenda global aparece coptada por algunos actores. Por otra las formas de gestionar la relación multinivel-multi actor. Asimismo debemos referirnos a la formas de gestión, sus lógicas, recursos y resultados.

1. La agenda 2030 es claramente liderada (en muchos casos cooptada) por gobiernos nacionales y organismos de cooperación. En algunos casos con participación del sector privado y de la sociedad civil. Los gobiernos locales participan algunos a través de redes de cooperación paréntesis se GLU, cooperación descentralizada, redes de ciudades) que han conseguido sentarse en la mesa global pero que aún no tienen resultados claros como financiamiento o mejora de capacidades. Por otra parte esta participación es claramente insuficiente en términos de permear hacia los gobiernos y ámbitos locales de porte mediano y pequeño, que son la mayoría.
2. Asimismo, cabe preguntarse cómo se está gestionando y si la forma de hacerlo obtiene o va en camino de obtener los resultados previstos. Lo territorial-local está en los discursos y en las agendas (también hay recentralización o descentralización centralizada), y esto significa recursos, programas y proyectos. Sin embargo, los resultados son magros. ¿Habrá llegado la hora de hacer las cosas de manera diferente?

El contexto

Algunas de las preguntas relevantes a esta altura pueden ser: ¿Estarán mejor los territorios, y por tanto la ciudadanía, en 2030? ¿Esto depende de la Agenda 2030? ¿En qué medida?

La CEPAL acaba de publicar su reporte "América Latina y el Caribe en la mitad del camino hacia 2030. Avances y propuestas de aceleración. Sexto informe sobre el progreso y los desafíos regionales de la Agenda 2030 para el Desarrollo Sostenible en América Latina y el Caribe" (CEPAL, 2023).

En el mismo se analiza el avance general hacia la consecución de todos los ODS, concluyendo que "algunos indicadores y metas muestran preocupantes trayectorias de retroceso, por lo que se precisarán acciones inmediatas para desplegar inversiones, mejorar la institucionalidad y la gobernanza relacionada y convocar esfuerzos y compromisos compartidos, con participación de los sectores público y privado y de la sociedad civil". Por otra parte, se argumenta que "para retomar la senda hacia el cumplimiento de las metas de los ODS en 2030 se requiere no solo un esfuerzo de mayor inversión y financiamiento, sino un cambio en la forma de hacer política pública. En particular, es preciso mejorar la gobernanza, fortalecer las instituciones y las alianzas, así como considerar horizontes temporales más largos en la política pública. La visión de sociedad de la Agenda 2030 hace necesario el diseño de políticas públicas con visión de futuro, que convoquen a todos los actores sociales a la construcción de escenarios de futuro deseables, y rutas y procesos de diálogo y participación para alcanzarlos. La envergadura de los desafíos que enfrentan los países de América Latina y el Caribe llama a dialogar y a tomar decisiones que trasciendan la inmediatez y, en ese sentido, los ODS pueden ayudar mucho a articular y forjar una visión compartida de futuro." Finalmente, se analizan los procesos institucionales que se han concretado alrededor de la implementación y el seguimiento de los ODS y como los países "han vinculado sus planes de desarrollo y sus procesos de planificación con los ODS, y cómo continúan participando activamente en los exámenes nacionales voluntarios como ejercicio para evaluar y mejorar las políticas"

Subraya el creciente interés por llevar a cabo acciones que conduzcan al cumplimiento de la Agenda 2030 a nivel subnacional. "También es de suma importancia observar cómo la sociedad civil ha participado activamente y establecidos mecanismos internos y con los Gobiernos para dar seguimiento proactivo y ejercer influencia positiva y constructiva para el avance de los ODS".

Concluye que "hoy podemos decir que la Agenda 2030 ha creado una huella institucional que, inequívocamente, ha reforzado las capacidades de los países para afrontar los desafíos del futuro y ha allanado el camino para forjar alianzas sólidas y mejorar las políticas basadas en datos. Esta huella institucional es importante para impulsar y articular nuevas acciones con visión de futuro hacia el cumplimiento de los ODS. Sobre la base de las capacidades institucionales forjadas en estos últimos ocho años a partir de la construcción de procesos y mecanismos institucionales a cargo del seguimiento y el análisis de los progresos hacia el cumplimiento de los ODS, en este documento hacemos un llamado a trabajar en varias iniciativas transformadoras que, por su capacidad sinérgica y su visión de futuro, pueden convocar a múltiples actores y repercutir positivamente en diversos ODS simultáneamente."

En línea con la principal hipótesis de este trabajo, la CEPAL hace énfasis en el necesario rediseño de las políticas públicas territoriales, y agrego, esto debe incluir una lógica diferente de ejecución de las políticas públicas en territorio.

Los caminos

Como se ha señalado existen dos grandes líneas de acción, por una parte, el fortalecimiento y la unificación de las redes y por otra una nueva forma de hacer gestión territorial, considerando el enfoque territorial del desarrollo como la guía de acción.

¿Qué hacer y cómo para que los actores territoriales tengan mayores posibilidades de ubicarse en la mesa global?

Como he señalado anteriormente[132] dos aspectos son especialmente relevantes: forjar articulaciones territoriales y globales, y tener capacidad de *buen gobierno*. Ambos aspectos están íntimamente entrelazados entre sí: aquellos gobernantes de territorios con mejores capacidades de gobierno (o *buen gobierno*), en sentido amplio, estarán mejor dotados para tener influencia en los diferentes ámbitos de gobernanza global. ¿Y en qué se concreta dicho *buen gobierno*? En actuar de acuerdo con las competencias de que se dispone con una lógica de articulación multinivel, que incluye la

---

132 Alianzas y articulaciones territoriales para incidir en agendas globales. En Futuros Urbanos. Modelos alternativos para las ciudades globales. Eva Garcia Chueca y Lorenzo Vidal (coordnadores). CIDOB, Barcelona, 2019.

incidencia en la agenda global. Sin embargo, la actuación a varias escalas tiene algunos desafíos básicos, como los siguientes:

— Articular lo local y lo global desde el territorio: Las políticas locales son el ámbito natural de gestión, innovación, articulación y participación en un contexto donde las dinámicas de cercanía prevalecen, pero donde las agendas globales permean e inciden. Las agendas globales, por su parte, impactan territorialmente de diversas maneras, no siempre positivas. Esta es una de las razones por las que el rol de los gobiernos locales, como garantes de la inclusión, la cohesión y la mejora de la calidad de vida[133], es crucial: estos deben lidiar con actores y agendas de carácter global con instrumentos de gestión de base territorial.

— La gobernanza multinivel: Actuar en un marco de gobernanza multinivel no es una cuestión opcional para los territorios (SERRANO, 2011). Los problemas no pueden ser resueltos a través de más centralismo, pero tampoco con una visión *localista* o *municipalista*. Si bien esta dimensión está hoy clara en el discurso de los gobiernos nacionales, predomina la *territorialización de políticas* de corte central, vertical y sectorial. Frente a esta tendencia, es necesario avanzar hacia el desarrollo de un *enfoque territorial* en las políticas, es decir, garantizar que la construcción de políticas territoriales se lleva a cabo de manera horizontal y en red, no solo con los actores del territorio, sino también con los actores de otros niveles de gobierno y de la sociedad en general. Esta tesis no implica en absoluto que el problema esté en el volumen de recursos que se está destinando a las políticas territoriales, sino que estos recursos deben aplicarse con una lógica local (con visión global) y no con una lógica central. Sobra decir que esta lógica conlleva amplios desafíos en términos de articulación, abarcando también aspectos de participación y de *cocreación* de políticas.

— La actuación y la incidencia en la agenda global: Si bien hay avances y logros, tales como la incidencia en la Nueva Agenda Urbana o la configuración del ODS 11, así como la participación activa de la Global Task Force (GTF) en el Foro de Alto Nivel sobre los ODS, las agendas globales siguen siendo dominios de los gobiernos centrales. La gran cantidad de redes de ciudades existentes en torno a diferentes temáticas y problemáticas (CGLU ha identificado más de

---

133 Véase CEPAL (2018) para el caso de América Latina vinculando ODS y desarrollo territorial.

180 redes de ciudades) puede conducir a una fragmentación de la voz de los gobiernos locales en la escena internacional antes que a la construcción de una visión conjunta. Para evitarlo, se precisa de un un espacio de articulación global que produzca sinergias y capacidad de influencia mayor en la toma de decisiones globales.

Todas estas cuestiones están atravesadas por problemáticas clave, como el nivel de competencias, financiamiento y capacidades de los gobiernos territoriales. A continuación, se tratará de aportar algunas respuestas en torno a cómo se puede avanzar hacia este *enfoque territorial* en las políticas.

De la «territorializacion de las políticas» a la «construcción de políticas territoriales»

Desde un punto de vista amplio, sobre todo en América Latina, existe un conjunto de paradojas con las que conviven las políticas territoriales y las dinámicas de desarrollo nacional y global que hacen más compleja la acción política de los gobiernos locales. Algunos elementos de este *contexto* son los siguientes:

- Más Estado y más descentralización. América Latina ha vivido un ciclo muy importante tras la *era neoliberal* de reconstrucción de un Estado fuerte que se ocupa de la dimensión territorial. Esto también ha implicado una renovada ola de descentralización que, más allá de algunos retrocesos o debates, tiene clara la necesidad de incorporar una dimensión territorial a las políticas nacionales. Numerosas leyes, marcos normativos, renovados sistemas de transferencias de recursos y de competencias han pautado la realidad regional. Si bien está en debate la sostenibilidad de este proceso, hay autores que hablan de «recentralización» o de «descentralización centralizada» porque resulta claro que donde sigue habiendo una clara inequidad de poder es en las interfases, es decir, en las relaciones entre niveles de gobierno.
- Más ingresos para los territorios, pero mantenimiento de las desigualdades territoriales. Si bien hay mayores recursos para los territorios, no se ha conseguido superar la desigualdad territorial histórica (América Latina es el contexto regional más desigual del mundo). A la hora de medir los ODS, por ejemplo, los resultados obtenidos en el ámbito del país, en general son buenos; pero las diferencias entre territorios son enormes. El Banco Interamericano de Desarrollo (BID) ha señalado que las transferencias de recursos entre niveles

de gobierno en América Latina no han podido cumplir sus objetivos de mejorar la equidad territorial. Más aún, en algunos contextos han resultado regresivas y en varios países se observa una creciente discrecionalidad en la forma y en la cantidad transferida a los ámbitos locales, sobre todo en los países unitarios. En los países federales, la tendencia parece ser de mayor peso de las transferencias a los niveles intermedios en detrimento de los municipios, aunque existen algunas excepciones.

— Mejores indicadores cuantitativos en términos de transferencias y recursos financieros, pero menos *proyecto local*. Hay un fuerte discurso hacia lo local como objeto de la política y la voluntad política de transferir más recursos hacia los territorios, pero con una lógica centralista. Lo local queda muchas veces reducido a un ámbito de gestión de decisiones tomadas en otros niveles (*concursismo* por fondos) y su capacidad de negociación es muy menguada. Aún se requieren muchos esfuerzos para empoderar actores y mejorar las capacidades territoriales. En suma, el desafío es cómo combinar políticas nacionales y territoriales en pos de un objetivo común de combatir la inequidad y fragmentación territorial desde sociedades locales con capacidades, competencias y recursos para llevar adelante autónomamente su agenda de desarrollo.

— De cadenas de valor globalizadas a cadenas de valor territorial. Como telón de fondo, actúan dinámicas sistémicas globales y cadenas de valor que operan en lógica de enclave (donde no está en discusión ninguna parte del excedente económico que estas generan). Esta situación explica en parte que, si bien se han mejorado sustantivamente los indicadores de pobreza monetaria, sigue habiendo (a veces, incluso, se expanden) situaciones de pobreza multidimensional, de fragmentación y de exclusión social en el ámbito territorial. Autores como Francisco Alburquerque destacan, en este sentido, la necesidad de promover mecanismos que permitan un mayor control local de estas cadenas de valor en clave de negociación y vinculación con la agenda de desarrollo territorial.

En muchas de estas políticas (que no se pueden analizar de forma polar porque existen múltiples matices) se produce una lógica en clave de «territorializacion de políticas» y no de «construcción de políticas territoriales». Es decir, los gobiernos locales asumen cada vez más el rol de gestor de decisiones no tomadas enteramente en su ámbito, sino por parte del Gobierno central. Así, mientras que el concepto de «territorialización de políticas» remite a una lógica de acción donde prima lo sectorial y lo vertical (la influencia del Estado en lo local), la idea de «construcción de políticas territoriales» alude a una lógica complementaria de corte horizontal y reticular, que configura el territorio como objeto y sujeto de las políticas de desarrollo.

Parte importante de romper la lógica centralista pasa por la articulación de actores y alianzas en el ámbito territorial y global. Existen diversos estudios[134] sobre la necesidad de promover estas articulaciones en clave de gobernanza, aunque menor es el volumen de trabajos que propone respuestas metodológicas basadas en evidencias empíricas.

Conclusiones

Responder a la pregunta señalada anteriormente: ¿estarán mejor los territorios, y por tanto la ciudadanía, en 2030? ¿esto depende de la Agenda 2030? ¿en qué medida? Es hoy día complejo y remite a lecturas más o menos optimista.

De un lado la Agenda 2030 es relevante desde lo conceptual y civilizatorio, y es una orientación relevante, del otro, los resultados son magros, las prácticas no conforman y por este camino no se obtendrán los objetivos planteados. Lo que es peor, se puede repetir el escenario de los ODM, de resultados cumplidos a nivel país o grandes ámbitos urbanos, pero que no lleguen a la gran mayoría de los ámbitos locales.

Recalcando que hacer que nadie quede atrás es también que ningún lugar quede atrás, se debe promover el concepto de enfoque territorial del desarrollo, rompiendo tanto visiones centralistas como localistas, enfatizando en la articulación multinivel, desde plataformas multinivel y multiactor EN EL TERRITORIO y no PARA EL TERRITORIO. Esta agenda implica profundos desafíos en materia de gestión pública, liderazgos, visión de la planificación, construcción de capacidades y acceso a recursos (que existen, pero están cooptados a prácticas y mecanismos centralistas).

Solo de esta manera del Desarrollo Local y la Agenda 2030 gozarán de buena salud, se aproximarán a sus objetivos y llegará a la sociedad en el sentido más amplio.

---

134 Por ejemplo, el trabajo de la OECD (2013) con algunos estudios de caso, especialmente el de Colombia, de mucha relevancia para conocer mejor esta temática. En la misma línea OECD (2015).

Bibliografia

BARREIRO CAVESTANY, F. «Territorios virtuosos para el desarrollo humano. Competitividad, cohesión social y ciudadanía en el desarrollo local». II Encuentro Latinoamericano. Retos del desarrollo local. Gestión innovadora de territorios. Cuenca – Ecuador (20, 21, 22 y 23 de noviembre de 2007). (en línea) [Fecha de consulta: 25.04.2019] http://www.cedet.edu.ar/Archivos/Bibliotecas/Barreiro_Fernando-Ponencia%20Cuenca.%20D.Local.pdf

CEPAL. «Segundo informe anual sobre el progreso y los desafíos regionales de la Agenda 2030 para el Desarrollo Sostenible en América Latina y el Caribe». Santiago de Chile (2018).

CEPAL. "América Latina y el Caribe en la mitad del camino hacia 2030. Avances y propuestas de aceleración. Sexto informe sobre el progreso y los desafíos regionales de la Agenda 2030 para el Desarrollo Sostenible en América Latina y el Caribe". Santiago de Chile, 2023.

CGLU. «Los ODS. Lo que los gobiernos locales deben saber» (2016). (en línea) [Fecha de consulta: 10.04.2019]

http://www.uclgdecentralisation.org/sites/default/files/Los%20ODS%20%20Lo%20que%20los%20gobiernos%20locales%20deben%20saber_0.pdf

FERNÁDEZ DE LOSADA, A. «La cooperación sur-sur con enfoque territorial, el nuevo paradigma de la cooperación descentralizada en el marco de la nueva Agenda post-2015». *Revista Española de Desarrollo y Cooperación*, n.º 37 (2016).

GALLICHIO, E. «Alianzas y articulaciones territoriales para incidir en agendas globales. En Futuros Urbanos. Modelos alternativos para las ciudades globales». Eva Garcia Chueca y Lorenzo Vidal (coordnadores). CIDOB, Barcelona, 2019.

GALLICHIO, E. «El desarrollo local: ¿territorializar políticas o generar políticas territoriales?: Reflexiones desde la práctica». *Eutopia*, n.º 1 (2010), p. 11-23.

GALLICHIO, E. «Desarrollo Local y Cooperación al Desarrollo: ¿Una nueva generación de Plataformas de Cooperación para el Desarrollo Local?». *Cuadernos del CLAEH*, vol. 36, n.º 105 (2017).

GROTIUZ, I. "Redes y ámbitos de gobernanza en procesos de desarrollo económico local", publicado en *Prácticas y estrategias de cooperación internacional para el desarrollo económico local: la acción de gobiernos locales andaluces en alianzas internacionales*, FAMSI. Sevilla, 2015; y en *Primer Foro Mundial de Agencias de Desarrollo Local*, Sevilla, octubre 2011.

OECD. *Colombia: Implementing Good Governance. OECD Public Governance Reviews*. París: OECD Publishing, 2013 (en línea) [Fecha de consulta: 25.04.2019] http://dx.doi.org/10.1787/9789264202177-en

OECD. *Costa Rica: Good Governance, from Process to Results. OECD Public Governance Reviews*. París: OECD Publishing, 2015 (en línea) [Fecha de consulta: 25.04.2019] https://doi.org/10.1787/9789264246997-en.

SERRANO, C. «Gobernanza para el Desarrollo Económico Territorial en América». RIMISP (2011) (en línea) [Fecha de consulta: 10.04.2019] http://www.rimisp.org/wp-content/files_mf/13596570249.pdf

5.4. LA LOCALIZACIÓN DE LA AGENDA 2030, HACIA UNA GOBERNANZA TERRITORIAL INCLUSIVA, EFECTIVA Y AFECTIVA

PROF.ª DRA. BLANCA MIEDES UGARTE[135]

Introducción

Reflexionar sobre las capacidades de transformación de Agenda 2030[136] desde los territorios, así como de los procesos de gobernanza territorial que podrían facilitar su localización, implica reconocer sus limitaciones. Siete años después vivimos en un mundo menos justo y sostenible que cuando se aprobó en 2015. Ligeros avances parciales se han visto seguidos de grandes retrocesos, atribuibles solo en parte a la pandemia mundial del COVID-19. Se siguen dejando dejando muchas personas y territorios atrás[137].

En esta tesitura, las versiones más optimistas sobre el futuro se apoyan en una fantasía de rescate tecnológico. Las más pesimistas, en cambio, afirman que los seres humanos ya hemos destruido el planeta y que poco o nada que pueda hacerse. La reflexión que compartimos se sitúa conscientemente en una posición posibilista, no confía en milagros tecnológicos y mantiene cierta esperanza en las capacidades de resiliencia, solidaridad y creatividad humanas. Sin negar la gravedad de los problemas, como ya ha demostrado la neurociencia, cierto optimismo resulta mucho más saludable y motivador. También está suficientemente probado que nuestros marcos de interpretación del mundo están fuertemente condicionados por quienes creemos que somos, por lo que hacemos y con quién, así como por lo que nos contamos a medida que lo vamos haciendo[138]. El posibilismo tiene además la ventaja de ser contagioso, las acciones positivas que

---

[135] Profesora Titular de Economía Aplicada. Universidad de Huelva

[136] UN Resolution, A. RES/70/1. "Transforming our world: the 2030 agenda for sustainable development. Seventieth United Nations General Assembly," New York, 2015, vol. 25.

[137] UN. *Global Sustainable Development Report 2023. Advance, unedited version 14 June 2023.* https://sdgs.un.org/gsdr/gsdr2023 [Consulta: 10/072023]

[138] CASTELLANOS, N. *Neurociencia del cuerpo: cómo el organismo esculpe el cerebro.* Kairós, 2022.

emprendemos suelen tener mucho mayor impacto del que imaginamos, afectando a quienes nos rodean hasta una distancia de tres grados[139].

Así pues, esta visión posibilista se inspira en más de tres décadas colaborando con agentes de cambio inasequibles al desaliento en muchos contextos. Personas, organizaciones, movimientos que con avances y retrocesos van haciendo del mundo un lugar más justo, al menos en algunos sentidos, aunque siempre quede mucho por hacer. Los avances feministas, de los movimientos contra la discriminación racial, la reducción de la pobreza extrema, la regeneración urbana y rural, son algunos ejemplos significativos de la complejidad de estos cambios sociales con sus logros y retrocesos, en una situación general de avance que resulta claramente insuficientes si se consideran las capacidades disponibles.

Es una postura a su vez realista, que obliga a considerar con la mayor distancia crítica posible todas las evidencias disponibles. Por un lado, desde 1750 el sistema capitalista ha multiplicado el Producto Mundial Bruto por 150, mientras la población ha pasado de mil millones a siete mil millones [140]. Nunca en la historia de la humanidad se habría vivido tanto en tiempo en una relativa paz, ni la posibilidad de morir en una guerra había sido tan baja, la esperanza de vida tan alta, ni una proporción tan grande de la población con las necesidades básicas cubiertas. Las tecnologías de la información y la comunicación a través de las redes sociales proporcionan información, entretenimiento gratuito y oportunidades de adquirir conocimientos casi de manera ilimitada. Sin embargo, en el lado negativo, sigue habiendo más de un cuarto de la población padeciendo inseguridad alimentaria[141] y las formas de producción y consumo humano de un 20 por ciento de la población están causando un grave deterioro de los ecosistemas, lo que se denomina la sexta extinción masiva[142], así como un cambio climático

---

139 PAWLYN, M. y ICHIOKA, S. *Flourish: design paradigms for our planetary emergency.* Triarchy Press, Axminster, 2021.

140 CORNET-VERNET, A. *Le futur de la ville. Réflexions et prospective,* Presses des Ponts, Paris, 2016

141 WORLD HEALTH ORGANIZATION, et al. *The state of food security and nutrition in the world 2019: safeguarding against economic slowdowns and downturns.* Food & Agriculture Org., 2019. https://encr.pw/rNuHT [Consulta: 10/072023]

142 PÖRTNER, H. O., et. al. *IPBES-IPCC co-sponsored workshop report on biodiversity and climate change.* Intergovernmental Science-Policy Platform on Biodiversity and Ecosystem Services (IPBES) and Intergovernmental Panel on Climate Change (IPCC), 2021. https://encr.pw/f0f9q [Consulta: 10/072023]

que amenaza la viabilidad a medio plazo de la vida humana en el planeta[143]. Las tecnologías de la comunicación están usándose también profusamente para la desinformación masiva, neutralizándose en gran parte sus efectos positivos. Discutimos en la segunda sección cómo se posiciona la Agenda 2030 ante estos desafíos socioecológicos en un mundo tremendamente desigual.

En la tercera sección abordamos la reflexión sobre el papel que puede jugar la localización, o adaptación local de Agenda 2030, aun con todas sus limitaciones, como un instrumento para favorecer la regeneración territorial necesaria para enfrentar los retos socioecológicos a nivel global. Se argumenta la oportunidad de que estos procesos se conviertan en auténticos laboratorios de pruebas en el que los actores puedan explorar la factibilidad de regenerar los territorios favoreciendo la calidad de vida, la justicia social y la seguridad ambiental a la vez local y globalmente.

La complejidad de los procesos de regeneración territorial nos remite al viejo problema de la gobernanza territorial, multiactor, multinivel, sobre cómo abordar de forma colaborativa e inclusiva las transformaciones necesarias y qué condiciones ha de cumplir esa gobernanza para que las posibilidades sigan vivas. En la sección 4 reflexionamos, basándonos en la experiencia de varios años apoyando proceso de localización en diversos contextos, sobre los principales obstáculos a remover en el territorio para una gobernanza, inclusiva, efectiva y afectiva[144].

Finalmente, las conclusiones recogen algunas reflexiones sobre el liderazgo de los gobiernos locales en estos procesos.

La Agenda 2030. Alianzas multiactor y multinivel muy desequilibradas

El último informe de evaluación de la Agenda 2030 muestra cómo el mundo, tal y como preconiza su propio título, sigue transformándose, pero en los aspectos cruciales como la acción climática, la biodiversidad y la

---

143 IPCC. *Summary for Policymakers. In: Climate Change 2023: Synthesis Report. A Report of the Intergovernmental Panel on Climate Change. Contribution of Working Groups I, II and III to the Sixth Assessment Report of the Intergovernmental Panel on Climate Change* [Core Writing Team, H. LEE and J. ROMERO (eds.)]. IPCC, Geneva, Switzerland, 36 pages. https://11nq.com/7RHNK [Consulta: 10/072023]

144 Debo este apunte sobre los afectos al comunicador Óscar Toro Peña, que escribe sobre ello en este mismo volumen.

reducción de la desigualdad se siguen produciendo retrocesos con graves consecuencias[145].

Los sistemas sociotécnicos humanos avanzan en su insostenibilidad ambiental y siguen dejando a muchas personas y territorios atrás. El Panel Internacional del Cambio Climático[146], corrobora en su más reciente publicación lo que ya advertía hace años, que nos encontramos en un punto de no retorno y que existe una estrechísima ventana de oportunidad, que además se está cerrando muy rápidamente, para tomar medidas que reduzcan drásticamente las emisiones de CO2 y restauren los ecosistemas, y con ello evitar los peores efectos de las catástrofes climáticas en términos de sufrimiento humano, especialmente de la población más vulnerable[147].

Hay enfoques que van más allá. El reciente y exhaustivo trabajo publicado por el controvertido académico, consultor y activista ambiental Jem Bendell[148] recopila claras evidencias que invitan a tomar en consideración su polémica tesis sobre el colapso de 2018[149]. En ella sostiene que, de hecho, hay claros síntomas de que la sociedad industrial de consumo ya ha comenzado a colapsar por la profunda incompatibilidad de sostener un sistema monetario en expansión, socialmente muy desigual y que en última instancia sigue recayendo sobre la ampliación de la base extracción de energía y materiales, en el marco de un planeta finito. Más que cambiar de rumbo, habría que cambiar el barco.

Sostener una visión posibilista requiere cierta dosis de voluntad ante la evidencia de que los actuales sistemas de liderazgo no son capaces ni de abordar las catástrofes más evitables, como las hambrunas. Y ello no tanto por la falta de conocimientos, tecnologías o recursos financieros, como por la falta de visión, generosidad y voluntad de transformación por parte

---

145 UN, 2023. Op. cit.

146 IPPC, 2023. Op. cit.

147 Si esto parece alarmista, lo es menos cuando se piensa en todos los filtros que han de pasar las publicaciones del IPCC que están sometidas a la revisión de muy diversos estamentos con sensibilidades muy diversas y con muy poco interés en crear desconfianza en el sistema.

148 BENDELL, J. *Breaking Together. A freedom-loving response to collapse.* Good Works. Schumacher institute; Bristol, 2023.

149 BENDELL, J. *Deep adaptation: A map for navigating climate tragedy.* IFLAS Occasional Paper, 27th July 2018. https://jembendell.com/2019/05/15/deep-adaptation-versions/ [Consulta: 10/072023]

de un 1% de la población que concentra cerca del 46% de la riqueza[150]. El actual modo de funcionamiento lleva a que este 1% más rico desde 2020 ha acaparado casi dos terceras partes de la nueva riqueza generada en el mundo, casi el doble que el 99 % restante[151]. Estas élites tienen una gran influencia en los sistemas de comunicación, información y desinformación —con los que se generan las narrativas, se reproducen los significados, sentidos vitales, así como los valores individuales y colectivos— y de gobernanza —con los que se aborda la toma de decisiones en ámbitos públicos y privados y a todos los niveles[152].

La creación de alianzas y el desarrollo de la gobernanza multiactor y multinivel, cuando se producen, lo hacen en un tablero de juego muy desequilibrado. Es difícil sembrar un campo fértil cuando el 1% tiene el control de todas las semillas y no está interesado en distribuirlas. Cada vez son más las voces que claman por una reforma fiscal progresiva a gran escala, por ejemplo, sobre las transacciones financieras, que redistribuya, al menos en parte, la riqueza como condición básica para abordar los grandes desafíos socioecológicos. De ahí también, los movimientos defensivos de estas élites expresados a través de liderazgos políticos nostálgicos, negacionistas, autoritarios e insolidarios o proyectos de fuga a través de la exploración del espacio exterior.

El diseño institucional de la Agenda 2030 responde a estas circunstancias, hay un avance en el reconocimiento global de la insostenibilidad de la situación, hay un acuerdo en que es necesario abordar los 17 objetivos de desarrollo sostenible (ODS) propuestos, sin dejar a nadie atrás, se hace una llamado a las alianzas multiactor y multinivel, sin embargo, los mecanismos de evaluación y seguimiento se establecen sobre una base de voluntariedad y sin mencionar ni una sola vez la palabra democracia. Los lla-

---

150 CREDIT SUISSE RESEARCH INSTITUTE. *Global Wealth Report 2022. Leading perspectives to navigate the future.* Credit Suisse. https://encr.pw/6HGkh [Consulta: 10/072023]

151 CHRISTENSEN, M. B., et al. *Survival of the Richest: How we must tax the super-rich now to fight inequality.* Oxfam International, 16 enero 2023. DOI: 10.21201/2023.621477. https://encr.pw/ql18B [Consulta: 10/072023]

152 Este es un fenómeno de larga tradición en la humanidad. Una investigación analizando las causas del colapso de civilizaciones anteriores señala como una las causas comunes es la existencia de una oligarquía que trata de protegerse a sí misma en lugar de adoptar las decisiones requeridas para el bien común. Vid. MACKAY, K. *Radical Transformation: Oligarchy, Collapse, and the Crisis of Civilization,* Between the Lines, Ontario, 2017

mados "informes de progreso" de los diferentes actores se han convertido en instrumentos de comunicación institucional con efectos perversos pues la inmensa mayoría se centran en explicitar sus contribuciones al cumplimiento de los ODS, pero sin explicitar las externalizaciones sociales y ambientales negativas hacia otras personas, organizaciones y territorios. Esto explica por qué en el fondo se avanza tan poco a nivel global en lo esencial. Como no existe ningún mecanismo de sanción sobre los incumplimientos, no se ejerce suficiente presión sobre los grupos de poder que incentive las urgentes transformaciones necesarias.

La localización de la Agenda 2030. Oportunidad para aterrizar.

¿Qué sentido tiene entonces hablar de la localización de la Agenda 2030, de su implementación adaptada a las circunstancias de cada territorio? ¿No es una suerte de pensamiento mágico defender que desde los territorios se puede lograr lo que requiere una coordinación global sin precedentes en cambios tecnológicos, así como reorientaciones masivas de las inversiones privadas y públicas para acabar con la pobreza, a la vez que se descarboniza la economía, se regeneran los ecosistemas y se abordan otros desafíos que pueden estar fuera de nuestro control, como los efectos del cambio climático, la acidificación de los océanos o el riesgo de nuevas enfermedades zoonóticas?

En realidad, como dice Bruno Latour[153], este "aterrizaje" quizá sea la posibilidad más prometedora.

Una de las características más significativas de la globalización es cómo ha reducido los lugares a espacios de apoyo técnico al sistema económico, como si fueran soportes inertes e isotropos de las actividades económicas, generando procesos de territorialización, desterritorialización y reterritorialización en función de las necesidades de crecimiento económico. A medida que un territorio se inserta en el flujo global, aumenta la población y sus ciclos de vida se van haciendo más independientes de la vida natural y comunitaria, así como de los caracteres identitarios de los lugares específicos[154]. Se establecen algunas "zonas compensatorias", protegidas del desarrollo, como los parques naturales, pero también "zonas de sacrificio", como las zonas mineras o de agricultura intensiva, cuyos ecosistemas, seres

---

153 LATOUR, B. *Dónde aterrizar. Cómo orientarse en política.* Taurus. Barcelona, 2019

154 MAGNAGHI, A. *La biorégion urbaine. Petit traité sur le territorie bien commun,* Eterotopia France/Rhizome, París, 2014.

humanos incluidos, quedan totalmente supeditados a la expansión del capital. Si, por el contrario, el territorio queda desconectado de ese espacio de funciones y circulaciones de capital, la población queda abandonada a su suerte y se ve obligada a emigrar, de ahí los procesos complementarios de vaciamiento territorial y de urbanización creciente.

La mercantilización y privatización de cuestiones básicas como el agua, los alimentos, la salud o la energía convierten a los habitantes en clientes de multinacionales, con una notable pérdida de autonomía, pues, aunque estos elementos provengan de los ecosistemas locales, las decisiones sobre los mismos se localizan en lugares cada vez más lejanos. Las más de las veces, los decisores locales se limitan a gestionar las decisiones que se toman en esas otras instancias.

Conviene recordar que el valor de los activos financieros mundiales se sustenta en el valor de la economía real, la que se genera en los territorios, que es diez veces menor[155]. Podría decirse que la economía mundial es un avión sobrevolando la Tierra, emitiendo CO2, haciéndola inhóspita, a medida que se queda sin combustible y con un tamaño diez veces mayor que la pista de aterrizaje. En estas circunstancias, la propuesta de Latour de buscar modos de "aterrizar" tratando de reconciliar la economía, las normas que nos damos y nuestras identidades con el mundo real, puede ser la mejor opción disponible. Y esto pasa por regenerar la vida en los territorios, por dejar de pensarlos como plataformas instrumentalizadas, y redefinirlos como el espacio común que compartimos, como un lugar central para la generación de la calidad de vida, del sentido vital, reconstruyendo las simbiosis con los ecosistemas de los que la vida humana forma parte y depende.

A pesar de que por sí sola no es suficiente, esta regeneración territorial emerge como un requerimiento fundamental para enfrentar los retos socioecológicos contemporáneos. En este contexto, los procesos de adaptación local de la Agenda 2030 actualmente en marcha representan un laboratorio de pruebas ideal para explorar la factibilidad de este aterrizaje hacia la realidad.

Gestionados adecuadamente, estos procesos de localización pueden extraer valiosas enseñanzas sobre la magnitud de los desafíos, así como identificar obstáculos, elementos inhibidores y facilitadores para mantener

---

155 MAVERICK, J.B. *How Big Is the Derivatives Market?* 2022 https://l1nq.com/CMP7y [Consulta: 10/07/2023]

o potenciar la calidad de vida en los territorios a través de la regeneración de vínculos medioambientales, sociales y significativos. Estos vínculos incluyen: 1) la relación con la naturaleza, estableciendo una conexión más profunda con los ecosistemas locales y sus vulnerabilidades y contribuciones específicas; 2) los vínculos sociales, mediante la creación de nuevas maneras de co-construir espacios compartidos y nuevas formas de justicia distributiva; y 3) la creación de nuevas narrativas que permitan a las personas conectar con su propósito de vida más allá de su identidad como productoras, trabajadoras o consumidoras, reavivando las expresiones culturales y la percepción del lugar como patrimonio común.

De igual importancia, estos procesos también pueden y deben fomentar una reflexión sobre las relaciones con el mundo más allá de las fronteras, favoreciendo una interconexión respetuosa e interdependiente entre territorios y contribuyendo a la regeneración a nivel global. Principio del formulario

Final del formulario

Por limitados que sean, los procesos de localización de la Agenda 2030, si se abordan con la suficiente vocación transformadora, suponen una pequeña ventana de oportunidad, ya que facilitan a los diversos actores una macro-narrativa común, unos objetivos compartidos y una metodología de aproximación a la acción. Son procesos que puede arrojar claridad estratégica en cuanto a la identificación de las necesidades territoriales, así como sobre las principales palancas de cambio y la articulación de visiones compartidas en torno a misiones concretas, suficientemente ambiciosas, movilizadoras de los propósitos de los sectores estratégicos a largo plazo[156]. El camino crítico de estos procesos es la construcción de alianzas y el sostenimiento de las redes de colaboración y confianza a largo plazo y eso remite al viejo problema de la gobernanza multiactor y multinivel[157].

---

156 MAZZUCATO, M. *Mission Economy: A Moonshot Guide to Changing Capitalism.* Penguin Random House, London, *2021.*

157 El ya citado informe del IPCC del 2023 establece como primera condición posibilitadora de la acción climática la gobernanza inclusiva, seguida por los conocimientos y valores diversos, las finanzas e innovación, la integración entre sectores y escalas de tiempo, la gestión de los ecosistemas, las sinergias entre acciones climáticas y de desarrollo, el cambio de comportamiento apoyado por la política, la infraestructura y los factores socioculturales. Como condiciones limitantes apunta, la pobreza, desigualdad e injusticia, las barreras económicas, institucionales, sociales y de capacidad, las respuestas aisladas, la falta de financiación y barreras financieras y tecnológicas y las soluciones de compromiso.

4. Una gobernanza territorial inclusiva, efectiva y afectiva

Las desigualdades de poder económico y financiero a nivel mundial tienen diferentes repercusiones en los territorios. Si el territorio está altamente integrado en el proceso de globalización, los actores locales tienden a funcionar como intermediarios de las élites globales. Este hecho puede generar resistencias sustanciales para la implementación real de los ODS, más allá de su instrumentalización superficial dentro del marketing social y de la responsabilidad social corporativa de las organizaciones que los preconizan. Paradójicamente, los territorios parcialmente integrados en la globalización, aquellos que se consideran en "vías de desarrollo", pero que han desarrollado cierta base se capital social territorial, podrían tener cierta ventaja en este aspecto, ya que pueden permanecer parcialmente fuera del radar de los grandes intereses globales. Aunque las élites locales pueden reproducir las dinámicas de las globales, estas pueden tener menos inercia, una conexión emocional más profunda con el territorio y, por ende, más motivación para abordar los cambios necesarios.

Independientemente de la estructura de los actores en un territorio, el hecho esencial es que la implementación local de la Agenda 2030 implica la necesidad de regenerar los sistemas de gobernanza territorial. En contraposición con las alianzas público-privadas tradicionales, donde a menudo la parte pública asume las pérdidas o costes y la privada se beneficia, se necesitan alianzas y mecanismos de toma de decisiones que sean más inclusivos y efectivos en alcanzar el bien común. Además, estos sistemas deben estar diseñados para considerar y cuidar la dimensión afectiva, emocional, de quienes participan, así como de la población en general, quienes se enfrentan a amenazas, tensiones y frustraciones constantes que afectan a los estados de ánimo individuales y colectivos y a sus capacidades de agencia o de acción.

Una gobernanza inclusiva

Respecto a la gobernanza inclusiva, en la búsqueda de nuevos métodos de gobernanza más democráticos y participativos, es necesario seguir insistiendo en que el término 'democracia' no se encuentra en la declaración de la Agenda 2030. Sin embargo, que los procesos sean democráticos es una condición ineludible en las sociedades que se tengan como tales. Para avanzar en la legitimación de estos procesos se requiere la inclusión de una diversidad de voces que suelen estar subrepresentadas. Es una cuestión de justicia, pero también de oportunidad, porque estas voces pueden aportar conocimientos y enfoques útiles para la transformación que hasta ahora no habían sido considerados.

La participación en la gobernanza de los actores tradicionales, como los diferentes niveles estatales, las empresas, las organizaciones sociales y las entidades de conocimiento, sigue siendo esencial para la creación de políticas y la ejecución de programas de cambio. No obstante, para innovar transformadoramente es igualmente imprescindible la incorporación de actores y voces que a menudo son pasados por alto en los procesos de toma de decisiones, como las comunidades indígenas y los migrantes, con especial atención a las mujeres. Además, es imprescindible involucrar a la juventud y promover diálogos intergeneracionales. También es clave aquí reconocer la función vital de las redes de actores transformadores, especialmente aquellos relacionados con la "economía esférica" (que es la vez social y solidaria y circular), por ser portadores de valores de justicia distributiva y regeneración ambiental, muy necesarios para el cambio. Incluir estas voces nuevas, por minoritarias que sean en el territorio, representa una oportunidad única para enriquecer la gobernanza con perspectivas diversas y experiencias inéditas, garantizando políticas más inclusivas y equitativas.

Una gobernanza efectiva

En cuanto a la efectividad para lograr el bien común, una vez configuradas alianzas más inclusivas, es necesario aprender a diseñar relaciones simbióticas basadas en un propósito común más que relaciones basadas en un parasitismo en el que una organización crece a costa de la otra, como ocurre con las grandes plataformas digitales, o las corporaciones privadas que ofrecen servicios de salud, o suministros de energía. Aquí en liderazgo de las entidades locales emprendedoras[158] en alianza con los actores más transformadores es de crucial importancia. El concurso de estos actores es clave debido a los valores que portan y a que su ámbito de acción es más local y con ello tienen mayores posibilidades de potenciar las cadenas de valor regenerativo en el territorio. Nos referimos aquí a actores de la economía cooperativa, de la economía solidaria, monedas sociales, banca ética, agroecología rural y urbana, movilidad sostenible, espacios de coworking, redes de cuidados, finanzas éticas, cooperativas de consumo justo

---

158 MAZZUCATO, M. *El Estado emprendedor: mitos del sector público frente al privado.* RBA Libros. Barcelona. 2019.

y ecológico, actividades culturales innovadoras, cooperativas para la generación de energías renovables...

La efectividad deriva también de aprender a combinar las visiones y saberes de los tres tipos de enfoques[159]: de los actores visionarios (siempre anticipando el futuro deseable); de los más conservadores (que evalúan los riesgos y vigilan que no se pierda lo ya logrado, así como que las transiciones se hagan de la forma menos dolorosa y justa posible); y de los innovadores pragmáticos (que son los que ven las oportunidades y tienen el saber hacer para que las buenas ideas se pongan en práctica).

Asimismo, la gobernanza territorial efectiva para las trasformaciones socieocológicas del territorio debería ayudar a generar al menos tres nuevas capacidades territoriales:

En primer lugar, ha de ser capaz de generar nuevas narrativas comunes que ayuden a superar el ideal de crecimiento o desarrollo para centrarse en la "vitalidad territorial". Esta metáfora remite a la idea de territorios socialmente justos, con ecosistemas resilientes, donde las personas cuidan y son cuidadas, con una economía esférica, a la vez social y circular, llenos de oportunidades vitales para las personas, con una vida cultural creativa y estimulante, abiertos y conectados con el resto del mundo.

En segundo lugar, estos procesos han de ser capaces de dotarse de herramientas en las que los actores puedan colaborativamente comprender de manera integrada y a diferentes escalas temporales la complejidad del sistema socioecológico territorial multiactor y multinivel del que forman parte. Las herramientas deben ayudar a que los actores se vean a sí mismos operando en el sistema, para desde ahí identificar tendencias, tensiones, retos, prioridades y abordajes individuales y colectivos, como premisa básica para cualquier acuerdo o plan de acción.

Y, en tercer lugar, junto con las narrativas y las herramientas para navegar la complejidad, un aspecto clave de esta gobernanza efectiva es que incremente la capacidad de los actores de co-crear y sostener espacios innovadores con propósito trasformador. El sostenimiento a largo plazo de los espacios de participación donde reflexionar, experimentar y actuar es clave. Lleva un tiempo generar la suficiente confianza para construir los lenguajes y visiones compartidas y se requiere un gran esfuerzo de facilitación para gestionar los conflictos ante los desacuerdos, malentendidos, in-

159 SHARPE, B. et al. "Three horizons: a pathways practice for transformation." Ecology and Society, 2016, vol. 21 no 2.

cumplimientos, comportamientos insolidarios, falta de compromiso y posibles errores naturales en este tipo de procesos tan complejos, en los que entran en juego tantos intereses divergentes. Esta facilitación ha de lograr que los participantes manejen las frustraciones y sigan teniendo incentivos para seguir en el juego[160].

Una gobernanza afectiva

Esto último es una de las principales razones por las cuales el sistema de gobernanza territorial ha de contemplar también su dimensión afectiva. Los espacios aludidos en el punto anterior han de responder a las necesidades afectivas de las personas, para propiciar la inspiración mutua y el contagio de posibilismo al que aludíamos en la introducción. Han de ser espacios donde todas las personas participantes aprendan a conocerse y valorase y se nutra el sentido de futuro compartido. Espacios a la vez seguros y abiertos, donde además de conocimientos, ideas, métodos y herramientas, se puedan compartir también miedos y esperanzas. La imaginación y la creatividad se desarrollan cuando nos sentimos más seguros y confiados[161]. Crear entornos de cooperación como estos pueden amentar el sentimiento de autoeficacia, la autoconfianza y la esperanza colectiva[162].

Está demostrado que tendemos a pensar que nuestras genuinas preocupaciones por los desafíos comunes, como el cambio climático, o el hambre en el mundo, no son compartidas y que las demás personas son más egoístas que nosotras[163], por eso estos espacios han de generar las oportunidades para descubrir que nuestras preocupaciones y aspiraciones son mucho más comunes que lo que pensamos. Para lograr estos propósitos, es muy generativo dar cabida a diferentes formas de expresión de la creatividad

---

160 KAHANE, A. *Collaborating with the enemy: How to work with people you don't agree with or like or trust.* Berrett-Koehler Publishers, Oaklan, 2017.

161 HOPKINS, R. *From what is to what if: Unleashing the power of imagination to create the future we want.* Chelsea Green Publishing, White River Junction, 2019.

162 *Vid.* BANDURA, A. "Self-efficacy mechanism in human agency". *American psychologist,* 1982, vol. 37, no 2, p. 122; BANDURA, A. *Self-efficacy: The exercise of control,* W. H. Freeman, New York, 1997; así como BANDURA, A. "Self-efficacy: toward a unifying theory of behavioral change". *Psychological review,* 1977, vol. 84, no 2, p. 191.

163 SCHWARTZ, S. H. "Universals in the content and structure of values: Theoretical advances and empirical tests in 20 countries". *Advances in Experimental Social Psychology,* 25(1), 1-65, 1992.

a través de diversos canales como las artes plásticas y escénicas[164], donde las personas puedan conectar e integrar sus experiencias, conocimientos y emociones para operar de un lugar más consciente, más atento a sus aspiraciones como ser humano en el mundo, tanto para sí mismas como para las demás. Los viajes de experiencia y las inmersiones en los ecosistemas más próximos pueden ayudar también a reconectar afectivamente con ellos y, desde ahí, incrementar la conciencia de lugar, de considerarlos un bien común que merece ser agradecido y cuidado.

La gobernanza territorial para la transformación sociecológica, la necesaria para la adaptación local de la Agenda 2030, requiere de estos espacios en los que se promueve la escucha activa, la curiosidad, la experimentación creativa, el crecimiento personal, la adaptabilidad y la conexión con la fuerza, la vulnerabilidad y la apertura. Espacios donde se rinden cuentan y se reconocen las responsabilidades sobre los errores, a la vez que se los considera oportunidades de aprendizaje para favorecer los cambios necesarios. Espacios donde podemos comprender e integrar con todo nuestro ser que somos seres eco-inter-dependientes y que compartimos un destino común.

Conclusiones

Tener una actitud posibilista ante los procesos de localización de la Agenda 2030 no impide reconocer que las experiencias en las que hemos participado, o las que conocemos con más profundidad, están bastante lejos de lograr este tipo de gobernanza territorial inclusiva, efectiva y afectiva aquí preconizada. Sin embargo, sí puede afirmarse que estas han posibilitado algunos avances: están permitiendo una mayor toma de conciencia por parte de los participantes sobre la gravedad, complejidad e interrelación de los desafíos socioecológicos y, en consecuencia, la necesidad de abordarlos con enfoques integrales. También han contribuido a una rendición de cuentas más transparente en cuanto a la contribución a los diferentes ODS de las acciones y proyectos de estas entidades. Asimismo, a medida que se han ido favoreciendo procesos de comunicación y cooperación in-

---

164 Un ejemplo paradigmático del uso de las artes en estos contextos se da en el Presencing Institute del MIT en Cambridge MA, a través de la U-School for Transformation. Vid. HAYASI, A. *Social Presencing Theater: The Art of Making a True Move,* PI Press, Cambridge, MA, 2021. Así como BIRD, K. Generative scribing. A Social Art of the 21st Centuty, PI Press, Cambridge, MA, 2018

terna más fluidos, se ha posibilitado la articulación de recursos de manera innovadora, así como cierta sensación de realización y autoeficacia en las personas participantes. No obstante, esta sensación de sentido y propósito ha ido acompañada también de una gran frustración por todo lo que se identifica que se podría estar haciendo y no se hace, bien sea por pura y acrítica resistencia al cambio, por miopía o cortoplacismo, o bien porque lo considerado urgente no deja paso a lo que es realmente importante.

De estas experiencias derivan algunos aprendizajes a cerca de puntos críticos sobre los que sería necesario que los gobiernos locales desplegaran todo su liderazgo. Serían especialmente propicias aquí las alianzas con las entidades de conocimiento, especialmente con las universidades presentes en el territorio. Estas últimas, tienen características que las hacen particularmente estratégicas porque normalmente gozan de prestigio y legitimidad, por su presencia a largo plazo en el territorio, más allá de los ciclos electorales, y por sus recursos especializados en investigación, innovación y desarrollo de capacidades. Por otro lado, son espacios abiertos al mundo y por lo tanto también pueden servir de puente de unión con la reflexión y acción global.

El desarrollo de una gobernanza territorial requiere que esta alianza investigación-acción active y sostenga en el tiempo procesos y espacios colaborativos multiactor y multinivel. Colaboraciones que ayuden a la construcción de esta visión integral de los desafíos locales a diferentes escalas espaciales y temporales y a construir los puentes necesarios entre los diversos actores, incluyendo la ciudadanía más emprendedora, que pueden contribuir tanto a la reflexión como a la acción.

Como para cambiar el mundo lo más eficaz es empezar por uno o una misma, un paso previo es que ambas instituciones, gobiernos locales y universidades, orienten sus políticas internas y destinen recursos significativos a romper sus silos y barreras administrativas, para activar estos procesos de gobernanza inclusiva, efectiva y afectiva y aprender desde dentro. Se trata de potenciar las redes de colaboración horizontales, multisectoriales y multidisciplinares en torno a misiones movilizadoras sobre desafíos territoriales que integren la visión y el propósito y activen la participación de diferentes instancias y departamentos. Se trata también de apoyar a las personas con iniciativas de cambio. Los procesos internos y externos se pueden reforzar mutuamente, siempre que estén explícitamente orientados al aprendizaje y a la formación de capacidades de sus participantes.

Es importante recordarse que los territorios son neoecosistemas vivientes, que no es que simplemente ocurren, sino que son resultado de las acciones humanas, que su evolución es una mezcla de necesidades y azares de las complejas dinámicas biofísicas, pero también, de igual manera, de la determinación y voluntad de quienes los habitan.

Construir estos procesos de gobernanza territorial puede resultar una tarea abrumadora, y podría argüirse que la urgencia de algunos de los desafíos no es compatible con el largo plazo necesario para que se consoliden. Sin embargo, también es cierto que ya existen muchas capacidades construidas en los territorios, y que gran parte de lo que es necesario tiene más que ver con un cambio de actitud y de formas de relación que de movilización de nuevos recursos.

También puede decirse que los actores con más poder acumulan mucha inercia y pueden no estar interesados en cambios lo suficientemente significativos. Sin embargo, dadas las tendencias y tensiones socioecológicas, estos cambios serán obligados y vivimos en un mundo tan complejo y vulnerable, en el que las posibilidades de evolución son tan inciertas, que pequeñas transformaciones locales pueden tener grandes impactos. Una máxima de los agentes de cambio afirma que no es necesario que todas las personas en las organizaciones, o incluso en la población, se movilicen para generar cambios transformadores. Un estudio de Science[165] estimaba que con un 25% parte de la población ya sería una masa crítica suficiente para generar cambios significativos.

Así pues, nos gustaría finalizar con una nota de posibilista, una llamado a la acción de cada cual en su contexto: no desestimemos el poder de un pequeño grupo para influir en el gran escenario de la gobernanza territorial. En este intrincado tejido de relaciones y estructuras, cada hilo cuenta, cada voz importa, cada acción inspira, cada cambio por pequeño que sea puede ser el inicio de una transformación profunda.

Bibliografía

BANDURA, A. "Self-efficacy: toward a unifying theory of behavioral change". Psychological review, vol. 84, no 2, p. 191, 1977.

BANDURA, A. "Self-efficacy mechanism in human agency". American psychologist, 1982, vol. 37, no 2, p. 122.

BANDURA, A. Self-efficacy: The exercise of control, W. H. Freeman, New York, 1997.

165 *Vid.* D. Centola et al. "Experimental evidence for tipping points in social convention". *Science*, 2018, vol. 360, no 6393, p. 1116-1119.

BENDELL, J. Breaking Together. A freedom-loving response to collapse. Good Works. Schumacher institute; Bristol, 2023.

BENDELL, J. Deep adaptation: A map for navigating climate tragedy. IFLAS Occasional Paper, 27th July 2018. https://jembendell.com/2019/05/15/deep-adaptation-versions/ [Consulta: 10/072023]

BIRD, K. Generative scribing. A Social Art of the 21st Centuty, PI Press, Cambridge, MA, 2018

CASTELLANOS, N. Neurociencia del cuerpo: cómo el organismo esculpe el cerebro. Kairós, 2022.

CHRISTENSEN, M. B., et al. Survival of the Richest: How we must tax the super-rich now to fight inequality. Oxfam International, 16 enero 2023. DOI: 10.21201/2023.621477. https://encr.pw/ql18B [Consulta: 10/072023]

CORNET-VERNET, A. Le futur de la ville. Réflexions et prospective, Presses des Ponts, Paris, 2016

CREDIT SUISSE RESEARCH INSTITUTE. Global Wealth Report 2022. Leading perspectives to navigate the future. Credit Suisse. https://encr.pw/6HGkh [Consulta: 10/072023]

HAYASI, A. Social Presencing Theater: The Art of Making a True Move, PI Press, Cambridge, MA, 2021.

HOPKINS, R. From what is to what if: Unleashing the power of imagination to create the future we want. Chelsea Green Publishing, White River Junction, 2019.

IPCC. Summary for Policymakers. In: Climate Change 2023: Synthesis Report. A Report of the Intergovernmental Panel on Climate Change. Contribution of Working Groups I, II and III to the Sixth Assessment Report of the Intergovernmental Panel on Climate Change [Core Writing Team, H. LEE and J. ROMERO (eds.)]. IPCC, Geneva, Switzerland, 36 pages. https://l1nq.com/7RHNK [Consulta: 10/072023]

KAHANE, A. Collaborating with the enemy: How to work with people you don't agree with or like or trust. Berrett-Koehler Publishers, Oaklan, 2017.

LATOUR, B. Dónde aterrizar. Cómo orientarse en política. Taurus. Barcelona, 2019

MACKAY, K. Radical Transformation: Oligarchy, Collapse, and the Crisis of Civilization, Between the Lines, Ontario, 2017

MAGNAGHI, A. La biorégion urbaine. Petit traité sur le territorie bien commun, Eterotopia France/Rhizome, París, 2014.

MAVERICK, J.B. How Big Is the Derivatives Market? 2022 https://l1nq.com/CMP7y [Consulta: 10/072023]

MAZZUCATO, M. El Estado emprendedor: mitos del sector público frente al privado. RBA Libros. Barcelona. 2019.

MAZZUCATO, M. Mission Economy: A Moonshot Guide to Changing Capitalism. Penguin Random House, London, 2021.

PAWLYN, M. y ICHIOKA, S. Flourish: design paradigms for our planetary emergency. Triarchy Press, Axminster, 2021.

PÖRTNER, H. O., et. al. IPBES-IPCC co-sponsored workshop report on biodiversity and climate change. Intergovernmental Science-Policy Platform on Biodiversity and Ecosystem Services (IPBES) and Intergovernmental Panel on Climate Change (IPCC), 2021. https://encr.pw/f0f9q [Consulta: 10/072023]

SCHWARTZ, S. H. "Universals in the content and structure of values: Theoretical advances and empirical tests in 20 countries". Advances in Experimental Social Psychology, 25(1), 1-65, 1992.

SHARPE, B. et al. "Three horizons: a pathways practice for transformation." Ecology and Society, 2016, vol. 21 no 2.

UN Resolution, A. RES/70/1. "Transforming our world: the 2030 agenda for sustainable development. Seventieth United Nations General Assembly," New York, 2015, vol. 25.

UN. Global Sustainable Development Report 2023. Advance, unedited version 14 June 2023. https://sdgs.un.org/gsdr/gsdr2023 [Consulta: 10/072023]

WORLD HEALTH ORGANIZATION, et al. The state of food security and nutrition in the world 2019: safeguarding against economic slowdowns and downturns. Food & Agriculture Org., 2019. https://encr.pw/rNuHT [Consulta: 10/072023]

5.5. DEMOCRACIAS PARTICIPATIVAS, EFICIENTES Y ACTUALES.

TOMÁS R. VILLASANTE[166]

Deficiencias, frustraciones y renovaciones.

Lo que no es novedad es hablar de las democracias participativas. Hay palabras que lo aguantan todo, y entre ellas están democracia y participación. El programa 2030 es también un escrito con buenas intenciones y declaraciones, pero como a tantas otras proclamas le falta decir cómo se hace y quién lo aplica. Sin duda en cada situación concreta lo de la democracia y lo de los programas es algo para poner en práctica de forma muy particular, sobre todo contando con las fuerzas reales que estén dispuestas a impulsar cambios, y al ritmo que sea posible. La urgencia de las crisis que se van acumulando (energética, económica, demográfica, social, de salud, bélica, etc.) nos plantean tomar medidas drásticas desde ya, pero hacer tales transiciones para una sostenibilidad justa solo puede y debe hacerse al ritmo de la población. Esto nos plantea como central el tema de la gobernanza o de la participación popular, ante cualquiera de las crisis o de la acumulación de varias de ellas. O sea, bajar de los grandes programas a la tierra del cómo se hace en concreto aquí, y quién se atreve con una estrategia participativa. Imponer programas justos desde los gobiernos se va a enfrentar con la demagogia de la "falta de libertad" promovida por quienes se pueden permitir campañas para hacer más largo su disfrute de prebendas.

Se habla de la democracia participativa como si todo el mundo supiera de qué se trata. Hacemos unas asambleas de cualquier manera y alguna consulta o referendum, y nos parece lo máximo. Pero esas prácticas la hacen los dictadores o los autoritarios y se quedan tan anchos. Una asamblea numerosa, y nos parece que cuanto más numerosa mejor, más participativa, se da todo lo contrario. Cuanta más gente hay, menos personas se atreven a hablar en público, solo aquellos que ya están entrenados, y que repiten ideas, o contradicen a otros, y apenas se puede deliberar, apenas se llega a acuerdos entre las mayorías, salvo por aclamación de unos u otras. Cuanto más numerosa sea la asamblea se parece más al público de un campo de futbol. Cualquier autoritario llama a una asamblea en donde hablan

---

166 Profesor Honorífico UCM, cofundador de Red CIMAS, Red Sentipensante, Fundación CREASVI y Comunidades para transiciones justas.

solo 4 o 5 personas, previamente decididas o que toman la palabra, pero eso dista mucho de ser un debate y construir cooperativamente con las personas asistentes. Incluso se puede pedir que la gente escriba en papelitos sus opiniones, pero ¿luego qué pasa? Todos hemos visto en ocasiones que antes y después de la asamblea es donde se cuecen las decisiones. Antes en la forma de convocar y poner las reglas para intervenir, y después en las decisiones que se toman con lo dicho, su seguimiento, y la realización de parte o todo lo planteado, etc.

Hay mucha decepción tras algunas de las formas que se suponen participativas. Las consultas, por ejemplo, un referéndum, las han hecho tanto dictadores como electos. La clave está en la pregunta y no tanto en el número de personas que contestan. Quién controla los tiempos y la agenda, el tipo de pregunta que se hace (esto o aquello), determina el marco del debate según sus intereses. Y si tiene un buen estudio previo, ya sabe lo que va a salir con cierta seguridad. Solo pierden las consultas los dirigentes que no han hecho previamente un buen estudio "cualitativo" para saber cómo formular la pregunta y el momento en que se debe hacer. Las consultas como las asambleas pueden ser formas muy democráticas o frustrantes, porque tienen mucha legitimidad, pero no vale cualquier cosa para que se pueda sentir y decir que es democracia participativa. Hay que entrar en el proceso sobre cómo es, para saber su legitimidad y también sus consecuencias. Por eso hoy en día ya se hacen una serie de metodologías más precisas para concretar en qué grados interviene la gente de base y desde un principio, en la formulación de agendas y cuestiones, en cómo se toman las decisiones y si hay un seguimiento de lo acordado y rendición de cuentas.

Por ejemplo, hemos hecho asambleas con 300 personas y más en barrios de varias ciudades. Pero lo primero es decidir con grupos de base cuándo y cómo hacerlas, desde "grupos motores" abiertos y variados y con la idea de que pueda hablar la mayoría, deliberar y tomar decisiones ejecutivas. Para ello, por ejemplo, es posible que, tras un primer momento de presentación y primeras aclaraciones, se pase a dividirnos en grupos pequeños (entre 6 y 10 personas) con alguien que modere en cada grupo y que se pueda poner a la vista las ideas que van surgiendo, deliberando, sumando, y también los desacuerdos. A continuación, en un plenario, todas las personas presentes pueden ver en los carteles de cada grupo las ideas que se han planteado (si hay tiempo un/a portavoz las explica), y pueden priorizar con puntos (distribuidos previamente) aquellas que más les interesan, aunque sean de grupos diferentes. Es cuestión de sumar puntos y ver cuáles son las más valoradas. Y (para cada propuesta) que se apunten grupos concretos de seguimiento, pues el proceso debe ser participativo hasta que se vean los resultados.

Pero esto no es lo usual, sino que se eligen unos representantes por su liderazgo, que deben hacer la tarea, y que la gente se desentienda (y que incluso diga que para eso se eligen a esas personas, para que estén en los cargos hasta una nueva elección). En partidos, sindicatos, asociaciones, etc. esto es lo que se entiende por democracia, y a ser posible con una buena confrontación entre esos electos y sus rivales. Se dice que es para que salgan los "mejores", pero los ¿mejores en qué? Por el sistema se ve que son los mejores en confrontar, y esto amplia el sistema competitivo de la mitad más uno por lo menos, y la otra mitad con ciertas frustraciones. Sin duda es mejor que una dictadura, pero no es participativo en el sentido de deliberativo y de valorar la inteligencia colectiva, y la construcción de comunidades creativas. Por eso hay tantas crisis de partidos y del sistema electoral. Por eso van apareciendo otras formas de hacer política y toma de decisiones, socio-política, socio-cracia, socio-praxis, y en general todo lo que por el mundo se extiende como "pro-comunes" (HELFRCH Y BOLLIER, 2020; LAVAL Y DARDOT, 2015; GUTIERREZ, R. 2017).

La comunicación y las mediaciones.

La comunicación no es una cosa sencilla del emisor al receptor, ni en las televisiones o radios ni en las redes sociales, ni desde los activistas a la gente, ni de la publicidad de marcas o de partidos. Una de las claves la planteó Jesús Martín Barbero en "De los medios a las mediaciones" (GILIO, G. 2003) y muchos de los comunicólogos le han venido dando la razón. Nosotros venimos haciendo unas pruebas de cómo se reconstruyen los mensajes en los vínculos de vida cotidiana y las redes sociales, en dónde se producen las mediaciones. Se trata de estructuras no lineales de comunicación, como en los "manglares" o los "rizomas" que se estudian en el "social netwok analysis" (de antropología y de sociología). Para que se entienda bien con un ejemplo: en un barrio de 20.000 personas se puede dar una asamblca de 200 personas y eso sería considerado una buena participación. En realidad, solo está un 1 % de la población, pero lo importante es la diversidad que suele conseguir ese número de las personas asistentes. Al día siguiente el comentario suele ser "estaba todo el mundo". Y no es por el % sino por "la diversidad", que es una clave fundamental de la participación. Y si se puede hacer con grupos pequeños y decisiones con puntos (como comentamos), pues los comentarios serán aún más favorables,

Traigo este ejemplo porque lo hemos vivido en varias ocasiones, pero sobre todo porque ilustra bien lo que es aún más importante: la conexión entre quienes asisten a la asamblea y quienes no asisten y son los que "traducen" en sus códigos lo que han oído que ha pasado. Es lo que hemos llamado los "nodos mediadores" o "reproductores", o sea los nudos de las redes de comunicación cotidiana que hay siempre en los barrios, entre familiares, en espacios de trabajo, o de ocio (cara a cara o por los móviles). El porcentaje es entre un 25-30% de la población y están distribuidos en micro redes de confianza de las "mayorías silenciosas". Es a quién se dirige la propaganda tras hacer estudios con grupos de discusión, son las personas a quienes se consulta y escucha para tomar decisiones, porque son quienes crean opinión realmente. Pero no suelen participar en reuniones dada la cultura crítica que existe sobre eso que llaman "participación". Para una democracia participativa real cómo se va a comunicar entre los promotores de un proyecto (activistas en un 0'1%) la gente que asista tal vez a una reunión o asamblea (1%), y estos "nodos mediadores" (25/30%) es clave para que el proceso sea eficiente.

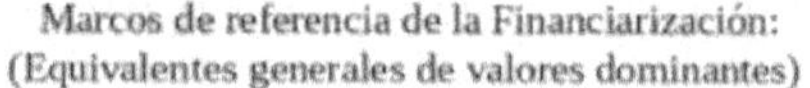

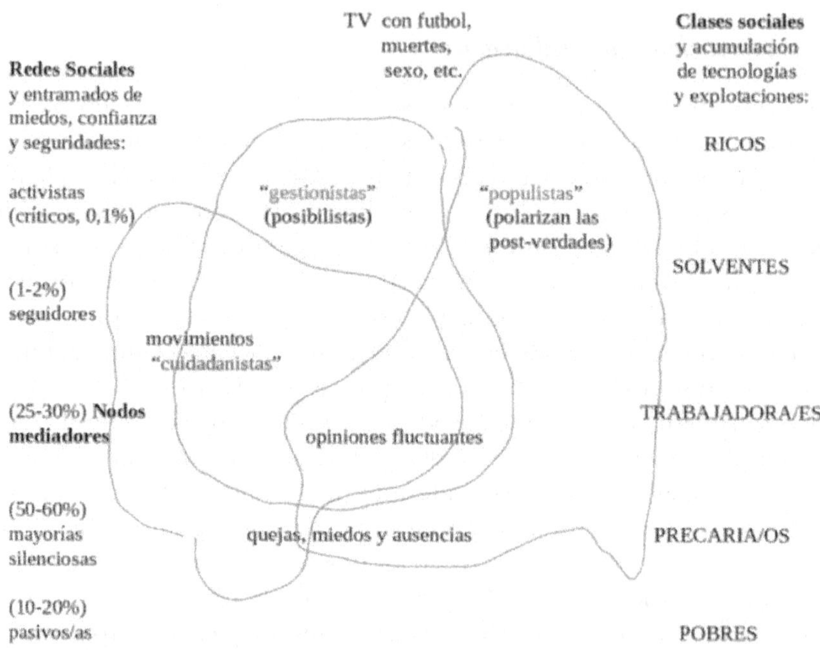

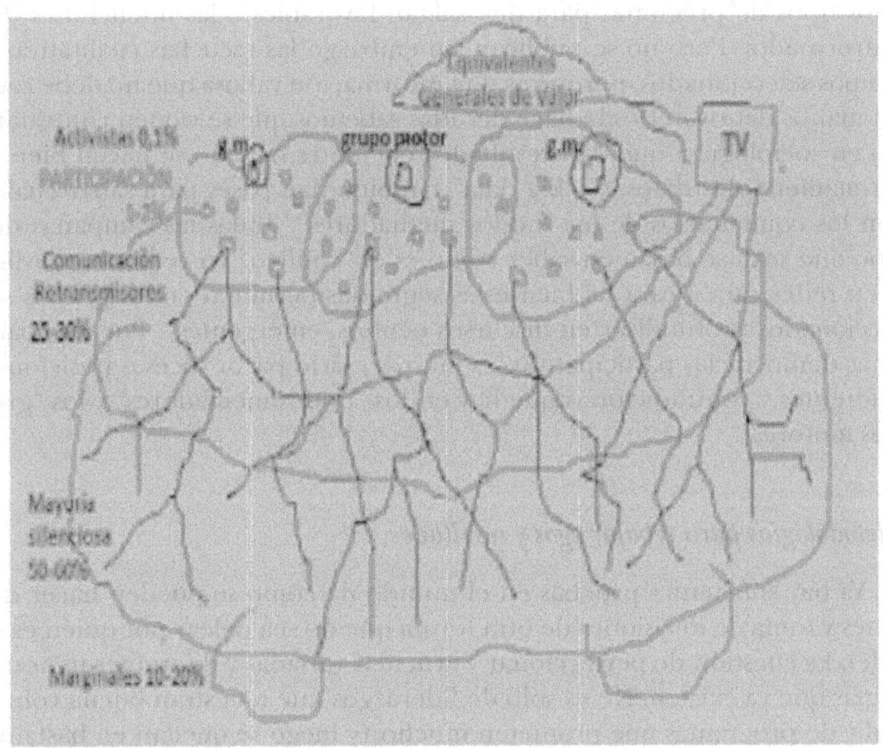

En los esquemas se pueden ver los conjuntos que se suelen tener en cuenta, entre las clases sociales y las redes de comunicación (tanto en propaganda comercial, política y de movimientos sociales). Y en el segundo esquema añadimos los "grupos motores" sobre las redes y sus "conjuntos". Todo esto funciona como las redes, es decir, entramados que, desde la vida cotidiana, reciben mensajes de los distintos medios, y los traducen y retransmiten a la población en general pero ya en códigos de sus confianzas particulares. Cada 4 años puede haber una votación, o varias, o puede haber consultas en distintos momentos, pero la clave suele estar más bien en cómo se articulan los "grupos motores" en cada caso con los "nodos mediadores". Tanto los resultados electorales o las compras de productos son consecuencia de lo que se está moviendo en los entramados y redes por abajo. Es por eso que en sociología del consumo se usan los "grupos de discusión" y los "focus grup", y en los movimientos sociales los "grupos motores", y ahora en procesos deliberativos los "paneles ciudadanos".

Si las democracias no tienen en cuenta estos factores de forma pública y transparente, entonces son manejadas por quienes sí los están usando (liderazgos populistas o gestionistas, empresas, partidos, etc.). Se publican encuestas que se contradicen entre sí, porque es fácil mover la muestra y los tipos de preguntas para que salgan favorables a las intenciones del patrocinador. Pero no se publican sin embargo las escuchas cualitativas a grupos seleccionados, porque es una información valiosa que no debe caer en manos del rival. Desde hace décadas sabemos que se vienen contratando en sociología y que dan resultados eficientes cuando se hacen bien, y últimamente los datos de "big data" también dan bases para saber cuales son los comentarios de los "nodos mediadores". Todas las campañas del tipo que sean se basan en saber cómo es el "cotilleo" en redes de móviles o en redes cara a cara (si bien estas segundas permiten en los grupos seleccionados profundizar en discursos ocultos/emergentes). Por eso, para unas democracias participativas, es tan necesario partir de esas posiciones diferentes y contradictorias que hay en los "nodos mediadores" y los "grupos motores".

Metodologías para rebajar egos y resultados.

Ya hay suficientes pruebas en el mundo de cómo se pueden hacer debates y toma de decisiones de otra forma que no sea pelear por quién es el líder. Es cuestión de perfeccionar y articular variadas y diferentes metodologías que ya existen. No es solo de liderazgos que muestran buena voluntad y de programas que prometen mucho (y luego se quedan en bastante menos).También las encuestas nos dicen que la gente está harta y que lo que menos se creen es en las promesas de los partidos y de los líderes. La novedad sería distinguirse por otras formas de hacer política, ejecutar con priorizaciones y seguimiento de grupos de base. Cuando en España se rompió el bipartidismo, la novedad es que se estaban recuperando "círculos" y que las formas de los "indignados" parecían renovar la política.

Hasta 2015 esto fue cuajando sobre todo en las candidaturas de unidad de ciudades que tuvieron un cierto éxito, pero luego se fue reduciendo a liderazgos y peleas entre candidatos/as. También tanto en Chile como en Colombia se confió en que las formas de las movilizaciones podían llegar a las instituciones, no solo los programas y liderazgos. Pero los medios alimentan a los líderes y sobre todo a sus peleas, no tanto los programas, y mucho menos si hay democracias participativas (que tienen mucho menos morbo).

En paralelo a estas democracias alimentadas por los grandes medios, por los estudios de los "nodos mediadores", y por el manejo de las peleas entre liderazgos, han ido apareciendo otras metodologías que se basan en dar la palabra y la acción a sectores de base. Con distintas formas, pero en casi todas con el enfoque de rebajar los "egos" que se cuelan entre quienes quieren llevar la voz cantante, y en cambio dar el protagonismo a las "inteligencias colectivas". En general no se trata tanto de que cada cual tiene su ego (cosa normal), y que por eso haya tantas peleas entre dirigentes (en las derechas y en las izquierdas), sino que es la estructura muy competitiva (poco deliberativa y nada colaborativa) de las estructuras jerárquicas, los medios que animan las disputas, y el sistema en general que está centrado en destacar a uno/as sobre otra/os. Buscan a los mejores en las peleas, no a los mejores en colaborar y distribuir tareas, en hacer lo fundamental de las democracias participativas. Pero tanto en algunas empresas punteras como en los mejores movimientos sociales, en experiencias de los pro-comunes, aparecen formas innovadoras sin que sean necesarios los CEO, o los dirigentes que saben y lo solucionan todo (como si eso fuera posible).

Las estrategias de auto-organización son posibles, pero hay que aprender a hacerlas, adaptando a cada caso algunos principios metodológicos. Distribuir y rebajar los planteamientos de los egos de cada cual parece algo sensato, dados los problemas que todos los días vemos y que se muestran en diversos casos como lo que acaba con muchas organizaciones, y a otras las deja inoperativas. Por ejemplo, como propuso Carlos Matus (ex ministro de Allende) si los debates de un organismo del gobierno se hacen desde escritos con papeles anónimos, y se debaten más las ideas que quién las está proponiendo, rebajamos el personalismo (con sus flujogramas o diagramas de causa-efecto lo llevamos haciendo en grupos con excelentes resultados). En reuniones donde la gente no se conoce o se conoce poco, les decimos que en una hora u hora y media van a estar de acuerdo en hacer un auto-diagnóstico colaborativo y que van a sacar cuáles son los nudos críticos o prioritarios en los que deben centrar sus estrategia, la gente lo consigue, aunque al principio pongan cara de muchas dudas. Es una técnica un poco superior a los DAFO o a los Árboles de Problemas, no tan simple o tan lineal, pues parte de los "sistemas emergentes", de las "inteligencias colectivas" en un grado superior a otras técnicas, y solo necesita una persona dinamizadora con algo de experiencia.

Lo mismo ocurre con otras técnicas que se usan en socio-política, sociocracia, socio-praxis, y los llamados pro-comunes, que venimos citando. Más adelante indicaré cómo es posible formarse en estas dinámicas de democracias participativas. Pero ahora quisiera presentar un esquema que trata de distribuir el poder, más allá de la tradicional división de poderes (legislativo, ejecutivo, judicial) que en la práctica no acaba de funcionar, bien por múltiples interferencias, bien por subordinación de unos poderes a otros. En paralelo a estos poderes, para rebajar sus peleas, cabe que haya otros poderes (en modernas Constituciones se habla de cuartos, quintos y sextos poderes). Lo que aquí se propone es que haya un poder de planificación y presupuestos que marque las grandes tendencias del estado, la empresa o el movimiento social. Esto se puede hacer sin la intervención de los partidos o tendencias en confrontación. En la Planificación Situacional Participativa, o en los Presupuestos Participativos, o en las Asambleas deliberativas, ya se están ensayando (sobre todo si se hacen correctamente) formas de tomas de decisiones desde grupos de base, grupos motores, con consultas que son planteadas desde la ciudadanía.

4 Circuitos de Poderes Democráticos

ADMINISTRACIÓN / CAPACIDADES
Gobiernos
Presupuestos
Mesas TECNICA
LEYES
PLANES
Jueces
Observatorios
Parlamentos y Plenos
SERVICIOS
Asambleas y talleres
4º poder
Internet
partidos
grupos motores
Elecciones
y asociaciones
GENTE cualquiera
NECESIDADES DE LA VIDA COTIDIANA

A la izquierda se puede ver el sistema de democracia representativa, elecciones, gobiernos, jueces y el 4° poder de los medios, pero al otro lado se pueden ver los poderes de planificación y de grandes presupuestos desde las asociaciones y grupos motores. También a ese lado están los observatorios y laboratorios de seguimiento y de ideas, que actúan antes de que se den los problemas, no como los jueces o los medios que denuncian cuando ya hay poco remedio. Los técnicos de los servicios de la vida cotidiana también pueden estar al servicio de la gente con sistemas participativos en cada una de las unidades. Los gobiernos pueden pagar, la planificación puede venir de la propia gente, y las formas más ejecutivas mezcla de cogestión y auto-gestión según los casos concretos. Todo esto le he argumentado en mayor extensión en "Democracias transformadoras. Experiencias emergentes y alternativas desde los comunes" (VILLASANTE, T.R. 2017). Basándome en una decena de experiencias internacionales (de gobiernos y de movimientos, del norte y del sur) es posible hacer esta propuesta sobre la eficiencia de democracias que tengan en cuenta a la gente, de la eficiencia co-creativas, de las inteligencias colaborativas.

Los egos van a seguir existiendo, e incluso los partidos tradicionales, durante bastante tiempo, pero es posible limitar su tendencia a las confrontaciones agónicas y paralizantes. En la medida en que en paralelo vayan legitimándose y perfeccionándose otras formas de hacer política, de planificación y de gestión, de seguimiento y de experiencias pro-comunes, podremos ver que para ser eficientes no es cosa de delegar en las élites, sino de reunir diferentes tipos de experiencias e inteligencias. Si hay metodologías que lo demuestran y se ven sus resultados, la gente buscará su seguridad en estas formas, desencantada como está de las sucesivas peleas ineficientes. Cuando hay un terremoto o un suceso inesperado gente colabora por la base como primera medida, y en las crisis que se vienen en las próximas décadas no van a faltar ocasiones. Pero si no hay experiencias a mano que demuestren que es posible, también la gente puede encerrarse en un individualismo feroz de todos contra todos.

Haciendo en un movimiento socio-político

Hace algo más de un año se planteó la oportunidad de renovar las formas de llegar a conformar un nuevo tipo de movimiento socio-político. Desde luego tiene que haber liderazgos y programas pragmáticos y sobre todo nuevas formas de re-encantar a las/os activistas desencantados/as. Me comprometí para estas iniciativas, pero con poca fortuna. Las prisas electorales de los partidos irrumpieron en lo que debían ser proyectos de medio y largo plazo. Los liderazgos están muy enganchados en las viejas formas de hacer política, desconociendo lo que se ha avanzando por las prácticas de las democracias participativas (tanto en empresas como en políticas públicas, y desde luego en las movilizaciones y los movimientos sociales más eficientes). De todas formas voy a argumentar algunas propuestas que pudimos hacer, a ver si algún liderazgo social o político, algún estudioso/a universitario que quiera salir de su encierro académico, o alguna de las redes de profesionales en las que participo, se pone a la tarea de debatirlas y sobre todo de experimentar y reformular lo planteado.

Empecemos por replantear los esquemas de fondo para aplicar todas las técnicas que se quieran:

- En el municipalismo de 2014-15 se tuvo éxito por programas por consentimiento (Foros cívicos, etc.) y por primarias unitarias (no solo por las figuras más conocidas, sino en muchos lugares más desconocido/as). Luego la aplicación del seguimiento de lo acordado dejó bastante que desear.
- Las democracias participativas deben empezar por casa, con ejemplos concretos, antes que exigirla a las instituciones y otras organizaciones. Las nuevas maneras de hacer política distinguen entre las organizaciones que apoyan, dinamizan y hacen, y aquellas que sacan su bandera para que les sigan.
- Las democracias participativas no son simples sistemas de plebiscitarios en que se votan (si o no) preguntas cerradas (y manipuladas), y apenas tampoco lo son las "audiencias" en que se escucha a los participantes (algunos se atreven a hablar ante decenas de personas y desde sus egos) pero luego no hay articulación y seguimiento desde grupos motores de base.
- Democracias participativas sí son partir de Escuchas Generativas, en grupos pequeños deliberativos y plenarios con acuerdos por consentimientos y consensos. Inteligencias colectivas, protagonismos corales, que con grupos motores cuidadores y portavocías, hacen eficientes los acuerdos y los ponen en marcha.
- Para las reuniones a distancia se hace imprescindible un sistema de una página web o semejante para recibir aportaciones previas, documentos útiles, y hasta para conocerse previamente entre los que participan. Parece necesario que alguien se encargue de recoger y ordenar todo lo que vaya llegando previamente a cada temática o localidad.
- Parecen necesarios dinamizadores, que no toman decisiones y solo se encargan de facilitar que los procesos sean transparentes, con técnicas que faciliten acuerdos o consentimientos, y que sepan manejar las salas y plenarios de las reuniones por zoom, con pantallas para los resultados. Y sobre todo saber facilitar acuerdos con técnicas que eviten largos discursos, y permitan la construcción deliberativa
- Para cada tema o localidad es posible avanzar en formalizar una estrategia escrita, a la que vayan aportando los grupos en las salas y

en los plenarios, de forma consensuada, y formas de dirimir las discrepancias por sistemas de consentimiento (votaciones ponderadas, etc.).

Formación en procesos de base local.

Lo primero es aclarar el ¿para qué? de una primera convocatoria, al menos en sus líneas generales. No es necesario que se sea muy preciso inicialmente, puesto que en el proceso se irán concretando las delimitaciones iniciales, según las aportaciones que vayan puntualizando cada aspecto.

En segundo lugar, las preguntas pueden ser ¿con quién y para quién? Se supone que se parte de unos "grupos motores" en cada localidad y los diversos sectores que muestren cierta apertura transversal a la sociedad civil (¿cuánta diversidad de ideologías y movimientos y/o profesionales?). Este tipo de grupos no buscan su protagonismo propio, y deben ser capaces de actuar desde la "retaguardia" para facilitar los procesos. Hay muchas personas que pueden hacer esta labor, sobre todo si hay al menos una persona que sepa dinamizar su actividad cuidadora.

Situar el ¿para qué? y el ¿con quién? ya señala un campo delimitado de arranque. Se puede pasar al ¿cómo?, es decir a una metodología participativa y colaborativa para la construcción de estrategias desde las inteligencias diversas que se mueven en la democracia participativa.

Concretando una primera reunión de un "grupo motor": Puede ser presencial para quienes puedan, con conexiones en zoom con los que no puedan estar presentes. Los participantes pueden hacer un "mapeo estratégico" (con una duración entre una hora y hora y media) sobre quiénes son los más afines, quiénes más diferentes (sólo en parte afines) o ajenos (no le importa el tema), y quiénes los opuestos (que se deben prever sus ataques). Esto es importante para que nadie con potencialidad se quede fuera de un proceso que quiere ser inclusivo, pero que también evita ser caótico. En esas reuniones se pueden además explicar y experimentar cómo se llega a acuerdos desde la propia experiencia plural. La experiencia nos indica que vistos los gráficos de relaciones (llamados "los conjuntos de acción") no se dan demasiadas discrepancias, siendo el resultado evidente por sus propias aportaciones gráficas, y las delimitaciones y alianzas son fáciles de establecer.

Estos "mapeos estratégicos" sirven, además de para ver lo aislado o no que está este y cada grupo del movimiento general, también para ir a escuchar de forma inter-activa a los sectores que se han señalado como diferentes y como ajenos, e incluso recabar informaciones de las estrategias de los opuestos. Las escuchas inter-activas no son simples escuchas, sino invitaciones a reuniones más amplias, donde grupos muy diferentes puedan aportar sus posiciones. Pasar a generar estrategias comunes, desde los sectores de base, desde profesionales, desde asociaciones, desde personas expertas y desde no expertas (pero con el sentido común de la gente en general).

Estas asambleas de forma territorial, tras una presentación se pueden incluir una división en grupos pequeños sectoriales, que luego en el plenario puedan articularse entre sí, cruzando sus resultados. De esta forma las aportaciones tendrán validez sectorial y local tanto para los presentes como para sumar hacia arriba los resultados. En estas reuniones amplias de base ya hay bastante experiencia, pueden empezar con una exposición breve del propósito, luego se pueden repartir en grupos por los temas principales (si es en un colegio en aulas, o en un espacio social en habitaciones o pasillos). Lo hemos hecho con asambleas de 200, 300 y 500 personas en diversas ciudades, aunque casi es mejor que se puedan descentralizar y sumar sus resultados, por fichas en internet o con portavocías.

En cada grupo temático de la localidad se puede construir un esquema de propuestas que luego se ponga en el plenario a la valoración ponderada de las personas asistentes, de tal forma que se puedan sumar los puntos de cada cual, cruzando puntos que estén en unas y otras propuestas, y consensuando las más ponderadas. Se distribuyen los puntos no por quién los propuso (un grupo aleatorio), sino por las ideas que se presentan. Todo lo que se haga a escala de barrio, pueblo, ciudad, o autonomía, irá creando un estilo político donde se valoran más las propuestas en sí que quién las dijo, más los acuerdos que las rivalidades.

Los procesos territoriales se podrían iniciar de forma previa a la visita de lideres o personalidades. De tal manera que en la sesión a la que asistieran cada grupo sectorial presentaría las conclusiones del proceso participativo y se podría realizar en esa sesión una "dinámica generativa" en la que se hicieran propuestas de sinergia entre los diferentes sectores. A las personas destacadas se les puede pedir que escuchen previamente a la gente, y que se comprometan a las acciones a partir de lo que vaya saliendo en cada lugar. Esto precisa de una pequeña formación previa de dinamización y de que se acepte por los liderazgos que siempre hay previamente.

En la página de la Fundación CREASVI (http://www.fundacioncreasvi.org/) se puede ir a Prácticas y descargar el Ingenio 4 y/o el Ingenio 9, que están en abierto a disposición libre de quien los quiera practicar y aplicar en su lugar con un mínimo de experiencia. Es más fácil deliberar y escribir sobre democracia participativa, pero para avanzar hay que pasarse a las prácticas concretas. Y lo malo de tener que experimentar es que hay que contar con otras fuerzas no profesionales que quieran dar un paso más allá de las declaraciones. La confianza es que algún político/a pueda atreverse a hacer y no solo a decir, que algún/a profesor/a salga de su aula y haga en un barrio algo de esto, que uno/a dirigente de un movimiento avance más en estas formas democráticas, e incluso haya quién exija a los liderazgos del país que dejen de hablar de democracia participativa y practiquen algo así. Paso a proponer una ficha muy concreta para reuniones:

Una ficha práctica para auto-organizarse

a) Primera reunión, problemáticas y primeras propuestas:

- Puede haber una presentación previa en una página web, para no alargar las reuniones (que no deberían superar la hora y media a ser posible). Hay un primer momento de presentación por la Coordinación, y se podría abrir una primera palabra por si alguien considera que hay personas que se están quedando fuera y es importante su participación.
- Unas primeras aportaciones pueden ser para referir temas y sub-temas, y las documentaciones que ya estén subidas a la página web, o que se pueden subir, o consultar en libros, etc. En esta parte debe quedar en la pantalla colectiva un listado de problemáticas y subtemas detallado, de forma que sea visible el reparto de tareas y salas en que se plantean estas sesiones.
- A partir de estos sub-temas se pueden organizar grupos más operativos en salas concretas, para una primera profundización, y unas primeras aportaciones, que se pueden hacer en listados de lo que se vaya recogiendo desde la dinamización. Se debe dar un tiempo limitado para que cada sala pueda trabajar lo suyo, y que haya un escrito común y un/a portavoz que lo lleve al plenario.
- En el plenario se escuchan y se ven las propuestas, y se pueden abrir a las puntualizaciones de las que resulten más problemáticas. En las que haya acuerdo básico puede haber matices de redacción, y en otras habrá que aparcar el debate por sus contradicciones más fuertes. No se trata de forzar unas conclusiones rápidas sino de favorecer la deliberación ordenada.
- Para acabar la reunión se pueden acordar grupos operativos de redacción para cada sub-tema, con un tiempo acordado, sobre todo para aquellos temas en los que no hay consensos fáciles, y que

podrían presentar a la siguiente reunión algunos acercamientos, o un debate con las posturas más resumidas para que se decida en el plenario.

b) Segunda reunión, acuerdos y redacción de fichas.

- Se puede comenzar por la presentación de las propuestas (redactadas en el tiempo intermedio), y pasar a salas (de grupos más pequeños) aquellas en que haya discrepancias que resolver. De esta forma cada sala acabará por proponer una serie de sub-temas con sus propuestas más detalladas, y si hay discrepancias entre propuestas de 2 salas pues así se presentarán.

- Además a cada grupo-sala se le pide que avance una "idea-fuerza" o "titular" que pueda englobar todo el tema de conjunto, para que se pueda valorar cuál puede ser el más idóneo. Y también una "acción de campaña" para que se pueda visibilizar cómo (desde la ciudadanía) se podría recoger en acciones concretas lo que se está proponiendo, para una "difusión por la acción".

- En el plenario se presentan en pantalla todas las propuestas temáticas, y se pasa a una "votación ponderada", distribuyendo puntos entre ellas, de forma que no se pueda votar por las propias y que se puedan distribuir las puntuaciones entre propuestas de diferentes salas. El objetivo es ver cuales son las que se consideran más prioritarias para la difusión, y cuales pueden quedar en otro plano. Podría haber "bolas negras", pero en general no suelen ser necesarias.

- En una nueva pantalla del plenario por el mismo sistema se puede priorizar una Idea-fuerza-titular (incluso sumando 2 o 3 que tengan más aceptación), y también se pueden destacar varias prácticas de "difusión por la acción" que resulten más ponderadas.

- Los grupos que han preparado juntos sub-temas y se sienten protagonistas de las propuestas, se pueden reorganizar como grupos motores para una fase de difusión y acciones que se propongan a la sociedad o a los movimientos sociales. También para seguir la deliberación y los debates en los medios, teniendo en cuenta no solo las aportaciones propias, sino los ataques que se van a recibir desde los sectores contrarios y sus contradicciones.

c) Coordinar y dar seguimiento. Posteriormente a estas reuniones se abrirá otra fase para coordinar entre diversos temas, para que no haya contradicciones en una estrategia general, para seguir con las mismas formas para la deliberación y la inteligencia colectiva, el protagonismo coral y democracias participativas. En cada grupo conviene que haya alguien que se encargue de: 1.- Moderar y cuidar los tiempos y el estilo de las intervenciones, 2.- Tomar nota y publicar los acuerdos principales. 3.- Actuar como portavoz cuando sea necesario, y a ser posible que sea rotativo según las ocasiones 4.- Hacer el seguimiento de los acuerdos y recordar los tiempos y compromisos.

En paralelo a las reuniones descentralizadas, por sectores o por territorios, debe haber un sistema de articulación (entre las propuestas sectoriales y las acciones sobre todo) para que puedan ser compatibles. Esto implica señalar cuáles pueden ser puntos calientes entre sectores y proponer unas dinámicas (como las señaladas) para resolver los conflictos que se han de producir. Contar con sistemas telemáticos de registro de lo acontecido, de participación, colaboración y co-creación, permitiría escalar el modelo de una manera eficiente, gestionar el conocimiento adquirido en los procesos de escucha inter-activa, co-creando y co-evolucionando, y pasándolo a la acción en la vida cotidiana, manteniéndolo vivo y animando en los grupos de base a que se vean realizaciones prácticas. Distinguirse en los programas en los sectores progresistas o de cambio puede llevarnos a más controversias que realizaciones, pero en las actuaciones prácticas de cada localidad o sector nos puede llevar a tener más fuerza estratégica. Y sobre las acciones colectivas vendrán las reflexiones más válidas. Al menos así hemos aprendido a ser menos sectarios.

Referencias

ALBERICH, T. (2016) Desde las Asociaciones de Vecinos al 15M y a las Mareas Ciudadanas. Ed. Dykinson

BRAIDOTTI, R. (2009) Transposiciones. Sobre la ética nómada. Ed Gedisa.

CALLE, A. (2011) Democracia Radical. Ed. Icaria.

FERNÁNDEZ-SAVATER, A. (2020) Habitar y gobernar. Inspiraciones para una nueva política. Ed. NED

GANUZA, E. y MENDIHARAT, A. (2020) La democracia es posible. Sorteo cívico y deliberación para rescatar el poder de la ciudadanía. Ed. Consonni.

GUATTARI, F. (2004) Plan sobre el planeta. Ed. Traficantes de sueños.

GUTIÉRREZ, R. (2017) Horizontes comunitario-populares. Ed Traficantes de Sueños.

HARAWAY, D. Y SEGARRA, M (2020) El mundo que necesitamos. Ed Icaria.

HARNECKER, M. y BARTOLOME, J. (1015) Planificando desde abajo. Ed. El Viejo Topo.

HELFRICH, S. y BOLLIER, D. (2020) Libres, dignos, vivos. El poder subversivo de los comunes Ed. Icaria.

LAVAL, C. y DARDOT, P. (2015) Común, ensayo sobre la revolución del siglo XXI Ed. Gedisa.

PINTO, R. y VILLASANTE, T. R. (2011) La democracia en marcha. Kerala. Ed El Viejo Topo.

RED CIMAS (2015) Metodologías participativas. Socio-praxis para la creatividad social. Ed. Dextra.

SHIVA, V. (2006) Manifiesto por una democracia de la tierra. Ed. Paidos.

SUBIRATS, J. y RENDUELES, C. (2016) Los (bienes) comunes. Ed. Icaria.

VILLASANTE Y OTROS (2015) Construyendo democracias y metodologías participativas desde el sur. Ed. LOM.

VILLASANTE, T. R (2017) Democracias transformadoras. Estrategias emergentes y alternativas desde los comunes. Ed. El Viejo Topo.

A modo de conclusión: ir al origen de la propuesta.

JUAN DE DIOS GARCÍA SERRANO[167]

Estamos lejos de poder cumplir con los Objetivos de Desarrollo Sostenible teniendo en cuenta las lógicas y dinámicas que el modelo hegemónico impone a las sociedades, territorios y comunidades. A esta dinámica divergente con la mayoría de los hitos de la Agenda 2030 se suman acontecimientos que nos alejan aún más de los compromisos. La pandemia Covid-19, que ha implicado que se deban priorizar cuestiones sanitarias y de recuperación económica y social, marginándose el trabajo relativo al logro de los ODS; el conflicto bélico entre Ucrania y Rusia, que ha modificado abruptamente el destino de los presupuestos nacionales, la amenaza nuclear, que ha situado nuevamente al mundo en un contexto de guerra fría y ha polarizado el mundo, afectando la cohesión en pos del cumplimiento de los objetivos trazados de cara a la Agenda 2030; la incertidumbre mundial generada por conflictos en Oriente Medio; el aumento del número de personas refugiadas; la inflación y aumento general de precios; la precariedad de la situación alimentaria mundial; la disputa entre China y Estados Unidos por la hegemonía mundial, entre otros sucesos.

Más allá de este diagnóstico poco esperanzador, es fundamental poner la mirada y el foco en el origen de la propuesta global de la Agenda 2030. Se trata de transformar nuestro mundo y no simplemente de renombrar lo que venimos haciendo. Se trata de fecundar otro mundo posible y construir alteridades. Herrera Flores defiende que el proceso de generación de alternativas implica una nueva forma de estar en el mundo, en diálogo con el contexto, con el tiempo y con el espacio concreto histórico, en una cultura de la pluralidad y la potencialidad humana de trasformación social.

167 Universidad Pablo de Olavide (Sevilla)

Por lo que se debería seguir poniendo el foco en lo importante sobre lo urgente en el trabajo con los Objetivos de Desarrollo Sostenible (ODS). Este desafío destaca la importancia de adoptar un enfoque integral y a largo plazo en lugar de enfocarse únicamente en resolver problemas inmediatos.

Trabajar para transformar desde la Agenda 2030 es trabajar desde la diversidad. La diversidad de enfoques, actores y niveles de avance en los diferentes contextos es un aspecto crucial para considerar en la localización de los ODS. Cada realidad tiene sus propias características, desafíos y recursos, por lo que es necesario adaptar los enfoques y ofrecer colaboración y apoyo personalizados.

Los desafíos requieren la participación de diversos actores, incluyendo a la universidad, los municipios, ong´s, los movimientos sociales y demás colectivos ciudadanos y de conocimiento. La movilización ciudadana desde los propios territorios, municipios o comunas, con una ciudadanía organizada desde las bases, es un elemento clave en el avance hacia la concreción de los ODS.

La Agenda 2030 no termina de "permear" a la mayoría de los espacios territoriales, especialmente en aquellos que no forman parte de grandes aglomeraciones poblacionales, áreas metropolitanas o con ubicaciones particulares. El no dejar a nadie atrás también significa no dejar ningún lugar atrás.

Es importante conectar los desafíos locales con los ODS para que la población comprenda la relevancia de trabajar en beneficio tanto a nivel local como global. Esto ayuda a generar un mayor compromiso y participación de la comunidad en la implementación de los ODS. La no homogeneización de los procesos es esencial. Cada municipio requerirá un enfoque adaptado a sus necesidades específicas y contextos particulares.

Los semilleros de esperanza y transformación, representados por grupos de iniciativas sociales y ciudadanas, desempeñan un papel fundamental en la implementación de los ODS a nivel local. Estos grupos, ya sean formales o informales, a menudo trabajan de manera consciente o inconsciente hacia la consecución de los objetivos de desarrollo sostenible.

Identificar y apoyar a estos grupos es esencial, ya que representan una fuente de energía ciudadana y acumulan un valioso conocimiento y aprendizaje sobre las necesidades y soluciones específicas de cada contexto. Su trabajo puede abordar desafíos sociales, económicos y ambientales de manera creativa e innovadora, impulsando cambios positivos en la comunidad.

Dialogar y colaborar con los semilleros de esperanza y transformación no solo fortalece la democracia participativa, sino que también mejora la efectividad de las iniciativas de implementación de los ODS. Estos grupos a menudo tienen un conocimiento profundo de las necesidades y problemas locales, así como ideas y propuestas concretas para abordarlos. Al escuchar y apoyar sus esfuerzos, se promueve una mayor inclusión, se enriquece la toma de decisiones y se aumenta el impacto de las acciones en el logro de los ODS.

Es importante establecer canales de comunicación abiertos y transparentes con estos grupos, brindándoles espacios para expresar sus ideas, compartir experiencias y contribuir a la formulación de políticas y programas. Además, se puede ofrecer capacitación, recursos y oportunidades de colaboración para fortalecer sus capacidades y ampliar su alcance.

Y, desde este enfoque, la universidad y su comunidad puede y debe implicarse más allá de lo declarativo. La universidad ocupa un nodo estratégico como agente catalizador e irradiador de transformaciones y debe trabajar de forma colaborativa y acierta con instituciones públicas, privadas y sociales.

La Agenda 2030 no es obvia ni neutra. Es importante abordar el surgimiento de actores políticos y estratégicos que cuestionan la Agenda 2030 como hoja de ruta. Algunos argumentan que la implementación de la Agenda 2030 puede suponer una interferencia excesiva en la soberanía nacional o un exceso de regulaciones que podrían perjudicar a las economías nacionales.

Sin embargo, es importante tener en cuenta que estas posturas son representativas de ciertos sectores políticos y no reflejan necesariamente una opinión generalizada. La Agenda 2030 fue adoptada por la Asamblea General de las Naciones Unidas con el apoyo de la gran mayoría de los Estados miembros, incluyendo a muchos países de diferentes orientaciones políticas.

La Agenda 2030 se basa en el principio de la cooperación internacional y el reconocimiento de que los desafíos globales requieren acciones conjuntas y coordinadas. Es importante destacar que la implementación de la Agenda 2030 es responsabilidad de cada país y que los objetivos y metas establecidos pueden adaptarse a las realidades y necesidades específicas de cada nación. La Agenda 2030 no busca socavar la soberanía nacional, sino promover un enfoque colaborativo para abordar los desafíos globales y trabajar hacia un futuro sostenible para todos.

Abordar posturas negacionistas es desafiante (debido a la fuerte resistencia que suelen mostrar hacia la evidencia científica y los principios de igualdad y justicia) y nos interpela como sociedad. La universidad debería activar sus capacidades y recursos para formar parte de los actores de transformación a) proporcionando información basada en la ciencia; b) promoviendo el diálogo y la empatía tratando de comprender razones y temores, y responder con información objetiva y razonamientos sólidos; c) poniendo foco en los beneficios de actuar y hacernos cargo; d) enfatizando la responsabilidad colectiva; e) sistematizando y poniendo en valor innovaciones transformativas que puedan abordar los desafíos relacionados con el cambio climático y la igualdad y f) colaborando en el empoderamiento de la sociedad civil.

Todos y todas tenemos un papel que desempeñar en la construcción de una vida cotidiana más sostenible y en la asunción de responsabilidad frente a los desafíos ecológicos que enfrentamos. Es necesario ampliar el porcentaje de la población que muestra interés en estas cuestiones y para lograrlo, es preciso involucrar al 0,1% de la población que está altamente comprometida, de manera que su influencia pueda extenderse al 25 o 30% de la población.

Pero, también es importante tener en cuenta que algunas posturas negacionistas pueden ser inflexibles y difíciles de cambiar. En su trabajo, Donella Meadows reconoce la importancia de identificar y enfocarse en los agentes de cambio. Ella sugiere que es más efectivo dirigir los esfuerzos hacia líderes y actores clave que están comprometidos con el cambio y tienen la capacidad de influir en los sistemas y las políticas. Estos agentes de cambio pueden incluir líderes políticos, empresariales, comunitarios, científicos, académicos y otros actores relevantes en el ámbito de interés. Esto implica establecer alianzas y colaboraciones estratégicas con personas y organizaciones comprometidas con la transformación positiva.

Finalmente, la apuesta de transformación pasaría por enfocarse en las acciones de fecundidad y no tanto (o exclusivamente) en el éxito, lo que implica un cambio de paradigma político. Poner el énfasis en la fecundidad implicaría potenciar la capacidad de generar resultados positivos y transformadores, más allá del éxito condicional. Es reconocer que en la actividad política es importante recordar que cada contexto y persona es única y merece ser tratada así, prestando atención a sus necesidades y reconociendo su dignidad.

Volver al origen de la propuesta Agenda 2030 es poner el foco en su poder de transformar y generar cambios positivos en la sociedad, construir lazos reales que promuevan paz para contrarrestar posturas negacionistas y fomentar un enfoque más inclusivo y sostenible. Volver al origen de la propuesta es poner luz a la esperanza como la entendía Václav Havel: "la esperanza no es la creencia de que algo saldrá bien, sino la certeza de que las cosas, independientemente de cómo salgan, tienen un sentido".